FACHBUCHREIHE
für wirtschaftliche Bildung

Aufgaben und Lösungen zur Kaufmännischen Betriebslehre mit Volkswirtschaftslehre

Hauptausgabe

13. Auflage

Verfasst von Lehrern des kaufmännisch-beruflichen Schulwesens

Jürgen Müller, Lektorat

VERLAG EUROPA-LEHRMITTEL
Nourney, Vollmer GmbH & Co. KG
Düsselberger Straße 23
42781 Haan-Gruiten

Europa-Nr.: 90017

Mitarbeiter des Arbeitskreises:

Felsch, Stefan	Studienrat	Freiburg i. Br.
Frühbauer, Raimund	Oberstudiendirektor	Wangen i. A.
Krohn, Johannes	Studienrat	Freiburg i. Br.
Kurtenbach, Stefan	Studiendirektor	Bad Saulgau
Metzler, Sabrina	Oberstudienrätin	Wangen i. A.
Müller, Jürgen	Studiendirektor	Freiburg i. Br.

Leitung des Arbeitskreises und Lektorat:

Jürgen Müller, Im Kapellenacker 4a, 79112 Freiburg i. Br.

Bildbearbeitung

Verlag Europa-Lehrmittel, 42781 Haan-Gruiten

13. Auflage 2019

Druck 5 4 3 2 1

Alle Drucke derselben Auflage sind parallel einsetzbar, da sie bis auf die Behebung von Druckfehlern untereinander unverändert sind.

ISBN 978-3-8085-4749-6

http://www.europa-lehrmittel.de

Umschlag und Satz: Satz+Layout Werkstatt Kluth GmbH, 50374 Erftstadt

Umschlagkonzept: tiff.any GmbH, 10999 Berlin

Umschlagfoto: akkianer – Fotolia.com

Druck: UAB BALTO print, 08217 Vilnius (LT)

Vorwort zur 13. Auflage

»Kaufmännische Betriebslehre mit Volkswirtschaftslehre Hauptausgabe – Aufgaben und Lösungen« richtet sich an

- **Schülerinnen und Schüler an Fachschulen und Berufskollegs**
- **Schülerinnen und Schüler in kaufmännischen Berufsfeldern**
- **Schülerinnen und Schüler in Ausbildungs-, Umschulungs- und Weiterbildungslehrgängen**
- **Dozenten und Teilnehmer von Fort- und Weiterbildungen in Unternehmen, Verbänden und sonstigen Institutionen**
- **Lernende in der Prüfungsvorbereitung**

Das Buch enthält die **Aufgaben und Lösungen** zu den im **Lehrbuch »Kaufmännische Betriebslehre mit Volkswirtschaftslehre Hauptausgabe«** abgedruckten Aufgaben und Fragen.

Der inhaltliche **Aufbau entspricht der Gliederung der »Kaufmännische Betriebslehre mit Volkswirtschaftslehre Hauptausgabe«** (Europa-Buch 90157 bzw. 90106). Dadurch wird das Auffinden der gewünschten Abschnitte und Themenstellungen erleichtert.

Das Aufgaben- und Lösungsbuch eignet sich für **Lehrende und Lernende** sowohl zur **Anwendung, Erweiterung und Vertiefung der Kenntnisse** als auch zur **Prüfungsvorbereitung**.

Das Lösungsbuch gilt **ab der 40. Auflage des Lehrbuches**. Es enthält die **gesetzlichen Rahmenbedingungen** und die **statistischen Daten bis Frühjahr 2019**.

Ihr Feedback ist uns wichtig.

Ihre Anmerkungen, Hinweise und Verbesserungsvorschläge zu diesem Buch nehmen wir gerne auf – schreiben Sie uns unter *lektorat@europa-lehrmittel.de*.

Die Verfasser — Rottenburg, April 2019

Inhaltsverzeichnis

1 Grundlagen des Wirtschaftens 7
1.1 Notwendigkeit des Wirtschaftens 7
1.2 Betriebe als Orte der Leistungserstellung und Leistungsverwertung .. 10

2 Rechtliche Rahmenbedingungen des Wirtschaftens 14
2.1 Rechtssubjekte 14
2.2 Rechtsobjekte 15
2.3 Rechtsgeschäfte 18
2.4 Vertragsfreiheit und Allgemeine Geschäftbedingungen ... 21
2.5 Zustandekommen des Kaufvertrages 23
2.6 Inhalt des Kaufvertrages 27
2.7 Arten des Kaufs 32
2.8 Störungen bei der Erfüllung des Kaufvertrages 34
2.9 Mahn- und Klageverfahren 38
2.10 Verjährung 40

3 Das Unternehmen 42
3.1 Wirtschaftliche Entscheidungen bei der Gründung 42
3.2 Rechtliche Rahmenbedingungen für die Gründung 44
3.3 Unternehmensformen 48
3.4 Einzelunternehmen 48
3.5 Personengesellschaften 48
3.6 Kapitalgesellschaften 62
3.7 Genossenschaft 72
3.9 Leitung des Unternehmens 73
3.10 Krise des Unternehmens 83

4 Menschliche Arbeit im Betrieb 87
4.1 Führungsstile und Führungstechniken 87
4.2 Mitarbeiter und Mitarbeiterinnen 88
4.3 Vollmachten 90
4.4 Ordnung und Rechtsschutz der betrieblichen Arbeit 92
4.5 Personalbedarf, -beschaffung und -auswahl 99
4.6 Entlohnung der betrieblichen Arbeit . 109
4.7 System der gesetzlichen Sozialversicherung und private Vorsorge .. 116

5 Logistik 122
5.1 Logistische Kette 122
5.2 Beschaffungslogistik 123
5.3 Transportlogistik 123
5.4 Lagerlogistik 128
5.5 Intralogistik 134
5.6 Produktionslogistik 135
5.7 Distributionslogistik 135

6 Beschaffung 137
6.1 Beschaffungsbedarf und -planung .. 137
6.2 Angebotsvergleich und Lieferantenauswahl 144
6.3 Beschaffungsdurchführung 145

7 Marketing 148
7.1 Wesen des Marketings 148
7.2 Marketingpolitische Zielsetzung als Grundlage für ein strategisches Marketing 148
7.3 Beschaffung von Informationen durch Marktforschung 149
7.4 Produkt- und Sortimentspolitik 157
7.5 Preis- und Konditionenpolitik 162
7.6 Kommunikationspolitik 165
7.7 Distributionspolitik 173
7.8 Produktlebenszyklus und Portfolio-Analyse 180
7.9 Marketing-Mix 180
7.10 Marketingcontrolling 181

8 Leistungserstellung im Industriebetrieb 190
8.1 Ablauf der Leistungserstellung im Industriebetrieb 190
8.2 Rechtsschutz der Erzeugnisse 204
8.3 Rationalisierung der Leistungserstellung 207

9 Handel 212
9.1 Leistungen (Aufgaben) des Handels 212
9.2 Arten und Bedeutung des Handels 212
9.3 Ziele und Formen der Kooperation im Handel 212
9.4 Warenwirtschaft und Warenwirtschaftssystem 216
9.5 Markt- und Börsenhandel 218
9.6 Außenhandel 219

10 Finanzierung und Investition 222
10.1 Kapitalbedarfsrechnung und Finanzplanung 222
10.2 Finanzierungsarten 223

11 Finanzdienstleistungen der Geldinstitute 231
11.1 Zahlungsgeschäfte im europäischen Zahlungsverkehrsraum SEPA 231
11.2 Einlagengeschäfte 235
11.3 Kreditgeschäfte 235
11.4 Wertpapiergeschäfte 240

12 Volkswirtschaftslehre 244

12.1 Außerbetriebliche Beziehungen ... 244

12.2 Grundlagen der Sozialen Marktwirtschaft 246

12.3 Wirtschaftspolitische Ziele und Zielbeziehungen 254

12.4 Unternehmenszusammenschlüsse durch Kooperation und Konzentration 266

12.5 Marktregulierungsmechanismen .. 271

Wichtiger Hinweis:

In diesem Buch finden sich Verweise/Links auf Internetseiten. Für die Inhalte auf diesen Seiten sind ausschließlich die Betreiber verantwortlich, weshalb eine Haftung ausgeschlossen wird. Für den Fall, dass Sie auf den angegebenen Internetseiten auf illigale und anstößige Inhalte treffen, bitten wir Sie, uns unter info@europa-lehrmittel.de davon in Kenntnis zu setzen, damit wir beim Nachdruck dieses Buches den entsprechenden Link entfernen können.

1 Grundlagen des Wirtschaftens

1.1 Notwendigkeit des Wirtschaftens

1. »Ein jeder Wunsch, wenn er erfüllt, kriegt augenblicklich Junge« (Wilhelm Busch). S. 15

a) Belegen Sie diese Aussage mit Beispielen aus Ihrem persönlichen Leben.

b) Nennen Sie Beispiele dafür, dass Bedürfnisse individuell verschieden, wandelbar und von verschiedenen Bedingungen abhängig sind.

a) *Beispiel:*

»Einziger« Wunsch eines Jungen oder Mädchens: ein Fahrrad. Kaum ist der Wunsch erfüllt, tauchen nach kurzer Zeit neue Wunschvorstellungen auf:
Skiausrüstung, iPod, Smartphone, Motorroller, Kleinwagen, Tennisausrüstung.

b) – *Individuell verschieden:* Nicht jeder wünscht sich eine Ski- und Tennisausrüstung; mancher bevorzugt Wassersport, Fußball, Skat.

– *Wandelbar:* Motorrollerfahrer möchte auf Kleinwagen umsteigen.

– *Bedingungen:* neue technische Erfindungen, Modeströmungen, Skifahren setzt Skikurs voraus, Autofahren erfordert den Führerschein und ein entsprechendes Einkommen.

2. Ordnen Sie die Bedürfnisse nach folgenden Gütern entsprechend ihrer Dringlichkeit als Existenz-, Kultur- oder Luxusbedürfnisse:

a) Auto eines Schülers,

b) Auto eines Handelsvertreters,

c) Zigaretten,

d) Schönheitsoperation,

e) Theaterbesuch.

Begründen Sie Ihre Entscheidungen.

	Gut	Existenzbedürfnis	Kultur-, Luxusbedürfnis	Begründung
a)	Auto eines Schülers		x	Schule könnte zu Fuß, mit Fahrrad, mit öffentlichen Verkehrsmitteln erreicht werden.
b)	Auto eines Handelsvertreters	x		Kunden können in kurzen Zeiträumen nur mit Kfz bedient werden. Großer Kundenbezirk. Evtl. ist schwerer Musterkoffer zu transportieren.
c)	Zigaretten		x	Ursachen des Rauchens sind in Zivilisationsgewohnheiten zu suchen (Langeweile, Geltungsstreben, Nervosität, Nikotinsucht). Kann sogar existenzgefährdend werden.
d)	Schönheitsoperation	(x)	x	Steigert das Lebensgefühl. (Bei Schauspielern evtl. Existenzfrage.)
e)	Theaterbesuch		x	Steigert das Lebensgefühl.

Die Bedeutung für den Einzelnen und die Dringlichkeit sind individuell verschieden.

3. a) Welche Kulturbedürfnisse sind für Sie von Bedeutung?
b) Worauf können Sie in einer wirtschaftlichen Notsituation verzichten?

a) *Beispiele:*
- Nahrung: französische, griechische, chinesische Küche
- Kleidung: Modekleidung, Modeschmuck
- Wohnung: moderne Zimmereinrichtung, Zentralheizung, elektrische Haushaltsgeräte
- Bildung und Unterhaltung: gehobene Schulbildung, Theater, Konzert, Diskothek, Reisen

b) Schülerabhängige Antworten

4. Mit welchen Mitteln versuchen Industrie und Handel, Bedürfnisse in Bedarf und anschließende Nachfrage umzuwandeln?

- *Werbung* (Aufmerksamkeit, Interesse, Wünsche wecken)
- *Verkaufsförderung* (Einkaufen reizvoll und bequem machen)
- *Kreditgewährung* (Beschaffung von Zahlungsmitteln erleichtern)

5. Sonnenlicht und Atemluft werden als Beispiele für freie Güter genannt. Prüfen Sie, unter welchen Umständen diese Beispiele nicht zutreffen.

Die Umweltverschmutzung in Ballungsgebieten erfordert wirtschaftliche Maßnahmen zum Schutz der Erdatmosphäre und zur Reinhaltung der Luft.

6. Strom ist ein knappes Gut. Erörtern Sie, wie die Knappheit gemildert werden kann.

- Vermehrung von Wasser-, Wärme- und alternativen Energiekraftwerken
- Strom sparen
- Entwicklung stromsparender Elektrogeräte

7. Erläutern Sie, welche Wirtschaftsgüter sich für das Recycling eignen.

Beispiele: Papier, Metalle, Glas, Holz, Textilien, pflanzliche Abfälle, Gummi, Kunststoffe

8. Suchen Sie nach Beispielen dafür, dass das gleiche Gut sowohl als Konsumgut als auch als Produktionsgut verwendet werden kann.

- Ein Auto kann für private *und* geschäftliche Zwecke verwendet werden.
- Mit einem PC können Briefe an Freunde *oder* an Geschäftspartner geschrieben werden.
- Ein Smartphone wird für private *und* geschäftliche Zwecke genutzt.

9. Begründen Sie, ob ein Küchenherd ein Konsumgut oder ein Produktionsgut ist.

Private Haushalte werden zwar üblicherweise dem Konsumbereich zugerechnet. Eine zu Hause zubereitete Mahlzeit dient aber dem gleichen Zweck wie ein Gaststättenangebot. Die Kochleistung der Hausfrau ist gleichermaßen produktiv wie die Dienstleistung eines Restaurants. Küchenherde sollten demnach eigentlich als Produktionsgüter gelten.

10. Erläutern und unterscheiden Sie die Begriffe »Gebrauchsgut« und »Verbrauchsgut«.

- Gebrauchsgüter sind mehrmals zur Bedürfnisbefriedigung verwendbar. Sie können Produktionsgüter (Maschinen) oder Konsumgüter (Haushaltsgeräte) sein.

  Gegensatz: Verbrauchsgüter

- Verbrauchsgüter sind *nur einmal* zur Bedürfnisbefriedigung verwendbar. Sie können Produktionsgüter (Rohstoffe) *oder* Konsumgüter (Lebensmittel) sein.

  Gegensatz: Gebrauchsgüter

11. Begründen Sie, welche der folgenden wirtschaftlichen Vorgänge zum Handeln nach dem Maximalprinzip oder dem Minimalprinzip gehören:

- **Für den geplanten Urlaub stehen Ihnen 1.500 EUR zur Verfügung.**
- **Für den Bau eines Einfamilienhauses stehen 180.000 EUR Eigenkapital und 290.000 EUR Fremdkapital zur Verfügung.**
- **Ein Wohnhaus ist zum Verkauf ausgeschrieben. Als »Verhandlungsbasis« ist ein Preis von 380.000 EUR genannt.**

- Urlaub in Spanien, Mittel vorgegeben: Maximalprinzip
- Bau eines Einfamilienhauses, Mittel vorgegeben: Maximalprinzip
- Kauf eines Wohnhauses, Leistung vorgegeben: Minimalprinzip

12. Erläutern Sie, warum in der Wirtschaft in der Regel das ökonomische Prinzip angewandt werden sollte.

Wirtschaftsgüter sind knapp und daher mehr oder weniger kostspielig. Die Vernunft gebietet daher,

- knappe Güter sparsam einzusetzen, um Kosten zu sparen,
- unvermeidbare Kosten durch möglichst hohe Leistungen zu rechtfertigen.

13. Ein Unternehmer lässt für seine Belegschaft ein Schwimmbad zur kostenlosen Nutzung errichten. Begründen Sie, ob es sich in diesem Fall um eine Abweichung vom ökonomischen Prinzip handelt.

Einsatz von Geld für das Schwimmbad mit dem Ziel, die Motivation der Belegschaft zu steigern. Damit dient diese Maßnahme dem ökonomischen Prinzip.

1.2 Betriebe als Orte der Leistungserstellung und Leistungsverwertung

S. 20

1. Erläutern Sie, warum die Befolgung des erwerbswirtschaftlichen Prinzips eine gewisse Garantie für optimale Bedarfsdeckung in der Gesamtwirtschaft bietet.

- Betriebe arbeiten mit dem privaten Kapital der Unternehmer oder Gesellschafter. Diese sind an der Erhaltung und Vermehrung des Kapitals interessiert; zu diesem Zweck müssen sie Verlust vermeiden und wollen sie Gewinn erzielen.
- Deshalb richten sie die Produktionspläne nach der Nachfrage am Markt aus. Sie produzieren solche Leistungen, an denen der entsprechende Bedarf besteht, und vermeiden die Produktion von Gütern, bei denen kein hinreichender Bedarf besteht.
- Da erwerbswirtschaftliche Unternehmer das Unternehmerrisiko selbst tragen und nach Sicherheit streben, ist eine gewisse Garantie für optimale Bedarfsdeckung gegeben.

2. Begründen Sie, ob es berechtigt ist, wenn private Unternehmen nach Gewinn streben.

- Gewinnstreben schützt die Unternehmen vor Unwirtschaftlichkeit. Dies ist die Voraussetzung zur Erhaltung der Unternehmen, der Arbeitsplätze und für optimale Bedarfsdeckung.
- Gewinn ist als Einkommen der Unternehmer berechtigt.
- Der Gewinnchance steht das Verlustrisiko gegenüber, das der private Unternehmer zu tragen hat.

3. Erklären Sie, wer den Jahresverlust eines
a) privaten Unternehmens,
b) eines öffentlichen Unternehmens trägt.

a) Unternehmer bzw. Eigenkapitalgeber (Verlust mindert das Eigenkapital).

b) Allgemeinheit der Steuerzahler (Verlust muss aus öffentlichen Haushalten und damit aus dem Steueraufkommen getragen werden).

4. Nachdem ein Einzelunternehmer seine Ergebnisrechnung im Vorjahr mit 45.000 EUR Verlust abschließen musste, gelang es ihm, in diesem Jahr 160.000 EUR Gewinn zu erwirtschaften. Bei einem Eigenkapital von 400.000 EUR entspricht dieser Gewinn einer Eigenkapitalverzinsung von 40 %.

Diskutieren Sie, ob es gerechtfertigt ist, dass der Unternehmer einen solchen Gewinn für sich beanspruchen darf.

- Dem Gewinn in Höhe von 160.000 EUR in diesem Jahr stehen 45.000 EUR Verlust im Vorjahr gegenüber. Über zwei Jahre betrachtet ergibt sich folgende Eigenkapitalverzinsung:

$$\frac{160.000\text{ EUR} - 45.000\text{ EUR}}{2\text{ Jahre}} = 57.500\text{ EUR durchschnittlicher Jahresgewinn}$$

$$\text{durchschnittliche Eigenkapitalverzinsung: } \frac{57.500\text{ EUR}}{400.000\text{ EUR}} \cdot 100 = \mathbf{14{,}375\ \%}$$

- Diese Verzinsung schließt bei einem Einzelunternehmer das Entgelt für die leitende Tätigkeit und Mitarbeit im Betrieb, den Unternehmerlohn, sowie eine Risikoprämie ein. So erscheint die Verzinsung nicht zu hoch.

5. Ordnen Sie folgende Betriebe gemäß der Tabelle im Lehrbuch, Seite 18, in entsprechende Gruppen ein:

a) Bauunternehmen,

b) Wasserkraftwerk,

c) Krankenkasse,

d) Apotheke,

e) Hotel,

f) Steuerberatungsbüro,

g) Chemiewerk,

h) Bäckerei,

i) Salzbergwerk,

j) Taxiunternehmen.

Fall	Funktion	Wirtschaftszweig
a)	Stoffverarbeitung	verarbeitende Industrie oder Handwerk
b)	Energiegewinnung	Energiewirtschaft
c)	Versicherungsschutz	Sozialversicherung
d)	Distribution	Handel
e)	sonstige Dienstleistungen	Gastgewerbe
f)	sonstige Dienstleistungen	Beratungsgewerbe
g)	Stoffverarbeitung	verarbeitende Industrie
h)	Stoffverarbeitung	Handwerk
i)	Stoffgewinnung	Bergbau
j)	Personen- und Sachbeförderung	Verkehrswirtschaft

6. a) Auf welche Weise ist die Natur an der Leistungserstellung beteiligt?
b) Nennen Sie die Kosten, die das Unternehmen für diesen Einsatz tragen muss.

a)
- Natur liefert *Rohstoffe:* Pflanzen, Tiere, Steine, Metalle.
- Natur liefert *Kraftstoffe* und *Energien:* Wasser, Kohle, Erdöl, Gas, Uran; Wind, Licht, Strahlungen.
- Natur liefert den *Standort* für jede Art von Produktion.

b)
- Stoffkosten
- Energiekosten
- Grundstückskosten (Pacht)

7. Erstellen Sie eine Aufstellung der Betriebsmittel sowie der Werkstoffe bzw. Waren

a) eines Industrieunternehmens,

b) eines Handelsunternehmens,

c) eines Dienstleistungsunternehmens.

Betriebsmittel:

a) *Beispiele:* Gebäude, Geschäftsausstattung, Transportmittel, Maschinen, Geräte, Werkzeuge, Kantine, Schutzeinrichtungen

b) *Beispiele:* Gebäude, Geschäftsausstattung, Transportmittel, Lagerfahrzeuge, Lagereinrichtung

c) *Beispiele:* Gebäude, Geschäftsausstattung, Fahrzeuge für Außendienstmitarbeiter

Werkstoffe bzw. Waren:

a) *Beispiele:* Roh-, Hilfs- und Betriebsstoffe, Fremdbauteile, Handelswaren

b) *Beispiel:* Handelswaren

c) *Beispiel:* entfällt

8. Ordnen Sie die angegebenen Kosten nach folgendem Muster dem jeweiligen Faktoreinsatz zu:

Kostenart	**entstanden durch den Einsatz des Produktionsfaktors**
a) Energiekosten	....
b) Miete für Lagerhalle	....
c) Sozialkosten	....
d) Instandhaltungskosten	....
e) Vertreterprovision	....
f) Fuhrparkkosten	....
g) Rohstoffverbrauch	....
h) Miete für Lagerplatz	....

Kostenart	entstanden durch den Einsatz des Produktionsfaktors
a) Energiekosten	Betriebsmittel
b) Miete für Lagerhalle	Betriebsmittel
c) Sozialkosten	Arbeitsleistung, dispositiver Faktor
d) Instandhaltungskosten	Betriebsmittel
e) Vertreterprovision	Arbeitsleistung, Elementarfaktor
f) Fuhrparkkosten	Betriebsmittel; Betriebsstoffe (Treibstoff), Arbeitsleistung (Fahrerlöhne)
g) Rohstoffverbrauch	Werkstoffe
h) Miete für Lagerplatz	Betriebsmittel

9. Wodurch unterscheidet sich die Arbeitsleistung bei den Elementarfaktoren von der Arbeitsleistung beim dispositiven Faktor?

- *Elementarfaktor:* hauptsächlich körperliche, ausführende Arbeit
- *Dispositiver Faktor:* hauptsächlich geistige, leitende Tätigkeit

10. Nennen Sie Mitarbeiter des Unternehmens, die dem dispositiven Faktor zugerechnet werden.

Unternehmer, leitende Angestellte (Manager), Organisatoren

11. Erklären Sie, warum Roh- und Hilfsstoffe zu den Werkstoffen, Vorrichtungen zur Lagerung von Rohstoffen aber zu den Betriebsmitteln gehören.

- Roh- und Hilfsstoffe werden *Erzeugnisbestandteile* im Fertigungsprozess.
- Vorrichtungen zur Lagerung von Rohstoffen gehören zur *technischen Voraussetzung* des Fertigungsprozesses.

12. Erörtern Sie, welchen Einfluss Klima, Bildung und Lebenseinstellung der Menschen auf die Wirtschaftsverhältnisse eines Landes haben.

Technologisch hochentwickelte Wirtschaftsverhältnisse setzen gehobene technisch-ökonomische Bildung, Fleiß und Arbeitswillen voraus. Diese können unterschiedlich entwickelt sein, wobei eine Abhängigkeit vom

- Klima (Bewohner der Sahara im Vergleich zu Westeuropäern) oder der
- Lebenseinstellung (Indianer der tropischen Regenwälder im Vergleich zu Einwohnern Chicagos)

bestehen kann.

13. Nennen Sie Beispiele

a) für unterschiedliche Faktorkombinationen bei der Produktion eines Gutes,

b) für die Substitution von Produktionsfaktoren in den vergangenen Jahren.

a) Herstellung von Kleidung: viel Handarbeit, wenig technische Hilfsmittel; oder wenig Handarbeit, maschinelle Fertigung

b) Teurer gewordene Arbeitskräfte werden durch Maschinen ersetzt, Büroarbeitskräfte durch Personalcomputer.

14. Was müsste geschehen, um die Verknappung und damit Verteuerung des Betriebsstoffes Energie in den Betrieben aufzufangen?

Energiesparende Produktionsformen entwickeln, mehr Energie erzeugen, Energie zurückgewinnen, Kostensteigerungen durch Einsparung anderer Kosten ausgleichen.

15. Worin besteht die Leistungserstellung

a) eines Industriebetriebes,

b) eines Handelsbetriebes?

a)
- Rohstoff- und Energiegewinnung
- Be- und Verarbeitung von Werkstoffen zur Fertigung von Erzeugnissen

b) Sortimentsbildung, Bereitstellung von Waren, Vorratshaltung, Absatzwerbung, Bedarfsweckung, Kundendienst, Bedienung und Beratung

2 Rechtliche Rahmenbedingungen des Wirtschaftens

2.1 Rechtssubjekte

S. 25

1. Welche der folgenden Personen oder Institutionen sind juristische Personen?

a) Sportclub Forchheim e. V.,

b) Richter beim Landgericht,

c) Stadtsparkasse Mannheim,

d) Bundesrepublik Deutschland,

e) Vorstandsmitglied einer AG.

Juristische Personen sind:

a) Sportclub Forchheim e.V.,

c) Stadtsparkasse Mannheim,

d) Bundesrepublik Deutschland.

2. Die 17-jährige Hildegard Gut absolviert eine Ausbildung zur Kauffrau im Groß- und Außenhandel.

a) Von der Ausbildungsvergütung stehen ihr monatlich 300 EUR als Taschengeld zur Verfügung. Eines Tages schließt sie einen Kreditvertrag zum Kauf eines Motorrollers über 2.000 EUR ab. Wie ist die Rechtslage?

b) Ein Onkel hat ihr für diesen Zweck 1.000 EUR geschenkt. Wie ist die Rechtslage?

c) Unter welchen Voraussetzungen könnte sie nach Beendigung des Ausbildungsverhältnisses den Betrieb wechseln?

d) Unter welchen Voraussetzungen könnte sie das Großhandelsgeschäft des kranken Vaters übernehmen?

a) Die Auszubildende ist minderjährig und deshalb beschränkt geschäftsfähig. Ein Kreditvertrag zieht Rückzahlungsverpflichtungen nach sich und kann wegen diesem Nachteil nicht von Minderjährigen abgeschlossen werden. Der Gesetzgeber erlaubt dies auch nicht mit Zustimmung der Eltern. Jeder Kreditvertrag muss zusätzlich vom Vormundschaftsgericht genehmigt werden. Der Vertrag ist ohne diese Genehmigung schwebend unwirksam. Genehmigt das Gericht nicht, ist der Vertrag unwirksam; § 1822 Nr. 8 BGB.

b) Es muss die Genehmigung der Eltern eingeholt werden, es sei denn, die Eltern waren mit der Schenkung der 1.000 EUR zu diesem Zweck einverstanden.

c)
- Hildegard ist noch minderjährig und wechselt nicht den Geschäftszweig: Die Zustimmung der Eltern ist nicht notwendig, da diese die Zustimmung für diesen Geschäftszweig bereits gegeben haben.
- Hildegard ist noch minderjährig und wechselt den Geschäftszweig: Die Zustimmung der Eltern ist notwendig.
- Hildegard ist inzwischen volljährig: Sie kann den Betrieb ohne Weiteres wechseln.

d) Die Übernahme eines Erwerbsgeschäftes durch Hildegard bedarf der Zustimmung des gesetzlichen Vertreters und der Genehmigung des Vormundschaftsgerichtes.

3. Wie ist die Rechtslage in folgenden Fällen?

a) Die 15-jährige Christine hat von ihrem Patenonkel als Geschenk ein Fahrrad erhalten. Da die Eltern seit einiger Zeit mit dem Onkel Streit haben, verlangen sie von Christine, das Fahrrad zurückzugeben.

b) Der 6-jährige Jörg kauft ohne Wissen der Eltern von seinen Ersparnissen im benachbarten Spielwarengeschäft einen Spielzeugpanzer. Da die Eltern damit nicht einverstanden sind, wollen sie das Spielzeug zurückbringen.

c) Die 6-jährige Angie kauft sich ohne Wissen der Eltern von ihren Ersparnissen eine Tüte Gummibärchen, die sie auch alle aufisst. Die Eltern sind gegen den Kauf von Süßigkeiten und bringen die leere Tüte dem Einzelhändler zurück.

d) Die 17-jährige Mitarbeiterin eines Reinigungsunternehmens kündigt ihrem Arbeitgeber. Der Vater will mit einem Schreiben die Kündigung rückgängig machen.

a) Christine ist beschränkt geschäftsfähig. Sie kann mit ihrem Onkel einen Schenkungsvertrag, der ihr nur rechtliche Vorteile bringt, rechtswirksam abschließen. Sie muss das Fahrrad nicht zurückgeben.

b) Jörg ist geschäftsunfähig. Es konnte kein Kaufvertrag zustande kommen, da die Willenserklärung des 6-jährigen Jörg nichtig ist. Die Eltern haben das Recht, das Spielzeug zurückzubringen und das Geld zurückzufordern.

c) Angie ist geschäftsunfähig. Es konnte kein Kaufvertrag zustande kommen, da die Willenserklärung der 6-jährigen Angie nichtig ist. Die Eltern haben das Recht, die leere Tüte zurückzubringen und das Geld zurückzufordern.

d) Die Mitarbeiterin ist grundsätzlich beschränkt geschäftsfähig, für diesen Arbeitsvertrag aber partiell unbeschränkt geschäftsfähig. Sie kann mit voller Wirksamkeit kündigen. Das Recht zur Kündigung ergibt sich aus der Genehmigung des Vaters für den Abschluss dieses Arbeitsvertrages. Der Vater kann die Kündigung nicht rückgängig machen.

2.2 Rechtsobjekte

S. 28

1. Stellen Sie fest, um welche Art von Rechtsobjekt es sich handelt.

a) Wohnhaus,

b) Forderung,

c) Pferd,

d) Lizenz.

a) unbewegliche Sache (Immobilie)

b) Recht

c) Tiere sind besondere Rechtsobjekte, auf welche die gesetzlichen Vorschriften über Sachen anzuwenden sind, soweit nicht Tierschutzbestimmungen entgegenstehen.

d) Recht

2. Kurt Fröhlich und Ulrich Seitz unterhalten sich. Kurt meint: »Ein Tier muss im Rechtsverkehr wie ein Mensch behandelt werden, denn beide sind Lebewesen.« »Aber Tiere kann man doch kaufen und verkaufen wie eine Ware«, entgegnet ihm Ulrich. Nehmen Sie Stellung zu diesen Aussagen. Beachten Sie dabei die §§ 90–103 BGB.

- Kurt hat insoweit Recht, als Tiere nach § 90a, S. 1 und 2 BGB nicht als Sachen gelten; sie werden durch besondere Tierschutzbestimmungen als Lebewesen behandelt und geschützt.
- Auch Ulrichs Aussage ist grundsätzlich nicht falsch, da nach § 90a, S. 3 BGB die für Sachen geltenden Vorschriften auch auf Tiere anzuwenden sind, soweit nichts anderes bestimmt ist. Einem Kauf oder Verkauf von Tieren stehen keine Rechtsbestimmungen entgegen. Dabei ist jedoch der Tierschutz zu beachten.

3. Wie ist die jeweilige Rechtslage?

a) Es wird Ihnen Ihr eigenes oder ein entliehenes Fahrrad entwendet. Sie haben den Dieb auf frischer Tat ertappt bzw. nach zwei Tagen entdeckt.

b) Der Mieter eines Lagerhauses gibt den Raum nicht frei, obwohl der Vermieter rechtzeitig gekündigt hat.

c) Der Mieter nimmt ohne Erlaubnis des Vermieters bauliche Veränderungen vor.

a) Wird der Dieb auf frischer Tat ertappt, dann kann man ihm das Fahrrad mit angemessener Gewalt wegnehmen (Selbsthilferecht). Wird der Dieb aber erst später entdeckt, muss man die Herausgabe verlangen bzw. auf Herausgabe klagen (Beseitigung der Besitz- bzw. Eigentumsstörung).

b) Der Vermieter muss eine Räumungsklage einreichen.

c) Da der Mieter nur Besitzer, nicht aber Eigentümer ist, darf er keine baulichen Veränderungen vornehmen. Der Vermieter kann die Beseitigung verlangen, gegebenenfalls kann er klagen.

4. Wann und wo geht in den folgenden Fällen das Eigentum an einer Ware auf den Käufer über?

a) Der Käufer kauft die Ware im Laden und nimmt sie mit (Handkauf).

b) Der Verkäufer sendet die Ware dem Käufer am gleichen Platz zu (Platzkauf).

c) Verkäufer und Käufer wohnen an verschiedenen Orten und der Verkäufer sendet die Ware mithilfe eines Paketdienstleisters zu (Versendungskauf).

a) Mit der Übergabe der Ware im Laden (Einigung + Übergabe).

b) Mit der Übergabe in der Wohnung bzw. im Geschäft des Käufers.

c) Mit der Übergabe der Ware an den Paketdienstleister.

5. Frau Reich kauft einen Perserteppich gegen sofortige Zahlung.

a) Zu welchem Zeitpunkt erwirbt sie das Eigentum?

b) Nach einigen Tagen erhält sie die polizeiliche Aufforderung, den Teppich abzuliefern, da er aus einem Einbruchdiebstahl stamme. Was kann sie bezüglich des Teppichs beziehungsweise des gezahlten Kaufpreises unternehmen?

a) Bei der Übergabe des Teppichs.

b) Sie muss den Teppich herausgeben, da an gestohlenen Sachen kein Eigentum erworben werden kann. Der Händler muss den bezahlten Kaufpreis zurückerstatten.

6. Wann werden Sie in folgenden Fällen Eigentümer (Begründung)?

a) Sie schließen am 15. Oktober im Computershop einen Kaufvertrag über einen PC mit Zubehör. Sie bezahlen sofort mit ec cash. Die Anlage wird erst am 30. Oktober geliefert.

b) Sie kaufen am 1. Juni im Fahrradgeschäft ein Rennrad für 1.000 EUR und nehmen es sofort mit. Die Zahlung soll innerhalb eines Monats erfolgen.

a) Bei Lieferung am 30. Oktober, da erst zu diesem Zeitpunkt die Übergabe des PCs erfolgt.

b) Bei Übergabe des Rennrades am 1. Juni, sofern der Verkäufer sich nicht das Eigentum bis zur Zahlung des Kaufpreises vertraglich vorbehalten hat.

7. Die Geschäftsführerin der Kopier- und Textverarbeitungs-GmbH verkauft ihrer Mitarbeiterin Marianne Schreiber einen Drucker, dessen Kaufpreis drei Monate später mit der Entgeltzahlung verrechnet werden soll. Noch vor der Zahlung verkauft und übergibt Marianne den Drucker an ihre Freundin Brigitte.

a) Begründen Sie, wer nach diesen Vorgängen Eigentümerin ist.

b) Wie ist die Situation rechtlich zu beurteilen, wenn Brigitte wusste, dass Marianne den Drucker noch nicht bezahlt hatte?

a) Marianne Schreiber wurde Eigentümerin des Druckers durch Einigung und Übergabe, auch wenn der Kaufpreis noch nicht verrechnet war. Das Eigentum geht aber durch Einigung und Übergabe auf Freundin Brigitte über, da Marianne rechtmäßige Eigentümerin war.

b) Da der Drucker von der Geschäftsführerin der GmbH nicht unter Eigentumsvorbehalt an Marianne Schreiber verkauft wurde, war diese durch Einigung und Übergabe Eigentümerin geworden, nicht erst mit der Zahlung. Somit wurde die Freundin Brigitte ebenfalls Eigentümerin durch Einigung und Übergabe. Ihr Wissen darum, dass Marianne den Drucker noch nicht bezahlt hatte, hat keinen Einfluss auf den Eigentumserwerb.

8. Sie kaufen von einer Bekannten ein Surfbrett. Es stellt sich heraus, dass das Surfbrett durch ein Sportgeschäft vermietet wurde. Wie ist die Rechtslage?

Obwohl die Bekannte an dem gemieteten Surfbrett kein Eigentum erworben hatte, wird der Käufer Eigentümer, sofern er im »guten Glauben« ist, die Verkäuferin sei Eigentümerin.

9. Sie verhandeln mit Frau Weber über den Erwerb eines Grundstücks. Mit Schreiben vom 20. Juni erklärt sich Frau Weber mit dem Verkauf einverstanden. Die Grundstücksauflassung erfolgt am 15. Juli in Anwesenheit beider Vertragspartner vor dem Notar. Gleichzeitig wird die Eintragung der Grundstücksübereignung im Grundbuch beantragt. Am 10. August erfolgt die Umschreibung.

a) Wann fand der rechtswirksame Abschluss des Kaufvertrages statt?

b) Welche Rechte haben Sie dadurch erworben?

c) Wann wurden Sie Eigentümer des Grundstücks?

d) Welche Rechte haben Sie als Eigentümer des Grundstücks erlangt?

a) Grundstückskaufverträge bedürfen der notariellen Beurkundung (§ 925 S. 1 BGB). Ein ohne Beachtung dieser Formvorschrift geschlossener Vertrag wird gültig, wenn die Auflassung und die Eintragung in das Grundbuch erfolgen, also am 10. August. Da eine Auflassung erst erfolgen soll, wenn die notariell beglaubigte Beurkundung über den Grundstückskauf vorliegt, wird der Notar beim Termin der Auflassung am 15. Juli auf Abschluss des notariell beurkundeten Kaufvertrages drängen. Damit wurde der Kaufvertrag rechtswirksam schon am 15. Juli geschlossen.

b) Der Käufer hat mit Abschluss des Kaufvertrages den Rechtsanspruch auf Eigentumsübertragung erworben.

c) Für die Eigentumsübertragung ist nicht der Termin des Kaufvertragsabschlusses maßgeblich, sondern der Vollzug von Auflassung und Eintragung im Grundbuch, also der 10. August.

d) Der Eigentümer hat die rechtliche Herrschaft über das Grundstück. Er kann es nutzen, belasten und weiterveräußern, vermieten und verpachten.

2.3 Rechtsgeschäfte

S. 36

1. Warum kann Formfreiheit nicht für alle Rechtsgeschäfte gelten?

Formfreiheit kann für bestimmte Rechtsgeschäfte nicht gelten, weil bei diesen Rechtsgeschäften erhöhte Rechtssicherheit, einwandfreie Beweisbarkeit und Schutz vor Leichtfertigkeit notwendig sind.

2. Entscheiden und begründen Sie, ob in folgenden Fällen eine rechtsgeschäftliche Willenserklärung vorliegt:

a) Herr Birk legt einige Lebensmittel auf das Kassenband des Supermarktes.

b) Die Groß KG schickt eine Anfrage wegen einer Maschine an die Maschinenfabrik Schneider GmbH.

c) Herr Luib steigt in die Straßenbahn ein.

d) Die 20-jährige Franziska verabredet sich mit ihrer Freundin zu einem Kinobesuch.

e) Franziska bestellt telefonisch eine Konzertkarte.

f) Frau Schwarz sagt einer Studentin ein Zimmer ihres Hauses für ein Semester zu.

a) Ja. Schlüssiger (konkludenter) Antrag zum Abschluss eines Kaufvertrages.

b) Nein. Anfrage ist unverbindlich, kein Kaufantrag.

c) Ja. Konkludenter Antrag zum Abschluss eines Beförderungsvertrages (Werkvertrages).

d) Nein. Unverbindliche Verabredung.

e) Ja. Formfreier Antrag zum Abschluss eines Kaufvertrages.

f) Ja. Mietvertrag für die Dauer von unter einem Jahr benötigt keine Schriftform.

3. Ein Mieter kündigt den Mietvertrag. Wie ist die jeweilige Rechtslage?

a) Er lässt das Kündigungsschreiben auf seinem Schreibtisch liegen.

b) Er übergibt das Schreiben rechtzeitig persönlich dem Vermieter.

c) Er wirft das Kündigungsschreiben rechtzeitig in den Briefkasten des Vermieters, weil sich dieser zurzeit im Urlaub befindet.

a) Die Kündigung ist nicht rechtswirksam, da sie nicht in den Herrschaftsbereich des Vermieters gelangt ist (empfangsbedürftige Willenserklärung).

b) Die Kündigung ist rechtswirksam, da der Vermieter sie persönlich empfangen hat.

c) Die Kündigung ist rechtswirksam, da der Briefkasten zum Herrschaftsbereich des Vermieters gehört.

4. Begründen Sie, ob folgende Rechtsgeschäfte gültig sind:

a) Ein maschinenschriftlich abgefasstes und eigenhändig unterschriebenes Testament,

b) ein mündlich abgeschlossener Vertrag über den Kauf eines Gebrauchtwagens,

c) ein schriftlich abgefasster Vertrag über den Kauf eines Hauses,

d) ein mündlich abgeschlossener Vertrag über die Vermietung eines Wohnhauses für die Dauer von fünf Jahren (vgl. § 550 BGB).

a) Nichtig: Privattestamente müssen handschriftlich abgefasst sein.

b) Rechtswirksam: für Kaufverträge über bewegliche Sachen besteht Formfreiheit.

c) Nichtig: Grundstückskaufverträge müssen notariell beurkundet werden.

d) Ausnahmsweise *rechtswirksam*, obwohl ein Wohnungsmietvertrag, der auf längere Zeit als ein Jahr abgeschlossen wird, der Schriftform bedarf. Nach § 550 BGB gilt der Vertrag auf unbestimmte Zeit abgeschlossen, er kann frühestens zum Schluss des ersten Vertragsjahres gekündigt werden. Nur dann *nichtig*, wenn die Schriftform vertraglich vereinbart wurde (§ 125 S. 2 BGB).

5. Welche Vertragsarten liegen vor?

a) Jemand »leiht« bei der Bank 10.000 EUR.

b) Jemand »leiht« ein Auto und zahlt 0,60 EUR je gefahrenen Kilometer.

c) Jemand »leiht« ein Buch von einem Freund.

d) Eine Hausfrau »leiht« bei der Nachbarin 20 EUR zur Bezahlung der Nachnahme.

e) Die Kauffrau Steffi Reuther lässt ihren Geschäftswagen reparieren.

f) Für die Zeit der Reparatur »leiht« sich Frau Reuther einen Wagen von der »Autoverleih Klocke & Klober GmbH«.

g) Frau Reuther hilft ihrem Angestellten Kurz finanziell bei der Anschaffung von Möbeln. Er zahlt monatlich 80 EUR zurück.

h) Für den Umzug stellt Frau Reuther ihrem Angestellten kostenlos den Kleintransporter des Unternehmens zur Verfügung.

i) Frau Reuther stellt zwei Mitarbeiter ein.

a) Darlehensvertrag

b) Mietvertrag

c) Leihvertrag

d) Sachdarlehensvertrag

e) Werkvertrag

f) Mietvertrag

g) Darlehensvertrag

h) Leihvertrag

i) Dienstvertrag

6. Der 18-jährige Kurt Braun beabsichtigt, einen Gebrauchtwagen zu kaufen. Da er den Kaufpreis nicht in voller Höhe aufbringen kann, will er einen Kredit aufnehmen. Bei der Besichtigung des Wagens stellt er fest, dass er noch einige Reparaturen ausführen lassen muss. Außerdem weiß er, dass auch Kosten für die Versteuerung und Versicherung des Autos entstehen werden.

Nennen Sie die Verträge, die Kurt Braun in diesem Zusammenhang abschließen muss.

- Gebrauchtwagenkauf: Kaufvertrag
- Kreditaufnahme: Darlehensvertrag
- Reparaturen: Werkvertrag
- Versicherung: Versicherungsvertrag

7. Wie ist die Rechtslage in folgenden Fällen?

a) Ein Waffenschieber schließt einen Kaufvertrag über die Lieferung von Maschinenpistolen ab.

b) Die Jungunternehmerin Carola Unseld erhält von der Computech AG ein schriftliches Angebot über einen PC neuester Technik zum Preis von 1.200 EUR. Da ihr das Angebot außerordentlich günstig erscheint, bestellt sie sofort. Kurz darauf erhält sie eine Mitteilung von der Computech AG, dass sich der Sachbearbeiter beim Ausfüllen des Angebotsformulars vertippt habe und der Preis des PC 2.100 EUR betrage.

c) Der Vorstand eines Kegelclubs hat vor vier Wochen für eine Wochenend-Ausflugsfahrt einen Reisebus bestellt. Der Wetterbericht kündigt am Freitag vor dem Ausflug nasskaltes, regnerisches Wetter an. Der Vorstand möchte deshalb die Bestellung wegen Irrtums anfechten.

d) Bei der Inbetriebnahme eines als fabrikneu verkauften Computers stellt der Käufer fest, dass das Gerät bereits als Vorführgerät eingesetzt war.

e) Ein Gastwirt schließt mit einem in der Tageszeitung inserierenden Finanzierungsinstitut einen Kreditvertrag ab, in dem ein Zinssatz von 3 % je Monat festgelegt ist.

a) Kaufvertrag ist nichtig: Verstoß gegen gesetzliches Verbot.

b) Kaufvertrag ist anfechtbar: Irrtum in der Erklärung.

c) Vertrag ist nicht anfechtbar: kein Inhaltsirrtum, sondern Motivirrtum.

d) Vertrag ist anfechtbar: arglistige Täuschung.

e) Kreditvertrag ist nichtig: Verstoß gegen die guten Sitten (Wucherzinssatz 36 % im Jahr) und Ausnutzen einer finanziellen Notlage.

8. Die Auszubildende Petra hat vor Kurzem ihre Führerscheinprüfung bestanden und sucht nun einen Gebrauchtwagen. In der Zeitung liest sie folgende Anzeige:

VW Polo, Bj. 2009, viel Zubehör, 2.000 EUR, Tel. 0621 258591. Sie vereinbart einen Besichtigungstermin. Da der Wagen nicht ganz ihren Erwartungen entspricht, bietet Petra nur 1.800 EUR. Nach einigem Hin und Her ist der Verkäufer bereit, den Wagen für 1.900 EUR zu veräußern. Petra zahlt daraufhin den Kaufpreis.

a) Beschreiben Sie, durch welche Willenserklärungen der Kaufvertrag zustandegekommen ist.

b) Bei der nächstfälligen Inspektion stellt sich heraus, dass der Kilometerzähler zurückgedreht worden war. Petra ist nun der Meinung, der Kaufvertrag sei nichtig und sie würde ohne Weiteres ihr Geld zurückbekommen. Begründen Sie, ob Petra Recht hat.

c) Petra droht dem Verkäufer, vor Gericht zu gehen, wenn sie nicht sofort den Kaufpreis erstattet bekomme. Dieser antwortet, dass er sich nicht drohen lasse; außerdem verstoße die Drohung gegen das Gesetz. Beurteilen Sie die Meinung des Verkäufers.

a) Der Kaufvertrag ist zustandegekommen durch
   - das Angebot des Verkäufers, den Gebrauchtwagen für 1.900 EUR abzugeben, und
   - die Annahme seitens der Käuferin (Bereitschaft zur Zahlung).

   Die Zeitungsanzeige stellt kein Angebot im rechtlichen Sinne dar. Sie ist nur eine Anpreisung an die Allgemeinheit.

b) Manipulation am Kilometerzähler ist arglistige Täuschung. Der Kaufvertrag wird durch Anfechtung nichtig.

c) Bei Nichtigkeit des Kaufvertrages infolge Anfechtung hat die Käuferin einen Anspruch auf Erstattung des Kaufpreises. Die Drohung mit dem Gericht ist nicht widerrechtlich.

2.4 Vertragsfreiheit und Allgemeine Geschäftsbedingungen

1. Erläutern Sie den Begriff der Vertragsfreiheit in der Bundesrepublik Deutschland. S. 39

Die Vertragsfreiheit ist durch das Grundgesetz geschützt und bedeutet, dass jeder Verträge schließen darf. Dabei ist die Wahl des Vertragspartners und des Vertragsgegenstandes frei. Einschränkungen bestehen nur, wenn ein Vertrag gegen herrschendes Recht, gesetzliche Verbote oder die guten Sitten verstößt.

Die Vertragsfreiheit lässt sich untergliedern in die Abschlussfreiheit, in die Inhaltsfreiheit und in die Formfreiheit.

2. In welchen Bereichen schränkt der Staat die Vertragsfreiheit ein?

Die Vertragsfreiheit wird dann eingeschränkt, wenn der Schutzbedürftigkeit des Einzelnen bzw. der Allgemeinheit ein Vorrang eingeräumt wird.

Beispiele:

- Einschränkung der Abschlussfreiheit durch die beschränkte Geschäftsfähigkeit von Personen.
- Einschränkung der Inhaltsfreiheit durch das Verbot des Tätigens bestimmter Geschäfte, z. B. Rauschgifthandel, bzw. durch das Setzen von Auflagen, z. B. im Handel mit Arzneimitteln.
- Einschränkung der Formfreiheit, indem die Gültigkeit von Verträgen von der Form abhängt, z. B. die notarielle Beurkundung beim Grundstückskauf.

3. Begründen Sie, warum unser Wirtschaftsleben nicht ohne Vertragsfreiheit denkbar ist.

Der freie Austausch von Gütern und Leistungen auf dem Markt ist nur möglich, wenn die Menschen das Recht haben, ihre Beziehungen zueinander durch Verträge frei zu gestalten.

4. Unsere Rechtsordnung enthält Bestimmungen, die auch durch Vertrag nicht geändert werden können. Geben Sie Beispiele dafür an.

Aus Gründen der Schutzbedürftigkeit des Einzelnen enthält die Rechtsordnung Bestimmungen, die durch Verträge nicht geändert werden können.

Beispiele: AGB-Vorschriften im BGB zur Verhinderung des Missbrauchs der Vertragsfreiheit durch Ausnutzen der Marktmacht in Mangelsituationen; Verbot von Wucherzinsen von Kreditgebern; Arbeitsschutzgesetze zur Verhinderung der Ausbeutung von Arbeitnehmern in Notlagen.

5. Warum gelten die Bestimmungen der AGB-Paragrafen im Regelfall nur gegenüber Verbrauchern?

Bei Unternehmern werden entsprechende Rechtskenntnisse vorausgesetzt. Verbraucher haben nur selten mit AGB zu tun und sollen mangels Rechtskenntnissen besonders geschützt werden.

6. Entscheiden Sie, ob folgende Klauseln in den AGB eines Händlers gegenüber Verbrauchern Gültigkeit haben:

a) Mängel an der Ware können nur innerhalb von 14 Tagen geltend gemacht werden.

b) Vereinbarte Preise gelten nur bei Lieferung innerhalb von zwei Monaten nach Vertragsabschluss.

c) Rücktritt vom Kaufvertrag wird als Gewährleistungsanspruch ausgeschlossen.

a) Ungültig: Die gesetzliche Gewährleistungsfrist von zwei Jahren darf durch AGB höchstens auf ein Jahr verkürzt werden.

b) Ungültig: Preiserhöhungsfristen in AGB von weniger als vier Monaten sind unwirksam.

c) Ungültig: Rücktritt und Recht auf Schadensersatz beim Lieferungsverzug können durch AGB nicht ausgeschlossen werden.

7. Was kann ein Händler gegenüber einem Verbraucher unternehmen, um Bestimmungen, die in den AGB unwirksam wären, rechtswirksam zu vereinbaren?

Solche Bedingungen muss der Unternehmer mit dem Verbraucher im Kaufvertrag ausdrücklich vereinbaren.

8. Die Pauli GmbH, Sanitär- und Heizungsfachbetrieb, legt einem Angebot an Erika Faber – eine private Bauherrin – über die Lieferung von Material zur Sanitärinstallation ihre Allgemeinen Geschäftsbedingungen bei. Frau Faber bestellt zu den Bedingungen des Angebotes.

a) Prüfen Sie mithilfe des Gesetzes, ob die AGB Vertragsbestandteil geworden sind.

b) In den AGB stehen u.a. folgende Klauseln:

- **»Bei Nachbesserung im Rahmen von Gewährleistungsansprüchen übernimmt der Kunde die Wege- und Arbeitskosten.«**
- **»Reklamationen sind nur innerhalb von 30 Tagen möglich.«**

Begründen Sie anhand des Gesetzes, ob diese Klauseln wirksam sind.

a) Nach § 305 (2) BGB werden Allgemeine Geschäftsbedingungen nur dann Vertragsbestandteil, wenn die Pauli GmbH bei Vertragsabschluss

- ausdrücklich auf diese hingewiesen bzw. diese deutlich sichtbar am Ort des Vertragsabschlusses ausgehängt hat,
- und die Kundin mit ihrer Geltung einverstanden war.

Da Frau Faber zu den Bedingungen des Angebotes bestellt hat, gelten unter den genannten Voraussetzungen grundsätzlich die AGB.

b) Verbraucher wie Frau Faber werden dennoch durch die AGB vor ungünstigen Bedingungen geschützt:

- Die Verpflichtungsklausel zur Übernahme der Wege- und Arbeitskosten durch die Kundin ist nach § 309 Z. 8. b) cc) BGB unwirksam.
- Die Vertragsklausel zur Verkürzung der Gewährleistungsfrist (nach § 438 BGB zwei Jahre) ist nach § 309 Z. 8. b) ff. BGB unwirksam, wenn sie weniger als ein Jahr beträgt.

2.5 Zustandekommen des Kaufvertrages

1. Warum richtet ein Kaufmann an seine Kunden häufig freibleibende Angebote? S. 47

Der Kaufmann will die Angebotsbindung *offen* halten, d.h. die Lieferung überhaupt oder die Preise bzw. die Lieferungs- und Zahlungsbedingungen. Dadurch können mehr Angebote erteilt werden als maximal Kunden beliefert werden könnten.

2. Wie kann sich der Händler verhalten, der kurz nach Absendung seines brieflichen Angebotes erfährt, dass der Einkaufspreis für die angebotene Ware gestiegen ist?

Sofortiger Widerruf mittels Telefon, Telefax, E-Mail, Rückruf des (eingeschriebenen) Angebotsbriefes.

3. Der Bürofachhändler Karl Lang e. K., Mainz, macht dem Kunden Fritz Kaiser, Kassel, ein schriftliches Angebot über Fotokopierpapier zu 4,50 EUR je 500-Blatt-Packung, bei Abnahme von mindestens 100 Packungen zu 4,00 EUR. Der Brief wird am 20. Mai zur Post gegeben.

a) Kaiser antwortet auf das Angebot überhaupt nicht. Welche rechtliche Wirkung ergibt sich daraus?

b) Da am 30. Mai keine Bestellung vorliegt, verkauft Lang die Ware anderweitig. Am 31. Mai trifft von Kaiser eine Bestellung ein. Wie ist die Rechtslage?

c) Aus dem Poststempel und dem Briefdatum ergibt sich, dass Kaiser seinen Bestellbrief am 23. Mai, abends, zur Post gegeben hatte. Die Zustellung ist offensichtlich durch die Post verzögert worden. Wie wird sich Lang verhalten?

d) Angenommen, am 22. Mai bestellt Kaiser 60 Packungen zu 3,00 EUR je Packung. Wie stellt sich Lang dazu?

e) Lang, dessen Angebot am 20. Mai abgesandt wurde, kann noch am selben Tag die Ware teurer an einen anderen Kunden verkaufen. Was kann er unternehmen, um den für ihn günstigeren Verkauf vornehmen zu können?

a) Das Angebot *erlischt.*

b) Da das Angebot vor Eintreffen der Bestellung erloschen war, kommt ein Kaufvertrag *noch nicht* zustande. Die Bestellung ist ein neuer Antrag.

c) Lang ist trotz rechtzeitiger Absendung der Bestellung *nicht* an sein Angebot gebunden. Er muss Kaiser aber unverzüglich davon benachrichtigen, dass sich die Post verspätet hatte.

d) Die Angebotsbedingungen wurden durch die Bestellung abgeändert. Ein Vertrag kommt *nicht* zustande. Die Bestellung ist ein neuer Antrag.

e) *Widerruf* des Angebotes; er muss spätestens gleichzeitig mit dem Angebot beim Kunden eintreffen. Der Widerruf könnte jedoch den Kunden verärgern.

4. Das Unternehmen Schäfer & Co. KG, Textilgroßhandlung, ..., unterbreitet dem Bekleidungshaus Wilhelm Kaufmann e. K., ..., auf die vorausgegangene Anfrage vom ... ein Angebot nach beiliegendem Musterbuch und Preisliste. Die Preise verstehen sich ab Werk einschließlich Verpackung. Lieferung innerhalb sechs Wochen nach Auftragseingang möglich. Zahlung zwei Monate nach Rechnungserteilung ohne Abzug, innerhalb 14 Tagen mit 3 % Skonto. Eine Auswahl von Stoffproben liegt bei.

Verfassen Sie das Angebotsschreiben. Weisen Sie dabei besonders auf die Güte der Stoffe und der Verarbeitung hin.

Brieftext: Wir danken für Ihre Anfrage vom ... und unterbreiten Ihnen hiermit das gewünschte Angebot nach beiliegendem Musterbuch. Damit Sie sich von der ausgezeichneten Qualität unserer Stoffe überzeugen können, legen wir eine Auswahl von Stoffproben bei. Außerdem garantieren wir eine einwandfreie Verarbeitung der Stoffe. Die Preise laut beigefügter Preisliste verstehen sich ab Werk einschließlich Verpackung. Wir sind in der Lage, Sie innerhalb sechs Wochen nach Auftragseingang zu beliefern. Unsere Zahlungsbedingungen lauten: Zahlung innerhalb zwei Monaten nach Rechnungserteilung ohne Abzug, innerhalb von 14 Tagen mit 3 % Skonto. Wir hoffen, bald Ihren Auftrag zu erhalten. Wir sind sicher, dass wir Ihnen ein interessantes Angebot unterbreiten konnten und garantieren Ihnen eine zuverlässige Auftragsabwicklung.

5. In der Verkaufsabteilung der Techno AG geht eine Bestellung ein, die sich auf ein vor längerer Zeit abgegebenes Angebot bezieht. Der Auszubildende Marc Gruber veranlasst ohne Rücksprache mit seinem Vorgesetzten die Lieferung.

a) Der Vorgesetzte des Auszubildenden ist, sobald er von diesem Vorgang erfährt, sehr verärgert. Er hätte die Bestellung abgelehnt. Welche Gründe sind dafür denkbar?

b) Angenommen, der Kunde der Techno AG hätte seine Bestellung widerrufen wollen. Welche Ursachen könnten hierfür infrage kommen? Erläutern Sie außerdem die Möglichkeiten und Grenzen des Widerrufs.

c) Wieso kam in obigem Fall ein rechtswirksamer Kaufvertrag zustande, obwohl keine Bestellungsannahme erfolgte?

d) Bilden Sie Beispiele, in denen eine Bestellungsannahme für das Zustandekommen des Kaufvertrages erforderlich ist.

a) *Denkbare Gründe:*

- Das Angebot war freibleibend; der Vorgesetzte wollte sich die Lieferungsentscheidung vorbehalten.
- Die Bedingungen in der Bestellung wichen von den Angebotsbedingungen ab, waren ungünstiger.
- Der Vorgesetzte hat über den Besteller ungünstige Auskünfte erhalten (Zahlungsmoral, Zahlungsschwierigkeiten).

b) *Beispiele für Widerrufsursachen:*

- Der Kunde hat nach der Bestellung ein noch günstigeres Angebot von einem anderen Lieferanten erhalten.
- Der Geschäftsverlauf hat sich beim Kunden rückläufig entwickelt, sodass er die Lieferung nicht mehr benötigt.

Da eine Bestellung erst wirksam wird, wenn sie dem Lieferanten zugegangen ist, kann sie bis zum Eintreffen beim Empfänger widerrufen werden. Der Widerruf muss möglichst vor, spätestens gleichzeitig mit der Bestellung beim Lieferanten eingehen.

Eine briefliche Bestellung könnte also umgehend per Telefon, Telefax oder E-Mail widerrufen werden.

c) Das Angebot war unbefristet und verbindlich. Die Bestellung entsprach den Bedingungen des Angebotes.

d) *Beispiele:*
- Der Bestellung war kein Angebot vorausgegangen.
- Ein der Bestellung vorausgegangenes Angebot war unverbindlich.
- Eine Angebotsfrist war bei der Bestellung abgelaufen.
- Die Angebotsbedingungen wurden in der Bestellung abgeändert (Preis, Lieferungs- und Zahlungsbedingungen).

6. In welchem Falle gilt die Bestellung beim Vertragsabschluss

a) als Antrag, b) als Annahme?

a) Die Bestellung gilt als *Antrag*, wenn
- kein Angebot vorausging,
- ein unverbindliches Angebot vorausging,
- die Bestellung inhaltlich mit dem vorausgegangenen Angebot nicht übereinstimmt,
- die Bestellung nach Ablauf einer Angebotsfrist eingeht.

b) Die Bestellung gilt als *Annahme*,
- wenn sie auf ein verbindliches Angebot folgt,
- wenn sie rechtzeitig (innerhalb einer Angebotsfrist) eingeht,
- wenn sie inhaltlich mit dem Angebot übereinstimmt.

7. Ein Hobbygärtner erhält von einem Solinger Stahlwarenhändler unbestellt eine Heckenschere zugesandt. Im Begleitschreiben wird mitgeteilt, dass die Schere bezahlt werden müsse, falls sie nicht binnen 14 Tagen zurückgeschickt werde. Der Empfänger ist jedoch nicht an der Heckenschere interessiert, legt sie zu den übrigen Gartengeräten und vergisst sie. Nach vier Wochen erhält er eine Mahnung.

a) Begründen Sie, ob der Empfänger sich richtig verhalten hatte.

b) Begründen Sie, ob er den Kaufpreis bezahlen muss.

c) Wer hat den Schaden zu tragen, wenn die Schere wie die übrigen Gartengeräte durch Regenwasser infolge eines Unwetters verrostet ist?

d) Wie ändert sich die Rechtslage, wenn es sich um die Beziehung zwischen
- **Kaufleuten mit bestehender Geschäftsverbindung,**
- **Kaufleuten ohne Geschäftsverbindung**

handelt?

a) Ja, er hat sie so aufbewahrt, wie er üblicherweise mit seinen Gartengeräten verfährt.

b) Nein; es besteht weder eine Rücksendungs- noch eine Aufbewahrungs- oder Zahlungspflicht.

c) der Stahlwarenhändler

d) – Kaufleute mit bestehender Geschäftsverbindung: Sofern es sich um eine übliche Lieferung handelt, führt das Stillschweigen zur Annahme. Will der Empfänger jedoch ablehnen, muss er eine Mitteilung darüber vornehmen und später die Rücksendung veranlassen.

– Kaufleute ohne Geschäftsverbindung: Das Stillschweigen bedeutet Ablehnung. Der Empfänger ist zur Aufbewahrung verpflichtet, jedoch nicht zur Rücksendung.

8. Begründen Sie, weshalb der Kaufvertrag ein zweiseitig verpflichtendes Rechtsgeschäft ist.

Durch den Kaufvertrag werden *Verkäufer und Käufer* verpflichtet:

- der Verkäufer zu vertragsmäßiger und rechtzeitiger Lieferung,
- der Käufer zur Annahme und Zahlung.

9. Stellen Sie dar, unter welchen Voraussetzungen ein Kaufvertrag ordnungsgemäß erfüllt ist.

- Für den *Verkäufer*, wenn er den Kaufgegenstand mangelfrei und rechtzeitig übertragen und den Kaufpreis angenommen hat;
- für den *Käufer*, wenn er den Kaufgegenstand angenommen und den Kaufpreis rechtzeitig bezahlt hat.

10. Sie kaufen im Fachgeschäft einen Motorroller. Stellen Sie dar, welche Vorgänge dabei

a) zum Vertragsabschluss führen,

b) zur Vertragserfüllung gehören.

a) Angebot und Bestellung (Auftrag) bzw. Bestellung (Auftrag) und Bestellungsannahme (Auftragsbestätigung).

b) Übergabe und Annahme des Motorrollers, Zahlung und Annahme des Kaufpreises.

11. In welchen Fällen ist ein Kaufvertrag zustande gekommen? Begründen Sie Ihre Aussage.

a) Schriftliche Bestellung auf ein mündlich erteiltes Angebot.

b) Bestellung per Telefax auf ein freibleibendes Angebot.

c) Bestellung auf ein unverbindliches Angebot.

d) Bestellung und Bestellungsannahme.

e) Annahme eines befristeten Angebotes nach Ablauf der Angebotsfrist.

a) – Ja, sofern die schriftliche Bestellung noch *während* des Verkaufsgesprächs aufgenommen wird (z. B. auf Bestellvordruck bei einem Ladenkauf).

– Nein, wenn die schriftliche Bestellung erst *nach Beendigung* des Verkaufsgesprächs erfolgt.

b) Nein. Eine Bestellung auf ein freibleibendes Angebot ist erst ein Antrag, der noch der Annahme bedarf.

c) Nein. Eine Bestellung auf ein unverbindliches Angebot ist erst ein Antrag, der noch der Annahme bedarf.

d) Ja. Eine Bestellung ist ein Antrag, der durch die Bestellungsannahme zum Vertragsabschluss führt.

e) Nein. Die Annahme eines befristeten Angebotes muss vor Ablauf der Angebotsfrist erfolgen.

12. Begründen Sie, ob folgende Aussagen richtig oder falsch sind:

a) Jeder Partner beim Kaufvertrag ist sowohl Schuldner als auch Gläubiger.

b) Bei der Zusendung unbestellter Ware bewirkt Stillschweigen des Empfängers immer, dass ein Kaufvertrag zustande kommt.

c) Durch die Anfrage eines Kunden und ein darauffolgendes Angebot des Lieferanten kommt ein Kaufvertrag zustande.

a) Richtig.

	Verkäufer ist	**Käufer** ist
Schuldner	der Lieferung	der Zahlung
Gläubiger	der Zahlung	der Lieferung

b) Falsch.

- Nur wenn der Empfänger der unbestellten Ware ein *Kaufmann mit* bestehender Geschäftsverbindung ist, gilt sein Stillschweigen als Annahme, sofern die Zusendung unbestellter Ware branchen- oder geschäftsüblich ist.
- Ist der Empfänger ein Verbraucher oder ein *Kaufmann ohne* bestehende Geschäftsverbindung, so gilt Stillschweigen als Ablehnung.

c) Falsch.

Die Anfrage ist rechtlich unverbindlich und stellt keine auf Vertragsabschluss gerichtete Willenserklärung dar. Das Angebot ist daher erst der Antrag, welcher der Annahme durch eine Bestellung bedarf.

2.6 Inhalt des Kaufvertrages

S. 59

1. Zwei Kaufleute schließen einen Kaufvertrag ohne besondere Angabe von Vertragsinhalten.

Wie ist der Vertrag zu erfüllen bezüglich

a) Warenqualität,

b) Verpackungskosten,

c) Versandkosten,

d) Lieferzeit,

e) Zahlungszeitpunkt?

a) Bei Gattungsware *ist Ware mittlerer Art und Güte* zu liefern.

b) Die Kosten der Schutz- und Versandverpackung sind vom *Käufer* zu tragen.

c) Die Kosten der Versendung sind ab Versandunternehmen vom *Käufer* zu tragen.

d) Der Verkäufer kann *sofort* liefern; der Käufer kann *sofortige* Lieferung verlangen.

e) Der Verkäufer kann *sofortige* Zahlung verlangen.

2. Hans Meyer kauft von einer Ware 400 kg (Reingewicht) zu 180,00 EUR für 100 kg. Die Verpackung wiegt 10 kg, ihr Selbstkostenwert beträgt 24,00 EUR. Über welche Beträge lautet die Rechnung, wenn vereinbart ist

a) Preis vom Reingewicht einschließlich Verpackung,

b) Preis vom Reingewicht ausschließlich Verpackung,

c) brutto für netto?

a) Bedingung: Reingewicht einschließlich Verpackung:

400 kg · 1,80 EUR/kg = 720,00 EUR.

b) Bedingung: Reingewicht ausschließlich Verpackung:

720,00 EUR + 24,00 EUR Verpackung = 744,00 EUR.

c) Bedingung: Rohgewicht einschließlich Verpackung:

410 kg · 1,80 EUR/kg = 738,00 EUR.

3. Ein Großhändler liefert mit Rechnung vom 15. September einem Einzelhändler vertragsgemäß 50 Spankörbe Pflaumen zu je 10 kg. Preis 120,00 EUR je 100 kg brutto für netto. Zahlungsbedingung: in 10 Tagen 3 % Skonto, in einem Monat netto Kasse.

a) Der Kunde zahlt am 25. September per Überweisung 582,00 EUR. Prüfen Sie, ob die Höhe der Zahlung den Zahlungsbedingungen entspricht.

b) Wie ist der Sachverhalt, wenn der Kunde von der Rechnung 30,00 EUR abzieht, da Stichproben ergeben haben, dass die Körbe bei 10 kg Gesamtgewicht nur 9,5 kg Pflaumen enthielten?

a) Zahlung bis 25. September mit Skontoabzug:

500 kg · 120,00 EUR/100 kg = 600,00 EUR – 3 % Skonto = 582,00 EUR. Geldschuld mit Absendung am 25. September *erfüllt*.

b) Vertragsbedingung »brutto für netto«. Abzug *nicht* berechtigt; das Verpackungsgewicht ist wie das Warengewicht zu bezahlen.

4. Zu welchem Preis muss ein Verkäufer eine Ware, die ab Lager 600,00 EUR kostet, anbieten, wenn die Kosten für An- und Abfuhr je 20,00 EUR und die Luftfracht 43,90 EUR beträgt

a) ab hier, b) frei dort, c) frei Haus?

	a) ab hier	**b) frei dort**	**c) frei Haus**
Preis ab Lager	600,00	600,00	600,00
Anfuhr	20,00	20,00	20,00
Luftfracht	0,00	43,90	43,90
Zufuhr	0,00	0,00	20,00
Angebotspreis	**620,00**	**663,90**	**683,90**

5. Welche Beförderungsklausel in einem Angebot ist für den Käufer am günstigsten?

a) ab Lager,

b) frei Waggon,

c) frachtfrei,

d) ab Bahnhof hier,

e) unfrei.

Käufer muss folgende Kosten tragen					
	Anfuhr	**Verladung**	**Fracht**	**Entladung**	**Zufuhr**
a)	x	x	x	x	x
b)	–	–	x	x	x
c)	–	–	–	x	x
d)	–	x	x	x	x
e)	–	x	x	x	x

Die Beförderungsklausel »frachtfrei« ist für den Käufer am günstigsten.

6. Was bedeutet die Lieferbedingung »frei«, wenn die Ware durch die Bahn versandt wird?

a) Lieferung frei Empfangsbahnhof,

b) Lieferung frei Versandbahnhof,

c) Lieferung frei Grenzbahnhof,

d) Lieferung ab Werk,

e) Lieferung frei Haus.

a) Richtig. Lieferung frei Empfangsbahnhof.

7. In einem Kaufvertrag wird die Versandbedingung »unfrei« vereinbart. Welche der folgenden Aussagen ist (sind) richtig bzw. falsch?

a) Der Verkäufer übernimmt alle Versandkosten.

b) Der Käufer trägt die Versandkosten ab Versandbahnhof.

c) Der Verkäufer trägt die Anfuhrkosten zum Versandbahnhof.

d) Der Käufer trägt nur die Zufuhrkosten ab Empfangsbahnhof.

e) Der Käufer muss alle Versandkosten tragen.

a) Falsch. Der Verkäufer übernimmt nur die Anfuhrkosten.

b) Richtig. Der Käufer trägt Verlade-, Fracht-, Entlade- und Zufuhrkosten.

c) Richtig.

d) Falsch.

e) Falsch. Die Anfuhrkosten trägt noch der Verkäufer.

8. Der Elektrofachhändler Berger e. K., Ulm, hat bei der Elektrogroßhandlung Stark KG, Konstanz, per Telefax 10 Stehlampen Modell »Nordlicht« zum Preis von je 650,00 EUR bestellt. Weitere Vereinbarungen wurden nicht getroffen.

a) Die Stark KG beauftragt einen Transportunternehmer mit der Auslieferung der Lampen. Wer muss die Transportkosten tragen (Begründung)?

b) Die Lampen wurden bei der Stark KG transportsicher verpackt. Wer muss die Verpackungskosten übernehmen (Begründung)?

c) Beim Transport werden zwei Lampen infolge unsachgemäßen Verladens trotz ordnungsgemäßer Verpackung erheblich beschädigt. Muss Berger e. K. die Lampen abnehmen, bezahlen und den Schaden tragen (Begründung)?

a) Es gilt die gesetzliche Regelung (§ 448 BGB). Danach hat die Kosten der Versendung nach einem anderen als dem Erfüllungsort der *Käufer*, in diesem Fall also Berger e. K. zu tragen.

b) Die Kosten der Versandverpackung sind Kosten der Abnahme und als solche nach der gesetzlichen Regelung vom *Käufer*, also von Berger e. K. zu tragen (§ 448 BGB).

c) Hat die Stark KG bei der Auswahl des Transportunternehmers die erforderliche Sorgfalt angewandt, trägt sie kein Verschulden.

Der *schuldige Teil*, der Transportunternehmer, muss für den Schaden einstehen.

Berger e. K. muss den Tatbestand erfassen, die Lampen abnehmen, bezahlen und den Schaden beim Transportunternehmer geltend machen.

9. Auf eine Bestellung vom 1. April erfolgt die Lieferung am 15. April. Wann ist bei den verschiedenen Zahlungsbedingungen der Rechnungsbetrag fällig (Tabelle, Lehrbuch, Seite 53)?

Zahlungsbedingungen	Fälligkeit zur Zahlung
Zahlung bei Bestellung	1. April
Anzahlung	1. und 15. April
Zahlung im Voraus	bis spätestens 15. April
netto Kasse gegen Rechnung	bei Rechnungserteilung
gegen bar/gegen Kasse	15. April
gegen Nachnahme	bei Vorzeigen der Nachnahme
Abzahlung in 4 Monatsraten	15. April, 15. Mai, 15. Juni, 15. Juli
Ziel 1 Monat, innerhalb von 30 Tagen	15. Mai
Ziel 1 Monat oder bar unter Abzug von 2 % Skonto	15. Mai ohne Skontoabzug oder 15. April mit 2 % Skonto
Ziel 2 Monate oder Kasse innerhalb 14 Tagen mit 1 % Skonto	15. Juni ohne Skontoabzug oder 29. April mit 1 % Skonto
Ziel 3 Monate gegen Wechsel	Wechselverfalltag 15. Juli

10. Beim Transport vom Verkäufer in Frankfurt zum Käufer in Osnabrück kommt die Ware abhanden. Der Käufer verweigert die Zahlung des Kaufpreises mit der Begründung, dass im Kaufvertrag die Lieferung »frei Osnabrück« vereinbart war und demzufolge der Verkäufer für das Abhandenkommen hafte. Wie ist die Rechtslage?

Die Vertragsklausel »frei« bezieht sich auf die Versandkosten, nicht auf den Gefahrübergang. Wenn der gesetzliche Erfüllungsort gilt, erfolgt der gesetzliche Gefahrübergang beim Versendungskauf mit Auslieferung der Ware an den Frachtführer; der Käufer trägt das Verlustrisiko auf dem Transport. Eventuell besteht Schadensersatzpflicht des Frachtführers.

11. Welche Bedeutung hat die Klausel »Erfüllungsort und Gerichtsstand für beide Teile ist der Geschäftssitz des Lieferanten«?

a) Der Lieferant trägt die Gefahr der Verschlechterung der Ware auf dem Weg zum Käufer.

b) Die Ware ist zum Ort des Käufers zu liefern.

c) Die Ware ist am Ort des Lieferanten dem Käufer persönlich auszuhändigen.

d) Die Gefahr geht am Ort des Lieferanten auf den Käufer über.

e) Die Geldschulden werden Holschulden.

a) Falsch. Der Käufer trägt die Gefahr.

b) Falsch. Keine Aussage über den Ort der Auslieferung.

c) Falsch. Keine Aussage über den Ort der Aushändigung.

d) Richtig. Der Erfüllungsort hat abgeleitete Bedeutung für den Gefahrübergang.

e) Falsch. Geldschuld ist Schickschuld.

12. Welche besonderen Vorteile erwachsen gegenüber der gesetzlichen Regelung dem Verkäufer oder dem Käufer, wenn sie ihren Wohnsitz als »Erfüllungsort und Gerichtsstand für beide Teile« vereinbaren?

- Ist der Geschäftssitz des Verkäufers Erfüllungsort, muss der *Käufer* im Falle eines Gerichtsverfahrens wegen der Zahlung Zeit und Fahrtkosten zum Gerichtsort am Geschäftssitz des Verkäufers aufwenden.
- Ist der Geschäftssitz des Käufers Erfüllungsort, muss der *Verkäufer* Gefahr und Kosten des Transports übernehmen und im Falle eines Gerichtsverfahrens wegen der Lieferung Zeit und Fahrtkosten zum Gerichtsort am Geschäftssitz des Käufers aufwenden.

13. Welche Bedeutung hat der Vermerk auf der Rechnung: »Ich sende Ihnen für Ihre Rechnung und auf Ihre Gefahr«?

Die Rechnung ist *nicht* Bestandteil des Vertrags*abschlusses*; der Rechnungsvermerk hat also keine besondere Bedeutung.

14. Welche Aussage über den gesetzlichen Erfüllungsort ist richtig?

a) Der gesetzliche Erfüllungsort des Lieferanten und des Kunden stimmen überein.

b) Der gesetzliche Erfüllungsort wird vom Verkäufer bestimmt.

c) Der gesetzliche Erfüllungsort ist der Ort, an dem der jeweilige Schuldner seinen Wohn- bzw. Geschäftssitz hat.

d) Der gesetzliche Erfüllungsort kann nur vom Schuldner bestimmt werden.

e) Der gesetzliche Erfüllungsort gilt auch dann, wenn ein vertraglicher Erfüllungsort vereinbart wurde.

a) Falsch. Gesetzlicher Erfüllungsort ist der jeweilige Wohnsitz bzw. die gewerbliche Niederlassung des Schuldners (§ 269 BGB). Lieferant und Kunde haben unterschiedliche Wohnsitze bzw. Niederlassungen.

b) Falsch. Der gesetzliche Erfüllungsort ist im Gesetz geregelt.

c) Richtig.

d) Falsch.

e) Falsch. Es besteht Vertragsfreiheit. Die gesetzliche Regelung gilt nur subsidiär, d.h. in zweiter Linie, wenn keine vertragliche Regelung besteht.

15. Warum ist auch beim Verkauf unter Eigentumsvorbehalt die Zuverlässigkeit des Käufers zu überprüfen?

Der Eigentumsvorbehalt *erlischt*, wenn der Käufer die Ware vor Bezahlung weiterveräußert, verarbeitet, verbraucht. Dann kommt die Herausgabe der Ware nicht mehr infrage; es kann nur noch die Zahlung gefordert werden.

2.7 Arten des Kaufs

S. 65

1. Welche grundsätzliche Bedeutung hat die Unterscheidung zwischen bürgerlichem Kauf und Handelskauf?

- Rechtsgrundlage für den bürgerlichen Kauf ist nur das BGB.
- Rechtsgrundlage für den Handelskauf ist primär das HGB, sekundär das BGB.

2. Stellen Sie bei folgenden Fällen fest, welche Art von Kaufvertrag vorliegt, was die rechtliche Stellung des Vertragspartners und den Zweck des Vertragsabschlusses anbelangt:

a) Ein Schüler verkauft seinen MP3-Player an einen Mitschüler.

b) Ein Geschäftsmann kauft für sich in der Apotheke Beruhigungspillen.

c) Ein Händler kauft in einem Schreibwarengeschäft einige Kartons Briefumschläge.

d) Eine Bank kauft aus Privatbesitz eine Münzsammlung auf.

a) bürgerlicher Kauf

b) Verbrauchsgüterkauf

c) zweiseitiger Handelskauf

d) sonstiger einseitiger Handelskauf

3. In welchen Fällen handelt es sich um einen zweiseitigen Handelskauf?

a) Ein Angestellter verkauft einem Kollegen einen gebrauchten Fotoapparat.

b) Eine Unternehmerin kauft für den privaten Weinkeller bei einer Winzergenossenschaft 500 Flaschen Wein.

c) Die staatliche Berufsschule kauft bei einem Elektrofachgeschäft einen DVD-Player.

d) Ein Lebensmittel-Filialunternehmen kauft bei der Großbäckerei GmbH Holzofenbrot.

e) Eine Auszubildende kauft in einem Fachgeschäft einen Hosenanzug.

Im Fall d)

4. Um welche Arten des Kaufs handelt es sich in den folgenden Fällen?

a) Privatmann A hat mit Kunsthändlerin B einen Kaufvertrag über ein Picasso-Gemälde abgeschlossen.

b) Ein Lebensmittelgroßhändler hat mit der Campina AG einen Kaufvertrag über 500 kg Süßrahmbutter, lieferbar in Teilmengen, abgeschlossen.

c) Eine Elektrogroßhandlung hat mit einem Leuchtmittelhersteller einen Kaufvertrag über 10.000 Stück Energiesparlampen abgeschlossen mit dem Zusatz, dass bis zum 15. des nächsten Monats die verschiedenen Wattstärken angegeben werden.

d) Um einen günstigen Mengenrabatt zu erhalten, kauft die Elektrogroßhandlung 200 Gefrierschränke, kann aber nur 50 Stück lagern.

e) Eine Großkellerei verschickt an ihre Privatkunden kostenlose Probeflaschen des neuesten Jahrgangs; einige Kunden bestellen.

f) Der Teppichhändler Munz e. K. legt einer Kundin einen Berberteppich für eine Woche ins Wohnzimmer, damit diese beurteilen kann, ob der Teppich in das Zimmer passt.

a) – nicht vertretbare Sache: Stückkauf
– Verbrauchsgüterkauf

b) – Teillieferungskauf
– zweiseitiger Handelskauf

c) – Bestimmungskauf (Spezifikationskauf)
– zweiseitiger Handelskauf

d) – Kauf auf Abruf
– zweiseitiger Handelskauf

e) – Kauf nach Probe
– Verbrauchsgüterkauf

f) – Kauf auf Probe
– Verbrauchsgüterkauf

5. Unterscheiden Sie den Kauf auf Probe vom Kauf nach Probe.

- Kauf auf Probe: Kauf mit Rückgaberecht des Käufers innerhalb einer vereinbarten oder angemessenen Frist.
- Kauf nach Probe: Kauf aufgrund einer Probe oder eines Musters; die Eigenschaften der Probe oder des Musters gelten als vereinbarte Beschaffenheit. Bei wesentlicher Abweichung gegebenenfalls Schadensersatz wegen Nichterfüllung.

6. Welche Vorteile bietet der Spezifikationskauf für Käufer und Verkäufer?

- Vorteil für den *Käufer*: Er braucht nicht schon bei Vertragsabschluss zu spezifizieren, kann den Gang der Geschäfte abwarten oder Lagerkosten sparen.
- Vorteil für den *Verkäufer*: Hat die Sicherheit eines größeren Abschlusses, kann die Rohstoffbeschaffung und Fertigung längerfristig planen, die Teilfertigung unter Umständen schon vor der Spezifikation durchführen.

7. Wodurch unterscheiden sich der Kauf auf Abruf und der Spezifikationskauf?

- Beim *Kauf auf Abruf* ist für den Käufer die Entscheidung über die genauen *Liefertermine offen* gehalten,
- beim *Spezifikationskauf* die Entscheidung über die *genaue Ausführung der Ware.*

8. Durch welche Vertragsvereinbarung wird ein Kauf zum Fixkauf?

Durch die Fixklausel »am ... fix« oder »am ... fest«.

9. Wie wird ein Verbraucher vor den Folgen eines unüberlegten Ratenkaufs geschützt?

- Der Vertragsabschluss bedarf der schriftlichen Willenserklärung.
- Die Vertragsurkunde muss den Bar- und Teilzahlungspreis sowie Betrag, Zahl und Fälligkeiten der Teilzahlungen und den effektiven Jahreszinssatz enthalten.
- Der Käufer kann seine Willenserklärung innerhalb einer Woche schriftlich widerrufen.
- Der Verkäufer muss den Käufer über dessen Widerrufsrecht deutlich belehren. Die Belehrung ist vom Käufer gesondert zu unterschreiben.

10. Unterscheiden Sie Versendungskauf und Fernkauf.

- *Versendungskauf*: Erfüllungsort ist der Ort des Verkäufers.
- *Fernkauf*: Erfüllungsort ist ein anderer als der Ort des Verkäufers, z.B. der Ort des Käufers.

11. In welchen Situationen ist ein Fixkauf sinnvoll? Nennen Sie drei Beispiele.

Wenn die Ware bzw. das Produkt zu einem bestimmten Termin benötigt wird.

Beispiele: Blumenschmuck für eine Hochzeit, kaltes Büffet für eine Betriebsfeier, Lieferung von Zimmereinrichtungen bis zur Eröffnung des Hotels.

2.8 Störungen bei der Erfüllung des Kaufvertrages

S. 85

1. Begründen Sie rechtlich und wirtschaftlich, welche Gewährleistungsansprüche Sie in folgenden Fällen geltend machen würden:

a) Ein Reifenhändler liefert runderneuerte Reifen als fabrikneu. Nach einiger Zeit löst sich eine Reifendecke und es entsteht ein Verkehrsunfall, bei dem das Fahrzeug stark beschädigt wird.

b) Ein gelieferter Mantelstoff hat grobe Webfehler, sodass er für die Weiterverarbeitung nicht mehr verwendet werden kann. Ein anderer Lieferant könnte schnell und preisgünstig liefern.

c) Die für die Werkskantine preisgünstig gelieferten Kochtöpfe weisen starke Kratzer auf.

d) Zwei der fünf gelieferten Büroschränke haben leichte Kratzer im Furnier der Seitenwände.

a) Da eine Nacherfüllung nicht möglich ist, kann sofort Schadensersatz verlangt werden, und zwar Schadensersatz statt Erfüllung (§ 437 BGB).

b) Zunächst Nacherfüllung. Wird diese verweigert oder ist diese nicht oder nicht rechtzeitig möglich, kann der Käufer vom Vertrag zurücktreten (§§ 323, 437 BGB), weil die schnelle und preisgünstige Lieferung durch einen anderen Lieferanten vorteilhaft ist.

c) Nacherfüllung, und zwar in der Form der Ersatzlieferung, weil die Ware bei einem anderen Lieferanten nicht so preisgünstig beschafft werden kann.

d) Zunächst Nacherfüllung. Wird diese verweigert, dann Minderung des Kaufpreises, weil die Büroschränke trotz leichter Kratzer genutzt werden können (§ 441 BGB).

2. Die Metallwerke Eberle KG, Cottbus, haben vor 10 Tagen auf ihre Bestellung vom ... von der Stahlhandel GmbH, Görlitz, eine Lieferung von 10 t Qualitätsstahl Gruppe St 50 erhalten. Eine inzwischen durchgeführte Gussprobe ergab, dass der gelieferte Stahl von geringerer Härte und Elastizität ist als das mit dem Angebot überreichte Muster. Er ist für die zu fertigenden Gussstücke nicht verwendbar. Ein schadhaftes Gussstück und ein Gutachten ihres Chemikers, in dem die Qualitätsabweichung festgestellt ist, werden mitgeschickt. Das ungeeignete Material wird zur Verfügung gestellt.

a) Wie ist die Rechtslage?

b) Auf welche Weise werden die Metallwerke Eberle KG ihre Rechte geltend machen?

a) Die Metallwerke Eberle KG kann den mangelhaften Stahl zur Verfügung stellen und Ersatzlieferung verlangen, welche dem übersandten Muster entspricht. Sie kann, falls ein Schaden entsteht, außerdem Schadensersatz verlangen, da dem Stahl die vereinbarte Beschaffenheit fehlt.

b) Die Metallwerke Eberle KG wird der Stahlhandel GmbH eine schriftliche Mängelrüge senden, in der sie die Mängel genau bezeichnen und die beanspruchten Rechte mitteilen wird.

3. Welches Recht würden Sie beim Lieferungsverzug in Anspruch nehmen, wenn

a) inzwischen eine Preissenkung bei der bestellten Ware eingetreten ist,

b) die Ware eine Sonderanfertigung für Sie ist,

c) die Ware ein Saisonartikel ist,

d) die Ware nach Ablauf der Nachfrist anderweitig beschafft werden müsste?

a) Nach einer angemessenen Nachfrist vom Vertrag zurücktreten.

b) Erfüllung und nach erneuter Mahnung Schadensersatz verlangen.

c) und d)

Nach angemessener Nachfrist Rücktritt vom Vertrag und/oder Schadensersatz wegen Nichterfüllung.

4. Begründen Sie, warum die Erweiterung der Haftung beim Lieferungsverzug gerechtfertigt ist.

Erweiterung der Haftung auf Zufall, da bei rechtzeitiger Lieferung der Zufall nicht wirksam geworden wäre.

5. Die Fensterbau GmbH in Rostock bestellte am 5. Mai 20.. entsprechend einem Angebot bei der Metallbau Roller KG, Warnemünde, Metallfensterrahmen, die für die Renovierung einer Schule verwendet werden sollen. Dem Auftraggeber gegenüber hat sich die Fensterbau GmbH verpflichtet, die Fenster während der Sommerferien einzusetzen. Eine mögliche Konventionalstrafe wurde festgelegt. Deshalb wurde der 20. Juni als spätester Liefertermin für die Fensterrahmen vereinbart. Am 25. Juni sind die Fensterrahmen immer noch nicht geliefert.

a) Begründen Sie, ob sich die Metallbau Roller KG in Lieferungsverzug befindet.

b) Welche Rechte stehen der Fensterbau GmbH beim Lieferungsverzug zu?

c) Begründen Sie, von welchem Recht im vorliegenden Fall Gebrauch gemacht werden sollte.

a) Die Metallbau Roller KG befindet sich im Lieferungsverzug, da sie den kalendermäßig bestimmten Liefertermin nicht eingehalten hat.

b) Ohne Nachfrist:

- Erfüllung des Vertrages, d. h. Lieferung der Fenster,
- Erfüllung des Vertrages und Ersatz des Verzugsschadens.

Nach Ablauf einer angemessenen Nachfrist:

- Rücktritt vom Vertrag und/oder
- Schadensersatz wegen Nichterfüllung.

c) Die Fensterbau GmbH wird die Erfüllung des Vertrages und Schadensersatz verlangen. Die Fenster sind eine Spezialanfertigung und können von einem anderen Lieferanten nicht so schnell bereitgestellt werden.

Die Höhe des Schadensersatzes ist durch die vereinbarte Konventionalstrafe festgelegt.

6. Ein Automobilzubehörgroßhändler hat mit einem Lieferanten bestimmte Termine für die Zulieferung von elektrischen Teilen (Spezialanfertigung) vereinbart. Bei Lieferstockung entsteht ein Schaden von täglich 300.000 EUR.

a) Wer muss den Schaden tragen, wenn die Anlieferung wegen einer witterungsbedingten Verkehrsbehinderung auf der Autobahn verspätet erfolgt?

b) Wie kann sich der Automobilzubehörgroßhändler gegen Schäden wegen Lieferungsverzögerung absichern?

a) Da die Lieferungsverzögerung vom Lieferanten nicht verschuldet ist, befindet sich der Lieferant nicht in Verzug, und deshalb müsste der Automobilzubehörgroßhändler den Schaden selbst tragen. Wurde eine Konventionalstrafe vereinbart, wird der Lieferant in aller Regel für den Schaden aufkommen müssen.

b) Durch die Vereinbarung einer Vertragsstrafe von 300.000 EUR für jeden Tag der Lieferungsverspätung.

7. Begründen Sie, ob der Käufer beim Lieferungsverzug vom Kaufvertrag zurücktreten und Schadensersatz verlangen kann.

Erst nach dem erfolglosen Ablauf einer angemessenen Nachfrist und der Nichtleistung kann der Käufer vom Kaufvertrag zurücktreten und Schadensersatz statt der Leistung fordern.

8. Worin liegt die Besonderheit beim Lieferungsverzug, sofern es sich um einen Fixkauf unter Kaufleuten handelt?

- Rücktritt, falls die Erfüllung des Vertrages nicht mehr erwünscht ist.
- Rücktritt vom Vertrag ohne Nachfristsetzung und ohne Rücksicht auf Verschulden möglich.

9. Entscheiden Sie, ob bei folgenden Zahlungsbedingungen eine Mahnung erforderlich ist, um den Schuldner in Verzug zu setzen:

a) »Zahlbar innerhalb von 14 Tagen ab Rechnungsdatum.«

b) »Zahlbar bis spätestens 31. Oktober 20..«

c) »Handwerkerrechnung, deshalb sofort zahlbar.«

a) Mahnung nach § 286 BGB nicht erforderlich, da ein kalendermäßig bestimmter Zahlungstermin vorliegt.

b) Mahnung nicht erforderlich, da ein kalendermäßig bestimmter Zahlungstermin vorliegt.

c) Mahnung nach § 286 BGB nicht erforderlich, wenn 30 Tage nach Zugang der Rechnung vergangen sind, da Geldforderungen grundsätzlich 30 Tage nach der Fälligkeit und dem Zugang der Rechnung zu begleichen sind. Ist der Schuldner ein Verbraucher, muss jedoch auf diesen Umstand in der Rechnung hingewiesen werden.

10. Der Möbelhersteller Beier KG in Heidelberg lieferte an den Einzelhändler Fröhlich GmbH in Frankfurt Sitzgarnituren im Wert von 68.000 EUR. In den Zahlungsbedingungen wurde vereinbart: »Zahlbar netto bis spätestens 20. November 20..« Die Rechnungsstellung erfolgte am 18. Oktober 20..

a) Wie kann die Beier KG ihre Außenstände überwachen?

b) Prüfen Sie, ob sich die Fröhlich GmbH am 22. November 20.. in Zahlungsverzug befindet.

c) Welche Rechte kann die Beier KG geltend machen, falls Zahlungsverzug eingetreten ist?

a) Außenstände können überwacht werden durch
   - Offene-Posten-Liste (Debitorenliste) als DV-Ausdruck,
   - Kontenkarten der Debitorenbuchhaltung als Terminkartei.
   - Ablage von unbezahlten Ausgangsrechnungen in Terminmappen oder Terminordnern.

b) Da der Zahlungstermin kalendermäßig bestimmt ist (20. November 20..), befindet sich die Fröhlich GmbH am 22. November im Zahlungsverzug.

c) Die Beier GmbH & Co. KG kann die Zahlung und den Ersatz des Verzugsschadens (Verzugszinsen für zwei Tage) verlangen. Sie kann außerdem wahlweise vom Vertrag zurücktreten und die Sitzgarnituren zurücknehmen, sofern diese unter Eigentumsvorbehalt geliefert wurden.

11. Überprüfen Sie, wie im BGB die Rechte des jeweiligen Vertragspartners

a) beim Lieferungsverzug, b) beim Zahlungsverzug

geregelt sind.

a) und b)

Für Lieferungs- und Zahlungsverzug gelten die gleichen Bestimmungen des BGB, d. h., die entsprechenden Vertragspartner haben die gleichen Rechte.

12. Worin liegt die Besonderheit des Notverkaufs?

Der Notverkauf ist nur bei leicht verderblicher Ware möglich und muss vorher nicht angedroht werden.

13. Die Hiebler & Stoll KG, Wuppertal, hat sich auf den Innenausbau von Repräsentationsräumen spezialisiert. Am 2. Mai 20.. wird an die Gemeinschaftspraxis Dr. Rist und Dr. Weber, Solingen, eine maßgefertigte Einbauschrankwand termingerecht geliefert, Auftragswert 28.000 EUR, Dr. Rist verweigert die Annahme mit dem Hinweis, sein Kollege sei vor 10 Tagen bei einem Autounfall ums Leben gekommen. Er selbst beabsichtige einen Ortswechsel und sei deswegen an der Lieferung nicht mehr interessiert,

a) Liegt in diesem Fall Annahmeverzug vor (Begründung)?

b) Welche Rechte stehen der Hiebler & Stoll KG im Falle eines Annahmeverzugs zu?

c) Welches Recht würden Sie im vorliegenden Fall beanspruchen (Begründung)?

d) Stoll schlägt vor, von dem Vertrag zurückzutreten und Dr. Rist auf Abnahme zu verklagen. Wie beurteilen Sie diesen Vorschlag?

e) Hiebler möchte einen Selbsthilfeverkauf durchführen lassen, Prüfen Sie, ob ein Selbsthilfeverkauf in diesem Fall sinnvoll ist (Begründung).

a) Es liegt Annahmeverzug vor, da der Käufer die rechtzeitig gelieferte Ware nicht annimmt.

b) – Einlagerung der Ware,
- Selbsthilfeverkauf,
- Klage auf Abnahme,
- Rücktritt vom Vertrag oder Schadensersatz wegen Nichterfüllung, wenn der Käufer die Ware schuldhaft nicht entgegengenommen hat.

c) Auf Abnahme klagen, da die Schrankwand eine Spezialanfertigung ist.

d) Rücktritt vom Vertrag und Klage ist nicht möglich; Stoll kann nur aufgrund eines bestehenden Vertrages klagen.

e) Ein Selbsthilfeverkauf ist nicht sinnvoll, da es sich bei der Schrankwand um eine Spezialanfertigung handelt und bei einer Versteigerung kaum ein Käufer gefunden werden könnte.

2.9 Mahn- und Klageverfahren

S. 86

14. In welchen Schritten vollzieht sich üblicherweise das außergerichtliche Mahnverfahren?

- Zahlungserinnerung,
- erste und weitere Mahnungen,
- Ankündigung einer Postnachnahme,
- Zusendung der Nachnahme,
- Androhung eines gerichtlichen Mahnbescheides.

15. Nennen Sie Gründe, warum ein gut funktionierendes außergerichtliches Mahnverfahren für das Unternehmen wichtig ist.

- Einhaltung der Finanzplanung,
- Erhaltung der Zahlungsbereitschaft,
- Vermeidung von Zinsverlusten,
- Abwendung des gerichtlichen Mahnverfahrens, um Kunden nicht zu verlieren und nicht mit zusätzlichen Kosten zu belasten.

16. Die Holl GmbH, Mannheim, schuldet der Eisenmann GmbH KG, Ludwigshafen, 17.000 EUR aus einem Kaufvertrag, in dem über Erfüllungsort und Gerichtsstand nichts vereinbart wurde.

Welches Gericht (Gerichtsort, Gerichtsart) ist zuständig

a) für die Beantragung des Mahnbescheids,

b) für die Einreichung der Klage?

c) Welche Vorzüge hat das gerichtliche Mahnverfahren gegenüber dem Klageverfahren?

d) Was könnte einen Gläubiger veranlassen, einen Schuldner sofort zu verklagen, statt zunächst einen Mahnbescheid zu beantragen?

a) Im Allgemeinen muss der Antrag auf Erlass eines Mahnbescheids beim Amtsgericht gestellt werden, in dessen Bezirk der Gläubiger seine geschäftliche Niederlassung hat. In Baden-Württemberg werden aber alle Mahnbescheide zentral bearbeitet, und dafür ist das Amtsgericht Stuttgart zuständig.

b) Das Landgericht Mainz, da bei Klagen über 5.000 EUR das Landgericht des Erfüllungsortes bzw. Gerichtsstandes zuständig ist. Bei Klagen bis 5.000 EUR wäre das Amtsgericht Ludwigshafen zuständig.

c) Schnelle und kostengünstige Möglichkeit, einen Vollstreckungsbescheid zu erwirken.

d) Frühere Erfahrungen mit schlechtem Zahlungsgebahren von Kunden, dringende Liquiditätssicherung.

17. Warum werden gepfändete Gegenstände versteigert und nicht einfach dem Gläubiger ausgehändigt?

Der Wert der gepfändeten Gegenstände steht meistens nicht fest. Bei der Versteigerung können die Gegenstände einen Minder- oder Mehrerlös erbringen.

18. Welche der folgenden Vermögensgegenstände der Schuldnerin Maximiliane Moldering, technische Angestellte, kann der Gerichtsvollzieher pfänden: Schmuck 1.000 EUR, Kostüm 100 EUR, Stereoanlage 1.000 EUR, LCD-Fernseher 2.500 EUR, PC 700 EUR, Kaffeemaschine 80 EUR?

- Pfändbar sind: Schmuck, Stereoanlage (eventuell Austauschpfändung), LCD-Fernseher, evtl. PC.
- Nicht pfändbar sind die dem persönlichen Gebrauch oder Haushalt dienenden Gegenstände (Kostüm, Kaffeemaschine) und die zur Fortsetzung der Erwerbstätigkeit notwendigen Sachen (evtl. PC).

19. Warum sieht der Gesetzgeber vor, dass gewisse Gegenstände aus dem Eigentum des Schuldners sowie Mindestbeträge seines Arbeitseinkommens nicht pfändbar sind?

Der Schuldner benötigt diese Gegenstände bzw. einen Mindestbetrag seines Einkommens als Existenzminimum.

20. Wie hoch ist der pfändbare Betrag bei einem verheirateten Arbeitnehmer mit 3 Kindern, dessen Nettoeinkommen 3.716 EUR beträgt und dessen Ehefrau nicht berufstätig ist?

Nettoeinkommen monatlich	3.716,00 EUR
Nicht zu berücksichtigen ist der Betrag, der 3.475,90 EUR übersteigt (ZPO § 850 c Abs. 2, Satz 2), dieser übersteigende Betrag ist voll pfändbar.	240,10 EUR
pfändbarer Betrag bei 3.475,90 EUR bei vier unterhaltsberechtigten Personen nach Pfändungstabelle gültig ab 01.07.2017	203,26 EUR
gesamter pfändbarer Betrag	443,36 EUR

2.10 Verjährung

S. 89

1. Der Einzelhändler Späth e. K. hat nach langer Zeit der Schöller KG eine Schuld in Höhe von 2.500 EUR beglichen, die, wie er hinterher bemerkt, bereits verjährt war. Jetzt will er diesen Betrag mit einer neuen Verbindlichkeit gegenüber der Schöller KG aufrechnen. Begründen Sie die Rechtslage.

Verjährung bedeutet nicht Erlöschen der Forderung, sondern Verlust der gerichtlichen Durchsetzbarkeit, d. h., die Forderung konnte durch Späth beglichen werden. Er kann jetzt seine Zahlung nicht mehr zurückfordern, auch nicht in Form einer Aufrechnung.

2. Sie sind Mitarbeiter der Süddeutschen Elektronic GmbH. Den Verkäufern des Unternehmens liegen folgende Vertragsbedingungen vor:

- **Lieferungsbedingungen: gesetzliche Regelung.**
- **Zahlungsbedingungen: 2 % Skonto innerhalb von 10 Tagen oder 45 Tage Ziel.**
- **Erfüllungsort und Gerichtsstand: gesetzliche Regelung.**

Am 26. November 20.. haben Sie nachstehende Außenstände nach folgenden Kriterien zu bearbeiten. Klären Sie, ob der Kunde rechtzeitig und den richtigen Betrag bezahlt hat. Begründen Sie in jedem Fall Ihre Entscheidung. Falls Sie Unregelmäßigkeiten feststellen, beschreiben Sie, welche Maßnahmen Sie ergreifen würden.

a) Koch OHG, Rechnung Nr. 389 vom 28. September 20.. über 3.890 EUR.

b) Agathe Hochadel GmbH, Rechnung Nr. 451 vom 8. November 20.. über 2.500 EUR. Dieser Kunde sandte mit Poststempel vom 23. November 20.. einen Verrechnungsscheck über 2.350 EUR, der heute bei uns eingegangen ist.

c) Maschinenbau AG, Rechnung Nr. 369 vom 15. September 20.. über 5.600 EUR. Der Kunde rügte eine nicht einwandfreie Montage. Die Nachbesserung erfolgte am 15. Oktober 20.. zur Zufriedenheit des Kunden.

d) Waltraud Ehrhardt, Rechnung Nr. 465 vom 11. November 20.. über 5.400 EUR. Laut dem heute eingegangenen Kontoauszug unserer Bank hat die Kundin am 24. November 20.. eine Überweisung in Höhe von 5.292 EUR geleistet.

a) Rechnung seit 13. November fällig: 1. Mahnung veranlassen.

b) Skontofrist überschritten; evtl. Kulanzentscheidung, ob die Restforderung angemahnt werden soll.

c) Zahlungsziel verlängert sich um die Nachbesserungsfrist, also bis zum 30. November. Am 26. November ist der Kunde somit noch nicht im Verzug.

d) Bis zum 21. November durfte Skonto abgezogen werden. Der Betrag ging am 24. November bei der Hausbank ein. Geht man von einer Bearbeitungszeit zwischen den Banken von zwei bis vier Tagen aus, so hat Ehrhardt die Überweisung am Erfüllungsort rechtzeitig abgegeben. Der Skontoabzug ist gerechtfertigt.

3 Das Unternehmen

3.1 Wirtschaftliche Entscheidungen bei der Gründung

S. 92

1. Nennen Sie Gesichtspunkte, die vor der Gründung eines Unternehmens geklärt sein müssen.

Überlegungen hinsichtlich

- des Geschäftszweiges,
- der Betriebsgröße,
- des Standortes,
- der Unternehmensform,
- der Kapitalbeschaffung,
- der Kapitalverwendung.

2. Die Bedeutung von Standortfaktoren kann sich im Laufe der Jahre verändern. Frühere Standortvorteile können zu Standortnachteilen führen. Zeigen Sie dies am Beispiel eines Unternehmens aus Ihrer Umgebung.

Beispiel: Ein Industrieunternehmen verlegt seinen ursprünglich verkehrsgünstigen Standort wegen fehlender Ausdehnungsmöglichkeiten in das Umland.

3. Anfang 2000 produzierten die deutschen Automobilhersteller an über 90 Auslandsstandorten in 39 Ländern auf allen fünf Kontinenten. Damit lief jedes dritte Kraftfahrzeug, das von deutschen Herstellern produziert wurde, außerhalb Deutschlands vom Band. Bei den Nutzfahrzeugen entfiel sogar über die Hälfte des gesamten Produktionsvolumens deutscher Hersteller auf Fertigungsstätten außerhalb Deutschlands.

Beschreiben Sie Gründe, die für die Standortverlagerungen maßgeblich gewesen sein könnten.

»Stattliche Mängelliste«: Industriestandort Deutschland

Die deutsche Industrie zählt nach wie vor zu den modernsten und leistungsfähigsten der Welt. Bei harten Standortfaktoren wie Arbeitskosten, Maschinenlaufzeiten und Unternehmensteuern sind deutsche Unternehmen gegenüber der internationalen Konkurrenz jedoch benachteiligt, wenn auch nicht mehr in dem Umfang früherer Jahre.

Lange Zeit konnten die Deutschen die Balance aus überdurchschnittlicher Leistungsfähigkeit und hohen sozialen Standards einigermaßen halten. Dieses Verhältnis ist aber zunehmend in Unordnung geraten. Die wichtigsten Gründe:

1. Umorientierung der Wirtschaftspolitik in den Industrieländern. Viele Partnerländer haben ihre Lehren aus den wirtschaftspolitischen Fehlern der Vergangenheit gezogen: Sie betreiben inzwischen eine ähnlich stabilitätsorientierte Wirtschaftspolitik wie die Deutschen und haben ihre Sozialsysteme ebenso reformiert wie hierzulande.
2. Zunehmende Konkurrenz durch die Schwellenländer. Vor allem die südostasiatischen Newcomer rücken den etablierten Industrieländern immer dichter auf die Pelle: In puncto Qualität brauchen sie den Vergleich mit westlichen Produkten häufig nicht mehr zu scheuen und das bei meist erheblich günstigeren Kosten- und Produktionsbedingungen vor Ort.

3. Neue Wettbewerber unter den Entwicklungsländern. Allen voran die Reformländer aus Mittel- und Osteuropa streben nach wirtschaftlichem Wachstum und besseren Lebensbedingungen: Mit niedrigen Löhnen und preiswerten Massenprodukten machen sie westlichen Unternehmen vor allem im Niedrigtechnologiebereich das Leben schwer.

Deutschland hat Standortnachteile: Der deutsche Standort ist zum großen Teil extrem teuer und gleichzeitig teilweise sehr produktiv. Belastend sind die hohen Lohnstückkosten, die zwischen 80 und über 90 Prozent der Wertschöpfung pro Beschäftigten liegen. Das schreckt potenzielle Investoren ab. Die Unternehmensteuern (Körperschaftsteuer, Gewerbesteuer und Solidaritätszuschlag auf die Körperschaftsteuer) betragen 38,7 Prozent. Damit sind sie nominal die höchsten in der EU.

Trotzdem besitzt Deutschland klare Standortvorteile: hervorragende Infrastruktur, ausreichende Anzahl von Beschäftigten, wenig Kriminalität und Korruption. Diese Vorteile machen aber die Nachteile, die aus den Kosten resultieren, nicht wett. Alle deutschen Regionen zusammen genommen, erreicht Deutschland im Durchschnitt beim Ranking den Platz 855. Das ist der drittschlechteste Länderwert nach Italien und Griechenland.

In einer Studie aus dem Jahre 2010 wurde der Schwerpunkt auf die Eignung der besten Standorte als Investmentstandort gelegt. Denn an Standorten, die gut für die Zukunft gerüstet sind, lässt sich gut investieren. Analysiert wurden 1.103 EU-Regionen.

Szenario »Zukunftsregionen vor der Krise«:

Unter den Top-100-Regionen von insgesamt 1.103 untersuchten EU-Regionen finden sich 7 deutsche Regionen. Damit bestätigte sich eine Tendenz aus den vorherigen Studien, die ebenfalls deutsche Regionen wieder unter den Top-100-Regionen platzierten. Auch in der vorherigen Studie, die die besten Standorte für Hochtechnologieunternehmen suchte, fanden sich süddeutsche Regionen vorne im Ranking. In der vorherigen Studie waren es Regionen im Großraum Stuttgart. In diesem Szenario war es der Landkreis München, der auf Rang 31 die besten deutschen Regionen anführte.

Szenario »Zukunftsregionen nach der Krise«:

Insgesamt 36 deutsche Regionen liegen im Szenario »nach der Krise« unter den Top 100. Im Zusammenhang mit dem Szenario »vor der Krise« zeigt das Ergebnis, dass deutsche Regionen nicht nur vor der Krise für die Anforderungen der Zukunft gut gerüstet schienen, sondern dass sie im Vergleich zu den Regionen anderer EU-Länder wahrscheinlich auch gut durch die Finanzkrise kommen werden. Auch in diesem Szenario führt wieder der Landkreis München die deutschen Regionen an. Deutsche Regionen sind also grundsätzlich zukunftsfähig, wenn man den Fokus auf Wissen, Bildung, Qualifikation, Technologie und Wohlstand setzt. Ausgehend von einem hohen Standard zeigen viele Regionen in Deutschland immer noch positive Entwicklungen. Dies lässt optimistisch in die Zukunft schauen, wenn man zu den besseren Standorten zählt. Jedoch darf auch nicht verschwiegen werden, dass auch unter den letzten Rangplätzen deutsche Regionen zu finden sind. Wohl in keinem anderen Land ist die Spreizung zwischen den sehr gut aufgestellten Regionen und den schlecht aufgestellten Regionen so groß. Aber insgesamt scheint Deutschland die Weichen richtig gestellt zu haben. Sonst wären die deutschen Regionen nicht so gut durch die Krise gekommen.

Quelle: http://www.thema.standortanalyse.de/buecher-zur-standortanalyse/aufstieg-deutschland/kurzfassung/

4. Die Stadt Biberach, mit etwa 31.000 Einwohnern ca. 45 Kilometer südlich von Ulm gelegen, weist im Norden ihrer Gemarkung ein neues Gewerbegebiet mit etwa fünf Quadratkilometern Fläche aus. Machen Sie Vorschläge, mit welchen Maßnahmen die Stadt Biberach die Gewerbeansiedlung fördern kann und welche Rolle das Bundesland bzw. der Bund dabei spielen können.

- Stadt Biberach: Ausweisung von Gewerbegebieten in Flächennutzungsplänen, Steuervorteile durch geringere Steuerhebesätze bei der Gewerbesteuer, preisgünstige Überlassung von Baugrundstücken.
- Bundesland bzw. Bund: Investitionszuschüsse für die Gewerbeansiedlung in strukturschwachen Gebieten, zinsgünstige Kredite, Steuervorteile.

3.2 Rechtliche Rahmenbedingungen für die Gründung

S. 100

1. Erläutern Sie anhand von Beispielen, warum der Grundsatz der Gewerbefreiheit nicht uneingeschränkt gelten kann.

Schutz der Öffentlichkeit vor Gefährdung des Lebens oder der Gesundheit, z. B. beim Verkauf von Arznei- und Lebensmitteln oder durch die Betreibung gefährlicher Anlagen (Kraftwerke, Papierfabriken), Schutz der Öffentlichkeit vor Vermögensschäden, z. B. beim Abschluss von Kredit- oder Versicherungsverträgen.

2. § 35 der Gewerbeordnung:

(1) Die Ausübung eines Gewerbes ist von der zuständigen Behörde ganz oder teilweise zu untersagen, wenn Tatsachen vorliegen, welche die Unzuverlässigkeit des Gewerbetreibenden oder einer mit der Leitung des Gewerbebetriebes beauftragten Person in Bezug auf dieses Gewerbe dartun, sofern die Untersagung zum Schutze der Allgemeinheit oder der im Betrieb Beschäftigten erforderlich ist. Die Untersagung kann auch auf die Tätigkeit als Vertretungsberechtigter eines Gewerbetreibenden oder als mit der Leitung eines Gewerbebetriebes beauftragte Person sowie auf einzelne andere oder auf alle Gewerbe erstreckt werden, soweit die festgestellten Tatsachen die Annahme rechtfertigen, dass der Gewerbetreibende auch für diese Tätigkeiten oder Gewerbe unzuverlässig ist. Das Untersagungsverfahren kann fortgesetzt werden, auch wenn der Betrieb des Gewerbes während des Verfahrens aufgegeben wird.

(2) Dem Gewerbetreibenden kann auf seinen Antrag von der zuständigen Behörde gestattet werden, den Gewerbebetrieb durch einen Stellvertreter (§ 45) fortzuführen, der die Gewähr für eine ordnungsgemäße Führung des Gewerbebetriebes bietet.

a) Fassen Sie den Inhalt der Absätze (1) und (2) mit eigenen Worten zusammen.

b) Warum enthält § 35 der Gewerbeordnung eine Generalklausel für die Untersagung der Ausübung eines bereits bestehenden Gewerbes?

a) schülerabhängige Antwort

b) Der Missbrauch der Gewerbefreiheit kann sich erst während des Betriebes eines Gewerbes ergeben. Die Ausübung des Gewerbes wird wegen der persönlichen Unzuverlässigkeit des Gewerbetreibenden zum Schutze der Allgemeinheit oder der im Betrieb Beschäftigten untersagt. Dies kann in einem Strafverfahren oder durch eine Verwaltungsbehörde verfügt werden.

3. Nennen Sie Argumente, warum die Gründung

a) einer Gastwirtschaft genehmigungspflichtig ist,

b) einer Drogerie einen Sachkundenachweis erfordert.

a) – Der Gründer muss nachweisen, dass er in den Grundzügen der für den in Aussicht genommenen Betrieb notwendigen lebensmittelrechtlichen Kenntnisse unterrichtet wurde und mit ihnen vertraut ist.

– Von der Errichtung und Inbetriebnahme einer Gastwirtschaft können Gefahren für den Betriebsinhaber, für die Kunden und Nachbarn sowie für deren Eigentum oder eine Belästigung entstehen. Mögliche Beeinträchtigungen von Nachbarn sind Gästelärm, Betrieb einer Musikanlage, Gerüche (Küchen- oder Gastraumabluft) oder Lüftungsanlagen (Geräusche, Gerüche).

b) Der Gesetzgeber möchte sich überzeugen, ob der Gründer

- die erforderlichen fachlichen Kenntnisse und Fertigkeiten zum Betreiben eines solchen Gewerbes besitzt,
- Personen, die er beschäftigt, anleiten bzw. beaufsichtigen kann,
- eine sachgerechte Unterrichtung des Erwerbers über die Anwendung und Handhabung der angebotenen Waren und der damit eventuell verbundenen Gefahren gewährleisten kann.

4. Begründen Sie, ob folgende Personen oder Unternehmen die Kaufmannseigenschaft besitzen:

a) Vorstandsmitglied einer Aktiengesellschaft,

b) Elektroinstallateur mit fünf Verkaufsfilialen,

c) Prokurist einer Großbank,

d) Inhaber eines Zeitungskiosks,

e) zwei Landwirte, die gemeinsam eine Hühnerfarm betreiben,

f) Inhaber einer Autovermietung mit 35 Fahrzeugen,

g) Forschungsgesellschaft m.b.H.

a) Nein. Leitender Angestellter (Handlungsgehilfe). Aktiengesellschaft als juristische Person besitzt Eigenschaft des Formkaufmanns.

b) Ja. Aufgrund der Verkaufsfilialen, die einen in kaufmännischer Weise eingerichteten Geschäftsbetrieb erfordern, § 1 (2) HGB. Da der Geschäftsbetrieb über den Umfang des Kleingewerbes hinausgeht, ist der Inhaber Kaufmann.

Handwerkliche Installationsarbeiten in Gebäuden können über § 2 HGB zur Kaufmannseigenschaft führen.

c) Nein. Leitender Angestellter (Handlungsgehilfe).

d) Möglich. Kleingewerbetreibender, kann mit der Eintragung ins Handelsregister die Kaufmannseigenschaft als Kannkaufmann (§ 2 HGB) erwerben.

e) Möglich. Wenn die beiden Landwirte einen in kaufmännischer Weise eingerichteten Geschäftsbetrieb haben und sich in das Handelsregister eintragen lassen, sind sie Kannkaufleute (§ 2 HGB).

f) Ja. Ein in kaufmännischer Weise eingerichteter Geschäftsbetrieb, Istkaufmann nach § 1 (2) HGB.

g) Ja. GmbH ist Formkaufmann nach § 6 HGB.

5. Ein Abschlusszeugnis der Industrie- und Handelskammer enthält die Berufsbezeichnung »Industriekaufmann«. Beurteilen Sie diese Bezeichnung nach § 1 HGB.

Im Sinne des HGB kein Kaufmann. Betreibt kein selbstständiges Handelsgewerbe, sondern ist Handlungsgehilfe (kaufmännischer Angestellter).

6. Welche Wirkung hat der Erwerb der Kaufmannseigenschaft auf das vorgeschriebene Verhalten beim Eingang einer Lieferung (vgl. § 377 HGB)?

Beim zweiseitigen Handelskauf hat ein Kaufmann als Käufer folgende Pflichten:

1. Prüfungspflicht. Eingegangene Waren sind unverzüglich auf Güte, Menge und Art zu untersuchen.
2. Rügepflicht und Einhaltung der Rügefristen. Offene Mängel sind unverzüglich nach der Prüfung zu rügen, versteckte Mängel unverzüglich nach der Entdeckung, jedoch innerhalb der Gewährleistungsfrist (2 Jahre).

Im Gegensatz dazu gilt für den Verbraucher: Prüfung der Ware und Mängelrüge bei offenen und versteckten Mängeln innerhalb der Gewährleistungsfrist.

7. Das Reiseunternehmen »Neckermann und Reisen GmbH« existiert seit vielen Jahren am Ort. Der Kaufmann Werner Neckermann eröffnet am selben Ort ein Reisebüro unter dem Namen »Reisebüro Werner Neckermann e. K.«.

Begründen Sie, ob am selben Ort diese Unternehmen so firmieren dürfen.

Die Ausschließlichkeit der Firma soll Verwechslungen vorbeugen und Täuschungshandlungen verhindern. Damit sollen Wettbewerbsschutz und Rechtssicherheit hergestellt werden (§ 30 HGB). Der Kaufmann Werner Neckermann muss deshalb neu firmieren.

8. Ein Großhändler, der das Kaufhaus Gustav Zeller e. K. belieferte, hat noch Forderungen gegenüber Kaufmann Zeller. Das Kaufhaus wird vom Erwerber Erich Groß unter der alten Firma weitergeführt.

a) Wovon hängt die Möglichkeit der Weiterführung einer Firma beim Wechsel des Inhabers ab?

b) Wie wirkt sich die Betriebsveräußerung auf die Sicherheit der Forderungen des Großhändlers aus?

c) Auf welche Weise können Sie erfahren, wer für die bestehenden Schulden des Kaufhauses haftet?

a) – Ausdrückliche Einwilligung des bisherigen Eigentümers oder von dessen Erben,
 – genaue Beibehaltung der bisherigen Firma.

b) Erwerber Groß übernimmt nach dem Gesetz die Haftung für die bestehenden Schulden (§§ 25, 26 HGB). Ein Ausschluss der Haftungsübernahme ist vertraglich möglich. Neben Groß haftet Zeller weiterhin für diese Schulden.

c) Bei Ausschluss der Haftungsübernahme:
 – entweder durch briefliche Mitteilung des Erwerbers oder Veräußerers,
 – oder durch Eintragung ins Handelsregister und Bekanntmachung.

9. Prüfen Sie, welche der folgenden Eintragungen ins Handelsregister
a) rechtsbezeugende,
b) rechtserzeugende Wirkung hat:
- **Eintragung des Bauunternehmens Julia Schmidt e. Kfr.,**
- **Eintragung der Münstertäler Fleischwaren AG,**
- **Eintragung der Papiergroßhandlung Seboth KG,**
- **Eintragung des Geflügelhofs Landgold-Hähnchen GmbH.**

a) *rechtsbezeugende Wirkung:*
- Bauunternehmen Julia Schmidt e. Kfr. (Istkauffrau)
- Papiergroßhandlung Seboth KG (Personengesellschaft)

b) *rechtserzeugende Wirkung:*
- Münstertäler Fleischwaren AG (Formkaufmann)
- Geflügelhof Landgold-Hähnchen GmbH (Formkaufmann)

10. Erläutern Sie, warum Industrie- und Handelskammern empfehlen, vor der Eintragung ins Handelsregister die vorgesehene Firmenbezeichnung durch die Kammer prüfen zu lassen.

- Rechtskundige Beratung,
- Vorbeugung der Verwechslung mit Firmen bereits bestehender Unternehmen am gleichen oder an einem anderen Ort.

11. Das Amtsgericht Essen veröffentlicht in regelmäßigen Abständen Informationen unter der Überschrift »Handelsregister«. Folgender Auszug liegt vor:

Neueintragungen: HRB 12407 – 14. April 20..: **Rexing Fördertechnik GmbH, Essen** (45307, Kleine Schönscheidtstr. 12). Gegenstand des Unternehmens ist die industrielle Fertigung und der Vertrieb von fördertechnischen Anlagen, insbesondere Transportanlagen und Maschinen. Stammkapital: 185.000 EUR. Geschäftsführerin ist Sylvia Rexing, Kauffrau, Essen.

Veränderungen: HRB 5537 – 17. April 20..: **Speeck Rohrleitungsbau und Tiefbau GmbH,** Essen (45141, Manderscheidtstr. 92 b). Heinrich Speeck ist nicht mehr Geschäftsführer. Dipl.-Kaufmann Thomas Speeck, Datteln, ist zum Geschäftsführer bestellt.

Löschungen: HRB 5448 – 11. April 20..: **Gomolinski Bedachungs-Gesellschaft mit beschränkter Haftung, Essen.** Die Liquidation ist beendet. Die Gesellschaft ist gelöscht.

Stellen Sie dar, aus welchen Gründen das Amtsgericht solche Informationen regelmäßig veröffentlicht und für welche Personengruppen diese Informationen von Wert sein können.

Um notwendige Informationen zu erhalten, beispielsweise über
- Vertretungsberechtigte eines Unternehmens,
- Beteiligungs- und Haftungsverhältnisse,
- Insolvenzplan bzw. Insolvenzverfahren.

3.3 Unternehmensformen

3.4 Einzelunternehmen

3.5 Personengesellschaften

S. 115

1. Herr Friedrich Leone entwickelte ein Übungsgerät für den Freizeitsport, mit dessen Hilfe man wie ein Känguru hüpfen kann. Er möchte dieses Gerät herstellen und vertreiben und gründet zu diesem Zweck ein Einzelunternehmen. Erläutern Sie,

a) warum Herr Leone die Rechtsform des Einzelunternehmens wählt,

b) welche Probleme Herr Leone als Einzelunternehmer haben kann,

c) wie er auf eine rasche Absatzausweitung bzw. auf Konjunkturschwächen reagieren kann,

d) wie Friedrich Leone firmieren kann.

a) – Alleinige Ausübung der Geschäftsführung und Vertretung, d. h., keine Abhängigkeit von Gesellschaftern,
   – alleinige Verfügung über den Gewinn.

b) – Starke Beanspruchung seiner Arbeitskraft,
   – Überforderung in fachlicher Hinsicht (technisch, kaufmännisch) oder hinsichtlich der Führungsaufgaben,
   – Kapitalmangel,
   – Haftung mit dem Geschäfts- und Privatvermögen.

c) – Bei Absatzausweitung: Erweiterungsinvestitionen erfordern die Beschaffung von Fremdkapital oder von Eigenkapital durch Aufnahme eines Gesellschafters,
   – Bei Konjunkturschwächen: Krisenanfälligkeit ist wegen geringer Kapitalbasis gerade bei Einzelunternehmen groß; Personalbeschränkung durch Rationalisierung.

   Steigerung des Absatzes durch absatzpolitische Maßnahmen, z. B. Diversifikation, Preispolitik

d) *Beispiele:* Friedrich Leone e. K., Friedrichs Freizeitspaß e. K., Leone + Freizeit e. K., Känguru-Sprung e. K.

2. Im Unternehmen verbreitet sich das Gerücht, der Chef beabsichtige, seine beiden Söhne am Unternehmen zu beteiligen. Das Einzelunternehmen solle in eine Personengesellschaft umgewandelt werden. Teile der Belegschaft begrüßen dies, andere Mitarbeiter äußern Bedenken.

Welche Argumente können die beiden Gruppen vorbringen?

Argumente für die Umwandlung:

- Bisher allein verantwortlicher Unternehmer kann seine persönliche Arbeitsbelastung abbauen.
- Seine Kräfte werden für unternehmerische Initiativen freigesetzt.

- Künftige Nachfolger werden frühzeitig an die Unternehmertätigkeit herangeführt.
- Junge Unternehmer sind nicht »betriebsblind«. Sie können neue Ideen einbringen.

Argumente gegen die Umwandlung:

- Betriebliche (aber auch familiäre) Meinungsverschiedenheiten stören den Betriebsfrieden.
- Wachsende Zuständigkeitsprobleme in der Leitung verursachen in der Belegschaft Unsicherheit hinsichtlich der Entscheidungs- und Weisungsbefugnisse.

3. a) Welchen Problemen steht ein Einzelunternehmer im nachfolgenden Text in Deutschland gegenüber?

b) Inwieweit hindert die deutsche Mentalität, Risiko zu übernehmen?

c) In welche Richtung sollte sich die deutsche Mentalität ändern?

d) Machen Sie Vorschläge, wie Sie selber dazu beitragen können.

e) Wie sollte sich der Staat verhalten,

- **um die Gründung von Einzelunternehmen zu ermöglichen,**
- **um den Spaß am Unternehmersein nicht zu verderben?**

Unternehmer sein macht Arbeit – und Spaß,

von Klaus Mangold

(ehemaliger Vorstandsvorsitzender der früheren debis Systemhaus GmbH)

Ein neuer Hoffnungsträger ist entdeckt: der Existenzgründer. Junge Unternehmen schaffen Arbeitsplätze und gelten als Motor des Strukturwandels. Aber geht die Gesellschaft auch in angemessener Weise mit den neuen Selbstständigen um? Der deutsche Existenzgründer fühlt sich oft hin- und hergerissen: Am Wochenende wird er noch an Messeständen umworben und in den Medien gehegt. Doch schon am Montag kämpft er wieder selbst und ständig wie Don Quijote gegen die Mühlen der Bürokratie – ständig mit der Angst des Versagens im Nacken.

Noch immer sieht sich mancher Existenzgründer nicht in der Lage, ausreichend Kapital für längerfristige Projekte aufzutreiben. Dabei sind die Finanzierungsmöglichkeiten längst besser als ihr Ruf. Gerade in jüngster Zeit stehen neue Wege zum Geld offen – etwa mit Venture Capital. Das Zentrum für Europäische Wirtschaftsforschung urteilte, Deutschland sei dabei, zu einem der interessantesten Venture-Capital-Märkte der Welt zu werden. Noch nie stand innovativen Existenzgründern so viel Geld zur Verfügung wie heute. Allein der Daimler-Chrysler-Venture-GmbH stehen 20 Millionen EUR zur Verfügung, die über einen Zeitraum von vier bis fünf Jahren in Erfolg versprechende Unternehmen investiert werden sollen.

Viele Existenzgründer besitzen einen Aktivposten besonderer Qualität: ihre Idee. Ein cleverer Einfall bietet kapitalschwachen Gründern gerade im Dienstleistungsbereich viele Chancen, da dort die notwendige Ausstattung mit Sachkapital gering ist. Neun von zehn Unternehmen werden heute im Servicesektor gegründet. Der Weg in eine neue Dienstleistungsgesellschaft kann auch den Weg in eine neue Selbstständigen-Gesellschaft ebnen – wenn Schwarzmalerei und Pessimismus nicht das zurzeit günstige Investitionsklima in Deutschland vergiften.

In Deutschland vermisse ich immer noch Risikokultur und Selbstbewusstsein. Nach Umfragen streben rund 40 Prozent der deutschen Hochschulabsolventen in den öffentlichen Dienst, nicht einmal 15 Prozent wollen ein eigenes Unternehmen gründen.

Stattdessen bevorzugen Berufsanfänger eine Karriere à la carte. Die Bereitschaft, Risiken einzugehen, mit Unsicherheiten zu leben und dabei ohne Netz und doppelten Boden zu planen, fehlt in weiten Teilen der Bevölkerung.

Diese deutsche Urangst lässt sich nur indirekt mit der Verbesserung von Rahmenbedingungen bekämpfen. Die Gesellschaft muss Traditionen über Bord werfen. Übertriebene Vorsicht ist keine Tugend. Wer nicht selbstbewusst ist, macht kein Geschäft.

Es kann aber auch nicht angehen, dass in Deutschland Scheitern als Charakterschwäche ausgelegt wird. Viele Unternehmer, die es beim ersten Anlauf nicht schaffen, geben entmutigt auf. Wer möchte ein lebenslanges Stigma mit sich herumtragen? In den USA ist das anders: Es ist besser, einmal zu scheitern, als es nie versucht zu haben, lautet dort die Devise – und seien es zwei, drei oder vier Anläufe.

Die Liebe zum Unternehmertum entdeckt der Existenzgründer meist erst auf den zweiten Blick. Wenn er bemerkt, dass Selbstständigsein Spaß macht. Es geht um Freiheit, die Entscheidungskraft, Durchsetzungswillen, Verantwortungsbewusstsein und Kreativität.

a)
- Dem Jungunternehmer begegnet wechselnde Anerkennung innerhalb der Gesellschaft; einerseits wird er gefordert, gefördert und umworben, andererseits fühlt er sich alleine gelassen und ihm wird keine Hilfe angeboten.
- Ausreichend Kapital kann nicht für längerfristige Projekte aufgetrieben werden.
- Schwarzmalerei und Pessimismus dämpfen oder unterbinden gute Geschäftsideen.
- In Deutschland gilt Scheitern als Charakterschwäche.
- Die Gesellschaft bringt den Existenzgründern zu wenig Wertschätzung entgegen.

b) Die deutsche Mentalität ist geprägt durch Sicherheitsdenken und durch gründliches, ordentliches und sauberes Bearbeiten von Vorgängen. Man spricht heute noch von den preußischen Tugenden. Dies spricht nicht für Risikobereitschaft.

c)
- Alle Maßnahmen und Verhaltensweisen, die geeignet sind, sowohl ein kalkuliertes, aber auch ein unkalkuliertes Risiko einzugehen, sollten möglich sein.
- Das Sicherheitsdenken sollte einem innovationsfreundlichen und dem Neuen aufgeschlossenen Denken Platz bieten.
- Eine Sache sollte nicht deshalb nur abgelehnt oder mit äußerster Zurückhaltung angegangen werden, weil sie neu oder in dieser Form noch nicht da gewesen ist oder noch nicht ausprobiert wurde.
- Kreativität, Fantasie, »verrückte« Ideen und Toleranz sollten selbstverständliche Bestandteile in der Gesellschaft werden.

d) *Beispiele:*

Die eigenen Fähigkeiten, Möglichkeiten und Chancen erkennen, ausbauen und erweitern, die nötig sind, um im gesellschaftlichen, aber vor allem im beruflichen und wirtschaftlichen Leben bestehen zu können. Dazu gehören im persönlichen Bereich Maßnahmen wie Zivilcourage zeigen, mit offenen Augen durch die Welt gehen, sachliches und kritisches Hinterfragen von Inhalten, einen Standpunkt entwickeln, kein reines Mitläufertum betreiben, etwas aus sich machen, gebotene Chancen nutzen, Eigeninitiative entwickeln.

Für den beruflichen Bereich bzw. den Bereich der wirtschaftlichen Selbstständigkeit kann man sich an den Anforderungen orientieren, die Betriebe als Vorbereitung auf die Selbstständigkeit für wichtig halten:

Umfrage bei 435 Betrieben – Ergebnisse in Prozent	
Kundenorientiertes Verhalten	93
Leistungsbereitschaft	88
Initiative	87
Zielorientiertes und systematisches Handeln	84
Flexibilität	78
Selbstbestimmtheit	76
Entscheidungsfähigkeit	75
Fachkompetenz	74
Belastbarkeit	68
Fähigkeit zur Motivation anderer	59
Durchsetzungsvermögen	54
Risikobereitschaft	52

e) – Das Know-how einer Existenzgründung muss verbessert werden. Die Vermittlung von Gründergeist und der betriebswirtschaftlichen Anforderungen, die sich an Existenzgründer stellen, müssen an Universitäten einen höheren Stellenwert bekommen, z. B. durch Einführung von Existenzgründungsvorlesungen. Das Thema »Existenzgründung« ist an den deutschen Hochschulen – anders als in den USA und Großbritannien – als Lehr- und Forschungsgebiet wenig verbreitet. Dort ist die Gründung neuer Unternehmen bereits seit den 1960er-Jahren ein etabliertes Forschungsgebiet. Hochschulabsolventen als Existenzgründer sind in Deutschland nicht selbstverständlich. Ein möglicher Grund dafür ist, dass Hochschüler während des Studiums kaum oder sehr spät mit dieser beruflichen Alternative konfrontiert werden.

- Das unübersichtliche Nebeneinander verschiedenster Fördermöglichkeiten, mit denen Existenzgründer je nach Branche konfrontiert sind, muss beendet werden. Das Förderangebot muss gestrafft werden und an *einer* Stelle zur Verfügung gestellt werden.
- Der Risikokapitalzugang in Deutschland ist verbesserungsfähig. Bestehende Hemmnisse für institutionelle Anleger sollten beseitigt werden.
- Planungs- und Genehmigungsverfahren müssen dringend beschleunigt werden. Dies ist gerade für junge und innovative Unternehmen von großer Bedeutung.
- Mittelständische Unternehmen – und gerade Existenzgründer – werden mit unentgeltlichen bürokratischen Dienstleistungen für den Staat (Abführung von Steuern und Sozialabgaben, Kindergeldauszahlung, Statistiken, Ausfüllen von Anträgen etc.) überproportional belastet. Damit der Gründer seine Zeit dem Aufbau seines Unternehmens widmen kann, gehören alle bürokratischen Anforderungen auf den Prüfstand. Es muss nicht alles behördlich geregelt sein.
- Alle Markthemmnisse, die die etablierten Unternehmen gegen Neueinsteiger schützen, müssen beseitigt werden. Dazu gehört insbesondere das Werbeverbot bei den freien Berufen.
- Das Risiko des Scheiterns ist ein Grund für viele, sich gegen die Selbstständigkeit zu entscheiden. Dieses Risiko kann dem potenziellen Gründer niemand abnehmen, schließlich sind mit der Gründung auch Chancen verbunden. Der Schritt in die Selbstständigkeit würde abhängig Beschäftigten mit Kindern leichter fallen, wenn sie für den Fall des Scheiterns wüssten, dass sie nicht alle Ansprüche auf Arbeitslosengeld verlören. Existenzgründern sollte daher auf freiwilliger Basis die Weiterversicherung in der Arbeitslosenversicherung ermöglicht werden.
- Nicht zuletzt hat zu der geringen Bereitschaft, sich selbstständig zu machen, beigetragen, dass das Bild des selbstständigen Unternehmers häufig verzerrt darge-

stellt worden ist. So wurde in der Vergangenheit an Gymnasien und Hochschulen oft ein negatives Unternehmerbild vermittelt. Der Unternehmer ist oft einseitig als Kapitalist und Ausbeuter dargestellt worden und seltener als ein Motor der wirtschaftlichen Entwicklung. Selbst der Begriff »Arbeitgeber« hatte einen negativen Akzent, obwohl schon die Bezeichnung darauf hindeutet, welche wichtige Bedeutung er für das Funktionieren des Arbeitsmarktes hat. Es ist deshalb kaum überraschend, dass der größte Teil der Hochschulabgänger eine Tätigkeit in abhängiger Beschäftigung anstrebt: Rund 60 Prozent der insgesamt 4,8 Millionen Akademiker sind in den Bereichen öffentliche Verwaltung sowie öffentliche und private Dienstleistungen tätig.

- Auch in allen Bereichen des Bildungswesens ist auf unternehmerische Selbstständigkeit vorzubereiten. So müssen die Lehrpläne der allgemeinbildenden Schulen weitaus mehr auf die Vermittlung von ökonomischen Fakten und beruflicher Lebenswirklichkeit ausgerichtet werden. In diesem Zusammenhang können auch Unternehmerpersönlichkeiten vorgestellt werden.
- Die Vorbereitung auf unternehmerische Selbstständigkeit durch die Berufsausbildung ist jedoch nicht nur eine Frage der Inhalte, sondern auch der Kompetenz von Ausbildern und Lehrern. Um die unternehmerischen Fähigkeiten künftiger Fachkräfte zu stärken, müssen sie vielfach auf ihre neue Aufgabe erst vorbereitet werden und vor allen Dingen lernen, die genannten aktivierenden Ausbildungsmethoden verstärkt einzusetzen.
- Noch wichtiger als Einzelmaßnahmen, zudem auf Teilgebieten, ist aber vor allem die Förderung von »spirit of competition«, also von Unternehmergeist, der letztlich die Entwicklung von einer Gründerwelle hin zu einer Gründerkultur sichern wird.

4. Am 7. März 1997 wurde in das Handelsregister Ludwigsburg die Fielmann AG & Co. OHG eingetragen. Erläutern Sie diese Rechtsform.

In dieser Offenen Handelsgesellschaft gibt es zwei persönlich haftende Gesellschafter: die Fielmann Aktiengesellschaft, mit Sitz in Hamburg, und die Fielmann-Optik GmbH, mit Sitz in Hamburg.

Alternativ wäre aber auch denkbar, dass neben der AG eine natürliche Person als zweiter persönlich haftender Gesellschafter auftritt.

5. Zeigen Sie durch die Beantwortung folgender Fragen, dass die OHG personenbezogen ist:

a) Wie viele Personen können eine OHG gründen?

b) Wer ist zur Geschäftsführung verpflichtet?

c) Wie kann das Vertretungsrecht wahrgenommen werden?

d) Was versteht man unter persönlicher Haftung?

e) Warum ist nach dem Gesetz die Kündigung oder der Tod eines Gesellschafters ein Auflösungsgrund?

a) zwei Personen

b) jeder Gesellschafter, Einzelgeschäftsführungsbefugnis

c) jeder Gesellschafter, Einzelvertretungsmacht

d) unbeschränkte, direkte (unmittelbare) und primäre Haftung

e) Wesentlicher Einfluss der einzelnen Gesellschafter auf die Geschäftspolitik; vertrauensvolle Zusammenarbeit der Gesellschafter ist an bestimmte Personen gebunden und kann nicht von vornherein bei den Nachfolgern vorausgesetzt werden.

6. Dem Gesellschafter Sautter wurde die Geschäftsführungsbefugnis durch seine beiden anderen Gesellschafter Reitter und Moll entzogen. Trotzdem kauft Sautter für die OHG einen neuen Geschäftswagen und schließt einen Kreditvertrag über 25.000 EUR ab. Beurteilen Sie die Rechtslage.

Die *Geschäftsführungsbefugnis* (Innenverhältnis) berechtigt zur Vornahme von Handlungen, die sich die Gesellschafter untereinander zubilligen (»rechtliches Dürfen«). Überschreitungen der Geschäftsführungsbefugnisse führen zu Ersatzansprüchen der Gesellschafter untereinander.

Die *Vertretungsmacht* (Außenverhältnis) berechtigt, im Namen der Gesellschaft Rechtsgeschäfte mit dritten Personen abzuschließen (»rechtliches Können«). Es geht also dabei um die rechtsgeschäftliche Wirksamkeit von Geschäften für und gegen die Gesellschaft nach außen.

Das bedeutet, dass Sautter den Kaufvertrag über den Pkw und den Kreditvertrag rechtskräftig für die OHG abgeschlossen hat. Entstehen der OHG aber durch dieses Geschäft Nachteile, können die Mitgesellschafter Sautter in Regress nehmen.

7. Warum werden die Kapitalanteile der Gesellschafter einer OHG nicht ins Handelsregister eingetragen?

Die Kapitalanteile ändern sich ständig

- durch die jährliche Buchung der Gewinn- und Verlustanteile,
- durch die Buchung von Privateinlagen oder Privatentnahmen.

8. a) Das Eigenkapital einer OHG mit den Gesellschaftern Balle und Marischler beläuft sich auf 125.000 EUR. Dabei entfallen 75.000 EUR auf Balle und 50.000 EUR auf Marischler. Auf welche Art und Weise kann der Gesellschafter Marischler seinen Kapitalanteil um 30.000 EUR erhöhen?

b) Welche Auswirkungen hätte diese Kapitalerhöhung hinsichtlich seiner Geschäftsführungsbefugnis und seiner Vertretungsmacht?

a) Leistung von Privateinlagen; Nichtentnahme von Gewinnanteilen.

b) Keine Wirkungen, solange im Gesellschaftsvertrag keine Änderung getroffen wird.

9. Der Kraftfahrzeugmeister Buhl und der kaufmännische Angestellte Ruf beschließen die Gründung einer Großhandlung für Kfz-Bedarf in der Rechtsform einer OHG. Beantworten Sie folgende Fragen (mit Begründung):

a) Welche Gründe können Buhl veranlassen, statt eines Einzelunternehmens zusammen mit Ruf eine OHG zu gründen?

b) Zur Finanzierung eines Auslieferungslagers beantragt Ruf einen Bankkredit. Zu welchen Überlegungen dürfte die Bank durch die Tatsache gelangen, dass das Schuldnerunternehmen eine OHG ist?

c) Wie ist die Rechtslage nach der gesetzlichen Regelung?

- **Gesellschafter Ruf kündigt dem Angestellten Michels.**
- **Er gibt schriftlich Anweisungen an die Mitarbeiter der Buchhaltungsabteilung.**
- **Er erteilt einem Angestellten Prokura.**
- **Er unterschreibt einen Überweisungsauftrag an die Hausbank zulasten des Kontos der OHG.**

a) – Buhl möchte das Eigenkapital erhöhen.

– Wenn Ruf mit dem Gedanken spielt, selbst ein ähnliches Unternehmen zu eröffnen, könnte Buhl einen möglichen Konkurrenten ausschalten.

– Buhl sieht vor allem auch in den kaufmännischen Kenntnissen von Ruf eine Ergänzung der Arbeitskraft und Verteilung der Arbeitslast.

– Buhl möchte das Unternehmerrisiko verteilen.

– In einer OHG mit zwei Gesellschaftern erhöht sich die Kreditwürdigkeit durch Erweiterung der Haftung.

– Buhl hat persönliche Gründe (Alter, Krankheit, Erbfall).

b) Zwei Gesellschafter haften persönlich und gesamtschuldnerisch (solidarisch). Damit besitzen sie eine hohe Kreditwürdigkeit aufgrund der umfassenden Absicherung des Bankkredits.

c) Gesellschafter Ruf ist grundsätzlich allein zur Geschäftsführung befugt und allein zur Vertretung berechtigt. Nur zur Bestellung des Prokuristen hätte er die Zustimmung von Buhl gebraucht.

10. Die im HGB vorgesehene Gewinnbeteiligung ergibt sich aus dem Wesen der OHG.

a) Begründen Sie die gesetzliche Regelung zur Gewinnverteilung.

b) Welche Wirkung auf die Verteilung des Gewinns wird der vertragliche Ausschluss eines Gesellschafters von der Geschäftsführung haben?

a) Das Kriterium für eine angemessene Vergütung der OHG-Gesellschafter liegt im Kapitaleinsatz und dem Arbeitseinsatz. Die Gesellschafter erwarten für ihre Beteiligung entsprechende Entgelte. Da sie auch mit ihrem Privatvermögen haften, das von der Gesellschaft nicht verzinst wird, erwarten sie darüberhinaus auch ein Entgelt für das Risiko bei Verlusten. Die relativ niedrige Verzinsung des eingesetzten Kapitals deutet darauf hin, dass der Arbeitseinsatz die entscheidende Gewinnquelle ist. Mit der prozentualen Verzinsung von 4 % wird dem jeweiligen Kapitaleinsatz Genüge getan. Die absolut gesehen gleichhohe Verteilung des Restbetrages nach Köpfen entspricht der gleichmäßigen Arbeitsbelastung aller OHG-Gesellschafter.

b) Die geschäftsführenden Gesellschafter werden auf höheren Gewinnanteilen bestehen.

11. Der Kaufmann Andreas Weinert gründete ein Unternehmen für Geschäftsausstattungen und hat dieses Unternehmen in den vergangenen Jahren stetig vergrößern und ausbauen können.

Für eine Betriebserweiterung im Jahre 02 soll das Einzelunternehmen in eine OHG umgewandelt werden. Als Gesellschafter bieten sich sein technischer Mitarbeiter Wolfgang Pschorr und sein Sohn Alexander Weinert an, der soeben sein Ingenieurstudium beendet hat.

Die Bezeichnung »Geschäftsausstattungen Andreas Weinert« soll in die neue Firma aufgenommen werden.

Herr Weinert sen. bringt sein Unternehmen (Gebäude, sonstiges Anlagevermögen, Umlaufvermögen) im Wert von 400.000 EUR ein, Pschorr leistet eine Bareinlage von 50.000 EUR und Alexander Weinert stellt seine Arbeitskraft zur Verfügung.

Die OHG beginnt laut Gesellschaftsvertrag, der am 5. Dezember 01 abgeschlossen wurde, am 1. Januar 02; die Eintragung in das Handelsregister erfolgte am 10. Januar 02.

a) Welche Form muss der Gesellschaftsvertrag für diese OHG haben? Begründen Sie Ihre Antwort.

b) Prüfen Sie, ob die OHG die vorgesehene Firma übernehmen kann, und begründen Sie Ihre Ansicht.

c) Der Sohn Alexander Weinert leistet keine Einlage, sondern stellt seine Arbeitskraft zur Verfügung.

Beurteilen Sie diese Vereinbarung im Gesellschaftsvertrag

- **im Hinblick auf die Einlagepflicht des OHG-Gesellschafters,**
- **aus bilanztechnischer Sicht,**
- **aus der Sicht der Mitgesellschafter,**
- **aus der Sicht der Gläubiger.**

d) Erläutern Sie die Bedeutung der Daten 5. Dezember 01, 1. Januar 02 und 10. Januar 02 im Hinblick auf die Entstehung der OHG.

e) Führen Sie in einer übersichtlichen Tabelle die Gewinnverteilung für das Jahr 02, die Verlustverteilung für das Jahr 03 durch, und geben Sie die Entnahmen der drei Gesellschafter am Ende des Jahres 02 und 03 an.

Die Gesellschafter Andreas Weinert und Wolfgang Pschorr machen von ihrem Entnahmerecht nach HGB Gebrauch.

Im Jahr 02 erzielt die OHG einen Gewinn von 30.000 EUR. Im Jahr 03 erzielt die OHG einen Verlust von 7.500 EUR.

Die Gewinn- und Verlustverteilung ist wie folgt geregelt:

- **Jeder Gesellschafter erhält zunächst 6 % seines Kapitalanteils; der Rest wird zur Hälfte an Andreas Weinert und zu je einem Viertel an Wolfgang Pschorr und Alexander Weinert verteilt.**
- **Außerdem hat Alexander Weinert eine Einlage in der Form zu bewirken, dass er seinen 3.000 EUR übersteigenden Anteil am Reingewinn so lange nicht entnehmen darf, bis sein Kapitalkonto 25.000 EUR erreicht hat.**
- **Die Verlustverteilung erfolgt nach Gesetz.**

f) Angenommen, der Kapitalanteil von Alexander Weinert wäre im Jahr 04 negativ geworden. Wie verhält es sich in diesem Fall mit dem Entnahmerecht des Gesellschafters?

a) Grundsätzlich schreibt das HGB keine bestimmte Form vor (§ 109 HGB). Da im vorliegenden Fall Gebäude eingebracht werden, bedarf der Vertrag jedoch der notariellen Beurkundung (§ 925 BGB).

b) Nach § 22 HGB kann die bisherige Firma fortgeführt werden. Bedingung: Der bisherige Kaufmann Weinert muss »ausdrücklich einwilligen«. Darüber hinaus muss nach § 19 (2), Z. 1 HGB die Bezeichnung »Offene Handelsgesellschaft« oder eine allgemein verständliche Abkürzung dieser Bezeichnung in der Firma enthalten sein (OHG, offene HG, oHg).

c) – Nach § 111 HGB besteht in erster Linie eine Verzinsungspflicht von Einlagen; über die Art und Höhe der Einlage ist nichts ausgesagt. Entsprechend dem Wesen einer OHG als Personengesellschaft und der bestehenden Vertragsfreiheit im Innenverhältnis ist eine derartige Vereinbarung möglich.

- Der Kapitalanteil von Alexander Weinert wird in der Gründungsbilanz wie folgt ausgewiesen: Kapital Alexander Weinert = 0,00 EUR.
- Für die Gesellschafter einer OHG hat die vertrauensvolle Zusammenarbeit unter den Gesellschaftern Vorrang vor der Frage der Höhe eines Kapitalanteils.
- Da es eine Haftungsbeschränkung (§ 105 HGB) gegenüber den Gläubigern nicht gibt (unbeschränkt persönliche Haftung), spielt die Höhe der einzelnen Kapitaleinlage eine untergeordnete Rolle.

d) 5. Dezember 01: Das Abschlussdatum des Gesellschaftsvertrages ist rechtlich ohne Bedeutung. Zu diesem Termin entsteht deshalb die OHG auch nicht nach innen.

1. Januar 02: Mit diesem Termin entsteht die OHG im Innenverhältnis (§ 105 HGB), da dies so vereinbart wurde.

10. Januar 02: Im Außenverhältnis entsteht die OHG spätestens mit der Eintragung im Handelsregister (§ 123 (1) HGB), es sei denn, es ergibt sich aus § 123 (2) HGB etwas anderes: Im vorliegenden Falle entstünde die OHG nach außen, wenn sie vor dem 10. Januar 02 ihre Geschäfte aufnehmen würde.

e) Gewinnverteilung von 30.000 EUR für das Jahr 02 nach Gesellschaftsvertrag:

	Kapital zu Beginn des Jahres 02	Zinsen 6 %	Rest-Verteilung	Gesamt-Gewinn	Entnahme am Ende des Jahres	Kapital am Ende des Jahres 02
Andreas Weinert	400.000	24.000	1.500	25.500	16.000	409.500
Wolfgang Pschorr	50.000	3.000	750	3.750	2.000	51.750
Alexander Weinert	0	0	750	750	0	750
	450.000	27.000	3.000	30.000	18.000	462.000

Verlustverteilung von 7.500 EUR für das Jahr 03 nach Gesellschaftsvertrag:

	Kapital zu Beginn des Jahres 03	Verlust	Entnahme am Ende des Jahres	Kapital am Ende des Jahres 03
Andreas Weinert	409.500	2.500	16.360	390.640
Wolfgang Pschorr	51.750	2.500	2.080	46.920
Alexander Weinert	750	2.500	0	–1.750
	462.000	7.500	18.440	436.060

f) Nach dem Gesellschaftsvertrag darf Alexander Weinert nur dann Privatentnahmen tätigen, wenn sein Gewinnanteil den Betrag von 3.000 EUR übersteigt. Entnahmen sind nach dem HGB bei einem negativen Kapitalkonto nicht gestattet (§ 122 HGB).

12. Eine OHG erzielt in einem Geschäftsjahr einen Gewinn von 350.800 EUR. Beteiligungsverhältnis der Gesellschafter: A 800.000 EUR, B 600.000 EUR, C 400.000 EUR. Entnahme von A am 18. Oktober 40.000 EUR, Einlage von C am 6. August 60.000 EUR.

Nach dem Gesellschaftsvertrag werden die Kapitalanteile mit 5 % verzinst. Entnahmen und Einlagen sind mit 5 % Zinsen zu berücksichtigen. Der Restgewinn ist im Verhältnis 5 : 5 : 3 zu verteilen. Berechnen Sie die Gewinn- und die neuen Kapitalanteile der Gesellschafter.

Gesellschafter	Kapital-anteil	Vordividende 5 %	Restge-winnanteil	Gesamt-gewinn	Neuer Kapitalanteil
A	800.000	40.000			
	–40.000	–400			
	760.000	39.600	100.000	139.600	899.600
B	600.000	30.000	100.000	130.000	730.000
C	400.000	20.000			
	+60.000	+1.200			
	460.000	21.200	60.000	81.200	541.200
A + B + C	1.820.000	90.800	260.000	350.800	2.170.800

13. Vervollständigen Sie die folgende Tabelle:

	Komplementär (Vollhafter)	Kommanditist (Teilhafter)
Kontrollrecht		
Recht auf Kapitalentnahme		
Haftung beim Eintritt in die Gesellschaft		
Haftung beim Ausscheiden aus der Gesellschaft		

	Komplementär (Vollhafter)	Kommanditist (Teilhafter)
Kontrollrecht	Laufendes Kontrollrecht. Kann sich persönlich über die Geschäftslage unterrichten, die Handelsbücher und Papiere der Gesellschaft einsehen und sich daraus eine Bilanz anfertigen.	Nur Anspruch auf Mitteilung des Jahresabschlusses. Er kann ihn durch Einsicht in die Bücher und die Papiere der Gesellschaft nachprüfen.
Recht auf Kapitalentnahme	Jeder Gesellschafter kann bis zu 4 % seines zu Beginn des Geschäftsjahres vorhandenen Kapitalanteils entnehmen.	Er kann die Auszahlung von Gewinnanteilen erst fordern, wenn die vereinbarte Kommanditeinlage gezahlt ist.
Haftung beim Eintritt in die Gesellschaft	Er haftet auch für die bereits bestehenden Verbindlichkeiten der KG.	Er haftet für die bei seinem Eintritt bestehenden Verbindlichkeiten der Gesellschaft bis zur Höhe seiner noch nicht geleisteten und in das Handelsregister eingetragenen Einlage.
Haftung beim Ausscheiden aus der Gesellschaft	Er haftet noch fünf Jahre für die beim Ausscheiden vorhandenen Verbindlichkeiten der Gesellschaft (§ 130, § 159 HGB).	Wird einem Kommanditisten seine Einlage zurückgezahlt, so haftet er den Gläubigern gegenüber noch 5 Jahre für die bei seinem Ausscheiden vorhandenen Verbindlichkeiten in Höhe seiner zurückgewährten Einlage (§ 152, § 172 HGB).

14. Begründen Sie, ob ein Angestellter gleichzeitig Kommanditist

a) in dem Unternehmen seines Arbeitgebers,

b) in einem fremden Unternehmen sein kann.

Beide Fälle sind möglich. Als Kommanditist ist er nicht geschäftsführungs- und vertretungsberechtigt. Deshalb ist er nicht behindert in der Erfüllung seiner Pflichten als Angestellter.

15. Auszug aus dem Gesellschaftsvertrag der Leone Labor KG:

»§ 35: Stirbt ein Komplementär, werden eventuell vorhandene Erben nur als Kommanditisten in die KG aufgenommen.«

Begründen Sie, warum die Gründer der KG diesen Paragrafen in den Gesellschaftsvertrag aufgenommen haben.

Würde diese Vereinbarung nicht bestehen, hätte der Tod des Vollhafters die Auflösung des Unternehmens zur Folge. Somit wird die Fortführung eines Unternehmens sichergestellt, auch wenn die Erben wegen mangelnden Interesses oder mangelnder Qualifikation nicht als Vollhafter eingesetzt werden können.

16. Ein Kommanditist fordert, dass bei der Gewinnverteilung der Restgewinn nach Köpfen verteilt werden soll. Der Komplementär verweist auf das HGB, in dem es heißt, dass der Restgewinn in einem angemessenen Verhältnis zu verteilen sei. Begründen Sie, warum der Gesetzgeber zu dieser Regelung gegriffen hat.

Kommanditisten sind nicht zur Geschäftsführung verpflichtet. Außerdem ist ihr Verlustrisiko auf die Haftsumme beschränkt. Dies muss bei der Gewinnverteilung zugunsten der Komplementäre berücksichtigt werden.

17. Sachverhalt: Peter Stalder gründete ursprünglich die Peter Stalder Tennishallen e. K. Um mit anderen Tennishallen konkurrenzfähig zu bleiben, stehen umfangreiche Investitionen an. Dazu nahm er gegen Ende des Jahres 01 seine Tochter Femke als Komplementärin und Alfred Brodt als Kommanditisten in das Unternehmen auf. Der Gesellschaftsvertrag für die KG wurde am 1. Dezember 01 abgeschlossen.

Die Eintragung in das Handelsregister erfolgte am 15. Dezember 01.

Die Bilanz der KG zum 31. Dezember 01 weist zusammengefasst folgende Beträge in EUR aus:

Bilanz zum 31. Dezember 01

Aktiva			Passiva
Anlagevermögen	1.300.000	Kapital Peter Stalder	250.000
Umlaufvermögen	180.000	Kapital Femke Stalder	350.000
		Kommanditkapital Brodt	110.000
		Fremdkapital	770.000
	1.480.000		1.480.000

a) Kommanditist Brodt hat bei den Vertragsverhandlungen die Aufnahme seines Namens in die Firma gefordert. Die anderen Gesellschafter lehnen dies ab. Nennen Sie jeweils ein rechtliches und wirtschaftliches Argument.

b) Erläutern Sie die rechtliche Bedeutung des

– 1. Dezembers 01 und

– 15. Dezembers 01 für die Gesellschafter des Unternehmens.

c) Am 18. Februar 02 fordert ein Lieferant des Unternehmens einen seit einem halben Jahr fälligen Betrag über 12.000 EUR vom Kommanditisten Brodt. Dieser verweigert die Zahlung mit der Begründung, dass er zum Zeitpunkt der Entstehung der Schuld noch nicht Gesellschafter gewesen sei. Erläutern Sie die Rechtslage.

d) Femke Stalder möchte sich an einer Fitness-Center GmbH beteiligen. Für diesen Zweck will sie 10.000 EUR aus der KG herausziehen. Welcher rechtliche und welcher wirtschaftliche Einwand ist dagegen zu erheben, wenn im Gesellschaftsvertrag darüber nichts vereinbart wurde?

e) Beurteilen Sie folgende Vorgänge:

– Brodt erwirbt bei einem Sportartikelhändler Tennisschläger im Wert von 30.000 EUR für die Sport-Shops in den Tennishallen. Er begründet dies damit, Gesellschafter des Unternehmens zu sein.

– Peter Stalder kauft fünf Ballmaschinen im Wert von 25.000 EUR. Brodt widerspricht dem Kauf mit der Begründung, man beschäftige doch einen Tennislehrer.

– Femke Stalder beabsichtigt, mit liquiden Mitteln der KG aus Spekulationsgründen 500 Aktien eines Automobilwerkes zu kaufen. Ihr Vater, Peter Stalder, dessen Geschäftsführungsrechte nicht beschränkt sind, widerspricht dem Kauf.

a) – *Rechtliches Argument:* Die Firma der KG kann aus Personen-, Sach- oder Fantasienamen bestehen. Darüber hinaus muss die Bezeichnung »Kommanditgesellschaft« oder eine allgemein verständliche Abkürzung dieser Bezeichnung in der Firma enthalten sein (KG, Kges) (§ 19 (1), Z. 2 HGB). Deshalb kann auch der Name eines Kommanditisten in die Firma aufgenommen werden.

– *Wirtschaftliches Argument:* Das Unternehmen ist unter dem Namen Peter Stalder Tennishallen e. K. eingeführt und bei der Kundschaft bekannt. Um den wirtschaftlichen Wert zu erhalten, kann deshalb grundsätzlich die ursprüngliche Firma fortgeführt werden (§ 24 HGB – Grundsatz der Firmenbeständigkeit). Nach herrschender Gesetzeslage muss jedoch der Gesellschaftszusatz auf KG abgeändert werden (Grundsatz der Firmenwahrheit): Peter Stalder Tennishallen KG.

b) *Bedeutung der Termine* (Gesellschaftsvertrag, Eintragung ins Handelsregister) *für Gesellschafter:*

– 1. Dezember 01: Mit dem Abschluss des Gesellschaftsvertrages entsteht die KG im Innenverhältnis; damit zeitlicher Beginn der Rechtsbeziehungen der Gesellschafter untereinander; es sei denn, es wurde ein anderer Termin vereinbart (§109 i.V.m. § 161 (2) HGB).

– 15. Dezember 01: Mit der Eintragung entsteht die KG im Außenverhältnis – damit zeitlicher Beginn der Rechtsbeziehungen gegenüber Dritten; es sei denn, sie beginnt ihre Geschäfte schon vorher (§ 123 (1), (2) HGB).

c) *Rechtslage für den Kommanditisten:* Er muss zahlen, denn als Kommanditist haftet er

– für die zum Zeitpunkt seines Eintritts bestehenden Verbindlichkeiten der Gesellschaft (§ 173 HGB);

– den Gläubigern der Gesellschaft bis zur Höhe seiner noch ausstehenden Einlage unmittelbar (§ 171 HGB). Der Gläubiger kann also die Zahlung von 10.000 EUR von Brodt verlangen; 2.000 EUR müssen allerdings bei Peter und Frank Stalder geltend gemacht werden.

d) – *Rechtlicher Einwand:* Die Beteiligung an der Fitness-Center GmbH verstößt nicht gegen das gesetzliche Wettbewerbsverbot (§ 122 HGB). Da diese Privatentnahme vier Prozent ihres Kapitalanteils (350.000 EUR · 0,04 = 14.000 EUR) nicht übersteigt, ist sie auch von der Zustimmung der übrigen Gesellschafter nicht abhängig (§ 122 HGB).

– *Betriebswirtschaftlicher Einwand:* Eine Verminderung der Eigenkapitalbasis wäre wegen der bevorstehenden Erweiterungsinvestitionen der KG nicht sinnvoll.

e) – Die KG muss die Tennisschläger nicht abnehmen und bezahlen, da der Kommanditist nicht zur Vertretung berechtigt ist (§ 170 HGB).

– Peter Stalder ist zum Kauf der Ballmaschinen berechtigt; die Kommanditisten haben bei gewöhnlichen Rechtsgeschäften kein Widerspruchsrecht (§ 164 HGB).

– Der Aktienverkauf wäre für die KG bindend. Femke Stalder als Vollhafterin hat die Vertretungsmacht für alle Rechtsgeschäfte. Im Innenverhältnis haben die Kommanditisten bei außergewöhnlichen Rechtsgeschäften ein Widerspruchsrecht (§ 164 HGB).

18. In Deutschland gibt es ca. 116.500 GmbH & Co. KGs. Welche Gründe sprechen für diese Unternehmensform?

- Haftungsbeschränkung,
- Nachfolgeregelung ist gesichert,
- Beschaffung von Eigenkapital durch weitere Kommanditeinlagen,
- Beschränkung der Mitbestimmung durch die Arbeitnehmer,
- Gesellschafter kann als Geschäftsführer der GmbH angestellt sein und ist sozialversichert,
- außenstehende Fachleute können Geschäftsführer der GmbH werden.

19. Welche unterschiedliche Rechtsstellung besteht zwischen einem Kommanditisten und einem stillen Gesellschafter?

Kommanditist	Stiller Gesellschafter
echtes Teilhaberverhältnis mit Merkmalen einer Teilhaberschaft	langfristiges Gläubigerverhältnis
Kommanditeinlage ist im Handelsregister eingetragen.	Höhe der Einlage tritt nach außen nicht in Erscheinung.
Verlustbeteiligung in angemessenem Verhältnis der Anteile bis zur vereinbarten Einlage	Verlustbeteiligung kann vertraglich begrenzt oder ausgeschlossen werden.

20. Wodurch unterscheidet sich der stille Gesellschafter von einem Darlehensgläubiger der stillen Gesellschaft?

Stiller Gesellschafter	Darlehensgläubiger
am Gewinn oder Verlust nach vertraglicher Vereinbarung beteiligt	Zinsanspruch
Kontrollrecht wie Kommanditist	kein gesetzliches Kontrollrecht

21. Vergleichen Sie die Gesellschaft des bürgerlichen Rechts mit der Offenen Handelsgesellschaft in Bezug auf folgende Merkmale: Zweck, gesetzliche Regelung, Firma, Geschäftsführung und Vertretung, Ergebnisverteilung.

	Gesellschaft des bürgerlichen Rechts	Offene Handelsgesellschaft
Zweck	Personenzusammenschluss zu einem beliebigen erlaubten Zweck	Personenzusammenschluss zum Betrieb eines Handelsgewerbes
gesetzliche Regelung	ausschließlich im BGB	BGB und als Handelsgesellschaft auch HGB
Firma	keine	in das Handelsregister eingetragene Firma
Geschäftsführung	grundsätzlich alle Gesellschafter gemeinsam	Einzelgeschäftsführungsbefugnis
Vertretung	grundsätzlich alle Gesellschafter gemeinsam	Einzelvertretungsmacht
Ergebnisverteilung	gleiche Anteile, unabhängig von der Art und Höhe des Beitrages	abhängig von der Höhe des Kapitalanteils und der Anzahl der Gesellschafter

22. Beschreiben Sie die Vorteile der Partnerschaftsgesellschaft gegenüber der BGB-Gesellschaft.

Die Partnerschaftsgesellschaft stellt eine besondere Form der Gesellschaft des bürgerlichen Rechts dar. Im Vergleich zu dieser bietet sie jedoch einige Vorteile:

- Sie ist im Gegensatz zur BGB-Gesellschaft voll namensrechtsfähig. Dies bedeutet, dass der Name der Partnerschaft fortgeführt werden kann, wenn sich der Name des namensgebenden Partners z.B. durch Verehelichung ändert (vgl. § 2 (2) PartGG i.V.m. § 21 HGB) oder wenn der namensgebende Partner stirbt. Sofern der Partner selbst oder seine Erben einwilligen, ist die Namensfortführung zeitlich unbegrenzt möglich (vgl. § 2 PartGG i.V.m. § 24 (2) HGB).
- Die Partnerschaftsgesellschaft ist voll grundbuchfähig. Grundstücke oder Rechte an Grundstücken, die zum Vermögen der Partnerschaft gehören, können daher unter ihrem Namen in das Grundbuch eingetragen werden. Bei einem Wechsel der Partner ist eine Berichtigung des Grundbuches nicht erforderlich.
- Die Partnerschaftsgesellschaft ist voll parteifähig. Sie kann Partei in jedem Rechtsstreit sein, sogar in einem Prozess mit einem einzelnen Partner.
- Im Vergleich zur Gesellschaft des bürgerlichen Rechts bietet die Partnerschaftsgesellschaft auch eine erheblich höhere Rechtssicherheit. Da der Partnerschaftsvertrag schriftlich abgeschlossen sein muss (vgl. §§ 3 (1) PartGG, 126 BGB), sind mündliche Nebenabreden, Ergänzungen und Änderungen nichtig (vgl. § 125 BGB), das heißt, sie können keine Wirksamkeit entfalten. Für die einzelnen Partner bedeutet dies ein höheres Maß an Rechtssicherheit.
- Durch die zwingende Eintragung der beteiligten Partner und der Vertretungsverhältnisse in das Partnerschaftsgesellschaftsregister hat die Partnerschaft im Gegensatz zur BGB-Gesellschaft auch ein hohes Maß an Publizität. Die Vertragspartner der Partnerschaft, die auf die Eintragung vertrauen, sind geschützt (vgl. §§ 5 (2) PartGG, 15 HGB), selbst wenn sich die tatsächlichen Verhältnisse geändert haben.
- Ein besonderer Anreiz für die Gründung der Partnerschaftsgesellschaft liegt in der Möglichkeit der Haftungskonzentration auf einen oder mehrere Partner. Das persön-

liche Einstehen aller Partner für das berufliche Fehlverhalten eines einzigen Partners kann ausgeschlossen werden. Dies ist sogar durch vorformulierte Vertragsbedingungen möglich. Diese Möglichkeit kann auch nicht durch das jeweilige Berufsrecht eingeschränkt werden.

3.6 Kapitalgesellschaften

S. 141

1. Begründen Sie, warum sich die Rechtsform der Aktiengesellschaft anbietet, wenn der Eigenkapitalbedarf eines Unternehmens besonders groß ist.

- Durch die Aufteilung des Grundkapitals ist die Beteiligung einer großen Zahl von Kapitalgebern möglich. Der Erwerb einer Aktie erfordert nur begrenzte finanzielle Mittel. Bei Bedarf können die Aktionäre durch den Aktienverkauf wieder rasch über ihr Kapital verfügen.
- Durch den Verkauf der Aktien über die Banken wird ein breites anonymes Publikum erreicht.

2. Erläutern Sie Merkmale des Aktienrechts, die die Kapitalbezogenheit der AG charakterisieren.

- hohes Mindestkapital, gestückelt in Aktien
- Anonymität der Aktionäre
- größere Zahl von beteiligten Personen
- Existenz des Unternehmens ist nicht vom Gesellschafterbestand abhängig
- keine persönliche Haftung
- die Kapitalgeber beeinflussen die Bildung der Organe (Wahl des Aufsichtsrates, des Vorstandes)
- gesetzliche Rücklagenbildung
- Gewinnausschüttung und Stimmrecht nach Kapitalanteilen

3. Eine AG gibt bei der Gründung Aktien zum Kurs von 15,25 EUR zur Deckung des gesetzlich vorgeschriebenen Mindestkapitals aus. Die Aktien lauten auf den kleinstmöglichen Nennbetrag und sollen das gesetzlich vorgeschriebene Mindestkapital erfüllen.

a) Wie hoch ist der Nennbetrag einer Aktie?

b) Grenzen Sie Kurswert und Nennbetrag in diesem Fall ab.

c) Wie viele Aktien werden ausgegeben?

d) Begründen Sie, ob der Nennbetrag der ausgegebenen Aktien auch 25,00 EUR sein darf.

e) Wäre ein Ausgabekurs von 0,50 EUR möglich (Begründung)?

a) 1,00 EUR

b) Der Kurswert ist der Wert einer Aktie aufgrund ihres Börsenkurses. Der Nennbetrag ist der auf den Aktien aufgedruckte Geldbetrag.

c) 50.000 Aktien

d) Ja, Nennbetragsaktien müssen auf mindestens 1 EUR, höhere Nennbeträge auf volle 5 EUR lauten.

e) Nein, keine Emission unter pari.

4. Vergleichen Sie die gesetzliche Geschäftsführungsbefugnis und die Vertretungsmacht eines OHG-Gesellschafters mit der eines Vorstandsmitglieds einer AG.

OHG-Gesellschafter	Vorstandsmitglied einer AG
Einzelgeschäftsführungsbefugnis	bei mehreren Vorstandsmitgliedern Gesamtgeschäftsführungsbefugnis
Einzelvertretungsmacht	Gesamtvertretungsmacht
zeitlich unbegrenzt	vom Aufsichtsrat auf fünf Jahre bestellt, Wiederbestellung zulässig

5. Unter welcher Voraussetzung kann ein Vorstandsmitglied die AG allein vertreten?

- In der AG gibt es nur ein Vorstandsmitglied.
- In der Satzung wird die Einzelvertretungsmacht festgelegt und im Handelsregister veröffentlicht.

6. Vorstand und Aufsichtsrat einer AG werden auf verschieden lange Zeiten bestellt. Was bezweckt der Gesetzgeber damit?

Der zeitliche Unterschied bewirkt, dass alle Vorstands- und Aufsichtsratsmitglieder nur selten im gleichen Jahr ausgewechselt werden. Dadurch soll eine gewisse Kontinuität in der Geschäftspolitik erreicht werden.

7. Die Aktionäre üben in der Hauptversammlung ihr Stimmrecht aus. Welcher Anteil der Stimmen ist erforderlich für

a) die einfache Mehrheit,

b) die qualifizierte Mehrheit,

c) die Sperrminorität?

a) mehr als 50 %
b) 75 %
c) mehr als 25 %

} des bei der Beschlussfassung vertretenen Grundkapitals

8. Der Dividendenbetrag einer AG beträgt 10 EUR; der Nennbetrag des kleinsten Stücks beträgt 5 EUR; der Stückkurs beträgt 200 EUR. Berechnen Sie die effektive Verzinsung (ohne Berücksichtigung von Steuern).

Dividende 10 EUR für eine Kapitalanlage von 200 EUR

200 EUR = 100 %

10 EUR = x %

$\Rightarrow$ effektive Verzinsung = 5 %

9. Der Jahresabschluss einer AG wurde durch Vorstand und Aufsichtsrat festgestellt.

Folgende Werte sind der Schlussbilanz entnommen:

– Grundkapital	32.000.000 EUR
– gesetzliche Rücklage	560.000 EUR
– Kapitalrücklage	4.400.000 EUR
– andere Gewinnrücklagen	960.000 EUR
– Verlustvortrag	112.000 EUR

Der Jahresüberschuss beträgt 4.100.000 EUR. Die Einstellung in die gesetzliche Rücklage erfolgt nach § 150 (2) AktG; den anderen Gewinnrücklagen wollen Vorstand und Aufsichtsrat 800.000 EUR zuführen.

a) Berechnen Sie, ob die AG 9 Cent Dividende auf eine Stückaktie von 1 EUR ausschütten kann.

b) Stellen Sie in einer Übersicht die Positionen des Eigenkapitals dar
- **vor der Gewinnverwendung,**
- **nach der teilweisen Gewinnverwendung und**
- **nach der vollständigen Gewinnverwendung.**

a)

Jahresüberschuss	4.100.000 EUR
– Verlustvortrag	112.000 EUR
– Einstellung in gesetzliche Rücklage (entfällt, da Kapitalrücklage und gesetzliche Rücklage größer als 10 % des gezeichneten Kapitals betragen.)	0 EUR
– Einstellung in andere Gewinnrücklagen (möglich nach § 58 (2) AktG)	800.000 EUR
Bilanzgewinn	3.188.000 EUR
– 9 % Dividende von 32 Mio. EUR[1])	2.880.000 EUR
Gewinnvortrag	308.000 EUR

[1]) Bilanzgewinn : Grundkapital · 100

Die Ausschüttung von 9 Cent Dividende je Stückaktie ist möglich.

b)

Positionen des Eigenkapitals	vor der Gewinnverwendung	nach teilweiser Gewinnverwendung	nach vollständiger Gewinnverwendung
Grundkapital	32.000.000 EUR	32.000.000 EUR	32.000.000 EUR
Kapitalrücklage	4.400.000 EUR	4.400.000 EUR	4.400.000 EUR
gesetzliche Rücklage	560.000 EUR	560.000 EUR	560.000 EUR
Andere Gewinnrücklagen	960.000 EUR	1.760.000 EUR	1.760.000 EUR
Jahresüberschuss	4.100.000 EUR	–	–
Bilanzgewinn	–	3.188.000 EUR	–
Verlustvortrag	112.000 EUR	–	–
Gewinnvortrag	–	–	308.000 EUR

10. Das Eigenkapital der AG wurde im Jahresabschluss wie folgt ausgewiesen:

Gezeichnetes Kapital	**12,00 Mio. EUR**
Kapitalrücklage	**16,80 Mio. EUR**
andere Gewinnrücklagen	**0,60 Mio. EUR**
Gewinnvortrag	**0,06 Mio. EUR**

Für das Geschäftsjahr wurden Aufwendungen von 85,6 Mio. EUR und Erträge von 87,9 Mio. EUR ermittelt. Vorstand und Aufsichtsrat stellten den Jahresabschluss fest, wobei sich die Gewinnverwendung ausschließlich nach den Vorschriften des Aktiengesetzes richtete.

a) Inwieweit können die Gewinnansprüche der Aktionäre dieser AG bei der Feststellung des Jahresabschlusses durch Vorstand und Aufsichtsrat geschmälert werden?

b) Berechnen Sie den minimalen ganzzahligen Dividendenprozentsatz, den Vorstand und Aufsichtsrat der AG den Aktionären für das Geschäftsjahr anbieten müssen.

c) Ermitteln Sie in übersichtlicher Form den Bilanzgewinn und den neuen Gewinnvortrag.

a) Vorstand und Aufsichtsrat haben nach § 58 (2) S. 1 AktG einen Ermessensspielraum, ob und in welcher Höhe sie die Gewinnansprüche der Aktionäre schmälern wollen. Sie müssen jedoch die gesetzliche Obergrenze von 50 % des Jahresüberschusses beachten.

b) 10 %, siehe auch c)

c)

Erträge	87.900.000 EUR
– Aufwendungen	85.600.000 EUR
Jahresüberschuss	2.300.000 EUR
+ Gewinnvortrag	60.000 EUR
– Einstellung in andere Gewinnrücklagen (50 % von 2,3 Mio. EUR)	1.150.000 EUR
Bilanzgewinn	1.210.000 EUR
– 10 % minimale Dividende von 12 Mio. EUR	1.200.000 EUR
Gewinnvortrag	10.000 EUR

11. Aus welchen Gründen verpflichtet man die Aktiengesellschaften zur Veröffentlichung ihres Jahresabschlusses?

Aktionäre, Arbeitnehmer, Gläubiger und die sonstige interessierte Öffentlichkeit sollen sich über die Geschäftsentwicklung der AG informieren können.

12. Begründen Sie, warum eine AG 50 Mio. EUR Rücklagen gebildet hat.

Rücklagen entstehen aus nicht ausgeschütteten Gewinnen. Sie sind deshalb Teile des Eigenkapitals. Das Grundkapital ist als nominell fest gebundener Kapitalposten in der Satzung und im Handelsregister festgeschrieben. Jährliche Kapitalveränderungen durch nicht ausgeschüttete Gewinne müssen deshalb auf einem veränderlichen Konto erfasst werden.

13. Sachverhalt: Die Filterwerk GmbH beschäftigt 1.280 Arbeitnehmer. Sie ist Zulieferer für Kraftfahrzeughersteller. Ein Großabnehmer errichtet in den USA eine Niederlassung. Um die günstigen Bedingungen auf diesem überseeischen Markt zu nutzen, beabsichtigt auch das Filterwerk, dort ein Zweigwerk aufzubauen. Der dafür erforderliche Finanzbedarf löst eine Diskussion aus, ob die GmbH in eine AG umgewandelt werden soll.

    Nach dem Gesellschaftsvertrag verteilt sich das Stammkapital von 100 Mio. EUR wie folgt auf die Gesellschafter:

    - Eva Spieß 72 Mio. EUR
    - Kurt Knecht 20 Mio. EUR
    - Marcus Kopf 7 Mio. EUR
    - Alfred Mohl 1 Mio. EUR

    Kurt Knecht und Marcus Kopf sind Geschäftsführer der GmbH mit Einzelvertretungsbefugnis. Für die Gesellschafter besteht nach dem Gesellschaftsvertrag unbeschränkte Nachschusspflicht.

    a) Führen Sie zwei Gründe an, die in diesem Fall für eine Umwandlung in eine AG sprechen.

    b) Kurt Knecht und Marcus Kopf sind gegen eine Umwandlung. Beurteilen Sie, ob sie eine Umwandlung verhindern könnten.

    c) Eva Spieß garantiert den beiden Geschäftsführern, dass sie nach der Umwandlung Vorstandsmitglieder der AG werden. Erklären Sie, wer bei einer neu zu gründenden AG den Vorstand bestellt, und überprüfen Sie, ob das Versprechen von Eva Spieß durchsetzbar ist.

    d) Alfred Mohl gibt zu bedenken, dass eine Umwandlung dieser GmbH in eine AG eine veränderte Offenlegungspflicht mit sich bringt. Nehmen Sie hierzu Stellung.

    e) Trotz der ursprünglichen Bedenken der beiden Geschäftsführer wird am 30. März einstimmig die Umwandlung in eine AG beschlossen. Die Gesellschafter der GmbH bringen ihre Geschäftsanteile als Sachvermögen ein und erhalten Aktien zum Nennbetrag von 1 EUR. Die Hausbank übernimmt zusätzlich Aktien im Nennbetrag von 20 Mio. EUR zuzüglich 10 % Agio.

       Welche Gründe könnten die Hausbank veranlasst haben, sich an der AG zu beteiligen?

    f) Wie hoch ist das gezeichnete Kapital und die Kapitalrücklage?

    g) Begründen Sie, warum bei der vorliegenden Gründungsart der Gesetzgeber besonders strenge Prüfungsanforderungen stellt.

    h) Die Geschäftsentwicklung der AG verläuft ausgezeichnet. Für dringend notwendige Erweiterungsinvestitionen werden im kommenden Geschäftsjahr flüssige Mittel in Höhe von 70 Mio. EUR (einschließlich Emissionskosten) benötigt. Der Vorstand will diese Mittel durch Ausgabe weiterer Aktien aufbringen. Er legt daher der Hauptversammlung folgenden Vorschlag zur Abstimmung vor:

       - Erhöhung des Grundkapitals zum Jahresbeginn durch Ausgabe junger Aktien.
       - Ausgabekurs 5 EUR je 1-EUR-Aktie.

       Auf der Hauptversammlung sind 85 % des Grundkapitals anwesend.

       Wie viele Stimmen werden für die geplante Kapitalerhöhung benötigt?

    i) Aktionär Edelmann besitzt Aktien im Nennbetrag von 29,8 Mio. EUR. Begründen Sie, ob Edelmann diese Kapitalerhöhung verhindern könnte (rechnerischer Nachweis erforderlich).

a) – Zugang zum Kapitalmarkt (Kapitalbeschaffung durch Emission von Aktien),
   – Risikobegrenzung (die vorhandene Nachschusspflicht fällt weg).

b) Zur Auflösung/Umwandlung sind 75 % des vertretenen Stammkapitals nötig (§ 60 GmbHG). Kurt Knecht und Markus Kopf können dies verhindern, da sie aufgrund ihrer Kapitalanteile zusammen mehr als 25 % der Stimmen besitzen.

c) Bei der Gründung einer AG haben die Gründer den ersten Aufsichtsrat zu bestellen, der wiederum bestellt den ersten Vorstand der AG (§§ 30 und 84 AktG). Das Garantieversprechen ist insofern durchsetzbar, als Eva Spieß Mehrheitsaktionärin wird und mittelbar über die Wahl der Aufsichtsratmitglieder Einfluss auf die Zusammensetzung des Vorstands nehmen kann.

d) Für die neu zu gründende AG ergibt sich im Hinblick auf die Offenlegung keine Änderung gegenüber der GmbH. Beide rechnen zu den großen Kapitalgesellschaften, da zwei Merkmale an zwei aufeinanderfolgenden Bilanzstichtagen erfüllt sind: Die Bilanzsumme ist größer als 20 Mio. EUR, und die Beschäftigtenzahl beträgt mehr als 250 (§§ 267 (3) und 325 HGB).

Zuordnung / **Merkmale**	**kleine** Kapitalgesellschaft	**mittelgroße** Kapitalgesellschaft	**große** Kapitalgesellschaft
Bilanzsumme (nach Abzug eines auf der Aktivseite ausgewiesenen Fehlbetrages)	≦ 6 Mio. EUR	> 6 Mio. EUR ≦ 20 Mio. EUR	> 20 Mio. EUR
Umsatzerlöse (in den zwölf Monaten vor dem Abschlussstichtag)	≦ 12 Mio. EUR	> 12 Mio. EUR ≦ 40 Mio. EUR	> 40 Mio. EUR
Arbeitnehmer (im Jahresdurchschnitt)	≦ 50 Arbeitnehmer	> 50 Arbeitnehmer ≦ 250 Arbeitnehmer	> 250 Arbeitnehmer

Kapitalgesellschaften	**Offenlegung**					**Veröffentlichungsfrist**
	Jahresabschluss			**Lagebericht**	**Einreichung bzw. Bekanntmachung**	
	Bilanz	**GuV**	**Anhang**			
große	x	x	x	x	elektr. Bundesanzeiger	12 Monate
mittelgroße	x	x	x	x	elektr. Bundesanzeiger	12 Monate
kleine	x	–	x	–	elektr. Bundesanzeiger	12 Monate

e) – Beteiligung an einem aufstrebenden Unternehmen.
   – Berücksichtigung bei künftigen Neuemissionen, Kreditaufnahmen und bei der Kontoführung.

f)

Gezeichnetes Kapital:		Summe der Nennbeträge der	
		GmbH-Gesellschafter	100 Mio. EUR
	+	Nennbetrag der Aktien der Hausbank	20 Mio. EUR
	=	Gezeichnetes Kapital	120 Mio. EUR
Kapitalrücklage:		10 % Agio von 20 Mio. EUR	2 Mio. EUR

g) Beim Einbringen von Sacheinlagen in die AG besteht die Gefahr der Überbewertung. Verschärfte Prüfungsvorschriften sollen verhindern, dass
   – die Aktionäre, die sich durch den Kauf von Aktien beteiligen, übervorteilt werden,
   – für Gläubiger ein erhöhtes Risiko entsteht.

h) 85 % des Grundkapitals von 120 Mio. EUR = 102,0 Mio. EUR
   3/4-Mehrheit des vertretenen Grundkapitals = 76,5 Mio. EUR
   76,5 Mio. EUR: 1 EUR = 76,5 Mio. Stimmen

i) Sperrminorität > 25 % von 76,5 Mio. EUR
   102,0 Mio. EUR = 100 %
   29,8 Mio. EUR = x %
   100 % · 29,8 : 102 = 29,2 %
   Ergebnis: Edelmann kann die Kapitalerhöhung verhindern.

14. Nennen Sie Merkmale der GmbH, die typisch sind für
a) Kapitalgesellschaften,
b) Personengesellschaften.

a) – eigene Rechtspersönlichkeit (juristische Person)
   – beschränkte Haftung

b) – Errichtung durch eine Person möglich
   – Mitverwaltungsrecht der Gesellschafter
   – geringerer Gründungs- und Verwaltungsaufwand

15. Die Geschwister Anke, Marion und Dr.-Ing. Volker Braun gründeten im Jahr 01 die AQUATERRA Gesellschaft für Umwelttechnikbedarf mbH. Dem Gesellschaftsvertrag vom 10. Juli 01 ist folgender Auszug entnommen:

§ 2 Gegenstand des Unternehmens ist, im Bereich Wasser-, Abwasser- und Abfallwirtschaft die notwendigen Einrichtungen, Gerätschaften und technischen Anlagen anzubieten und zu vertreiben.

§ 3 Sitz des Unternehmens ist Warthausen.

§ 4 Das Stammkapital beträgt 1.900.000 EUR.

Stammeinlagen der Gesellschafter sowie Art und Zeitpunkt der Leistung:

Marion Braun 1,0 Mio. EUR als Bareinlage, davon sind 0,2 Mio. EUR sofort zu leisten, der Rest am 14. August 01.

Anke Braun 0,75 Mio. EUR als Bareinlage, davon 80 % sofort, der Rest am 2. August 01.

Dr.-Ing. Volker Braun 0,15 Mio. EUR durch notariell beurkundete Übertragung der Rechte an einem Patent auf die GmbH bis zum 25. Juli 01.

§ 6 Dr.-Ing. Volker Braun und Dipl.-Kaufmann Uwe Hoch werden zu Geschäftsführern bestellt.

Die Handelsregistereintragung erfolgte am 6. September 01, die Veröffentlichung der Eintragung zwei Tage später. Alle Gesellschafter erbrachten ihre Einlagen zu den genannten Fristen, Diplom-Kaufmann Hoch ist ein anerkannter Finanzierungsfachmann. In der Gründungsphase waren stets etwa 60 Mitarbeiter beschäftigt.

a) Die Gesellschafter hatten zunächst erwogen, eine KG zu gründen, entschieden sich aber dann für die Rechtsform der GmbH. Vergleichen Sie in einer Tabelle beide Unternehmensformen hinsichtlich der Formvorschrift des Gesellschaftsvertrages, der Geschäftsführung und der Pflicht zur Bildung eines Aufsichtsrates.

b) Die GmbH sollte nach dem Willen der Gesellschafter unter der Firma »Braun & Hoch Umwelttechnik« in das Handelsregister eingetragen werden.

   - Warum lehnt das Registergericht die Eintragung dieser Firma ab?
   - Begründen Sie, warum das Registergericht auch die Eintragung in das Handelsregister wegen mangelhafter kapitalmäßiger Voraussetzungen Ende Juli 01 verweigern musste.

c) Volker Braun kaufte am 12. August 01 ohne Rücksprache mit Hoch im Namen der GmbH drei notwendige Fertigungsmaschinen zum Preis von 120.000 EUR.

   - Bei der Auslieferung am 20. August 01 verlangte der Lieferant von der Gesellschafterin Marion Braun die volle Bezahlung des fälligen Kaufpreises.

     Kann der Verkäufer diese Forderung durchsetzen (Begründung)?
   - Könnte der Lieferant seinen Anspruch gegenüber Marion Braun oder gegenüber der GmbH durchsetzen, wenn der Kaufvertrag am 28. September 01 abgeschlossen und die Zahlung sofort fällig gewesen wäre (Begründung)?

d) Zum 20. September 01 wurde die Gesellschafterversammlung eingeladen. Die Tagesordnung enthielt folgende Beschlussanträge:

   - Frau Irma Bach, Leipzig, wird zur Prokuristin bestellt,
   - der Sitz des Unternehmens wird von Warthausen nach Riesa verlegt.

   Frau Anke Braun stimmt gegen beide Tagesordnungspunkte. Die Mitgesellschafter stimmen zu. Welche Wirkung hat die Ablehnung?

e) Der Geschäftsführer Hoch ist interessiert, den Geschäftsanteil von Frau Anke Braun zu erwerben.

   - Warum kann der Wert des Geschäftsanteils vom Betrag der Stammeinlage sowohl nach oben als auch nach unten abweichen? Begründen Sie dies jeweils mit einem Argument.

- **Welcher Form bedarf die Übertragung des Geschäftsanteiles von Frau Braun auf Herrn Hoch?**

f) Für die Errichtung von Niederlassungen im osteuropäischen Raum muss dem Unternehmen weiteres Kapital zugeführt werden. Man diskutiert, ob der Gesellschaftsvertrag um die Einführung einer beschränkten Nachschusspflicht ergänzt oder ob die GmbH in eine Aktiengesellschaft umgewandelt werden soll.

Erklären Sie die Vor- und Nachteile, ausgehend vom Standpunkt der einzelnen Gesellschafter.

a)

Merkmale	KG	GmbH
Form des Gesellschaftsvertrages	grundsätzlich formfrei	notarielle Beurkundung
Geschäftsführung	nur Vollhafter, falls nicht von der Geschäftsführung ausgeschlossen	Geschäftsführer (Gesellschafter oder Dritte)
Pflicht zur Bildung eines Aufsichtsrates	nein	nein, nur falls mehr als 500 Mitarbeiter (§ 1 DrittelbG)

b) Gründe für die Ablehnung der Eintragung:

Bezeichnung »GmbH« fehlt; zwingend nach § 4 GmbH-Gesetz.

Fehlen kapitalmäßiger Voraussetzung:

Nach § 7 GmbH-Gesetz ist die erforderliche Mindesteinzahlung bei Marion Braun (25 % von 1,0 Mio. EUR = 0,25 Mio. EUR) mit 0,2 Mio. EUR nicht erfüllt.

c) Durchsetzung eines Lieferantenanspruchs am 20. August 01:

GmbH ist zu diesem Zeitpunkt (20. August 01) noch nicht entstanden; konstitutive (rechtserzeugende) Wirkung der Handelsregistereintragung (6. September 01) gemäß § 11 (1) GmbHG; »Handelndenhaftung« nur durch Dr.-Ing. Volker Braun, gemäß § 11 (2) GmbHG, das heißt, Marion Braun muss nicht zahlen.

Durchsetzung eines Lieferantenanspruchs am 28. September 01:

- Marion Braun muss nicht zahlen, da für Verbindlichkeiten der Gesellschaft den Gläubigern nur das Gesellschaftsvermögen haftet (§ 13 (2) GmbHG).
- Die GmbH muss nicht zahlen, da bei der GmbH Gesamtgeschäftsführung und -vertretung gesetzlich vorgesehen ist (§ 35 (2) S. 2 GmbHG) und der Gesellschaftsvertrag keine abweichende Regelung enthält. Der Kaufvertrag ist »schwebend unwirksam«, solange die Zustimmung der geschäftsführenden Gesellschafter nicht vorliegt.

d) Wirkung der Ablehnung von Vorschlägen in der Gesellschafterversammlung:

Anke Braun besitzt 15.000 Stimmen, das sind ca. 39 % bei einer Gesamtstimmenzahl von 38.000.

Gemäß §§ 46 ff. GmbHG ist für den Beschluss der Gesellschafterversammlung einfache Stimmenmehrheit erforderlich, das heißt, Anke Braun besitzt weniger als 50 % der Stimmen, sodass die Prokuristin gegen ihren Willen ernannt werden kann.

Für die Satzungsänderung ist eine 75 %ige Mehrheit erforderlich, sodass Anke Braun die Verlegung des Unternehmenssitzes verhindern kann (§ 53 (2) S. 1 GmbHG).

e) Abweichung des Wertes des Gesellschaftsanteils von der Stammeinlage:

Der Wert des Geschäftsanteils ist gegenüber dem Betrag der übernommenen Stammeinlage

kleiner, sofern diese

- noch nicht voll eingezahlt ist,
- durch Verluste geschmälert ist, die durch Rücklagen nicht mehr ausgeglichen werden konnten;

größer, falls nach Volleinzahlung der Stammeinlage

- offene Rücklagen,
- stille Rücklagen vorhanden sind.

Form der Übertragung:

Notarielle Beurkundung erforderlich (§ 15 (3) GmbHG).

f) Alternativ »beschränkte Nachschusspflicht« oder »Umwandlung in eine AG«

Vor- und Nachteile der beschränkten Nachschusspflicht:

Vorteile:
- Einflussnahme auf das Unternehmen bleibt wie bisher erhalten.
- Geschäftsführer behält seine Leitungs- und Vertretungsfunktion.
- Es entstehen keine Umwandlungskosten.

Nachteile:
- Die finanziellen Mittel können eventuell nicht aufgebracht werden.

16. Erstellen Sie anhand selbstgewählter Kriterien eine Aufstellung, in der die wesentlichen Unterschiede zwischen GmbH und AG enthalten sind.

	GmbH	**AG**
gesetzliche Grundlage	GmbH-Gesetz	Aktiengesetz
Firma	Personen-, Sach-, Fantasiefirma oder gemischte Firma mit Bezeichnung »Gesellschaft mit beschränkter Haftung« oder allgemein verständlicher Abkürzung dieser Bezeichnung (§ 4)	Personen-, Sach-, Fantasiefirma oder gemischte Firma mit Bezeichnung »Aktiengesellschaft« oder allgemein verständlicher Abkürzung dieser Bezeichnung (§ 4)
Mindestkapital	Stammkapital 25.000 EUR (§ 5) (Gezeichnetes Kapital), bei UG: 1 EUR	Grundkapital 50.000 EUR (§ 7) (Gezeichnetes Kapital)
Anteil	1. Nennbetrag eines Geschäftsanteils auf volle EUR 2. mehrere Geschäftsanteile können übernommen werden	1. Nennbetragsaktie mindestens 1 EUR; Stückaktie am Grundkapital in gleichem Umfang beteiligt; anteiliger Betrag des Grundkapitals mindestens 1 EUR (§ 8) 2. mehrere Aktien können bei Gründung übernommen werden

	GmbH	AG
	3. persönliche Bindung; kein börsenmäßiger Verkauf notarielle Form des Abtretungsvertrages (§ 15)	3. keine persönliche Bindung; börsenmäßiger Handel formloser Eigentumsübergang bei Inhaberaktien
Haftung	Für die Verbindlichkeiten der Gesellschaft haftet nur das Gesellschaftsvermögen. Der einzelne Gesellschafter riskiert lediglich die Stammeinlage. Evtl. Nachschusspflicht.	Für die Verbindlichkeiten der Gesellschaft haftet nur das Gesellschaftsvermögen. Der Aktionär riskiert lediglich den Wert seiner Aktie(n).
1. Geschäftsführung und Vertretung **2. Dauer**	1. Geschäftsführer 2. ohne Zeitbeschränkung	1. Vorstand 2. auf fünf Jahre
Aufsichtsrat	nur notwendig bei Gesellschaften mit mindestens 500 Arbeitnehmern nach § 1 DrittelbG bzw. mit mindestens 2.000 AN nach § 1 MitbestG	immer vorgeschrieben
Gesamtheit der Gesellschafter	1. Gesellschafterversammlung 2. Einberufung durch eingeschriebenen Brief (§ 51) 3. je 1 EUR Geschäftsanteil eine Stimme (§ 47)	1. Hauptversammlung 2. Einberufung der HV bei großer AG durch öffentliche Bekanntmachung 3. Stimmrecht nach Aktiennennbeträgen bei Nennbetragsaktien; bei Stückaktien nach deren Zahl
Jahresabschluss	keine gesetzliche Rücklage	gesetzliche Rücklage

3.7 Genossenschaft

S. 149

1. Suchen Sie Genossenschaften aus den Gelben Seiten. Ordnen Sie die gefundenen Genossenschaften in die Übersicht, Seite 145 des Lehrbuches ein.

Beispiele: Stromberg Kellerei eG – Weingärtnergenossenschaft

Volksbank eG – Kreditgenossenschaft

Fleischer-Einkaufs eG – Einkaufsgenossenschaft

2. Begründen Sie, warum man die Genossenschaft nicht zu den Kapitalgesellschaften rechnet.

Genossenschaften sind entstanden aus der Idee der »Selbsthilfe durch Solidarität«, mit dem Ziel der Förderung des Erwerbs und der Wirtschaft ihrer Mitglieder. Sie werden, weil ihr Betrieb ursprünglich nicht auf Gewinnerzielung ausgerichtet war, nicht den Kapitalgesellschaften zugerechnet.

3. Hotelier Schnurr ist mit einer Einzahlung von 900 EUR in die Hotel-Einkauf eG eingetreten. Vom Rechnungsergebnis der folgenden Jahre entfielen auf ihn zunächst ein Verlust von 70 EUR, dann Gewinnanteile von 160 EUR und 200 EUR.

Satzungsgemäß ist die Beteiligung eines Genossen auf höchstens 1.200 EUR festgesetzt. Im Insolvenzfall haftet jeder Genosse mit dem Mindestbetrag, der im Genossenschaftsgesetz bei beschränkter Nachschusspflicht vorgesehen ist. Ermitteln Sie für Herrn Schnurr nach dem neuesten Stand den Geschäftsanteil, das Geschäftsguthaben, die Haftsumme und die Risikosumme.

Einzahlung	900 EUR
– Verlustanteil	70 EUR
= Geschäftsguthaben nach einem Jahr	830 EUR
+ Gewinnanteile	360 EUR
= Geschäftsguthaben	1.190 EUR

Geschäftsanteil	1.200 EUR
Geschäftsguthaben	1.190 EUR
Haftsumme	1.200 EUR

Geschäftsanteil + Haftsumme = Risikosumme nach 3 Jahren
1.200 EUR + 1.200 EUR = 2.400 EUR

3.9 Leitung des Unternehmens

1. In einer Jugendgruppe werden Sie beauftragt, ein Ferienlager zu leiten. Beschreiben Sie anhand dieses Falles die Führungsaufgaben Zielsetzung, Planung, und Organisation. S. 172

Zielsetzung: Festlegung des Zielortes, der Teilnehmerzahl, des Zeitraumes und des Zeitpunktes für das Ferienlager

Planung: vorausschauende Überlegungen hinsichtlich des Verkehrsmittels bei An- und Abreise, der Verpflegung, der Erstellung von Tagesprogrammen

Organisation: Buchung bei den Quartiergebern am Zielort, Vertragsabschluss mit einem Verkehrsunternehmen, Information der Teilnehmer, Einsammeln der Fahrtkosten, Besorgung von Sport- und Spielgeräten

2. Erstellen Sie in Gruppenarbeit jeweils ein Zielsystem für folgende Unternehmen:

a) Der Koch Joachim Klein beabsichtigt, sich selbstständig zu machen. Seine Überlegungen zielen darauf ab, ein Restaurant in Citylage zu eröffnen. Dabei will er überwiegend vegetarische Gerichte anbieten.

b) Der IT-Fachmann Oliver Stein gründet einen Computershop in der Rechtsform eines Einzelunternehmens. Der Standort ist in der Nähe eines großen beruflichen Schulzentrums.

c) Zwei Möbelschreiner beabsichtigen, eine Möbelfertigung aufzunehmen, bei der Wohnmöbel aus natürlichen Rohstoffen (einheimisches Holz, organisches Polstermaterial) hergestellt werden sollen.

Ziele	Aufgabe a)	Aufgabe b)	Aufgabe c)
wirtschaftliche Ziele			
– *Leistungsziele*	hohe Produktqualität bei den Nahrungsmitteln	Erwerb eines hohen Marktanteils durch den Standortvorteil	Einzelanfertigung für anspruchsvolle Kunden durch Verwirklichung neuer Ideen im Möbeldesign
– *Erfolgsziele*	Senkung der Fixkosten durch Spezialisierung gleichmäßige Auslastung der Kapazität angemessener Gewinn	Rationalisierung mit systematischem DV-Einsatz hoher Umsatz mit Lehrern und Schülern hoher Gewinn	durch Exklusivangebot angemessenes Umsatzvolumen hohe Rendite durch gehobenes Preisniveau
– *Finanzziele*	Liquiditätsreserve für günstigen Einkauf	Sicherung der Eigenkapitalbasis	Bildung von Rücklagen
soziale Ziele	Förderung der gesunden Ernährungsweise	Preiswertes DV-Zubehör für Schulen	Erhaltung traditioneller Handwerksarbeit
ökologische Ziele	ausschließliche Verarbeitung von Bio-Produkten	Rücknahme und Übernahme der Entsorgung des Verpackungsmaterials Verkauf von »Bio-PCs«	kein Raubbau an ausländischen Edelhölzern

3. Wie hoch ist die Rentabilität des Eigen- und des Gesamtkapitals eines Unternehmens, das bei 500.000 EUR Eigenkapital und 100.000 EUR Fremdkapital einen Gewinn von 80.000 EUR ausweist? Für die Fremdkapitalzinsen sind 6.000 EUR bereits verrechnet, als kalkulatorischer Unternehmerlohn werden 18.000 EUR angesetzt.

$$\text{Eigenkapitalrentabilität} = \frac{(\text{Gewinn} - \text{Unternehmerlohn})}{\text{Eigenkapital}} \cdot 100$$

$$= \frac{(80.000\ \text{EUR} - 18.000\ \text{EUR})}{500.000\ \text{EUR}} \cdot 100 = 12{,}40\ \%$$

$$\text{Gesamtkapitalrentabilität} = \frac{(\text{Gewinn} - \text{Unternehmerlohn} + \text{Fremdkapitalzinsen})}{\text{Gesamtkapital}} \cdot 100$$

$$= \frac{(62.000\ \text{EUR} + 6.000\ \text{EUR})}{600.000\ \text{EUR}} \cdot 100 = 11{,}33\ \%$$

4. Wie hoch ist die Umsatzrentabilität bei einem Gesamtaufwand von 5,1 Mio. EUR, einem Gesamtertrag von 5,2 Mio. EUR und 5,0 Mio. EUR Verkaufserlösen?

$$\text{Umsatzrentabilität} = \frac{\text{Gewinn}}{\text{Verkaufserlöse}} \cdot 100$$

$$= \frac{100.000\ \text{EUR}}{5.000.000\ \text{EUR}} \cdot 100 = 2{,}0\ \%$$

5. Warum ist es möglich, dass trotz hoher Wirtschaftlichkeit die Rentabilität gering ist?

Selbst bei hohem Gewinn und großer Wirtschaftlichkeit kann die Rentabilität sehr gering sein, wenn der Kapitaleinsatz sehr hoch ist.

Beispiel (Beträge in EUR):

$$\text{Wirtschaftlichkeit} = \frac{\text{Ertrag}}{\text{Aufwand}} = \frac{100.000 \text{ EUR}}{50.000 \text{ EUR}} = 2$$

$$\text{Rentabilität} = \frac{\text{Ertrag} - \text{Aufwand}}{\text{Kapital}} \cdot 100 = \frac{50.000 \text{ EUR}}{5.000.000 \text{ EUR}} \cdot 100 = 1\,\%$$

6. Die Möbelfabrik Ahorn GmbH, die sich auf die Fertigung von Einbauküchen spezialisiert hat, stellte auf 5.000 m² Produktionsfläche mit 10 Mitarbeitern pro Quartal 800 Küchen her. Das Konkurrenzunternehmen Bucher & Fichter OHG fertigte mit 3.500 m² Produktionsfläche und 12 Mitarbeitern im gleichen Zeitraum 600 Küchen.

a) Berechnen Sie die Produktivität beider Unternehmen je m² Produktionsfläche und je Mitarbeiter.

b) Berechnen Sie die Eigenkapitalrentabilität beider Unternehmen, wenn die Ahorn GmbH mit einem Eigenkapital von 10 Mio. EUR, die Bucher & Fichter OHG mit einem Eigenkapital von 8 Mio. EUR arbeitet und in beiden Unternehmen durchschnittlich 400 EUR Gewinn pro Küche erzielt werden.

c) Erläutern Sie anhand der oben gewonnenen Ergebnisse die Unterschiede zwischen Rentabilität und Produktivität.

	Ahorn GmbH	**Bucher & Fichter OHG**
a) Produktivität		
– je m² Produktionsfläche:	$\frac{800 \text{ Küchen}}{5.000 \text{ m}^2} = 0{,}16 \text{ Küchen/m}^2$	$\frac{600 \text{ Küchen}}{3.500 \text{ m}^2} = 0{,}17 \text{ Küchen/m}^2$
– je Mitarbeiter:	$\frac{800 \text{ Küchen}}{10 \text{ Mitarbeiter}} = 80 \text{ Küchen/Mitarbeiter}$	$\frac{600 \text{ Küchen}}{12 \text{ Mitarbeiter}} = 50 \text{ Küchen/Mitarbeiter}$
Gewinne je Quartal:	320.000 EUR	240.000 EUR
b) Eigenkapitalrentabilität	$\frac{320.000 \text{ EUR} \cdot 100 \cdot 4}{10.000.000 \text{ EUR}} = 12{,}8\,\%$	$\frac{240.000 \text{ EUR} \cdot 100 \cdot 4}{8.000.000 \text{ EUR}} = 12{,}0\,\%$

c)
- Bei der Rentabilität wird der erzielte Gewinn ins Verhältnis zum eingesetzten Kapital gesetzt, bei der Produktivität die Leistung zu einem der eingesetzten Faktoren.
- Die Rentabilitätsberechnung ist in aller Regel eine Gesamtrechnung, während Produktivitätskennzahlen nur Teilaspekte des Unternehmens verdeutlichen.
- Bei fast gleicher Rentabilität zweier Unternehmen kann z.B. deren Arbeitsproduktivität sehr verschieden sein.
- Die Produktivität kann je nach der zugrunde gelegten Rechengröße (Einsatz verschiedener Produktionsfaktoren) unterschiedlich sein.

7. Folgende Angaben eines Industriebetriebes aus zwei aufeinanderfolgenden Geschäftsjahren liegen vor:

Geschäftsjahr I (Vorjahr)		Geschäftsjahr II (Berichtsjahr)	
Eigenkapital	3,2 Mio. EUR	Eigenkapital	3,5 Mio. EUR
Fremdkapital	6,3 Mio. EUR	Fremdkapital	5,9 Mio. EUR
Umsatzerlöse	30,4 Mio. EUR	Umsatzerlöse	33,5 Mio. EUR
Jahresüberschuss	770 Tsd. EUR	Jahresüberschuss	905 Tsd. EUR
Zinsaufwand	80 Tsd. EUR	Zinsaufwand	180 Tsd. EUR
Gesamtertrag	33,1 Mio. EUR	Gesamtertrag	34,9 Mio. EUR
Gesamtaufwand	32,9 Mio. EUR	Gesamtaufwand	33,8 Mio. EUR

a) Berechnen und beurteilen Sie für beide Jahre die Rentabilität des
– Eigenkapitals, – Gesamtkapitals, – Umsatzes.

b) Berechnen und beurteilen Sie für beide Jahre die Wirtschaftlichkeit.

c) Wie kann die Liquidität eines Unternehmens verbessert werden?

a) (Beträge in EUR) *Vorjahr* *Berichtsjahr*

– Eigenkapitalrentabilität $\frac{770.000}{3.200.000} \cdot 100 = 24{,}06\,\%$ $\frac{905.000}{3.500.000} \cdot 100 = 25{,}86\,\%$

– Gesamtkapitalrentabilität $\frac{770.000 + 80.000}{9.500.000} \cdot 100 = 8{,}95\,\%$ $\frac{905.000 + 180.000}{9.400.000} \cdot 100 = 11{,}54\,\%$

– Umsatz rentabilität $\frac{770.000}{30.400.000} \cdot 100 = 2{,}53\,\%$ $\frac{905.000}{33.500.000} \cdot 100 = 2{,}70\,\%$

Die Rentabilität des Gesamtkapitals ist stärker gestiegen als die Eigenkapitalrentabilität. Das deutet auf die Finanzierung mit günstigem Fremdkapital hin. Die errechneten 11,54% Gesamtkapitalrentabilität erlauben die Aufnahme von Fremdkapital bis zu diesem Zinssatz.

Die Umsatzrentabilität ist trotz der Umsatzsteigerung von 30,4 auf 33,5 Mio. EUR nur um ca. 0,2 Prozentpunkte gestiegen. Das deutet darauf hin, dass die Kosten stärker als die Preise gestiegen sind. Ursache dafür kann der verschärfte Wettbewerb sein.

b) Wirtschaftlichkeit *Vorjahr* *Berichtsjahr*

(Beträge in EUR) $\frac{33.100.000}{32.900.000} = 1{,}01$ $\frac{34.900.000}{33.800.000} = 1{,}03$

Die Wirtschaftlichkeit des Unternehmens ist im Vergleichszeitraum gestiegen. Die Veränderung bezieht sich jedoch auf die Entwicklung des gesamten Unternehmens. Es ist nichts darüber ausgesagt, ob sich das Verhältnis von Leistungen zu Kosten verbessert hat oder ob sich die positive Entwicklung auf das neutrale Ergebnis des Unternehmens zurückführen lässt.

c) – Verkürzung der Zahlungsziele gegenüber Kunden,
– Gewährung verbesserter Skontobedingungen,
– Verlängerung der Zahlungsziele gegenüber Lieferanten,
– Erhöhung des Kreditlimits bei der Hausbank.

8. Ein Unternehmen verfügt u. a. über folgende Vermögenswerte:

Rohstoffe	**690.000 EUR**
Fertigerzeugnisse	**450.000 EUR**
Kassenbestand	**23.000 EUR**
Bankguthaben	**413.900 EUR**
Besitzwechsel	**170.700 EUR**
Forderungen	**338.890 EUR**

Dieses Unternehmen hat in der Periode folgende Verpflichtungen zu erfüllen:

– Verbindlichkeiten aus Lieferungen	**380.000 EUR**
– Löhne und Gehälter	**455.090 EUR**
– Haftpflichtversicherungsbeiträge	**49.000 EUR**
– Umsatzsteuer	**120.780 EUR**

a) Berechnen Sie die einzugsbedingte Liquidität.

b) Welche Sicherheit bietet die umsatzbedingte Liquidität?

c) Beurteilen Sie die Angaben in Bezug auf die Periodenliquidität (rechnerischer Nachweis).

d) Beschreiben Sie die Möglichkeiten zur Verbesserung der Liquidität dieses Unternehmens.

a) *einzugsbedingte Liquidität:*

	EUR
Kasse	23.000
Bank	413.900
Besitzwechsel	170.700
liquide Mittel I. Ordnung	607.600
Forderungen	338.890
liquide Mittel II. Ordnung	946.490
Verbindlichkeiten aus LL.	380.000
Umsatzsteuer	120.780
kurzfristige Verbindlichkeiten	500.780

einzugsbedingte Liquidität:
(Liquidität 2. Grades)

$$\frac{\text{liquide Mittel II. Ordnung}}{\text{kurzfristige Verbindlichkeiten}} \cdot 100$$

$$\frac{946.490 \text{ EUR}}{500.780 \text{ EUR}} \cdot 100 = 189\,\%$$

b) Die *umsatzbedingte Liquidität* bietet geringe Sicherheit, weil die liquiden Mittel III. Ordnung folgende Risiken einschließen:

- Die fertigen Erzeugnisse müssen erst noch verkauft werden;
- die unfertigen Erzeugnisse (unfertige Arbeiten) müssen erst noch fertiggestellt und verkauft werden;
- Rohstoffe können nur in seltenen Fällen in flüssige Mittel zurückverwandelt werden, u. U. sind Kosten und Kursverluste damit verbunden.

c) *Periodenliquidität*:

	EUR
liquide Mittel I. Ordnung	607.600
innerhalb der Periode fällige Forderungen	338.890
in der Periode verfügbare flüssige Mittel	946.490

	EUR
Verbindlichkeiten aus LL.	380.000
Umsatzsteuer	120.780
Löhne und Gehälter	455.090
Haftpflichtversicherungsbeiträge	49.000
in der Periode fällige Verpflichtungen	1.004.870

Periodenliquidität: $\frac{946.490 \text{ EUR}}{1.004.870 \text{ EUR}} \cdot 100 = 94{,}2\ \%$

Die liquiden Mittel der Periode reichen nicht aus, um die fälligen Verbindlichkeiten und die periodenabhängigen Aufwendungen zu bezahlen.

d) Möglichkeiten zur Verbesserung der Liquidität durch

- Beschleunigung der Kundenzahlungen mithilfe der Skontogewährung und der systematischen Eintreibung der Forderungen.
- Verminderung der Rohstoffbestände durch Herabsetzung der Mindestbestände, Einkauf kleinerer Mengen.
- Hinausschieben der Zahlungstermine bei Lieferanten, Ausnutzung der Skontoabzüge.
- Verlagerung der Lagerfunktion auf den Lieferanten (fertigungssynchrone Anlieferung).

9. »Wer plant, handelt zielstrebiger. Wer nicht plant, ist ein Verschwender.«

Suchen Sie nach Beispielen aus Ihrem Erfahrungbereich, um diese Behauptung zu begründen.

Ein Jugendlicher teilt sein monatliches Taschengeld ein. Ein fester Betrag wird davon für die Anschaffung eines PCs angespart.

Ein Lehrer erstellt einen Stoffverteilungsplan für das Schuljahr.

Ein Bauleiter fertigt für die Herstellung einer Fabrikhalle einen Netzplan, um den Termin für die Bauübergabe garantieren zu können.

Kauf von Waren auf Abruf als Großauftrag zu günstigeren Preisen.

10. »Planung ersetzt den Zufall durch den Irrtum«. Erläutern Sie diese Aussage.

In einem Unternehmen ist Planung notwendig. Ohne Planung ist man dem Zufall ausgeliefert. Planung beruht auf Daten, aber immer auch auf Annahmen. Die beste Planung ist keine Garantie dafür, dass die Zukunft auch entsprechend der Planung eintritt. Die Gefahr des Irrtums steckt somit in jeder Planung.

11. Aussagen über zwei Mitarbeiter in einem Unternehmen:

- **»Herr Nusser ist ein reines Organisationsgenie, aber ihm fehlt jegliches Improvisationstalent.«**
- **»Herr Nassal ist ein Improvisationsgenie, aber von Organisation versteht er gar nichts.«**

a) Begründen Sie, welcher Mitarbeiter für eine Organisationsabteilung geeigneter erscheint.

b) Warum werden auch bei zweckmäßigster Organisation eines Unternehmens Improvisationen notwendig sein?

a) Beide Mitarbeiter nehmen »Extrempositionen« ein und sind daher in reiner Form in erster Linie ungeeignet. Eine Mischung aus beiden Positionen wäre günstiger. Allerdings sprechen sich konservativ eingestellte Unternehmen eher für den klassischen reinen Organisator, also Herrn Nusser, aus, während in Bereichen von Kreativität, Innovation und unkonventionellen Wegen Herr Nassal den Vorzug bekäme.

b) – Notwendigkeit von Provisorien, weil endgültige Regelungen nicht realisierbar sind.
- Eintritt unvorhersehbarer Ereignisse.
- Ständige Veränderungen der Ausgangsbedingungen.
- Erhaltung der Elastizität im Betriebsablauf.

12. Stellen Sie Beispiele der Aufgabengliederung
a) aus dem Vertriebsbereich, b) aus dem Personalbereich dar.

a)

Gliederungsmerkmale	Gliederungsbeispiele
Objekte	Herren-, Damen-, Kinderkleidung
Verrichtungen	Disponieren, Verkaufen, Versenden
Phasen	Verkaufsplanung, Verkaufsrealisation, Verkaufskontrolle
Rangstufen	Verkaufsleiter/in, Versandleiter, Verkäufer, Packer

b)

Gliederungsmerkmale	Gliederungsbeispiele
Objekte	Technischer Bereich: Arbeiter, technische Angestellte, gewerbliche Auszubildende, Praktikanten Kaufmännischer Bereich: kaufmännische Angestellte, kaufmännische Auszubildende, Praktikanten
Verrichtungen	Bedarfsplanung, Einstellung, Versetzung, Entlassung
Phasen	Personalplanung, Personalbeschaffung, Erfolgskontrolle der Personalbeschaffung
Rangstufen	Personalleiter, Sachbearbeiter/in im Personalbüro

13. Bei der Gliederung nach Rangstufen können Arbeitsschritte Ausführungs- oder Entscheidungscharakter haben. Zeigen Sie am Beispiel der Einstellung eines leitenden Angestellten,
a) welche Entscheidungen dabei zu treffen sind,
b) welche ausführenden Arbeiten dabei anfallen.

Beispiele:

a) Gehaltshöhe, Probezeit, Kündigungsfrist, Urlaubsdauer

b) Anlegen einer Personalakte, Ausstellung eines Werksausweises

14. Beschreiben Sie die einzelnen Arbeitsschritte der Organisation, die bis zur Formulierung einer Stellenbeschreibung zu erledigen sind.

1. Arbeitsabschnitt: Aufgabengliederung (Aufgabenanalyse)
2. Arbeitsabschnitt: Erstellung von Aufgabengliederungsplänen und Funktionendiagrammen

3. Arbeitsabschnitt: Stellenbildung durch Zusammenfassung von Teilaufgaben (Aufgabensynthese)
4. Arbeitsabschnitt: Formulierung von Stellenbeschreibungen

15. Organisatoren empfehlen die Verwendung sowohl von Funktionendiagrammen als auch von Stellenbeschreibungen. Vergleichen Sie beide Organisationsmittel.

	Funktionendiagramm	Stellenbeschreibung
Inhalt	Zeigt eine vollständige und überschneidungsfreie Aufgabenverteilung.	Zeigt die Notwendigkeit der Zuordnung der Arbeit auf eine Stelle.
Übersichtlichkeit	Die Matrix- oder Tabellendarstellung ermöglicht einen raschen Überblick.	Die verbale Darstellung erschwert den Überblick über die Aufgabenverteilung.

16. Erstellen Sie ein Organigramm für Ihr Ausbildungsunternehmen.

schülerabhängige Antworten

17. a) Welche organisatorischen Vor- und Nachteile sind beim Einliniensystem mit der Anweisung »der Dienstweg ist einzuhalten« verbunden?

b) Beurteilen Sie diese Vorschrift aus der Sicht des »Vorgesetzten« und des »Untergebenen«.

a) Vorteile:
- eindeutige Über- und Unterordnungsverhältnisse
- verhindert Kompetenzstreitigkeiten und sich widersprechende Instanzen
- Verantwortung ist klar geregelt

Nachteile:
- Überlastung der Führungskräfte
- Schwerfälligkeit wegen der Länge des Anweisungsweges
- Verfälschung der Informationen durch Zwischeninstanzen
- Ausfall des Vorgesetzten kann Störungen hervorrufen
- Stellen der gleichen Stufe können nur auf dem Umweg über höhere Instanzen Kontakt aufnehmen

b) Vorgesetzter:
- alleinige Entscheidungskompetenz
- Kompetenzen hinsichtlich Anweisungsempfang und Anweisungserteilung
- Anlaufstelle für alle Informationen
- starke Arbeitsbelastung

Untergebener:
- empfängt Anweisungen nur von seinem Vorgesetzten
- handelt ausschließlich gemäß diesen Anweisungen

18. Gliedern Sie den Arbeitsablauf für den Gesamtprozess »Bearbeitung eingehender Warenlieferungen«. Anleitung: Teilprozesse sind die Bearbeitung des Schriftgutes (Lieferschein, Frachtbrief, Rechnung) und die Warenannahme (Auspacken, Prüfen, Einlagern).

Gesamtprozess: Bearbeitung eingehender Warenlieferungen

Teilprozesse: Schriftgutbearbeitung | Warenannahme

Prozessschritte:

- Schriftgutbearbeitung: Lieferschein prüfen, Frachtpapiere prüfen, Rechnung prüfen
- Warenannahme: Auspacken, Prüfen, Einlagern

Programmschritte

Schriftgutbearbeitung	Auspacken	Prüfen	Einlagern
Vordrucke bereitstellen	Waren bereitstellen	Mängel feststellen	ins Lager befördern
Vordrucke mit Bestellung vergleichen	Verpackung prüfen	Reklamation veranlassen	Lagerplatz feststellen
reklamieren oder Lieferschein, Versandpapiere ablegen und Rechnungsbegleichung freigeben	Verpackung öffnen	Ware aufbewahren oder zur Einlagerung übergeben	am Lagerplatz ablegen

19. Ordnen Sie die Begriffe Arbeitszeitstudie, Arbeitsreihenfolge, Terminüberwachung, Zeitmessung und Verkettung von Arbeitsschritten den Tätigkeitsbereichen Zeitfolge-, Zeitdauer-, Zeitpunktbestimmung zu.

Zeitfolgenbestimmung	Zeitdauerbestimmung	Zeitpunktbestimmung
– Arbeitsreihenfolge	– Arbeitszeitstudie	– Terminüberwachung
– Verkettung von Teilarbeiten	– Zeitmessung	

20. Vergleichen Sie die Arbeitsanweisung (vgl. Lehrbuch, Seite 169) mit der Stellenbeschreibung (vgl. Lehrbuch, Seite 232). Welche unterschiedliche Bedeutung haben diese Organisationsmittel?

Stellenbeschreibung	Arbeitsanweisung
Hilfsmittel der Aufbauorganisation bei der Stellenbildung	Hilfsmittel der Ablauforganisation bei der Gestaltung des Arbeitsprozesses
Beschreibung des Arbeitsumfanges, der Kompetenzen und Verantwortung einer Stelle	Beschreibung der Reihenfolge des Arbeitsablaufs einer Stelle
Grundlage für die Stellenbesetzung und Stellenbewertung (Entlohnung)	Grundlage für den Stelleninhaber zur Vermeidung von Arbeitsfeldern (Einarbeitung)

21. Inwiefern unterscheiden sich Kontrolle und Revision hinsichtlich des Zeitpunktes und des Inhalts?

	Kontrolle	Revision
Zeitpunkt	laufende Überwachung	nachträgliche Überwachung
Inhalt	erstreckt sich auf die Arbeitsleistungen, Betriebsmittel, Waren, Stoffe und Erzeugnisse	erstreckt sich auf die Planung, Organisation, Arbeitsdurchführung und Rechenschaftslegung hinsichtlich deren Richtigkeit und Ordnungsmäßigkeit

22. »Vertrauen ist gut, Kontrolle ist besser.« Beurteilen Sie diese Aussage.

Vertrauen fördert die Leistungsbereitschaft und das Betriebsklima. Kontrollen verhindern Vertrauensmissbrauch.

Beispiel:

Die Delegation (Übertragung) von Aufgaben basiert auf dem Vertrauen in die Leistungsfähigkeit und Leistungsbereitschaft eines Mitarbeiters. Trotzdem ist eine Leistungsüberwachung langfristig notwendig.

23. Erläutern Sie die Rechenschaftslegung des Vorstandes einer AG gegenüber Aufsichtsrat und Hauptversammlung.

- Gegenüber *Aufsichtsrat:* Regelmäßige Berichterstattung über die Geschäftslage (mindestens vierteljährlich).
- Gegenüber *Hauptversammlung:* Vorlage von Jahresabschluss und Geschäftsbericht; Pflicht zur Auskunft an die Aktionäre.

24. Auch Einzelunternehmer sind zur Rechenschaftslegung verpflichtet. Geben Sie dafür Beispiele.

Beispiele: Rechenschaft über die Einkünfte aus Gewerbebetrieb gegenüber dem Finanzamt (Steuerbilanz, Steuererklärung); gegenüber dem Gericht im Insolvenzfalle; gegenüber Kreditgebern.

25. Nennen Sie Repräsentationsaufgaben für die obere Leitungsebene.

Vertretung des Unternehmens gegenüber Staat, Wirtschaftsverbänden, Berufsorganisationen, Lieferanten, Kunden, Öffentlichkeit

26. Wodurch unterscheiden sich die Repräsentationsaufgaben eines Geschäftsführers von denen eines Abteilungsleiters?

Der Geschäftsführer vertritt das gesamte Unternehmen.

Der Abteilungsleiter vertritt nur seinen Funktionsbereich.

3.10 Krise des Unternehmens

S. 185

1. Welche Auswirkungen hat der Zusammenbruch eines Unternehmens

a) für die Volkswirtschaft, **c) für die Gläubiger,**

b) für die Arbeitnehmer, **d) für den Eigentümer?**

a) Die Zulieferer können selbst in Zahlungsschwierigkeiten geraten. Die öffentliche Hand und die Sozialversicherungsträger haben Einnahmeausfälle zu verkraften.

b) Die Arbeitnehmer verlieren ihren Arbeitsplatz. Die Einhaltung privater Verpflichtungen (Bezahlung von Schulden) ist dadurch gefährdet.

c) Die Gläubiger (Lieferanten und Kreditgeber) müssen einen Teil ihrer Forderungen abschreiben, evtl. können sie ihren eigenen Verpflichtungen nicht mehr nachkommen.

d) Die Existenzgrundlage des Unternehmers ist zerstört. Evtl. bleiben ihm noch jahrelange Zahlungsverpflichtungen.

2. Wodurch kann der Mangel an flüssigen Mitteln verursacht werden?

- Innerbetriebliche Ursachen wie Mangel an Kapital, technische Überalterung der Anlagen u.a.
- Außerbetriebliche Ursachen wie Rückgang der Konjunktur und der Zahlungseingänge.

3. Nennen Sie je zwei Gründe für die Krise des Unternehmens, bei denen der Unternehmer die Krise

a) verschuldet hat, **b) nicht verschuldet hat.**

a) Fehler in der Unternehmensführung, entzieht dem Unternehmen zu viel Kapital

b) Kapitalverlust durch Insolvenz eines Großkunden, Änderung der Verbrauchergewohnheiten, u.Ä.

4. Das Vermögen der Klammer KG beträgt 500.000 EUR. Entscheiden und begründen Sie, welche Maßnahmen zu ergreifen sind, wenn die Schulden

a) 200.000 EUR, **b) 500.000 EUR,** **c) 900.000 EUR** **betragen.**

a) Eine Sanierung ist nicht nötig, wenn das Vermögen richtig bewertet ist. Das Eigenkapital von 300.000 EUR wird u.U. zu einem Teil durch die Schulden vermindert.

b) In diesem Fall müssen auch die Gläubiger ein Opfer tragen. Durch einen Insolvenzplan könnte das Bestehen der Klammer KG ermöglicht werden.

c) Bei dieser Schuldenhöhe ist nur das Insolvenzverfahren oder die Liquidation denkbar. Die Klammer KG wird aufgelöst.

5. Worin liegt der Unterschied zwischen einer Bilanz mit Jahresfehlbetrag und einer Bilanz mit Überschuldung?

Der Jahresfehlbetrag kann ermittelt werden, indem die Aufwendungen von den Erträgen abgezogen werden. Das Ergebnis ist negativ. Dieses führt zu einer Eigenkapitalminderung. Bei einer Überschuldung übersteigen die Verluste das Eigenkapital. Die Schulden sind größer als das Vermögen.

6. Warum gibt es bei Personenunternehmen keine Bilanz mit Jahresfehlbetrag?

Weil die jährlichen Verluste sofort mit dem Eigenkapital verrechnet werden.

7. Warum kann ein Personenunternehmen bei Überschuldung trotzdem weitergeführt werden?

Weil die Gesellschafter auch mit ihrem Privatvermögen haften.

8. Zu wessen Lasten kann die Sanierung eines Unternehmens gehen?

Zulasten der Eigentümer und der Arbeitsplätze

9. In welchen Bilanzposten wird ein Verlust ausgewiesen

a) bei Personengesellschaften, b) bei Aktiengesellschaften?

a) Bei Personengesellschaften kein Ausweis, da der Verlust mit dem Eigenkapital verrechnet wird.

b) Bei der AG auf der Passivseite A. IV als Verlustvortrag.

10. Die Bilanz einer AG hat folgende Positionen: Vermögen 8 Mio. EUR, Schulden 10 Mio. EUR, Gezeichnetes Kapital 3 Mio. EUR, Jahresfehlbetrag 5 Mio. EUR.

a) Erstellen Sie die Bilanzsituation und analysieren Sie diese.

b) Entscheiden Sie, welche Maßnahmen zu treffen sind.

c) Angenommen, die Schulden würden nur 6 Mio. EUR betragen. Für welche Maßnahmen könnten Sie sich dann entscheiden?

a) Bilanzsituation

Vermögen	8	Gezeichnetes Kapital	3
		Jahresfehlbetrag	–5
		Schulden	10
nicht durch EK gedeckter Fehlbetrag	2		

Die Verluste übersteigen das Eigenkapital, die Schulden sind größer als das Vermögen. Bei Überschuldung kann keine Sanierung mehr durchgeführt werden.

b) Es muss die Eröffnung des Insolvenzverfahrens beantragt werden.

c)

Vermögen	8	Gezeichnetes Kapital	3
		Jahresfehlbetrag	–5
		Schulden	6

Es müsste das Insolvenzverfahren beantragt werden. Dies kann aber abgewendet werden, wenn die Aktionäre bereit sind, durch Zuzahlungen das Eigenkapital aufzustocken.

11. Anton Abele hat beim zuständigen Insolvenzgericht Antrag auf Eröffnung des Insolvenzverfahrens über das Vermögen des Hans Müller e. K. gestellt.

a) Von welchen formellen Voraussetzungen ist die Eröffnung des Insolvenzverfahrens abhängig?

b) Was kann Hans Müller e. K. dagegen unternehmen?

a) Abele muss sein rechtliches Interesse am Insolvenzverfahren nachweisen und seine Forderung sowie den Grund zur Verfahrenseröffnung glaubhaft machen.

b) Vorlage eines Insolvenzplanes, über den die Gläubiger abstimmen. Bei Zustimmung wird das Insolvenzverfahren aufgehoben. Hans Müller e. K. kann wieder über die Insolvenzmasse frei verfügen.

12. Über das Vermögen des Antiquitätenhändlers Preschel e. K. wurde das Insolvenzverfahren eröffnet.

Vor der Eröffnung hatte Preschel einen »Biedermeier-Sekretär« für 10.000 EUR unter Eigentumsvorbehalt gekauft. Der Verkäufer verlangt Erfüllung, während der Insolvenzverwalter die Ablehnung der Erfüllung anstrebt. Wie ist die Rechtslage?

Der Verkäufer des Biedermeier-Sekretärs hat noch das Eigentumsrecht und ist für seine Forderung aussonderungsberechtigt. Der Insolvenzverwalter kann die Aushändigung des Sekretärs nicht ablehnen. Sollte dieser bereits gutgläubig weiterverkauft sein, ist der Eigentumsvorbehalt erloschen und der Lieferant hat nur eine gewöhnliche Forderung. In diesem Fall kann der Insolvenzverwalter die Erfüllung durch Bezahlung von 10.000 EUR ablehnen.

13. Melden Sie beim Insolvenzgericht Ihre Forderung an Peter Winter e. K., Schillerstr. 19, 49074 Osnabrück, in Höhe von 1.627 EUR für die am 6. März 20.. unter Eigentumsvorbehalt gelieferte Ware an. Bitten Sie um Aussonderung, wenn dies noch möglich ist.

Brieftext: Wie wir aus den Veröffentlichungen des Handelsregisters ersehen, hat die Peter Winter e. K., Schillerstr. 19, 49074 Osnabrück, das Insolvenzverfahren beantragt.

Wir haben diesem Unternehmen am 6. März 20.. Waren im Wert von 1.627 EUR unter Eigentumsvorbehalt geliefert. Wir bitten Sie, die Ware auszusondern, sofern dies noch möglich ist. Sollte die Ware bereits verkauft sein, melden wir die 1.627 EUR zuzüglich 9 % Zinsen bis zur Eröffnung des Insolvenzverfahrens als gewöhnliche Forderung an.

14. Begründen Sie, warum der Gesetzgeber zwischen Insolvenzverfahren und Insolvenzplan unterscheidet.

Je nach der vorliegenden Situation ist es sinnvoller für die Beteiligten, das sich in der Krise befindliche Unternehmen weiterzuführen oder es aufzulösen. Beide Möglichkeiten erfordern eine spezielle rechtliche Regelung.

15. Welche Vorteile bietet der Insolvenzplan

a) dem Schuldner, b) dem Gläubiger?

a) Das Verfügungsrecht des Schuldners über sein Vermögen bleibt erhalten.

b) Es könnte sein, dass bei der Auflösung des Betriebes des Schuldners für wertvolle Vermögensteile nur Bruchteile des wirklichen Wertes erzielt werden, sodass der Gläubiger sich mit wesentlich weniger begnügen müsste. Bei einer finanziellen Erholung des Schuldners kann dieser ein wichtiger und treuer Kunde bleiben.

16. Welchen wirtschafts- und gesellschaftspolitischen Sinn haben die gesetzlichen Vorschriften über den Insolvenzplan?

- *Wirtschaftspolitisch:* Ein Betrieb, der unverschuldet in Not geraten ist, wird erhalten und damit auch volkswirtschaftliches Vermögen.
- *Gesellschaftspolitisch:* Arbeitsplätze werden erhalten.

17. Egon Franke e. K. schreibt seinem Lieferanten Jakob Fischer OHG, Bahnhofstr. 3, 92224 Amberg, dass er vor zwei Tagen beim zuständigen Amtsgericht einen Antrag auf die Durchführung eines Insolvenzplanes gestellt habe. Franke verspricht, 50 % seiner bestehenden Schuld binnen eines Jahres zu bezahlen. Er bittet um Zustimmung zu diesem Insolvenzplan und stellt in Aussicht, auch künftig bei Fischer zu kaufen und mit Skonto zu bezahlen.

Schreiben Sie diesen Brief Frankes und begründen Sie, wodurch diese missliche Lage entstanden sein könnte.

Brieftext:

Vor zwei Tagen musste ich beim Amtsgericht Antrag auf Durchführung eines Insolvenzplanes stellen.

Wie Sie wissen, habe ich mein Geschäft im Zentrum der Stadt. Durch die Altstadtsanierung sind meine Umsätze erheblich zurückgegangen. Zunächst wurden im Sommer vergangenen Jahres die Gas- und Wasserleitungen erneuert; dann wurde mit der Einrichtung der Fußgängerzone begonnen. Durch den frühzeitig einsetzenden Winter mussten die Arbeiten unterbrochen werden, sodass die Fußgängerzone erst nach Ostern fertiggestellt werden konnte.

Diese Gründe haben dazu geführt, dass über Monate mein Geschäft schwer zu erreichen war. Deshalb ist der Umsatz stark zurückgegangen, während die Kosten unverändert hoch blieben.

Aus diesem Grunde kann ich vorübergehend meine Verpflichtungen nicht mehr in vollem Umfang erfüllen. Ich biete Ihnen die Zahlung von 50 % Ihrer Forderungen an mich an. Diese Leistung soll innerhalb eines Jahres erfolgen.

Ich bitte Sie, diesem Insolvenzplan zuzustimmen, da wir schon viele Jahre miteinander in guten Geschäftsbeziehungen stehen. Inzwischen ist mein Geschäft durch die Fußgängerzone zu einem beliebten Einkaufsziel geworden, sodass ich Ihnen in Zukunft wieder größere Aufträge zukommen lassen kann, die ich dann mit Skontoabzügen pünktlich bezahlen werde.

Sie würden mir sehr helfen, wenn Sie meinem Vorschlag zustimmen könnten.

18. Der Gesetzgeber hat neben dem Insolvenzplan auch die Restschuldbefreiung eingeführt. Begründen Sie diese Maßnahme.

So wie der Insolvenzplan die Chance zu einer finanziellen Erholung bietet, ermöglicht die Restschuldbefreiung einen Neubeginn ohne Schulden, allerdings sind »6 Jahre Wohlverhalten« zu überstehen.

19. Der Gesetzgeber regelt den Bankrott im Strafgesetzbuch und nicht in der Insolvenzordnung. Begründen Sie dies.

Beim Bankrott handelt es sich um einen fahrlässig oder vorsätzlich herbeigeführten Zusammenbruch, bei dem die Gläubiger wissentlich geschädigt werden. Dieser Tatbestand wird mit Freiheitsstrafen geahndet und ist deshalb im Strafgesetzbuch geregelt.

4 Menschliche Arbeit im Betrieb

4.1 Führungsstile und Führungstechniken

S. 191

1. Nennen Sie die Vor- bzw. Nachteile des

a) autoritären Führungsstils, b) kooperativen Führungsstils.

	a) autoritärer Führungsstil	b) kooperativer Führungsstil
Vorteile	– klare Entscheidungsbefugnis (Alleinentscheidung des Vorgesetzten) – Produktivität bei Routineaufgaben – rasche Entscheidungen	– fachgerechte Entscheidungen – Motivation der Mitarbeiter – Entlastung führender Mitarbeiter – natürliche Auslese für den Führungsnachwuchs
Nachteile	– Fehlentscheidungen bei mangelnder Fachkompetenz – unselbstständige Mitarbeiter – keine Entwicklung von Führungskräften	– langsamerer Entscheidungsprozess

2. Zeichnen Sie eine Strecke, an deren Anfang der autoritäre Führungsstil und an deren Ende der kooperative Führungsstil markiert wird. Ordnen Sie auf dieser Strecke die nachfolgenden Verhaltensweisen von Vorgesetzten ein.

a) Vorgesetzter steckt die Grenzen ab und fordert die Mitarbeiter zu Entscheidungen auf.

b) Vorgesetzter legt Vorschläge vor und fordert zu Fragen auf.

c) Vorgesetzter legt Probleme vor, fordert Lösungsvorschläge ein und entscheidet.

d) Vorgesetzter trifft Entscheidungen und gibt sie weiter.

e) Vorgesetzter legt vorläufige Entscheidungen vor, ist zu Änderungen bereit.

f) Vorgesetzter gestattet den Mitarbeitern, innerhalb der von ihm gesetzten Grenzen völlig frei zu handeln.

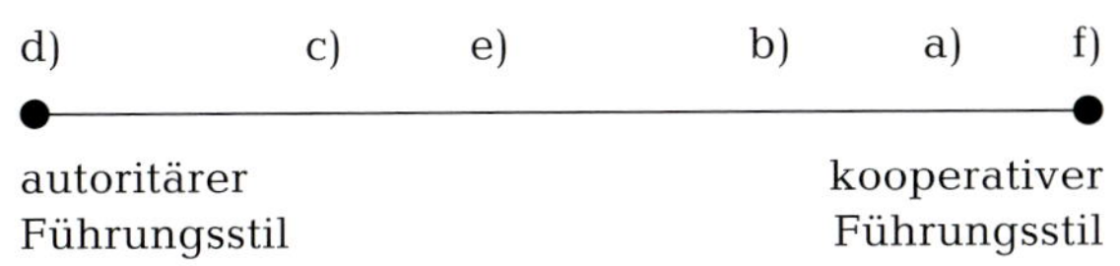

3. Welchen Vorteil haben die drei Führungstechniken für die Unternehmensleitung?

- Entlastung von Routinearbeit, deshalb mehr Spielraum für schöpferische Arbeit.
- Stärkung der Eigenverantwortlichkeit und damit Motivation der Mitarbeiter.

4. Der Filialleiter eines Computerunternehmens erhält die Zusage, einen zusätzlichen Mitarbeiter einstellen zu dürfen, wenn seine Filiale einen Jahresumsatz von 5 Mio. EUR erreicht.

Stellen Sie fest, um welche Führungstechnik es sich handelt.

Führen durch Zielvereinbarung – Management by Objectives

5. Manchen Menschen sind Anerkennung und Verständnis wichtiger als eine Gehaltserhöhung. Erläutern Sie diese These.

Für viele Menschen ist das Unternehmen nicht nur die Stätte, in der sie ihren Lebensunterhalt verdienen, sondern auch der Lebensraum, in dem sie ihre geistigen und körperlichen Kräfte entfalten und Leistungen erbringen. Werden diese Leistungen anerkannt und wird Verständnis für Probleme gezeigt, so sind die Mitarbeiter bereit, sich für das Unternehmen einzusetzen und ihre Kräfte dafür zu mobilisieren.

6. Warum hängt das Betriebsklima entscheidend von den Erwartungen der Vorgesetzten und Mitarbeiter ab?

Vorgesetzte und Mitarbeiter stellen jeweils an die andere Person bestimmte Anforderungen. Je mehr sich diese Anforderungen mit den entsprechenden Erwartungen decken, umso besser ist das Betriebsklima.

Beispiel: Mitarbeiter erwarten von ihren Vorgesetzten Gerechtigkeit, die Vorgesetzten von ihren Mitarbeitern Zuverlässigkeit.

4.2 Mitarbeiter und Mitarbeiterinnen

4.2.1 Auszubildende

S. 193

1. Welche zeitliche Unter- bzw. Obergrenze ist bei der Probezeit eines Auszubildenden zu beachten?

mindestens ein Monat, maximal vier Monate

2. Die Auszubildende Maria Müller (17 Jahre) besucht die Berufsschule von 07:50 bis 12:10 Uhr (fünf Unterrichtsstunden). Begründen Sie mithilfe des JArbSchG, ob sie nachmittags wieder im Betrieb sein muss.

Ja. Denn nach dem Jugendarbeitsschutzgesetz müsste sie mehr als fünf Unterrichtsstunden in der Schule sein, damit sie nachmittags nicht mehr arbeiten müsste.

3. Die Auszubildenden Peter und Isabel haben vor fünf Monaten bei der Waggon AG einen Berufsausbildungsvertrag als Industriekaufmann/-frau abgeschlossen. Aufgrund persönlicher Differenzen mit dem Ausbilder möchte Peter sobald als möglich die Ausbildung bei der Roth AG fortsetzen. Der Ausbildende ist jedoch mit dem Wechsel nicht einverstanden.

a) Beurteilen Sie, ob Peter den Ausbildungsbetrieb wechseln kann.

b) Isabel stellt erst jetzt fest, dass ihr der Beruf Industriekauffrau nicht liegt. Sie beabsichtigt, eine Ausbildung als Diätköchin zu beginnen. Kann sie in den neuen Ausbildungsberuf wechseln? Begründen Sie Ihre Meinung.

a) Nein, da die Probezeit von vier Monaten abgelaufen ist, kein Berufswechsel vorliegt und kein beiderseitiges Einverständnis gegeben ist.

b) Ja, da das Ausbildungsziel geändert wird. Zu beachten ist jedoch eine Kündigungsfrist von vier Wochen.

4. Nach bestandener Abschlussprüfung hat der 19-jährige Kurt Weber bereits eine Woche in seinem Ausbildungsbetrieb weitergearbeitet. Als er nun beim Chef um Urlaub nachsucht, blickt der ihn überrascht an und sagt: »Ja, was machen denn Sie noch in unserem Betrieb? Ihre Ausbildungszeit ist doch beendet und ich habe Sie nicht als Mitarbeiter eingestellt.« Wie ist die Rechtslage?

Da Kurt Weber stillschweigend weiterbeschäftigt wurde, ist ein Arbeitsverhältnis auf unbestimmte Zeit begründet worden.

4.2.2 Kaufmännischer Angestellter (Handlungsgehilfe)

S. 200

1. Karin ist Mitarbeiterin in der Personalabteilung der Alu GmbH, in der 120 Personen beschäftigt sind. Karin hat im Rahmen ihres Sachgebietes verschiedene Fragen zu klären und Aufgaben zu erfüllen.

a) Karin soll prüfen, ob in die neu abzuschließenden Arbeitsverträge folgende Klausel aufgenommen werden kann:

»Bei der Kündigung durch den Betrieb ist eine Kündigungsfrist von zwei Wochen einzuhalten; die Kündigung kann zum Monatsende ausgesprochen werden. Ansonsten gelten die gesetzlichen Bestimmungen.«

b) Ferner soll Karin prüfen, ob einzelne Angestelltenverträge in Zukunft um ein vertraglich vereinbartes Wettbewerbsverbot ergänzt werden sollten.

- **Nennen Sie Beispiele für Angestellte, denen man dies anbietet.**
- **Worauf müsste bei der inhaltlichen und formalen Gestaltung dieser vertraglichen Vereinbarung geachtet werden? (drei Gesichtspunkte)**

c) Karin hat zum Jahresende eine fristgerechte Kündigung eines seit vier Jahren beschäftigten Mitarbeiters im Alter von 24 Jahren vorzubereiten. Der zu entlassende Mitarbeiter ist einer von vier in der Alu GmbH beschäftigten Lkw-Fahrern. Die Alu GmbH hat den Fuhrpark aus Kostengründen auf drei eigene Lkw abgebaut. Der Mitarbeiter gilt als nicht besonders fleißig.

- **Wann muss die Kündigung dem Mitarbeiter spätestens zugegangen sein?**
- **Mit welchen Argumenten kann sich der Mitarbeiter gegen diese Kündigung wehren?**

a) Die Verkürzung der gesetzlichen Kündigungsfrist (vier Wochen zum 15. oder zum Monatsende) auf zwei Wochen zum Monatsende ist nicht möglich.

b) Wenn der Angestellte Kenntnisse erwirbt, die er nach dem Ausscheiden nicht bei Konkurrenten verwerten soll (z. B. Mitarbeiter im Einkauf kennt die Bezugsquellen und -preise).

Voraussetzung für die Gültigkeit des vertraglichen Wettbewerbsverbots:

- Schriftform,
- Verbotsdauer max. zwei Jahre,
- keine wesentliche Berufserschwernis,
- Vereinbarung einer Karenzentschädigung bei Minderverdienst.

c) Ein Monat zum Monatsende. Der Mitarbeiter ist seit mehr als sechs Monaten im Betrieb, somit gilt der Schutz vor sozial ungerechtfertigter Kündigung: evtl. soziale Gesichtspunkte sind nicht ausreichend berücksichtigt bzw. die Kündigung ist betrieblich nicht unbedingt notwendig bzw. der Mitarbeiter könnte an anderer Stelle weiterbeschäftigt werden.

2. Welche der folgenden Vereinbarungen in Arbeitsverträgen gelten, welche gelten nicht? Begründen Sie Ihre Entscheidung.

a) Eine zweijährige Kündigungsfrist für beide Teile zum Jahresende.

b) Kündigungsfrist für den Angestellten drei Monate zum Quartalsende – für den Arbeitgeber gesetzliche Kündigungsfrist.

c) Ein Gehalt, das 5 % über den Bestimmungen des Tarifvertrags liegt. Es soll zwei Jahre gleich bleiben, unabhängig von weiteren tariflichen Vereinbarungen.

d) Der Arbeitgeber ist berechtigt, den Arbeitsvertrag fristlos zu kündigen, falls der Angestellte der Gewerkschaft beitritt.

a) Gültig. Die Frist ist für beide Teile gleich und eine Verlängerung jederzeit möglich.

b) Nicht gültig. Die Frist darf für den Arbeitnehmer nicht länger als für den Arbeitgeber sein.

c) Gültig, wenn Arbeitgeber oder Arbeitnehmer nicht tarifgebunden sind. Sind beide tarifgebunden und werden die Gehälter um mehr als 5 % erhöht, so ist das Gehalt um mindestens die Differenz zu erhöhen.

d) Ungültig. Gilt nicht als wichtiger Grund. Jedermann ist berechtigt, einer Gewerkschaft beizutreten (individuelle Koalitionsfreiheit gemäß Art. 9 GG).

4.3 Vollmachten

S. 205

1. Der Bankangestellte Rieten, Leiter der Kreditabteilung mit der Handlungsvollmacht, Kredite bis zu 20.000 EUR zu gewähren, sichert dem Kaufmann Schäfer in einer mündlichen Verhandlung einen Kredit in Höhe von 50.000 EUR zu. Begründen Sie, ob die Bank an diese Zusicherung gebunden ist.

Die Bank ist an die Zusicherung ihres Abteilungsleiters gebunden, wenn Schäfer von der Einschränkung nichts wusste.

2. Sie sind bei der Drescher OHG, Ravensburg, beschäftigt. Dem Angestellten Hans Klose soll ab 1. September Handlungsvollmacht erteilt werden. Er soll berechtigt sein, zusammen mit einem Prokuristen zu handeln. Schreiben Sie den Brief an Klose.

Auszug aus dem Brief:

Sehr geehrter Herr Klose,

nachdem Sie über sieben Jahre in unserer Verkaufsabteilung als Sachbearbeiter tätig sind, ernennen wir Sie zum 1. September zum stellvertretenden Leiter dieser Abteilung.

Zum gleichen Zeitpunkt erteilen wir Ihnen allgemeine Handlungsvollmacht in der Weise, dass Sie jeweils mit einem Prokuristen gemeinsam handeln können.

Wir hoffen und wünschen, dass Sie noch viele Jahre bei uns im Betrieb tätig sein werden.

3. Erarbeiten Sie die Unterschiede, die zwischen Prokura und allgemeiner Handlungsvollmacht bestehen.

Handlungsvollmacht: Ermächtigt zur Vornahme aller gewöhnlichen Rechtsgeschäfte dieses Handelsgewerbes.

Prokura: Ermächtigt zur Vornahme aller gewöhnlichen und außergewöhnlichen Rechtsgeschäfte irgendeines Handelsgewerbes.

4. Welcher Art der Vollmacht entspricht Management by Delegation?

Artvollmacht

5. Prokurist Hermann vom Hauptgeschäft entzieht den Angestellten Schwarz, der Prokura für die Filiale hat, diese Vollmacht. Gleichzeitig erteilt er Frau Stein, bisher Abteilungsleiterin im Hauptgeschäft, Prokura und dem Angestellten Pietsch allgemeine Handlungsvollmacht. Begründen Sie, ob diese Handlungen rechtswirksam sind.

Ein Prokurist kann weder Prokura erteilen noch entziehen; allgemeine Handlungsvollmacht kann er jedoch erteilen und entziehen.

6. Mehrere Angestellte der Walter AG, Tübingen, fielen in den letzten Jahren durch herausragende Leistungen auf. Die Geschäftsleitung beschließt deshalb, diesen Mitarbeitern mehr Verantwortung zu übertragen. So heißt es unter anderem:

- **Herr Müller erhält für den Bereich Einkauf Vollmacht.**
- **Frau Franke wird Einzelprokura erteilt, wobei jegliche Verträge, die den Rahmen von 100.000 EUR übersteigen, von der Geschäftsleitung genehmigt werden müssen.**

a) Erläutern Sie die oben genannten Vollmachten und beurteilen Sie die Ausgestaltung der Prokura.

b) Selbst mit Prokura darf Frau Franke bestimmte Rechtshandlungen überhaupt nicht vornehmen. Geben Sie vier solcher Rechtshandlungen an.

a) Herr Müller hat eine Artvollmacht erhalten. Er ist damit befugt, alle gewöhnlichen Rechtshandlungen für den Bereich Einkauf zu tätigen.

Frau Franke kann für das Unternehmen grundsätzlich alle gewöhnlichen und außergewöhnlichen Rechtshandlungen im Außenverhältnis verbindlich abschließen. Im Innenverhältnis muss sie jedoch die genannten Begrenzungen einhalten. Hält sie sich nicht an diese Grenzen, wird sie evtl. schadensersatzpflichtig.

Die Beschränkungen wirken sich nur im Innenverhältnis aus.

b) Grundstücke verkaufen oder belasten

Steuererklärungen, Bilanzen unterschreiben

Gesellschafter aufnehmen

Prokura erteilen bzw. entziehen

7. Prokurist Peter Jung ist 35 Jahre alt und seit 20 Jahren bei der Pietsch KG in Augsburg tätig. Er leitet nunmehr die Abteilung Verkauf. Jung möchte sich selbstständig machen und zum 30. Juni kündigen.

a) Wann muss Jung spätestens kündigen?

b) Wann müsste gekündigt werden, wenn die Pietsch KG das Arbeitsverhältnis zum 30. Juni auflösen wollte?

c) Wie hätte die Pietsch KG verhindern können, dass Jung sofort nach seinem Ausscheiden ein Konkurrenzunternehmen gründet?

d) Wann erlischt die Vollmacht von Jung?

e) Jung gewährt einem Kunden am 20. Juni einen Sonderrabatt von 30 %. Ist die Pietsch KG an diese Zusage gebunden?

Begründen Sie jeweils ihre Antwort.

a) Am 2. Juni

b) Am 30. November des Vorjahres

c) Durch die Vereinbarung eines vertraglichen Wettbewerbsverbotes für höchstens zwei Jahre

d) Mit dem Ausscheiden von Jung am 30. Juni

e) Ja, diese Zusage liegt im Rahmen der Vollmacht

4.4 Ordnung und Rechtsschutz der betrieblichen Arbeit

S. 223

1. Prüfen Sie, ob die Inhalte nach dem Nachweisgesetz im Arbeitsvertrag auf Seite 207 des Lehrbuches enthalten sind.

Die Anschrift des Arbeitgebers (KÜHLsys GmbH) fehlt. Sonst sind alle Vorgaben eingehalten.

2. Welche Aufgaben hat die Betriebsvereinbarung?

Sie ist die Vereinbarung zwischen dem Betriebsrat und dem Arbeitgeber eines Betriebes und regelt z. B. Beginn und Ende der täglichen Arbeitszeit, Pausen und Urlaubsplan.

3. Warum räumen die Arbeitgeber den nicht organisierten Arbeitnehmern die gleichen Gehalts- und Arbeitsbedingungen ein wie den organisierten?

Würden sie die nicht organisierten Arbeitnehmer schlechter stellen, so würden sie diese animieren, der Gewerkschaft beizutreten.

4. Im Wirtschaftsteil der Tageszeitung liest Katja: »Bei den Tarifverhandlungen für einen neuen Manteltarifvertrag sind die Sozialpartner noch zu keiner Einigung gekommen. Beobachter sprechen bereits von Überlegungen über einen Streik.«

a) Erklären Sie die Begriffe Manteltarifvertrag und Sozialpartner.

b) Außer den Manteltarifverträgen gibt es noch weitere Tarifverträge. Wie unterscheiden sich diese inhaltlich und in ihrer Geltungsdauer von Manteltarifverträgen?

c) Im Zusammenhang mit Tarifverhandlungen fällt oft der Begriff »Tarifautonomie«. Erklären Sie diesen Begriff.

d) Unter welchen Voraussetzungen gilt der Tarifvertrag für alle Arbeitnehmer und Arbeitgeber einer Branche?

a) Manteltarifvertrag: Tarifvertrag, der die allgemeinen Arbeitsbedingungen wie Arbeitszeit, Urlaub u. Ä. einheitlich festlegt.

Sozialpartner: Partner (Arbeitgeberverbände und Gewerkschaften), die unabhängig einen Tarifvertrag aushandeln.

b) Entgelttarifverträge: In ihnen werden Lohnsätze und Gehälter nach verschiedenen Tarifen vereinbart; sie haben i. d. R. eine kürzere Geltungsdauer als Manteltarifverträge.

Tarifverträge über Sonderleistungen (Weihnachtsgeld, Urlaubsgeld, Vermögensbildung, betriebliche Zusatzaltersversorgung). Sie gelten für mehrere Jahre.

c) Tarifautonomie: Sozialpartner verhandeln ohne Einmischung durch den Staat.

d) Wenn der Tarifvertrag durch den zuständigen Minister für allgemeinverbindlich erklärt wurde.

5. Beurteilen Sie folgende Fälle:

a) In einem Einzelarbeitsvertrag vereinbaren Arbeitgeber und Arbeitnehmer, dass der Angestellte auf den Urlaub verzichtet, dafür aber 10 % Gehalt über den tarifvertraglichen Regelungen erhält.

b) Ein Unternehmer verspricht jedem Arbeitnehmer, der nicht in der Gewerkschaft ist, einen um 50 EUR höheren Verdienst.

c) Eine Gewerkschaft verlangt in Tarifverhandlungen eine Sonderzahlung von 150 EUR für Gewerkschaftsmitglieder.

a) Nicht erlaubt. Nach dem Bundesurlaubsgesetz hat jeder Arbeitnehmer einen Mindestanspruch auf 24 Urlaubstage. Dieser Anspruch kann einzelvertraglich nicht ausgeschlossen werden.

b) Nicht erlaubt. Gewerkschaftsmitglieder würden benachteiligt (Diskriminierungsverbot – GG Art. 9 III, S. 2).

c) Nicht erlaubt. Gewerkschaftsmitglieder würden bevorzugt (s. o.).

6. Warum wird in Unternehmen mit mehr als 200 Beschäftigten eine bestimmte Anzahl von Betriebsräten von der Berufstätigkeit freigestellt?

Weil es in größeren Betrieben so viele Aufgaben der Mitwirkung und Mitbestimmung gibt, die sich nicht neben der normalen Berufstätigkeit lösen lassen.

7. Welchen Zweck hat die Bildung einer Einigungsstelle?

Bei Meinungsverschiedenheiten ersetzt ihre Entscheidung die Einigung zwischen Arbeitgeber und Betriebsrat.

8. In einer Betriebsratssitzung werden Personalprobleme diskutiert. Beurteilen Sie die Rechtslage und begründen Sie Ihre Entscheidung.

a) Herr Frohweis, 28 Jahre alt, bewirbt sich um einen Platz auf der Wahlliste zum Betriebsrat. Er ist am Wahltag vier Monate im Unternehmen beschäftigt.

b) Als Herr Kräftig zum Betriebsrat kandidiert, kündigt ihm der Arbeitgeber, weil er befürchtet, dass Kräftig als Betriebsrat Unruhe in das Unternehmen bringen würde.

c) Nach der Auslagerung der Buchhaltung wird dem Bilanzbuchhalter Ahlers mitgeteilt, dass er von nun an in der Abteilung Verkauf mit einem um 300 EUR geringeren Gehalt beschäftigt sei.

a) Er kann sich nicht bewerben, da er noch keine sechs Monate im Betrieb ist.

b) Kandidaten zur Wahl des Betriebsrates stehen unter besonderem Kündigungsschutz.

c) Die Art der Tätigkeit ist im Dienstvertrag festgelegt und kann nicht willkürlich geändert werden. Das ist nur mit einer Änderungskündigung möglich.

9. Um Entlassungen zu vermeiden, will das Unternehmen Kurzarbeit einführen.

a) In welcher Form ist der Betriebsrat zu beteiligen?

b) Welche Vorteile hat die Einführung der Kurzarbeit

- **für den Arbeitnehmer,**
- **für den Arbeitgeber?**

a) Der Betriebsrat muss zustimmen (Mitbestimmungsrecht).

b) – Der Arbeitnehmer behält seinen Arbeitsplatz bei einer verhältnismäßig kleinen Verdiensteinbuße.

– Der Arbeitgeber kann hohe Lagerbestände abbauen und behält seinen Facharbeiterstamm.

10. Welche Einrichtungen ermöglichen die Mitbestimmung im Unternehmen

- **bei Personengesellschaften,**
- **bei Kapitalgesellschaften?**

- Betriebsrat
- Betriebsrat, Aufsichtsrat und Vorstandsmitglied (Arbeitsdirektor)

11. Ein Unternehmen, das 1.950 Arbeitnehmer beschäftigt, vergibt eine ganze Anzahl von Aufträgen als Lohnaufträge an andere Unternehmen, obwohl es die Mittel für eine Betriebsvergrößerung hätte. Welche Gründe könnte die Unternehmensleitung für diese Maßnahmen haben?

Die Unternehmensleitung befürchtet, dass die gute Auftragslage nicht von Dauer ist. Ist der Betrieb eine Kapitalgesellschaft, könnte die Erweiterung die Zahl der Beschäftigten über 2.000 steigen lassen; für den Aufsichtsrat wird statt einem Drittel der Mitglieder nun die Hälfte von der Belegschaft gewählt.

12. Klären Sie mithilfe des Grundgesetzes, was man unter »Koalitionsfreiheit« versteht.

Das Recht, sich in Vereinen und Verbänden frei zusammenzuschließen (Parteienbildung).

13. Bereiten Sie mithilfe einer Internetrecherche zum Thema Arbeitslosigkeit eine Podiumsdiskussion vor, in der Argumente aus der Sicht der Arbeitgeber und der Gewerkschaften ausgetauscht werden. Die Podiumsdiskussion soll mit einer Situationsbeschreibung aufgrund aktueller Statistiken (http://www.destatis.de) eingeleitet werden. Bilden Sie hierzu Gruppen (Arbeitgeber und Gewerkschaften), die unterschiedliche Aufgaben lösen sollen.

Gruppe Arbeitgeber:

- **Finden Sie heraus, welche Gründe für Arbeitslosigkeit der Arbeitgeberverband Gesamtmetall (http://www.gesamtmetall.de) anführt.**
- **Stellen Sie die Maßnahmen dar, durch welche die Arbeitslosigkeit aus Sicht des Verbandes verringert werden kann.**
- **Vertreten Sie die Position des Verbandes in der Podiumsdiskussion.**

Gruppe Gewerkschaften:

- **Finden Sie heraus, welche Gründe für die Arbeitslosigkeit der Deutsche Gewerkschaftsbund (http://www.dgb.de) anführt.**
- **Stellen Sie die Maßnahmen dar, durch welche die Arbeitslosigkeit aus Sicht des DGB verringert werden kann.**
- **Vertreten Sie die Position des DGB in der Podiumsdiskussion.**

Beispiel:

Arbeitslosenstatistik Januar 2019

	Bundesgebiet
Arbeitslose	2.405.586
Arbeitslosenquote	5,3 %
offene Stellen	758.000

Gruppe Arbeitgeber:

- Vorschlag zur Berücksichtigung der differenzierten Konjunktur.
- Flexibilisierung des Weihnachtsgeldes auf betrieblicher Ebene d. h., Mitarbeiter in guten Zeiten am Unternehmenserfolg beteiligen, während in schlechten Zeiten das Weniger beim Weihnachtsgeld durch ein Mehr an Arbeitsplatzsicherheit in angemessener Weise ausgeglichen würde.
- Dosierte Lohnerhöhungen, sodass die Wettbewerbsfähigkeit der Unternehmen nicht gefährdet wird und das wirtschaftliche Wachstum auf einer breiten Basis steht.
- Moderne Arbeitszeitgestaltung wie z. B.:
  - Schichtsystem mit kurzzyklischen Schichtwechseln
  - Vier-Schicht-System mit 6 Stunden-Schichten ohne Pausen
  - Gleitzeit im Drei-Schicht-System
  - Rahmenarbeitszeit mit Disposition durch Mitarbeiter und Führungskraft
  - Rahmenarbeitszeit mit eigenverantwortlicher Disposition durch den Mitarbeiter
  - Kundenorientierte Funktionszeiten mit Zeitautonomie der Mitarbeiter

Gruppe Gewerkschaften:

- Konsequenter Abbau der bezahlten Überstunden
- Ausbildungsplätze schaffen
- Arbeit fair verteilen
- In Zukunftsbranchen investieren
- Gerechter Anteil am Gewinn für Arbeitnehmer

14. Nach gescheiterten Tarifverhandlungen stehen die Gewerkschaften vor der Notwendigkeit, zur Durchsetzung ihrer Forderungen eine Urabstimmung durchzuführen und einen Streik auszurufen. Für den Fall eines Streiks drohen die Arbeitgeber mit Aussperrung. Stimmen aus dem Kreis der Arbeitnehmer werden laut: »Streik ist Notwehr, Aussperrung ist Terror.«

a) Erklären Sie die Begriffe Streik, Urabstimmung und Aussperrung.

b) Nehmen Sie Stellung zu der oben wiedergegebenen Aussage der Arbeitnehmer aus der Sicht beider Tarifpartner.

a) *Streik:* Planmäßige und gemeinsame Niederlegung der Arbeit innerhalb eines Betriebes oder einer Branche.

Urabstimmung: Vor Beginn des Streiks müssen sich 75 % der betroffenen Gewerkschaftsmitglieder für den Streik aussprechen.

Aussperrung: Verweigerung der Arbeitsmöglichkeit für alle Arbeitnehmer, also der streikenden und auch der arbeitswilligen.

b) Arbeitnehmersicht:
- Arbeitnehmer am kürzeren Hebel (abhängig vom Arbeitgeber)
- Arbeitsniederlegung = einziges Druckmittel der Arbeitnehmer
- »Terror«, weil Arbeitswilligen Arbeit und Verdienst verweigert wird.

Arbeitgebersicht: Den Arbeitnehmern wird zwar der Streik zugestanden; die Arbeitgeber sehen die Aussperrung jedoch als legitime Gegenwehr an, da ohnehin nicht gearbeitet werden kann (Produktionsstillstand) und »unproduktive« Lohnkosten anfallen würden.

15. Seit einigen Jahren bevorzugen die Gewerkschaften den Mini-Max-Streik. Erläutern Sie zwei Vorteile dieser Streikvariante.

Streikkasse schonen, dadurch längere Streikzeit möglich; geringer Einsatz – große Wirkung.

16. Untersuchen Sie volkswirtschaftliche Entwicklungen, die mit hohen bzw. angemessenen Lohn- und Gehaltssteigerungen verbunden sein können.

- Kostensteigerungen führen zu Preiserhöhungen – Inflationsgefahr (Lohn-Preis-Spirale).
- Internationale Konkurrenzfähigkeit evtl. gefährdet (Standort Deutschland in Gefahr).
- Arbeitsplätze werden evtl. wegrationalisiert.

17. Zur Beendigung eines lange währenden Arbeitskampfes wird der Arbeitsminister aufgefordert, die Lohnerhöhung endlich festzusetzen. Nehmen Sie aus rechtlicher Sicht dazu Stellung.

In einer Demokratie darf der Staat nicht in die Tarifverhandlungen eingreifen (Tarifautonomie).

18. Seit 1. Januar 2015 gilt in Deutschland ein gesetzlicher Mindestlohn. Ein Argument gegen Mindestlöhne ist, dass durch sie in die Tarifautonomie eingegriffen wird. Nehmen Sie dazu begründet Stellung.

Zum Schutz von Geringverdienern ist es durchaus sinnvoll, dass der Staat in bestimmten Bereichen Mindestlöhne vorgibt und damit teilweise in die Tarifautonomie eingreift.

19. Ein Mitarbeiter, dem gekündigt wurde, droht mit einer Kündigungsschutzklage bis zur letzten Instanz.

a) Welches Gericht ist für diese Klage sachlich und örtlich zuständig?

b) Die Klage des Arbeitnehmers wird in 1. Instanz abgewiesen. Welche weiteren gerichtlichen Schritte kann er noch unternehmen?

a) sachlich: Arbeitsgericht

örtlich: das für den Beschäftigungsort zuständige Arbeitsgericht

b) 2. Instanz: Berufung oder Beschwerde beim Landesarbeitsgericht

3. Instanz: Revision oder Rechtsbeschwerde beim Bundesarbeitsgericht

20. Lesen Sie folgenden Sachverhalt:

Starker Umsatzrückgang bei Breisacher Metallbau

Breisach, 05.03.2019. Die Metallbau GmbH in Breisach mit insgesamt mehr als 50 Mitarbeitern verzeichnet aufgrund der wachsenden Konkurrenz aus dem Ausland einen starken Umsatzrückgang. Die Geschäftsleitung der Metallbau GmbH versucht deswegen, mit radikalen Einsparungen aus den roten Zahlen herauszukommen.

In der kaufmännischen Verwaltung sollen von den fünf Stellen zwei abgebaut werden. Die Kündigungen sollen zum 01.06.2019 ausgesprochen werden. […]

Nach einer Vorauswahl bleiben noch vier Mitarbeiter übrig, die für eine Kündigung infrage kommen. Zwei von diesen Mitarbeitern muss gekündigt werden. Heute findet die entscheidende Sitzung statt. Sie sind Mitarbeiter in der Personalabteilung und sollen für diese Sitzung eine Empfehlung erarbeiten, welchen beiden Mitarbeitern gekündigt werden sollte.

Die folgenden Mitarbeiter – alle haben ähnliche Qualifikationen und erledigen ihre Tätigkeiten zur vollsten Zufriedenheit – stehen zur Auswahl:

Frank Ohlendorf; geboren am: 15.06.1992; ledig, keine Kinder, beschäftigt seit: 10.02.2017 Zusatzinformationen: Herr Ohlendorf ist seit einem Motorradunfall zu 50% schwerbehindert.
Maria Funke; geboren am: 12.01.1978; verheiratet, ein schulpflichtiges Kind, beschäftigt seit: 13.05.2015 Zusatzinformationen: Herr Funke (Ehemann) ist als Metallschlosser bei der Metallbau GmbH beschäftigt.

Anna Sandmann; geboren am: 14.02.1995; ledig, ein Kind im Kindergarten, beschäftigt seit: 01.01.2019 Zusatzinformationen: Die Probezeit von Frau Sandmann ist am 01.04.2019 abgelaufen.
Wilhelm Heinemann; geboren am: 24.01.1966; verheiratet, drei schulpflichtige Kinder, beschäftigt seit: 15.08.2008 Zusatzinformationen: Die Frau von Herrn Heinemann ist zurzeit arbeitslos.

Geben Sie eine Kündigungsempfehlung ab und begründen Sie diese. Beachten Sie dabei die Voraussetzungen für den allgemeinen Kündigungsschutz.

Kriterien für die Sozialauswahl	Frank Ohlendorf	Maria Funke	Anna Sandmann	Wilhelm Heinemann
Dauer der Betriebszugehörigkeit	2 Jahre, 4 Monate	4 Jahre	5 Monate	10 Jahre, 10 Monate
Lebensalter	26 Jahre	41 Jahre	24 Jahre	53 Jahre
Unterhaltspflichten	keine	1 Kind	1 Kind	3 Kinder, Ehefrau (arbeitslos)
Grad der Behinderung	50 %	–	–	–
Kündigungsempfehlung	Für Frau Sandmann gilt der allgemeine Kündigungsschutz nicht, da sie noch keine sechs Monate im Unternehmen beschäftigt ist. Frau Sandmann und einem weiteren Mitarbeiter (schülerindividuelle Antwort) sollte gekündigt werden.			

21. Bei einem Gespräch zwischen der Geschäftsleitung und dem Betriebsrat weist ein Betriebsratsmitglied darauf hin, dass bei den Kündigungen der besondere Kündigungsschutz für bestimmte Mitarbeitergruppen berücksichtigt werden muss.

a) Was versteht man unter diesem Kündigungsschutz?

b) Erläutern Sie, aus welchen Gründen diese Gruppen geschützt sind.

a) Durch den besonderen Kündigungsschutz werden bestimmte Personengruppen im Unternehmen durch spezielle Regelungen gezielt geschützt.

b) Betriebsratsmitglieder und Jugendvertreter: Während der Amtszeit und innerhalb eines Jahres nach der Amtszeit nicht kündbar. Ausnahme: Fristlose Kündigung bei wichtigem Grund. Damit soll sichergestellt werden, dass Betriebsratsmitglieder sich ohne Angst vor Entlassung für die Rechte der Mitarbeiter einsetzen können.

Werdende Mütter: Während der Schwangerschaft bis vier Monate nach der Entbindung. Eltern während der Elternzeit bis drei Jahre nach der Geburt.

Schwerbehinderte Menschen: Integrationsamt muss der Kündigung zustimmen.

Auszubildende: Nach der Probezeit unkündbar. Ausnahme: Fristlose Kündigung bei wichtigem Grund.

Langjährige Angestellte: 1/2/3/4/5/6/7 Monate zum Monatsende, wenn mindestens 2/5/8/10/12/15/20 Beschäftigungsjahre vorliegen.

Dadurch sollen Menschen geschützt werden, die

- einen Teil ihres Lebens im Betrieb verbracht haben,
- aus sozialen Gründen besonders schutzbedürftig sind.

Sie sollen das Gefühl haben, dass sie sozial gerecht behandelt werden.

22. Welche Kündigungsfristen muss ein Arbeitgeber beachten?

a) 27-jähriger Angestellter, seit zehn Jahren im Betrieb,

b) 32-jähriger Angestellter, seit fünf Jahren im Betrieb,

c) 35-jähriger Angestellter, seit elf Jahren im Betrieb,

d) 58-jähriger Angestellter, seit 38 Jahren im Betrieb,

e) 30-jährige Angestellte, die Mitglied des Betriebsrates ist,

f) Auszubildender während der Probezeit,

g) Auszubildender nach der Probezeit,

h) Schwangere Auszubildende während der Probezeit.

a) vier Monate zum Monatsende

b) zwei Monate zum Monatsende

c) vier Monate zum Monatsende

d) sieben Monate zum Monatsende

e) unkündbar (Ausnahme: fristlos/wichtiger Grund)

f) jederzeit

g) unkündbar (Ausnahme: wichtiger Grund)

h) unkündbar

23. Welchen Schutz bietet das BetrVG bei Entlassungen wegen Rationalisierungsmaßnahmen?

Der Betriebsrat kann widersprechen, die Kündigung ist zwar nicht aufgehoben, das Arbeitsgericht muss entscheiden.

Der Betriebsrat hat ein Mitwirkungsrecht bei der Aufstellung eines Sozialplanes, wenn Betriebsstellen stillgelegt werden.

4.5 Personalbedarf, -beschaffung und -auswahl

4.5.1 Personalbestandsanalyse und Personalbedarfsanalyse

1. Recherchieren Sie im Internet nach Beispielen für Personalinformationssysteme und präsentieren Sie Ihre Ergebnisse. S. 231

Einen Überblick über Personalinformationssysteme finden Sie z. B. unter http://www.softguide.de/software/personalwesen.

2. Klaus Rapp bewirbt sich bei der Kuhn GmbH um eine Stelle. Im Rahmen eines Praktikums hatte er bereits einmal bei der Kuhn GmbH gearbeitet. Aus nicht näher angegebenen Gründen wird Klaus Rapp nun aber eine Absage erteilt. Er hat das Gefühl, in der Kuhn GmbH seien Informationen über ihn vorhanden, die er nicht kennt und die zu dieser Absage geführt haben.

Klaus Rapp möchte der Sache auf den Grund gehen.

Welche Rechte hat er laut Datenschutzgesetz?

Er hat das Recht, von der Kuhn GmbH eine Zusammenstellung aller über ihn gespeicherten Daten zu verlangen. Die Kuhn GmbH ist verpflichtet, ihm diese mitzuteilen. Sind Daten über ihn fehlerhaft oder zu Unrecht in der Datensammlung enthalten, kann er deren Berichtigung oder Entfernung verlangen. Ist dies für ihn nicht zufriedenstellend, so kann er sich an die zuständige Datenschutzkontrollinstanz wenden.

3. Warum ist es für das Unternehmen sehr wichtig, den Personalbedarf langfristig zu planen?

Qualifiziertes Personal ist die treibende Kraft des betrieblichen Erfolges. Deshalb ist die Bereitstellung qualifizierter Mitarbeiter eine wesentliche Voraussetzung für die betriebliche Leistungsfähigkeit. Durch eine langfristige Personalbedarfsplanung kann besser auf Entwicklungen, die den Personalbedarf beeinflussen, reagiert werden. Zu nennen sind beispielhaft: Konjunktur bzw. geplante Ausbringung/Absatzmenge, Arbeitsdauer, Fluktuation, Änderung der Produktionsverfahren, Qualifikations- und Anforderungsprofile, Altersstruktur, Schwangerschaften und Elternzeit, Kündigungen, Fehlzeiten.

4. Im neuen Tarifvertrag wird die Arbeitszeit verkürzt. Erläutern Sie die Auswirkungen auf den Personalbedarf.

Mögliche Auswirkungen:

- Neueinstellung von Mitarbeitern
- Rationalisierungsmaßnahmen
- Neuverteilung der Arbeit

5. Visualisieren Sie die Vorgehensweise bei der quantitativen bzw. qualitativen Personalbedarfsanalyse in einem Unternehmen.

Die *quantitative* Personalbedarfsanalyse ermittelt die Anzahl der benötigten Mitarbeiter. Quantitative Bestimmungsfaktoren ergeben sich abgeleitet aus den geplanten zu erfüllenden betrieblichen Aufgaben, ergänzt um den sich durch Fehlzeiten ergebenden Mehrbedarf.

Die *qualitative* Personalbedarfsanalyse erfasst diejenigen Qualifikationsmerkmale, über die die Mitarbeiter in der Zukunft bis zu einem festen Zeitpunkt verfügen müssen. Ihr Gegenstand ist v. a. die Ableitung von Anforderungen aus zukünftigen Aufgabenstellungen an die Qualifikation sowie letztendlich der Vergleich zu den Qualifikationen der beschäftigten Mitarbeiter.

6. Ermitteln Sie den Personalbedarf für das Rechnungswesen eines Unternehmens zum 01.07. nach folgenden Daten: Bestand 21 Mitarbeiterinnen und Mitarbeiter; dieser soll auf 25 Arbeitskräfte aufgestockt werden. Zwei Auszubildende sollen zum 01.07. übernommen werden; drei Mitarbeiter gehen zum 30.06. in den Ruhestand; es liegen von zwei Sachbearbeiterinnen ärztliche Atteste vor, dass diese schwanger sind und voraussichtlich ab Anfang Juli in den Mutterschutz gehen werden; zwei Mitarbeiterinnen kommen Ende Juni aus der Elternzeit zurück. Alle genannten Mitarbeiterinnen und Mitarbeiter haben gleichwertige Qualifikationen.

Wie viele Mitarbeiterinnen und Mitarbeiter werden zusätzlich zum 01.07. gebraucht?

geplant:		25 Mitarbeiter
Bestand:		21 Mitarbeiter
Beendigung der Ausbildung:	+	2 Auszubildende
Ruhestand:	–	3 Mitarbeiter
Schwangerschaft:	–	2 Mitarbeiterinnen
Rückkehr aus der Elternzeit:	+	2 Mitarbeiterinnen
Nettopersonalbedarfsplanung: Einstellung von 5 Mitarbeiterinnen bzw. Mitarbeitern.		

4.5.2 Personalbeschaffung

1. Welchem Zweck dienen Stellenbeschreibungen in einem Unternehmen? S. 236

Eine Stellenbeschreibung dient als Grundlage für eine Stellenausschreibung und zur Information des Stelleninhabers (u. a. seine Aufgaben, seine Vorgesetzten, seine Einordnung ins Unternehmen, seine Kompetenzen und seine Lohn- und Gehaltsgruppe).

2. Entwerfen Sie die Stellenbeschreibung für den Leiter der Organisationsabteilung nach folgenden Angaben: Der Stelleninhaber ist dem Leiter der Hauptabteilung Kaufmännische Verwaltung unterstellt. Ihm unterstehen die Leiter der Abteilungen Aufbau- und Ablauforganisation und zwei Sekretärinnen. Der Abteilungsleiter Aufbauorganisation vertritt ihn.

Der Stelleninhaber erarbeitet mit allen zuständigen Stellen eine mittelfristige Planung der Aufbau- und Ablauforganisation. Er erlässt Organisationsrichtlinien. Gemeinsam mit der DV-Abteilung arbeitet er Projekte aus, die auf DV-Anlagen übernommen werden sollen.

Zielsetzung der Stelle ist eine zweckmäßige Organisations- und Informationsstruktur des Unternehmens in Aufbau und Ablauf.

Der Inhaber der Stelle sollte eine wirtschaftswissenschaftliche Hochschulausbildung haben und außerdem praktische Erfahrung auf dem Gebiet Organisation und Datenverarbeitung besitzen. Wesentliche Eigenschaften sind Kooperationsfähigkeit und der Wille, im Team zu arbeiten.

	Stellenbeschreibung
1. Bezeichnung der Stelle	Leiter/Leiterin der Organisationsabteilung
2. Vorgesetzter	Leiter der kaufmännischen Verwaltung
3. unterstellte Mitarbeiter	Leiter der Abteilung Aufbauorganisation, Leiter der Abteilung Ablauforganisation, zwei Sekretärinnen
4. Stellvertretung	Leiter der Abteilung Aufbauorganisation
5. Ziele der Stelle	Gestaltung und Überwachung einer zweckmäßigen Organisations- und Informationsstruktur des Unternehmens im Aufbau und Ablauf.
6. Aufgaben	Erarbeitung einer mittelfristigen Planung der Aufbau- und Organisationsstruktur mit allen zuständigen Stellen, Erlass von Organisationsrichtlinien, Ausarbeitung von Projekten, die auf der DV-Anlage zu erstellen sind.
7. Anforderungen	Wirtschaftswissenschaftliche Hochschulausbildung; praktische Erfahrung auf den Gebieten Organisation und Datenverarbeitung. Kooperationsfähigkeit und Wille zur Teamarbeit.

3. Begründen Sie, warum sowohl die Besetzung von Stellen als auch die Festlegung von Stellvertretungen auf Dauer anzulegen sind.

- Einarbeitungszeit verursacht Kosten.
- Fluktuation auf einer Stelle verhindert die Stetigkeit der Aufgabenerfüllung.
- Stelleninhaber als auch Stellvertreter können Informationen austauschen. Im Vertretungsfalle verläuft die Arbeitsübergabe reibungsloser.

4. Begründen Sie, weshalb sich ein Unternehmen entschließt, eine Stelle intern zu besetzen.

verkürzte Einarbeitungszeit; exakte Mitarbeiterbeurteilung vorhanden; erhöhte Motivation der Mitarbeiter, da interner Aufstieg sichtbar wird; geringere Personalbeschaffungskosten

5. Welche Probleme könnte eine interne Stellenbesetzung mit sich bringen?

Probleme bei einer internen Stellenbesetzung:

- geringere Auswahlmöglichkeiten zwischen Bewerbern,
- Demotivation bei nicht berücksichtigten Mitarbeiterinnen und Mitarbeitern,
- es kommt nur zu einer Bedarfsverschiebung (Kettenreaktionseffekt).

6. Die Offenburger Motorenwerke GmbH ist Weltmarktführer bei der Produktion von Motoren für Industrieanlagen. Sie entwickelt und fertigt u. a. Motoren für die Steuerung von Industrierobotern.

Zum Sommer 20.. sollen in der Zentrale in Offenburg zwei Industriekaufleute (Auszubildende) eingestellt werden. Die Ausbildung dauert drei Jahre, wobei eine Verkürzung der Ausbildung auf 2 oder 2,5 Jahre möglich ist.

Die Auszubildenden sollen während ihrer Berufsausbildung Kenntnisse in der Material-, Produktions-, Absatz- und Personalwirtschaft sowie im Finanz- und Rechnungswesen erwerben. Hinzu kommen Fähigkeiten im Umgang mit Computerprogrammen sowie in Präsentationstechniken und Rhetorik.

Die Auszubildenden müssen neben guten Deutschkenntnissen auch gute Englischkenntnisse vorweisen können. Außerdem sollten die Bewerber mindestens einen mittleren Bildungsabschluss haben.

Sie sind Mitarbeiter in der Personalabteilung der Offenburger Motorenwerke GmbH. Entwerfen Sie eine Personalanzeige. Überlegen Sie sich hierfür zunächst, welche Informationen in die Anzeige aufgenommen werden müssen. Gestalten Sie die Ausschreibung anschließend entsprechend Ihrer Zielgruppe.

Offenburger Motorenwerke GmbH

Wir sind Weltmarktführer bei der Produktion von Motoren für Industrieanlagen. Um diese Position langfristig zu festigen, suchen wir zur Verstärkung unseres Teams zum **nächstmöglichen Termin** zwei

AUSZUBILDENDE ZUR/ZUM INDUSTRIEKAUFFRAU/-MANN

Ihre Ausbildung

- Erwerb von kaufmännischen Kenntnissen aus allen Unternehmensbereichen
- Erlernen des Umganges mit modernen Computerprogrammen
- Dauer der Ausbildung 3 Jahre (Verkürzung möglich)

Ihre Qualifikation

- Abitur oder mittlere Reife
- gute Deutsch- und Englischkenntnisse
- Teamfähigkeit und Interesse an neuen Aufgaben

Ihre Perspektive

- angenehmes Umfeld mit beruflichen und persönlichen Entfaltungsmöglichkeiten
- fundierte Ausbildung
- eine angemessene Vergütung

Interesse an einen Arbeitsplatz mit Zukunft? Dann bewerben Sie sich!

Offenburger Motorenwerke GmbH
Personalabteilung
Frau Martina Scherb

Gustav-Heinemann-Str. 61
77656 Offenburg
E-Mail: mscherb@motorenwerke.de

7. Welche anderen Personalbeschaffungswege würden Sie der Offenburger Motorenwerke GmbH empfehlen? Begründen Sie Ihre Antwort.

Als weiterer Personalbeschaffungsweg würde sich für die Offenburger Motorenwerke GmbH eine Stellenbörse im Internet eignen. Da das Internet häufig von jungen Menschen genutzt wird und hier neue Auszubildende gesucht werden, scheint dieser Beschaffungsweg sinnvoll.

Auch die regelmäßige Beschäftigung von Praktikanten könnte für die Offenburger Motorenwerke GmbH mittel- und langfristig bei der Auswahl von Auszubildenden von Vorteil sein.

4.5.3 Einstellungsverfahren

S. 240

Die IT-Consult GmbH entwickelt Softwarelösungen für mittelständische Unternehmen. Für das nächste Geschäftsjahr ist in verschiedenen Abteilungen eine Kapazitätsausweitung geplant. Die Personalbedarfsplanung hat ergeben, dass folgende Arbeitskräfte beschafft werden müssen: ein Softwareentwickler, zwei Fachinformatiker zur Programmierung, eine kaufmännische Angestellte für die Lohn- und Gehaltsabrechnung, vier Informatikkaufleute.

Alle offenen Stellen werden ins Internet gestellt. Der Softwareentwickler und die Fachinformatiker werden zusätzlich mithilfe einer Stellenanzeige in der regionalen Presse gesucht.

1. **Erläutern Sie Gründe, warum für die gesuchten Arbeitskräfte unterschiedliche Personalbeschaffungswege beschritten werden.**
2. **Nennen Sie weitere Möglichkeiten der Personalbeschaffung.**
3. **Erläutern Sie Gründe, warum ein Unternehmen versucht, eine offene Stelle extern zu besetzen.**
4. **Entwerfen Sie eine Stellenbeschreibung für kaufmännische Angestellte im Bereich Lohn- und Gehaltsabrechnung.**
5. **Für die Softwareentwicklerstelle gehen mehrere Bewerbungen ein. Nennen Sie Unterlagen, die bei der Personalauswahl vorliegen müssen.**
6. **Erstellen Sie einen Musterarbeitsvertrag für kaufmännische Angestellte. Weitere Informationen unter: http://www.arbeitsvertrag.de, http://www.betriebsrat.de.**
7. **Bei der IT-Consult GmbH bewirbt sich auch Herr Mark Müller. Seine Bewerbungsunterlagen enthalten folgendes Zeugnis:**

> Herr Mark Müller, geboren am 8. September 1977 in Ulm, trat am 1. April 2008 in unsere Dienste. Herr Müller wurde zunächst im Bereich Vertrieb eingesetzt. Er war hier verantwortlich für das Gebiet Österreich/Schweiz. Am 01.12.2008 versetzten wir ihn in unsere Rechnungsabteilung. Ihm oblagen neben der Abrechnung der Zählerstandskarten unserer Kopiergeräte die Abrechnung der Großkunden und das Erstellen von Statistiken.
>
> Herr Müller bemühte sich, die ihm gestellten Aufgaben sorgfältig zu erledigen. Bei unterschiedlichen Aufgaben genügte er den Anforderungen fast immer. Sein Verhalten gegenüber Vorgesetzten, Mitarbeitern und Kunden war im Wesentlichen einwandfrei.
>
> Herr Müller scheidet mit dem heutigen Tag aus unserem Unternehmen aus.
>
> Ulm, den 31.03.2019
>
> Unterschrift

Nennen Sie die Aussagen des Arbeitszeugnisses, die Sie für negativ halten.

- **Bewerten Sie das Zeugnis mit einer Note zwischen 1 und 5.**
- **Begründen Sie die Note, die Sie vergeben haben.**

1. Da Fachkräfte eine wichtige Stellung im Unternehmen haben, kommt ihrer Beschaffung eine besondere Bedeutung zu. Die unterschiedlichen Beschaffungswege bieten die Möglichkeit, auf eine größere Anzahl entsprechend qualifizierter Bewerber zurückgreifen zu können. Deshalb will man sich nicht allein auf einen Personalbeschaffungsweg verlassen.

2. Interne Stellenausschreibung, Versetzung bzw. Beförderung, Veröffentlichungen am Werkstor, Personalleasing, Personalberater, Übernahme von Auszubildenden etc.

3. Größere Auswahl an Bewerbern, keine Betriebsblindheit, Vermeidung des Kettenreaktionseffektes, Zugewinn von neuem Wissen und neuen Arbeitsmethoden.

4. Mögliche Stellenbeschreibung:

I. Bezeichnung der Stelle: Angestellte/r der Hauptabteilung Personal

II. Dienstrang: Sachbearbeiter/in Lohn- und Gehaltsabrechnung

III. Vorgesetzter: Leiter/in der Abteilung Lohn und Gehalt

IV. Ziele der Stelle: Betreuung des Personals und Abwicklung der monatlichen Lohn- und Gehaltsabrechnung für alle Mitarbeiter

V. Aufgaben, Kompetenzen:

1. Ganzheitliche Betreuung der Mitarbeiter
2. Betreuung und Verwaltung des Moduls »Lohn und Gehalt« in der integrierten Unternehmenssoftware

Monatliche Lohn- und Gehaltsabrechnung für alle Mitarbeiter sowie die Verwaltung der Aushilfen

Übernahme von Aufgaben bei der Betreuung der Auslandsmitarbeiter

VI. Fachkenntnisse (Ausbildung, Erfahrung): Abitur, Fachschule erwünscht; 3 Jahre Berufserfahrung (idealerweise im Personalwesen), sehr gute arbeits-, sozialversicherungs- und lohnsteuerrechtliche Kenntnisse sowie Erfahrungen im Umgang mit MS Office und einer integrierten Unternehmenssoftware

Sonstige Anforderungen: Fähigkeit zum selbstständigen Arbeiten und Kommunikationsfähigkeit

5. Bewerbungsschreiben, Zeugnisse, Lebenslauf, Vorstellungsgespräch, Eignungstest, Personalfragebogen.

6. Auszug aus einem möglichen Arbeitsvertrag:

> **Arbeitsvertrag**
>
> Zwischen der IT-Consult GmbH (im Folgenden Arbeitgeber genannt) und Herrn/Frau ____________ (im Folgenden Arbeitnehmer genannt) wird Folgendes vereinbart:
>
> **§ 1 Beginn des Arbeitsverhältnisses/Probezeit**
>
> Der Arbeitnehmer tritt am ____________ in die Dienste des Arbeitgebers. Die ersten drei Monate gelten als Probezeit. Während dieser Zeit kann das Arbeitsverhältnis beiderseits mit einer Frist von zwei Wochen gekündigt werden. Eine Kündigung vor Arbeitsantritt ist ausgeschlossen.
>
> **§ 2 Tätigkeit**
>
> Der Arbeitnehmer wird als ____________ in ____________ (Arbeitsort) eingestellt und mit allen einschlägigen Arbeiten nach näherer Anweisung der Geschäftsleitung und seiner Vorgesetzten beschäftigt. Er ist verpflichtet, auch andere zumutbare Tätigkeiten zu verrichten.
>
> **§ 3 Arbeitszeit**
>
> 1. Die regelmäßige wöchentliche Arbeitszeit beträgt ____________ Stunden.
> 2. Der Beginn und das Ende der täglichen Arbeitszeit sowie die Pausenregelung richten sich nach den mit dem Betriebsrat abgeschlossenen Vereinbarungen oder der betrieblichen Übung. Der Arbeitnehmer ist verpflichtet, zumutbare Überstunden oder Mehrarbeit zu leisten.
>
> **§ 4 Vergütung/Sonstige Leistungen**
>
> ...

7. – Herr Mark Müller, geboren am 8. September 1977 in Ulm, trat am 1. April 2008 in unsere Dienste.

   Herr Müller wurde zunächst im Bereich Vertrieb eingesetzt. Er war hier verantwortlich für das Gebiet Österreich/Schweiz. Am 01.12.2008 *versetzten* wir ihn in unsere Rechnungsabteilung. Ihm oblagen neben der *Abrechnung der Zählerstandskarten* unserer Kopiergeräte die Abrechnung der Großkunden und das Erstellen von Statistiken.

   Herr Müller *bemühte* sich, die ihm gestellten Aufgaben sorgfältig zu erledigen. Bei unterschiedlichen Aufgaben *genügte er den Anforderungen fast immer.*

   Sein Verhalten gegenüber Vorgesetzten, Mitarbeitern und Kunden war im *Wesentlichen einwandfrei.*

   Herr Müller *scheidet* mit dem heutigen Tag aus unserem Unternehmen aus.

   Ulm, den 31.03.2019 Unterschrift

   – Note: 4 oder 5

   – Herr Müller wurde in eine andere Abteilung *versetzt*. Vermutlich hat er die Aufgabe nicht bewältigt. Die *Abrechnung der Zählerstandskarten* ... deutet auf ein geringes Qualifikationspotenzial hin. Herr Müller *bemühte sich* ... bzw. *genügte den Anforderungen fast immer*, sagt aus, dass er die Anforderungen in keiner Weise erfüllt hat. Es fällt auf, dass jede Aussage über eine erfolgreiche Tätigkeit fehlt. Man bedauert das Ausscheiden von Herrn Müller mit keinem Wort. Auch fehlt die Bemerkung, dass er auf eigenen Wunsch ausscheidet und dass man ihm für die Zukunft alles Gute wünscht.

4.5.4 Personalentwicklung

1. Manchen Menschen sind Anerkennung und Verständnis wichtiger als eine Gehaltserhöhung. Erläutern Sie diese These.

S. 245

Für viele Menschen ist das Unternehmen nicht nur der Ort, an dem sie ihren Lebensunterhalt verdienen, sondern auch der Lebensraum, in dem sie ihre geistigen und körperlichen Kräfte entfalten und Leistungen erbringen. Werden diese Leistungen anerkannt und wird Verständnis für Probleme gezeigt, so sind die Mitarbeiter bereit, sich für das Unternehmen einzusetzen und ihre Kräfte dafür zu mobilisieren.

2. Welche Maßnahmen fallen unter die berufliche Fortbildung?

a) Ein Maschinenmonteur belegt einen Kurs über die Einrichtung von computergesteuerten Fertigungsrobotern.

b) Ein Auszubildender nimmt an einem Kurs zur Vorbereitung auf die Wiederholungsprüfung in seinem Ausbildungsberuf teil.

c) Eine Einzelhandelskauffrau macht eine Weiterbildung zur Handelsfachwirtin.

d) Eine arbeitsuchende Mutter von drei Kindern nimmt an einer Maßnahme zum Wiedereintritt in das Berufsleben der Agentur für Arbeit teil.

Bei a) und c) handelt es sich um eine berufliche Fortbildung.

3. Warum ist es sinnvoll, dass die Bundesagentur für Arbeit für Umschulungsmaßnahmen Zuschüsse gewährt?

Durch Umschulungen sollen Arbeitsuchende auf eine andere geeignete Tätigkeit vorbereitet werden. Dadurch soll die Zeit der Arbeitslosigkeit verkürzt werden. Dies entlastet wiederum die Agentur für Arbeit.

4. Welche Vor- und Nachteile haben

a) die freie Beurteilung,

b) das Einstufungsverfahren?

a) Bei der *freien Beurteilung* werden nur die allgemeine Leistungsfähigkeit und die Persönlichkeit des Beurteilten aufgrund des Gesamteindrucks beurteilt.

b) Beim *Einstufungsverfahren* gibt es genau vorgegebene Kriterien, nach denen alle zu Beurteilenden einzustufen sind.

5. a) Ordnen Sie die Beurteilungskriterien des Einstufungsverfahrens in der Reihenfolge, wie sie Ihnen am wichtigsten erscheinen.

b) Bei welchen Anlässen erscheint Ihnen eine Beurteilung besonders wichtig? Begründen Sie Ihre Entscheidung.

a) *Beispiel:* fachliche Kenntnisse und Erfahrungen, Fähigkeit zur Führung von Mitarbeitern, Durchsetzungsvermögen, berufliche Ausbildung, Vorbildung, Zuverlässigkeit, Aufgabenerfüllung, Verhandlungsgeschick, Bereitschaft zur Fortbildung, Verhalten zu Vorgesetzten und Mitarbeitern

b) Besonders wichtig erscheint die Personalbeurteilung bei der Beförderung, wenn ein Mitarbeiter in eine höhere Position kommt, in der er sich bewähren muss. Fehlentscheidungen kosten viel Zeit und Geld und verursachen Störungen im Betriebsklima.

Auch beim Wechsel des Vorgesetzten ist eine vorherige Personalbeurteilung sinnvoll, damit der neue Vorgesetzte sich einen Überblick über das Leistungsvermögen seiner zukünftigen Mitarbeiter machen kann.

6. Welche Vor- und Nachteile ergeben sich, wenn der Beurteiler mit dem Mitarbeiter die Ergebnisse der Leistungsbeurteilung besprechen muss?

- Vorteile: Der Beurteiler wägt seine Entscheidungen sorgfältig ab und begründet diese. Der Beurteilte kann zu diesen Entscheidungen Stellung nehmen.
- Nachteile: Negative Punkte werden vom Beurteiler nicht so stark hervorgehoben, da er mit dem Mitarbeiter noch zusammenarbeiten muss. Tendenz zur unverbindlichen Aussage und zum milden Urteil.

7. Recherchieren Sie im Internet nach einem Leitfaden für Mitarbeitergespräche und stellen Sie diesen Ihren Mitschülern vor.

Im Internet gibt es zahlreiche Leitfäden für Mitarbeitergespräche. Durch die Suche mit einer Suchmaschine (z. B. http://www.google.de; Stichworte: Leitfaden und Mitarbeitergespräch) lassen sich diese finden.

8. Informieren Sie sich zunächst, welche Regeln in einem Konfliktgespräch zu beachten sind, damit eine Win-Win-Situation erreicht werden kann. Überlegen Sie sich anschließend eine Konfliktsituation und stellen Sie die Lösung der Konfliktsituation in einem Rollenspiel dar. Achten Sie dabei auf die recherchierten Regeln.

Voraussetzungen für ein Konfliktgespräch zur Lösung eines Konfliktes:

- Geeigneten Zeitpunkt für Konfliktgespräch wählen (*Beispiel:* Konflikt nicht spontan mit Wut im Bauch lösen wollen).
- Termin mit Gesprächspartner vereinbaren und Stichworte zum Gesprächsthema geben, damit der Gesprächspartner die Möglichkeit hat, sich auf das Gespräch vorzubereiten.
- Neutralen Ort für das Gespräch wählen (kein Heimvorteil!).
- Konflikt für sich benennen; welchen Anteil habe ich an dem Konflikt; mögliche Lösungen und Argumente sammeln.
- Mit positiver Grundhaltung in das Gespräch gehen.

Regeln während des Konfliktgespräches:

- Gefühle und Bedürfnisse direkt äußern.
- Dem Gesprächspartner helfen, seine Gefühle und Bedürfnisse auszudrücken.
- Vorschläge machen und Wünsche äußern.
- Verschiedene Lösungsmöglichkeiten erörtern.
- Am Ende gemeinsam festlegen, wie der Konflikt gelöst wird.

4.6 Entlohnung der betrieblichen Arbeit

S. 261

1. Erläutern Sie die Notwendigkeit der Arbeitsbewertung.

Man benötigt sie zur leistungsgerechten Entlohnung und als Grundlage für die richtige Auswahl der Arbeitskräfte.

2. In einem Unternehmen werden folgende Entgeltsysteme angewendet: Zeitlohn und Akkordlohn.

a) Erläutern Sie die Unterschiede zwischen den Entgeltsystemen.

b) Nennen Sie jeweils zwei Vorteile, die die Entlohnung nach Zeitlohn bzw. Akkordlohn für den Arbeitnehmer hat.

a) Zeitlohn: monatlich wechselnder Betrag des Arbeitnehmers, je nach geleisteter monatlicher Arbeitszeit (Stundenlohnbasis)

Akkordlohn: monatlich wechselnder Betrag des Arbeitnehmers auf Basis von Akkordrichtsatz und Stückzahl

b) Vorteile Zeitlohn: kein Zeitdruck, einfache Berechnung, bessere Qualität

Vorteile Akkordlohn: leistungsgerecht, exakte Kalkulationsgrundlage

3. Welche Voraussetzungen müssen gegeben sein, damit eine Tätigkeit im Akkordlohn abgerechnet werden kann?

Gleichartige Tätigkeiten, sich wiederholende Tätigkeiten, Arbeitstempo muss beeinflussbar sein, Leistung muss messbar sein.

4. In der Dreherei beträgt der Minutenfaktor in einer Lohngruppe 0,30 EUR (60-Minuten-Stunde). Für die Bearbeitung eines Werkstücks sind 12 Minuten vorgegeben. Ein Arbeiter bearbeitet im Durchschnitt 7 Stück pro Stunde.

a) Wie hoch ist der Grundlohn?

b) Wie viel EUR verdient der Arbeiter in der Stunde?

c) Wie viel EUR erhielte der Arbeiter für ein bearbeitetes Werkstück gutgeschrieben, wenn die Lohnabrechnung in der Form eines Stückgeldakkords erfolgen würde?

a) Grundlohn = Minutenfaktor 0,30 EUR/Min · 60 Min = 18,00 EUR

b) Bruttolohn/Stunde = 7 Stück · 12 Min/Stück · 0,30 EUR/Min = 25,20 EUR

c) Stückgeldakkordsatz = Bruttolohn/Stückzahl
= 18,00 EUR/5 Stück
= 3,60 EUR/Stück

5. Können nachstehende Arbeiten im Akkordlohn bezahlt werden? Begründen Sie Ihre Meinung.

a) Bestimmte Bauteile werden von einer achtköpfigen Montagegruppe gefertigt und montiert. Die Gruppe kann über die Ausführung der einzelnen Arbeiten selbstständig entscheiden.

b) Ein Arbeitnehmer arbeitet am Fließband.

c) Ein Arbeitnehmer soll in der Endkontrolle die Werkstücke auf Fehler überprüfen.

d) Ein Arbeitnehmer soll 1.000 Einzelteile nach Vorlage ausstanzen.

a) Ja. Gruppenakkord, da die Gruppe das Arbeitstempo selbst bestimmen kann.

b) Nein. Er kann das Arbeitstempo nicht selbst bestimmen.

c) Nein. Die Arbeit muss nicht schnell, sondern sorgfältig ausgeführt werden.

d) Ja. Gleichartige Tätigkeit, bei der der Arbeitnehmer das Arbeitstempo selbst bestimmen kann.

6. Ein Mitarbeiter montiert in einer Woche bei einer Arbeitszeit von 37,5 Stunden 2.500 Scheinwerfer. Die Vorgebezeit für die Montage eines Scheinwerfers beträgt 2 Dezimalminuten. Der Akkordrichtsatz beträgt 12 EUR.

a) Berechnen Sie die Sollleistung (= Anzahl Scheinwerfer), die von dem Mitarbeiter aufgrund der Vorgabezeit in einer Woche erwartet wird.

b) Wie viel Dezimalminuten benötigt der Mitarbeiter durchschnittlich, um einen Scheinwerfer zu montieren?

c) Welchen Leistungsgrad hat er erzielt?

d) Wie viel EUR erhält der Mitarbeiter in dieser Woche?

e) Wie hoch war der tatsächliche Stundenlohn?

a)	2 Dez.min.	= 1 St.
	3.750 Dez.min.	= 1.875 St.
b)	2.500 St.	= 3.750 Dez.min.
	1 St.	= 1,5 Dez.min.
c)	2 Dez.min.	= 1 St.
	1,5 Dez.min.	= 133 $^1/_3$ %
d)	12,00 EUR + 33 $^1/_3$ % · 12,00 EUR	= 16,00 EUR
	16,00 EUR · 37,5 Std.	= 600,00 EUR
e)	600,00 EUR : 37,5 Std.	= 16,00 EUR/St.

7. Am Jahresende überlegt sich die Geschäftsleitung der BLW Präzisionsschmiede AG, ob aufgrund eines überaus guten Geschäftsjahres die Belegschaft am Unternehmenserfolg beteiligt werden sollte.

a) Welche Gründe könnte die BLW Präzisionsschmiede AG haben, ihre Mitarbeiter am Unternehmenserfolg zu beteiligen?

b) Für welche Form der Gewinnbeteiligung würden Sie sich entscheiden? Begründen Sie Ihre Antwort.

c) Erläutern Sie, warum für die Arbeitgeber die Gewinnbeteiligung in der Form der Kapitalbeteiligung besonders interessant ist.

d) Warum müsste man eigentlich von einer Gewinn- oder Verlustbeteiligung sprechen? Diskutieren Sie, welche Probleme sich aus einer Verlustbeteiligung ergeben könnten.

a) Bindung der Arbeitnehmer an den Betrieb; Motivationssteigerung; mehr Leistung; Verbesserung des Betriebsklimas; mehr Identifikation.

b) *Beispiel:* Für die individuelle Gewinnbeteiligung spricht, dass der Arbeitnehmer seinen Anteil kennt.

c) Wenn die Arbeitnehmer am Erfolg eines Unternehmens beteiligt sein wollen, dann können sie sich nicht nur am positiven Erfolg beteiligen und den negativen ausschließen.

d) Weil bei dieser Form der Gewinnanteil der Arbeitnehmer in dem Unternehmen verbleibt und somit kein unmittelbarer Mittelabfluss eintritt.

8. Berechnen Sie das Nettoentgelt von folgenden Mitarbeitern. Besorgen Sie sich die aktuellen Daten aus dem Internet.

a) Romy Metzger, verheiratet, ein Kinderfreibetrag, brutto 2.500,00 EUR, evangelisch, Steuerklasse IV.

b) Fritz Ulmer, verheiratet, zwei Kinderfreibeträge, Alleinverdiener, brutto 2.500,00 EUR, aus der Kirche ausgetreten.

Name **Steuerklasse**		**Romy Metzger** **4**	**Fritz Ulmer** **3**
Bruttogehalt		**2.500,00**	**2.500,00**
Lohnsteuer		298,91	76,50
Kirchensteuer	8,0 %*	16,93	0,00
Solidaritätszuschlag		11,64	0,00
Summe Steuern		**327,48**	**76,50**
Krankenversicherung AN	14,6 %	182,50	182,50
Rentenversicherung AN	18,6 %	232,50	232,50
Arbeitslosenversicherung AN	2,5 %	31,25	31,25
Pflegeversicherung AN	3,05 %	38,13	38,13
Summe Sozialabgaben		**484,38**	**484,38**
Nettogehalt		**1.688,14**	**1.959,13**

* Beispiel für Baden-Württemberg;
Sozialversicherungsbeiträge und Steuersätze: Stand Januar 2019

9. Bei welcher Einkunftsart werden versteuert

a) der Gewinnanteil eines Kommanditisten (KG),

b) das Gehalt eines Angestellten einer Versicherungsagentur,

c) das Honorar einer Rechtsanwältin,

d) die Mieteinnahmen eines Hauseigentümers,

e) die Provision eines Handelsvertreters,

f) die Dividende einer Aktionärin,

g) die Sparbuchzinsen einer Schülerin,

h) der Gewinn eines Winzers aus Weinverkauf?

a) Einkünfte aus Gewerbebetrieb

b) Einkünfte aus nichtselbstständiger Arbeit

c) Einkünfte aus selbstständiger Arbeit

d) Einkünfte aus Vermietung und Verpackung

e) Einkünfte aus Gewerbebetrieb

f) Einkünfte aus Kapitalvermögen

g) Einkünfte aus Kapitalvermögen

h) Einkünfte aus Land- und Forstwirtschaft

10. Welcher Unterschied besteht zwischen Einkommen und Einkünften?

- Einkommen ist der um Sonderausgaben und außergewöhnliche Belastungen verminderte Gesamtbetrag der Einkünfte.
- Einkünfte sind der Reinertrag (Einnahmen abzüglich Betriebsausgaben bzw. Werbungskosten) aus einer Einkunftsart, die mehrere Einkunftsquellen haben kann, z. B. Mieterträge aus der Vermietung mehrerer Wohnungen.

11. Karl Schreiner sammelt Fahrkarten, Kaufbelege für alle seine Anschaffungen, Tankstellenquittungen, Hotel- und Restaurantrechnungen. »Das kann ich alles von der Steuer absetzen«, schmunzelt er.

Nehmen Sie zu dieser Aussage kritisch Stellung.

Er kann die Belege seiner Einkommensteuererklärung beilegen. Ob sie vom Finanzamt als Werbungskosten anerkannt werden, hängt von seinen Einkunftsarten ab. Hat er z. B. Einkünfte aus einem Gewerbebetrieb, kann es sein, dass die Belege Aufwendungen dokumentieren. Hat er Einkünfte aus nichtselbstständiger Arbeit, wird das Finanzamt prüfen, ob es sich um Werbungskosten handelt.

12. Unterscheiden Sie Werbungskosten von Sonderausgaben.

- Werbungskosten dienen der Erwerbung, Sicherung und Erhaltung der Einkünfte, d. h., sie sind durch die Einkünfte bedingt.
- Sonderausgaben werden aus wirtschaftlichen, sozialen oder staatspolitischen Zwecken abzugsfähig gemacht, sind aber nicht durch die Einkunftserzielung bedingt.

13. Zu welchen steuerlichen Abzugsbeträgen gehören

a) Sozialversicherungsbeiträge,

b) Aufwendungen für Fachliteratur,

c) Wegekosten zur Arbeitsstelle,

d) gezahlte Kirchensteuer,

e) Kosten der Unterbringung und des Unterhaltes für den studierenden Sohn,

f) Spenden an das Rote Kreuz?

a) Sonderausgaben

b) Werbungskosten

c) Werbungskosten

d) Sonderausgaben

e) außergewöhnliche Belastungen

f) Sonderausgaben

14. Herr Reiß klagt: »Jedes Jahr zahle ich mindestens 15.000 EUR Einkommensteuer, der Staat ist doch ein richtiger Ausbeuter!« Herr Grunert entgegnet: »Ich wäre froh, ich müsste so viel Steuern bezahlen!«

Beurteilen Sie die Ansicht von Herrn Grunert.

Herr Grunert sieht, dass man ein hohes Einkommen erzielen muss, um hohe Steuerbeträge zu bezahlen; ein so hohes Einkommen hätte er auch gern. Herr Reiß muss ein zu versteuerndes Einkommen von 55.230 EUR (Grundtabelle) bzw. 71.560 EUR (Splittingtabelle) haben, um 15.000 EUR Steuern zahlen zu müssen.

15. Warum wird ein Mindesteinkommen von der Besteuerung ausgenommen?

Zur Sicherstellung des steuerfreien Existenzminimums.

16. In welche Tarifzone fällt

a) ein lediger Steuerpflichtiger mit einem zu versteuernden Jahreseinkommen von 10.000 EUR, 20.000 EUR, 56.000 EUR,

b) ein Ehepaar mit einem zu versteuernden Jahreseinkommen von 10.000 EUR, 20.000 EUR, 56.000 EUR?

a) 10.000 EUR: erste Progressionszone
20.000 EUR: zweite Progressionszone
56.000 EUR: erste obere Proportionalzone

b) 10.000 EUR: Freizone
20.000 EUR: erste Progressionszone
56.000 EUR: zweite Progressionszone

17. Aus welchem Grund bleibt bei einem zu versteuernden Jahreseinkommen von 265.327 (530.654) EUR der Steuersatz bei 45 % und erhöht sich nicht weiter?

Weil eine höhere Besteuerung den Anreiz zur weiteren einkommensteuerpflichtigen Betätigung vernichten würde. Allerdings wird ab 265.327 EUR (530.654 EUR) ein Steuersatz von 45 %, die sogenannte Reichensteuer, erhoben.

18. Für einen ledigen Steuerpflichtigen beträgt der Steuersatz bei einem zu versteuernden Jahreseinkommen von 29.988 EUR 31,67 %.

Ermitteln Sie mithilfe der Einkommensteuertabelle den Durchschnittssteuersatz.

Für 29.988 EUR zahlt er 5.344 EUR Steuern, das entspricht einem Durchschnittssteuersatz von 17,82 %.

19. In der Einkommensteuertabelle für ledige Steuerpflichtige ist bei 46.040 EUR eine Steuer von 10.889 EUR angegeben. Bei einem Zusatzverdienst von 108 EUR zahlt er 10.930 EUR.

Wie hoch ist die Grenzbelastung?

Für 108 EUR höhere Einkünfte zahlt er 41 EUR mehr Steuern, die Grenzbelastung beträgt also 37,96 %.

20. Wie trägt die Steuergesetzgebung bei der Einkommensteuer den sozialen Verhältnissen des Besteuerten Rechnung?

Durch Berücksichtigung

- eines Altersentlastungsbetrages nach dem vollendeten 64. Lebensjahr,
- des Familienstandes durch den Splittingtarif und durch Kinderfreibeträge,

- der Leistungsfähigkeit durch die Gestaltung des Steuertarifs (Freizone, Progressionszonen, Proportionalzonen),
- besonderer sozialer Notlagen in den außergewöhnlichen Belastungen.

21. Beurteilen Sie die Aussage: »Bei meinem Einkommen muss ich 40 % Einkommensteuer bezahlen«.

Diese Aussage ist kritisch zu beurteilen, weil nicht gesagt ist, ob die Einkommensteuer 40 % vom gesamten zu versteuernden Einkommen beträgt (Durchschnittsbelastung), oder ob nur der letzte verdiente EUR mit 40 % besteuert wird (Grenzbelastung).

22. Ermitteln Sie das zu versteuernde Einkommen des 39-jährigen Heinz Gossler, Einzelunternehmer: Jahresgewinn laut GuV-Rechnung 122.000 EUR. Für abzugsfähige Sonderausgaben werden 15.780 EUR anerkannt. Seine Einkünfte aus Vermietung und Verpachtung betragen 15.000 EUR, die Einnahmen aus Kapitalvermögen 1.600 EUR.

Einkünfte aus Gewerbebetrieb		122.000,00 EUR
Einkünfte aus Vermietung und Verpachtung		15.000,00 EUR
Einkünfte aus Kapitalvermögen	1.600,00 EUR	
– Sparerpauschbetrag	801,00 EUR	799,00 EUR
Summe der Einkünfte		137.799,00 EUR
– Sonderausgaben		15.780,00 EUR
zu versteuerndes Einkommen		122.019,00 EUR

23. Der Angestellte Dominik Müller, geb. am 4. März 1978, ledig, katholisch, Seewattenstraße 80, 88348 Bad Saulgau, verdiente 2018 brutto 28.600,00 EUR. Vom Arbeitslohn wurden einbehalten: 3.604,00 EUR Lohnsteuer, 198,22 EUR Solidaritätszuschlag und 288,32 EUR Kirchensteuer. Der Arbeitnehmeranteil zur gesetzlichen Rentenversicherung betrug 2.674,10 EUR. Den Weg zur Arbeitsstelle (Entfernung 1 km) bewältigt er mit dem Fahrrad.

Dominik Müller zahlte als Spende an den Tierschutzverein 150,00 EUR, als Mitgliedsbeitrag für die Gewerkschaft 60,00 EUR, als Spende an eine politische Partei 100,00 EUR und für eine Lebensversicherung monatlich 150,00 EUR. Für Fachliteratur gab er 25,00 EUR aus und für Steuerberatungskosten 279,84 EUR.

Auf seinem Bausparkonto erhielt Dominik Müller eine Zinsgutschrift von 180,00 EUR, auf seinem Sparbuch Sparzinsen in Höhe von 43,50 EUR. Für beide Zinserträge wurde ein Freistellungsantrag gestellt.

An Sonderausgaben werden 2.540,00 EUR anerkannt.

a) Ermitteln Sie das zu versteuernde Einkommen von Dominik Müller.

b) Muss Dominik Müller Steuern nachzahlen oder bekommt er bereits gezahlte Steuern erstattet? Ermitteln Sie den Betrag.

a) und b)	EUR	EUR
1. Einkünfte aus Land- und Forstwirtschaft		0
2. Einkünfte aus Gewerbebetrieb		0
3. Einkünfte aus selbstständiger Arbeit		0
4. Einkünfte aus nichtselbstständiger Arbeit lt. Ausdruck der elektronischen Lohnsteuerbescheinigung	28.600,00	
– Werbungskosten (Pauschbetrag)	1.000,00	27.600,00
5. Einkünfte aus Vermietung und Verpachtung		0
6. Einkünfte aus Kapitalvermögen	223,50	
– Sparerpauschbetrag	801,00	0
7. Sonstige Einkünfte		0
Gesamtbetrag der Einkünfte		**27.600,00**
– Sonderausgaben (Vorsorgeaufwendungen, Kirchensteuer, Spenden, Sonderausgaben-Pauschale		2.540,00
– Außergewöhnliche Belastungen		0
Einkommen		**25.060,00**
– Kinderfreibeträge		0
Zu versteuerndes Einkommen		**25.060,00**
Berechnung von Einkommensteuer, Kirchensteuer, Solidaritätszuschlag		
Festzusetzende Einkommensteuer lt. Grundtabelle 2018	3.896,00	
– Steuerermäßigung bei Spenden an politische Parteien (1/2 von 100,00 EUR)	50,00	
Festzusetzende Einkommensteuer	3.846,00	
– einbehaltene Lohnsteuer	3.604,00	
Nachzahlung Lohnsteuer	292,00	292,00
Kirchensteuer (8%)	307,68	
– einbehaltene Kirchensteuer	288,32	
Nachzahlung Kirchensteuer	19,36	66,46
Solidaritätszuschlag	211,53	
– einbehaltener Solidaritätszuschlag	198,22	
Nachzahlung Solidaritätszuschlag	13,31	13,11
Nachzahlung insgesamt		**324,67**

24. Bei den sozialen Leistungen spricht man häufig vom »Zweiten Lohn«. Erläutern Sie diesen Begriff.

Man spricht deswegen vom »zweiten Lohn«, weil die sozialen Leistungen (Lohnnebenkosten) mehr als 80 % des Bruttolohnes/-gehaltes betragen können. Die Höhe ist abhängig von den verschiedenen Branchen.

25. Welche der sozialen Aufwendungen werden nicht von allen Mitarbeitern als soziale Leistung empfunden?

indirekte, soziale Leistungen wie Erholungsheime, Aufenthaltsräume, Sportanlagen, betriebliche Kindergärten, Lehrgänge, Büchereien, Zuschüsse zur Werksküche

4.7 System der gesetzlichen Sozialversicherung und private Vorsorge

S. 275

1. »Mein Gedanke war, die arbeitenden Klassen zu gewinnen, oder soll ich sagen zu bestechen, den Staat als soziale Einrichtung anzusehen, die ihretwegen besteht und für ihr Wohl sorgen möchte.« (Reichskanzler Otto von Bismarck)

Welchen Grund für die Einrichtung der Sozialversicherung in den 1880er-Jahren entnehmen Sie der Aussage Bismarcks?

Es ging Bismarck um eine politische Sichtweise. Er wollte die Arbeiterklasse, die er als Gefahr für den bestehenden Staat (konstitutionelle Monarchie) einschätzte, für diesen Staat gewinnen. Mögliche revolutionäre Ansätze oder die Gefahr eines Umsturzes schienen ihm mit der Strategie einer Absicherung der Arbeiterschaft gebannt.

2. Nehmen Sie zu den nachfolgenden Behauptungen Stellung:

a) »Sozialversicherung bedeutet für den Einzelnen Einkommensbindung.«

b) »Die Sozialversicherung entlastet den Staat.«

a) Die Behauptung ist richtig. Gewissermaßen wie Sparbeiträge werden Lohn- und Gehaltsteile zurückbehalten. Diese Einkommensbindung kommt dem Einzelnen dann in unterschiedlicher Weise wieder je nach Krankheits-, Pflege-, Arbeitslosenfall und in der Rentenzeit zugute.

b) Die Behauptung ist richtig. Soweit ein Sozialstaat gegeben ist, muss er für eine Sicherstellung des Menschen Sorge tragen. Mit dem Sozialversicherungssystem überträgt er aber diese Aufgabe an die Arbeitnehmer und Arbeitgeber. Mit ihren Beitragszahlungen gewährleisten sie ihre Sicherstellung in Kranken-, Pflege-, Unfall- und Arbeitslosigkeitsfällen und ihre Absicherung im Alter (Rentenfall).

3. In Deutschland ist die Sozialversicherung eine Pflichtversicherung. In anderen Ländern hingegen ist es jedem weitestgehend freigestellt, ob er sich entsprechend versichert oder nicht. Diskutieren Sie die Vor- und Nachteile dieser unterschiedlichen Systeme am Beispiel der Krankenversicherung.

Vorteile der Pflichtversicherung:

- Eine Absicherung im Krankheitsfall ist auf jeden Fall gewährleistet.
- Niemand gerät durch eine Krankheit in finanzielle Schwierigkeiten oder gar in Existenznot.

Nachteile der Pflichtversicherung:

- Tendenziell höhere Kosten für »gesunde« Menschen, da durch das Solidaritätsprinzip die Krankheitskosten auf alle umgelegt werden.
- Es besteht die Gefahr, dass das System von Einzelnen ausgenutzt wird.

Vorteile der freien Entscheidung:

- Die Verantwortlichkeit des Einzelnen, für sich selbst (Vor-)Sorge zu tragen, hat einen höheren Stellenwert.
- Der Einzelne entscheidet selbst, wie viel ihm die Absicherung im Krankheitsfall wert ist. Das heißt, er entscheidet selbst, wie viel Prozent seines Einkommens er dafür bindet.
- Die Gefahr, dass das System »ausgenutzt« wird, ist geringer.

Nachteile der freien Entscheidung:

- Es ist nicht gewährleistet, dass jeder im Krankheitsfall versichert und danach abgesichert ist.
- Für nicht ausreichend Versicherte (z. B. durch zu geringes Einkommen) kann eine Krankheit zum Existenzrisiko werden.

4. Elke, Auszubildende für den Beruf einer Floristin, erhält in ihrem ersten Ausbildungsjahr eine Vergütung von monatlich 389 EUR. Ihr Freund Alexander (28 Jahre), der sich im dritten Ausbildungsjahr zum Industriekaufmann befindet, erhält monatlich 900 EUR vergütet.

Wie viel EUR werden den beiden für die einzelnen Sozialversicherungszweige und insgesamt von ihrer Ausbildungsvergütung abgezogen?

Elke: Keine Abzüge, da ihre Ausbildungsvergütung unter der Geringverdienergrenze liegt (450 EUR). Die Beiträge sind vom Arbeitgeber alleine zu zahlen.

Alexander:	Krankenversicherung	= 7,30 %	von 900 EUR = 65,70 EUR
	Pflegeversicherung	= 1,5025%	von 900 EUR = 13,52 EUR
	Arbeitslosenversicherung	= 1,50 %	von 900 EUR = 11,25 EUR
	Rentenversicherung	= 9,30 %	von 900 EUR = 83,70 EUR

Insgesamt werden Alexander 174,17 EUR abgezogen.

Stand: Januar 2019

5. Welches ist der jüngste Zweig der Sozialversicherung und weshalb wurde er notwendig?

Soziale Pflegeversicherung

Zunehmender Pflegebedarf bei älteren Menschen, der nicht mehr von deren Kindern geleistet wird. Durch die Unterbringung der pflegebedürftigen Menschen in Pflegeheimen entstehen hohe Kosten, die der Einzelne häufig nicht bezahlen kann.

6. Für welchen Zweig der Sozialversicherung muss allein der Unternehmer Beiträge abführen?

Gesetzliche Unfallversicherung

7. Michael Kühn (22 Jahre, keine Kinder) entnimmt seiner Gehaltsabrechnung, dass monatlich 109,50 EUR (7,3 %) vom Bruttolohn in Höhe von 1.500,00 EUR für die Krankenversicherung abgezogen werden. Der Betrag erscheint ihm zu hoch.

a) Begründen Sie, ob er aus der gesetzlichen Krankenversicherung austreten könnte.

b) Welche Möglichkeit besteht für Herrn Kühn, seinen Beitrag zu senken?

c) Michael Kühn muss wegen einer Blinddarmoperation ins Krankenhaus. Für welche Leistungen kommt die Krankenkasse in diesem Fall auf?

d) Herr Kühn macht sich Gedanken über seine finanzielle Absicherung im Alter. Stellen Sie Möglichkeiten der finanziellen Absicherung dar.

e) Die gesetzliche Rentenversicherung beruht auf der Grundlage des »Generationenvertrages«. Erläutern Sie die Merkmale des »Generationenvertrages«.

f) Zeigen Sie die Probleme auf, die sich aus dem »Generationenvertrag« ergeben.

g) Nennen Sie vier Maßnahmen, mit denen versucht wird, die in f) aufgezeigten Probleme zu lösen.

a) Michael Kühn kann nicht aus der gesetzlichen Krankenversicherung austreten, da sein monatliches Einkommen unter der Jahresarbeitsentgeltgrenze liegt.

b) Herr Kühn könnte zu einer Krankenkasse mit einem geringeren Zusatzbeitragssatz wechseln, falls seine Krankenkasse einen solchen Beitrag erhebt.

c) mögliche Leistungen: Arztkosten, Operationskosten, Medikamente, Heilbehandlung

d) z. B.: Private Rentenversicherung (»Riester-Rente«, vgl. Lehrbuch, S. 271), Eigentumswohnung, Sparkonto

e) Die derzeit arbeitende Generation versorgt die nicht mehr arbeitenden (Rentner) und noch nicht arbeitenden Generationen (Kinder).

Bei der gesetzlichen Rentenversicherung wird der »Generationenvertrag« durch das sogenannte Umlageverfahren umgesetzt. Hierbei werden die eingezahlten Beiträge direkt für die Finanzierung der momentan zu erbringenden Leistungen (u. a. Renten) verwendet. Es werden also keine Beiträge angespart und verzinst.

f) Durch die längere Lebenserwartung der Menschen steigen die Leistungen bzw. die Zahl der Leistungsempfänger der gesetzlichen Rentenversicherung. Da es gleichzeitig durch den Geburtenrückgang und die hohe Arbeitslosigkeit weniger Erwerbstätige gibt, sinkt die Zahl der Beitragszahler. Hieraus ergibt sich ein Finanzierungsproblem für die gesetzliche Rentenversicherung.

g) Erhöhung des Renteneintrittsalters, Senkung der Leistungen aus der gesetzlichen Rentenversicherung, Förderung der privaten Vorsorge, Förderung von Existenzgründungen

8. Anhaltende Arbeitslosigkeit, allgemeine Geburtenrückgänge und die gestiegene Lebenserwartung der Menschen werfen für die gesetzliche Rentenversicherung Probleme auf, zu deren Lösung viele Vorschläge im Raum stehen. Finden Sie jeweils

- **ein Argument für,**
- **ein Argument gegen die folgenden Vorschläge:**

a) Senkung des Rentenniveaus je nach Minderung der Beitragseinnahmen.

b) Erhöhung der Rentenbeiträge, um die Leistungen auf dem derzeitigen Stand zu halten.

c) Aufgabe der beitragsfinanzierten Rente und Finanzierung der Renten allein über Steuern, die von allen Steuerpflichtigen im Rahmen einer Beitragsbemessungsgrenze erhoben werden.

Beispiele:

Vorschläge	Argumente *dafür*	Argumente *dagegen*
a) Senkung des Rentenniveaus	– Bei Arbeitslosigkeit und sinkendem Volkseinkommen können auch die Rentner an den allgemeinen Einkommenseinbußen beteiligt werden. – Das gegenwärtige Rentenniveau ist das Ergebnis vergangener guter Wirtschaftsjahre. In schlechteren Wirtschaftsjahren muss es sich entsprechend vermindern. – Durch Angleichung des Rentenniveaus an geminderte Beitragseinnahmen wird die Arbeitnehmerschaft aufgefordert, zusätzliche finanzielle Reserven für den Ruhestand selbst aufzubringen.	– Weil Renten geringer sind als Arbeitseinkommen, gewährleisten sie ohnehin nur einen eingeschränkten Lebensstandard. Dieser geminderte Standard soll den aus dem Arbeitsleben ausgeschiedenen Menschen erhalten bleiben. – Die Rentenempfänger haben die Grundlage unseres gegenwärtigen Wohlstands geschaffen. Sie sollen zuallerletzt von eintretenden Minderungen des Volkseinkommens betroffen werden. – Rentner haben kaum oder nicht mehr die Möglichkeit, noch zusätzliche finanzielle Reserven zu schaffen.
b) Erhöhung der Beiträge	– Beitragserhöhungen bestehen in nur wenigen Prozentpunkten des Arbeitseinkommens. Wenn man den gegenwärtigen Lebensstandard in unserem Staate zugrunde legt, können auch weitere kleine Standardminderungen verkraftet werden. – Die Beitragserhöhungen werden überwiegend hälftig von Arbeitnehmern und Arbeitgebern getragen. Die finanziellen Belastungen werden durch diese breite Verteilung erträglicher.	– Die Abgabenquote für Steuern und Sozialversicherungsbeiträge ist durchschnittlich bereits auf 37 % des Arbeitsverdienstes gestiegen. Für die Mehrzahl der Einkommensempfänger bedeuten weitere Quotenerhöhungen erhebliche Einschränkungen des Lebensstandards. – Beitragserhöhungen bedeuten zusätzliche Lohnnebenkosten für die Arbeitgeber. Sie haben dadurch bei zunehmender Preiskonkurrenz entscheidende Wettbewerbsnachteile. Das könnte weiteren Stellenabbau und damit Arbeitslosigkeit verursachen.

Vorschläge	Argumente *dafür*	Argumente *dagegen*
c) **Finanzierung über Steuern**	– Über eine zusätzliche prozentuale Erhebung vom Einkommen, auch innerhalb von Beitragsbemessungsgrenzen, könnten alle Steuerzahler gleichermaßen zur Bezahlung der gesamten Rentenlast herangezogen werden. Bezüglich der Rente gäbe es keine Unterschiede mehr zwischen Arbeitern, Angestellten und Beamten. – Die Organisation des Beitragseinzugs wird kostengünstiger, weil die Finanzämter neben dem Steuereinzug auch ohne Weiteres den Beitragseinzug übernehmen können.	– Es bestehen Bedenken, dass Steuer- und Beitragseinnahmen in einen Topf geworfen und nach jeweiligem politischem Kalkül verwendet werden. – Die Erfassung und Umverteilung des Rentenaufkommens würde den Staatsapparat weiter aufblähen und kostenmäßig weniger effektiv vonstatten gehen als durch die bestehenden Sozialversicherungen.

9. Bei Debatten über die finanzielle Absicherung der Rentnerinnen und Rentner taucht in den Medien immer wieder der Vorschlag über eine Alterssicherung durch drei verschiedene Versorgungssäulen auf. Auf welchen Stützen der Alterssicherung beruht das »Drei-Säulen-System«?

Das »Drei-Säulen-System« sieht eine angemessene Altersversorgung aus drei Quellen vor:

- Eine Grundrente aus der gesetzlichen Rentenversicherung.
- Eine zusätzliche Rente aus der betrieblichen Altersversorgung, die durch betriebliche Pensionsversicherungen gewährleistet werden kann. In die Versicherungskassen zahlen meist nur die Arbeitgeber nach freiwilliger Vereinbarung Beiträge ein. Die Arbeitnehmer erwerben Anteilsrechte auf die Leistungen.
- Eine weitere Rente oder Kapitalsumme, die von einer privaten Lebensversicherung bezahlt wird (private Vorsorge).

Dieses System stellt darauf ab, dass für eine sichere Altersversorgung eine zusätzliche individuelle Vorsorge unumgänglich ist.

10. Die von den Arbeitgebern allein zu bezahlenden Beiträge zur gesetzlichen Unfallversicherung sind Bestandteil der sogenannten Lohnnebenkosten. Um durch niedrigere Kosten wettbewerbsfähig zu bleiben, plädieren manche Arbeitgeber dafür, auch die Beiträge zur gesetzlichen Unfallversicherung zur Hälfte den Arbeitnehmern aufzubürden.

Welche Argumente aus der Arbeitnehmerschaft sind dagegen vorzutragen?

Beispiele für Gegenargumente aus der Arbeitnehmerschaft:

- Unfälle am Arbeitsplatz resultieren vorwiegend aus nicht ausreichenden Sicherheitsbedingungen für die Arbeitnehmer an den betreffenden Plätzen. Deswegen sollen die Arbeitgeber das durch Arbeitsunfall gegebene Verdienstrisiko der Arbeitnehmer versicherungsmäßig alleine abdecken.
- Die Höhe der Beitragszahlungen in der gesetzlichen Unfallversicherung richtet sich nach den Leistungsverpflichtungen der Unfallkassen. Auch um die Leistungen und

damit die Beiträge niedrig zu halten, sind die Arbeitgeber interessiert, Betriebsunfällen durch Verbesserung der Sicherheitsvorkehrungen vorzubeugen. Dieses Interesse wird durch die Alleinbelastung mit den Beiträgen verstärkt.

- Arbeitnehmer können durch Betriebsunfälle ihre Berufs- oder sogar Erwerbsfähigkeit dauernd verlieren. Unternehmern fällt es demgegenüber leicht, ausfallende Arbeitskräfte zu ersetzen. Diese ungleiche Risikoverteilung rechtfertigt, dass die Arbeitgeber die Beiträge zur gesetzlichen Unfallversicherung alleine zu entrichten haben.

11. Wer sich in Zukunft allein auf die gesetzliche Rente verlässt, muss Abstriche hinnehmen. Die Rentenreform sieht vor, dass das sogenannte Rentenniveau in den kommenden Jahrzehnten sinken wird. Das ist u. a. nötig geworden, damit die Beiträge der Versicherten auch in Zukunft bezahlbar bleiben.

Erklären Sie mithilfe des Schaubildes von Seite 271 des Lehrbuches das Modell der »Riester-Rente«.

Durch die staatlich geförderte private Altersvorsorge wird das Rentenniveau bis zum Jahr 2030 auf 76 % der durchschnittlichen Arbeitnehmerverdienste angehoben. Ohne diese private Vorsorge würde das Rentenniveau auf 68 % absinken.

12. Wie viel EUR kann ein Alleinstehender für Bausparen prämienbegünstigt pro Jahr ansparen und wie viel Prämie erhält er darauf vom Staat?

Er kann maximal 512,00 EUR prämienbegünstigt ansparen. Er erhält dafür 45,06 EUR (8,8 %) Prämie vom Staat.

13. Errechnen Sie den jährlichen eigenen Sparanteil eines Aktiensparers (Alleinverdiener, zu versteuerndes Einkommen: geringer als 35.800 EUR), der das Vermögensbildungsgesetz nutzt und vom Arbeitgeber 26 EUR pro Monat vergütet bekommt.

höchstmöglicher begünstigter Sparbetrag		470,00 EUR
– 12 · 26 EUR, vom Arbeitgeber bezahlt	312,00 EUR	
– 9 % Prämie von 470 EUR	42,30 EUR	354,30 EUR
Eigenleistung (Sparanteil)		115,70 EUR

14. Ein lediger Arbeitnehmer spart auf seinem Bausparkonto pro Jahr 512 EUR. Von seinem Arbeitgeber lässt er die monatliche vermögenswirksame Leistung (VL) von 40 EUR ebenfalls auf dieses Konto überweisen. Außerdem spart er weitere 400 EUR pro Jahr in Form von Produktivkapital.

a) Wie viel EUR Prämie erhält er insgesamt pro Jahr?

b) Welcher Jahresverzinsung entspricht dieser Betrag?

a)

Wohnungsbauprämie 8,8 % von 512 EUR	= 45,06 EUR
VL-Prämie 9 % von 480 EUR	= 43,20 EUR
Prämie für Produktivkapital 18 % von 400 EUR	= 72,00 EUR
Summe	= 160,26 EUR

b) Kapitaleinsatz = 1.392 EUR (512 EUR + 480 EUR + 400 EUR), Prämie = 160,26 EUR, Verzinsung ≙ 11,51 %
(Da der Arbeitgeber die VL bezahlt, ist der eigene Kapitaleinsatz des Arbeitnehmers geringer [912 EUR] und die Rendite entsprechend höher [17,5 %]).

5 Logistik

5.1 Logistische Kette

S. 283

1. Beschreiben Sie den Prozess der internen logistischen Kette.

Die interne logistische Kette ist der Teilprozess der gesamten logistischen Kette, der sich in einem Unternehmen abspielt. Der Prozess beinhaltet den Beschaffungsprozess, den Fertigungsprozess, den Prozess der Lagerung sowie den Distributionsprozess. Hinzu kommt der Prozess der Entsorgungslogistik, wenn von den Kunden z. B. Leergut zurückgenommen und den Lieferanten weitergegeben werden muss.

2. Grenzen Sie die interne logistische Kette von der externen logistischen Kette ab.

Die interne logistische Kette ist der Teil der gesamten logistischen Kette, der innerhalb eines Unternehmens abläuft. Die Teile der logistischen Kette, die zwischen den Lieferanten und dem Unternehmen bzw. zwischen dem Unternehmen und den Kunden ablaufen, werden als externe logistische Kette bezeichnet.

3. Ein Kunde bestellt bei einem Sanitärgroßhändler Zweigriff-Waschtischarmaturen.

a) Beschreiben Sie die Wertschöpfungskette vom Hersteller bis zum Verbraucher.

b) Geben Sie an, welche Prozesse diese Bestellung auslöst.

a) Die Wertschöpfungskette hat ihren Anfang bei der Erzgewinnung. Aus dem Eisenerz wird Stahl gewonnen, aus dem wiederum die Teile wie Schwenkhahn, Armaturensockel und Griffe hergestellt werden. Diese werden verchromt. Daneben werden aus Kupferlegierungen die Ventile sowie Verbindungsrohre hergestellt. Die eingearbeiteten Dichtungen werden aus Kautschuk gewonnen. Diese Halbfabrikate werden zusammengebaut und als Armatur über den Groß- und Einzelhandel bzw. Großhandel und Handwerk dem Verbraucher geliefert.

b) Nach Eingang des Kundenauftrags wird überprüft, ob der Artikel am Lager liegt. Ist dies der Fall, so werden Lieferschein, Rechnung und Versandauftrag erstellt. Der Transport vom Großhändler zum Kunden wird organisiert. Nach dem Versand des Artikels wird der Zahlungseingang überwacht.

Ist der Artikel nicht am Lager vorrätig, so löst der Kundenauftrag beim Großhändler den Beschaffungsprozess aus. Der benötigte Artikel wird bestellt, der Wareneingang überwacht, die eingegangene Ware kontrolliert und dann an den Kunden weitergeleitet. Die Eingangsrechnung wird kontrolliert und zur Zahlung angewiesen.

4. Recherchieren Sie im Internet, welche Unternehmen das Pull-Prinzip verwirklicht haben und erklären Sie an diesem Beispiel das Pull-Prinzip.

Schülerabhängige Antwort (z. B. HOMAG AG).

Mögliche Erklärung: Die Kundenbestellung löst automatisch per DFÜ beim Lieferanten eine Verbrauchsmeldung aus. Die Bestandsdaten sind beim Lieferanten auch bekannt, sodass ab einer Mindestbestandsmenge an unserem Lager eine Lieferung und damit eine Wiederauffüllung unseres Lagers ausgelöst wird.

5. Die Just-In-Time-Strategie hat zum Ziel, auf die Lagerhaltung komplett zu verzichten. Untersuchen Sie, welche Vor- und Nachteile sich durch eine Verwirklichung dieses Prinzips ergeben könnten.

Vorteile	Nachteile
– keine Lagerhaltungskosten – sofortige Reaktion auf Änderungen der Marktverhältnisse möglich – keine Kapitalbindung	– die Lieferzuverlässigkeit ist nicht immer gegeben – es besteht eine starke Abhängigkeit vom Lieferanten – Kundenverlust wegen Lieferschwierigkeiten möglich

5.2 Beschaffungslogistik (Kapitel 6)

5.3 Transportlogistik

S. 300

1. Frachtführer Werner e. K. übernimmt 20 t Silikondichtmasse bei der Chemischen Fabrik AG, Hildesheim, zum Transport nach München. Nach der Beladung verlangt der Fahrer vom Absender einen Frachtbrief für diese Ladung. Aus dem Frachtbrief geht u. a. hervor, dass der Empfänger in München die Frachtkosten für diesen Transport übernimmt.

a) Suchen Sie nach Gründen, die den Frachtführer veranlassen könnten, die Ausstellung eines Frachtbriefes zu verlangen.

b) Bei Ablieferung der Sendung weigert sich der Empfänger, die Frachtkosten zu bezahlen, da er mit dem Absender »Frei-Haus-Lieferung« vereinbart hätte. Beschreiben Sie die Rechte des Frachtführers.

a) Der Frachtbrief schafft Rechtssicherheit (Beweismittel) über

- den Abschluss und Inhalt des Frachtvertrags,
- die Übernahme des Gutes in einwandfreiem Zustand (von Gut und/oder Verpackung) sowie hinsichtlich der angegebenen Anzahl und Art der Packstücke.

Der Frachtbrief dient der Dokumentation der Schnittstellenkontrollen und ist Ablieferungsnachweis.

b) § 420 (1) HGB: Die Fracht ist bei Ablieferung des Gutes zu zahlen.

§ 421 (2) HGB: Der Empfänger hat die noch geschuldete Fracht, die aus dem Frachtbrief hervorgeht, zu zahlen.

§ 421 (4) HGB: Der Absender bleibt zur Zahlung der nach dem Vertrag geschuldeten Beträge verpflichtet.

§ 441 (1) HGB: Der Frachtführer hat wegen aller durch den Frachtvertrag begründeten Forderungen ein Pfandrecht an dem Gut.

Der Frachtführer kann also die Zahlung vom Empfänger verlangen. Zahlt der Empfänger nicht, so kann der Frachtführer die Sendung zurückbehalten, die Zahlung vom Absender verlangen und u.U. sein Pfandrecht ausüben, d.h., die Ware versteigern lassen.

2. Eine Sendung mit 826 kg Gewicht wird beim Transport total beschädigt.

a) Wann müssen die Ansprüche gegen den Frachtführer geltend gemacht werden?

b) Wie hoch ist die gesetzliche Ersatzleistung des Frachtführers? (1 SZR = 1,23 EUR)

a) – Äußerlich erkennbare Schäden müssen bei der Ablieferung des Gutes im Frachtbrief vermerkt und vom Fahrer bestätigt werden.

– Versteckte Schäden müssen innerhalb von 7 Tagen gemeldet werden.

b) Die gesetzlich zu leistende Entschädigung ist auf 8,33 SZR für jedes Kilogramm des Rohgewichts begrenzt:

826 kg · 8,33 SZR/kg · 1,23 EUR/SZR = 8.463,11 EUR.

3. Die Spedition Weber & Kleinmann OHG bietet die Lösung aller möglichen Beförderungsaufgaben an. Sie betreibt beispielsweise nationale und internationale Sammelladungsverkehre nach über 20 Relationen, fertigt europaweit Lkw-Komplettladungen mit eigenen und fremden Fahrzeugen ab, erledigt Luft- und Seefrachtaufträge nach Übersee.

a) Nennen Sie Vorteile, die sich aus dem Sammelladungsverkehr für den Verlader und den Spediteur ergeben.

b) Häufig wird mit den Versendern ein fester Übernahmesatz für die Abwicklung eines Auftrags vereinbart. Welche kaufmännischen Vorteile bietet dies für den Versender?

c) Vergleichen Sie die Aufgaben eines Spediteurs mit denen eines Frachtführers.

d) In Fachkreisen wird der Spediteur »Architekt des Verkehrs«, genannt. Durch welche Tätigkeiten ist diese Bezeichnung gerechtfertigt?

a) Vorteile

– *für den Verlader:*
  – Preisvorteil: Beförderungsentgelt ist niedriger als bei Einzelversand,
  – Zeitvorteil: kurze Laufzeiten und regelmäßige Abfahrten.

– *für den Spediteur:*
  – Frachtkostenminimierung, da hohe Auslastung der Fahrzeuge,
  – Verringerung der Abfertigungs- und Behandlungskosten,
  – Organisationsvorteil, weil Sammeln und Verteilen vom gleichen Apparat (Personal, Büromaschinen, Fahrzeuge) erledigt werden können.

b) – Erleichterung der Kalkulation des Verkaufspreises frei Haus

– Möglichkeit des Preisvergleichs zwischen verschiedenen Transportunternehmen

c) – *Spediteur* berät, sammelt, lagert vorübergehend ein, vermittelt Transportaufträge, vermittelt die Einlagerung bei gewerblichen Lagerhaltern, vermittelt den Umschlag, die Verpackung; besorgt das Ausstellen von Frachtpapieren, Zollformularen, kümmert sich um die Verzollung.

– *Frachtführer:* führt Transporte durch, garantiert die sorgfältige Behandlung während des Transports und garantiert die Ablieferung beim Empfänger.

d) – Verknüpfung der verschiedenen Leistungsbereiche (Verkehrsträger, Verkehrsmittel, Verkehrswege)

– gegenseitige Abstimmung in zeitlicher und sachlicher Hinsicht

– Auftraggeber erhält die Gesamtleistung von Haus zu Haus zur Verfügung gestellt

4. Nennen Sie die Konkurrenten des Eisenbahngüterverkehrs und deren Vor- und Nachteile gegenüber der Bahn.

	Lkw	Binnenschiff
Vorteile	– schneller, flexibler – keine direkten Kosten durch Bau und Unterhaltung des Verkehrswegesweges – Haus-Haus-Verkehr möglich – dicht ausgebautes Verkehrsnetz	– größere Transporteinheiten – keine direkten Kosten für Bau und Unterhaltung des Verkehrsweges
Nachteile	– geringere Transportkapazität je Fahrzeug – größere Unfallgefahr auf der Straße – starke gegenseitige Konkurrenz der Lkw-Unternehmer – hohe externe Kosten	– längere Transportzeiten – Abhängigkeit von Witterungseinflüssen – relativ begrenztes Verkehrsnetz

5. Die Maschinenfabrik Weber GmbH, Sömmerda, erteilt der Erfurter Speditionsgesellschaft den Auftrag, den Transport einer Sendung Pumpenaggregate, 14 t, die zum Teil unverpackt zum Versand kommen, nach Lörrach zu besorgen. Der Sachbearbeiter der Spedition schlägt vor, die Sendung in einem 20-Fuß-Container zu verladen und diesen im Kombinierten Ladungsverkehr zu versenden.

a) Erörtern Sie den Einsatz von Containern.

b) Erklären Sie die Bedeutung des Kombinierten Ladungsverkehrs.

a)
- umladefreier Haus-Haus-Verkehr
- Einsparung von Versandverpackungen
- Beschleunigung des Transportflusses, weil Umschlagzeiten erheblich verkürzt werden
- Schutz vor Beschädigung durch stabile Außenverpackung
- Schutz vor Verlust durch verschließbare Verpackung
- Container kann als vorübergehendes (auch wetterfestes) Lager verwendet werden

b)
- Verlagerung von Straßentransporten auf die Schiene, um die Straßen zu entlasten
- optimale Nutzung verkehrsarmer Zeiten der Bahn
- Optimierung der Transportzeiten, weil Stauungen auf der Straße, witterungsbedingte Störungen und arbeitsrechtliche Vorschriften (Lenkzeitenbegrenzung) ausgeschaltet werden
- Zusammenarbeit Bahn-Güterkraftverkehrsgewerbe zum Nutzen der Gesamtwirtschaft
- genaue Kalkulation der Beförderungszeit durch fahrplanmäßige Transportabwicklung möglich

6. Die Mineralwasser AG Bad Petersbach steht vor der Entscheidung, ihren eigenen Fuhrpark aufzustocken oder die anfallenden Transporte nicht mehr mit eigenen Fahrzeugen, sondern mit Fremdunternehmern durchzuführen.

Sammeln Sie für diesen Entscheidungsprozess Vor- und Nachteile des Werkverkehrs.

Vorteile: – Durchführung von Spezialtransporten
– Anpassung der Fahrzeugabmessungen an die zu transportierenden Güter und betrieblichen Erfordernisse
– Verbesserung des Kundenservices
– Verzicht auf eigene Lagerhaltung

Nachteile: – häufig Leerfahrten, da keine Rückladung
– längere Stehzeiten bei ungleichem Transportanfall
– hohe Fixkosten durch Personal- und Fuhrparkkosten

7. Die Druckmaschinen AG in Heidelberg versendet drei Buchdruckmaschinen an einen Verlag in Lima/Peru per Seeschiff über Hamburg. Die Verladung erfolgt mit der »Santiago Express«, die im Liniendienst zwischen Hamburg und der südamerikanischen Westküste verkehrt.

a) Welche Verkehrsmittel können bei der Transportabwicklung eingesetzt werden?

b) Grenzen Sie die Linienschifffahrt von der Trampschifffahrt ab.

a) Für den Vorlauf von Heidelberg nach Hamburg können sowohl die Bahn als auch der Lkw oder das Binnenschiff eingesetzt werden. Es hängt von der Größe und dem Gewicht der Ladung ab. Der Nachlauf kann mit dem Lkw oder der Bahn abgewickelt werden.

b) *Linienschifffahrt:* feste Fahrtgebiete, fahrplanmäßige Abfahrtszeiten, tarifmäßige Frachtabrechnung. Die Reedereien sind häufig kartellartig zusammengeschlossen (Konferenz). Wettbewerb nur durch Reedereien ohne Konferenzbindung (Outsider).

Trampschifffahrt: Keine festen Fahrtgebiete, keine festen Abfahrtszeiten, keine festen Preise, meist in der Massengutfahrt anzutreffen. Die Reedereien nehmen jeden Auftrag, der sich ihnen bietet, zu den Wettbewerbsbedingungen, die ihnen noch tragbar erscheinen (freier Wettbewerb).

8. Die Saarhütte GmbH, Dillingen, erhält von General Steel Ltd., Veracruz, den Exportauftrag über 5.000 t Stahlträger. Zum Versand kommen die Stahlträger gebündelt à 4 Stück, auf Stauhölzern, mit einer Länge von jeweils 20 m und einem Stückgewicht von 4 t.

Erstellen Sie eine entsprechende Transportvariante unter ökologischen und ökonomischen Gesichtspunkten und begründen Sie Ihre Entscheidung. Gehen Sie davon aus, dass der Zeitfaktor keine Rolle spielt.

Mit Spezialwaggons per Bahn zum Binnenhafen Dillingen/Saar und Umschlag aufs Binnenschiff; per Binnenschiff über Saar, Mosel, Rhein nach Rotterdam; Umschlag bord-to-bord aufs Seeschiff; Seeschiff bis Bestimmungshafen Veracruz.

Die Länge der Stahlträger lässt keinen Lkw-Transport unter normalen Bedingungen zu. Ein Direkttransport per Bahn mit den Spezialwaggons bis zum Seehafen ist zu teuer.

9. Die Dessauer Maschinenbaugesellschaft GmbH versendet dringend benötigte Ersatzteile, verpackt in zwei Kartons mit einem Gewicht von je 22,8 kg, per Luftfracht nach Melbourne. Der Wert der Sendung beträgt 9.000 USD. Aus dem Luftfrachtbrief geht hervor, dass die Sendung mit der australischen Luftverkehrsgesellschaft verladen wurde. Bei der Ankunft in Melbourne fehlt ein Karton.

a) Erläutern Sie, warum sich die Dessauer Maschinenbaugesellschaft GmbH für den Versand per Luftfracht entschieden hat.

b) Prüfen Sie, in welcher Höhe der Luftfrachtführer Schadensersatz leisten muss. Zur Anwendung kommt das Montrealer Übereinkommen (1 SZR = 1,3876 USD).

c) Nennen Sie typische Luftfrachtgüter.

a) Die Dessauer Maschinengesellschaft mbH hat sich für Luftfracht entschieden, da diese die schnellste Beförderungsmöglichkeit zwischen Deutschland und Australien ist. Weitere Gründe können die Eilbedürftigkeit der Ersatzteile, der geringe Verpackungsaufwand sowie die niedrige Schadenshäufigkeit sein.

b) Der ausländische Luftfrachtführer haftet nach dem Montrealer Übereinkommen mit 19 SZR je kg brutto: 22,8 kg · 19 SZR/kg · 1,3876 USD/SZR = 601,11 USD.

c) – eilige Sendungen wie Medikamente, Tiere, Schnittblumen, exotische Früchte, Ersatzteile, Post, Zeitungen
   – wertvolle Güter wie Edelmetalle, Dokumente, Wertpapiere, Wertgegenstände, Banknoten, Münzen

10. Erstellen Sie eine tabellarische Übersicht nach folgendem Muster, in der Sie die einzelnen Verkehrsträger anhand folgender Kriterien vergleichen:

a) typische Arten der Versandgüter,

b) maximales Versandgewicht je Fahrzeugeinheit,

c) Fahrzeuggeschwindigkeit,

d) Haftungsumfang.

Verkehrsträger / Kriterien	Schienengüterverkehr	Straßengüterverkehr	Binnenschifffahrt	Seeschifffahrt	Luftfracht

Verkehrsträger / Kriterien	Schienengüterverkehr	Straßengüterverkehr	Binnenschifffahrt	Seeschifffahrt	Luftfracht
a) Arten der Versandgüter	alle Arten, meistens solche, die in größeren Mengen über größere Entfernungen transportiert werden	alle Arten, meistens solche, die in begrenzten Mengen über nahe und mittlere Entfernungen transportiert werden	vor allem Massengüter und sperrige Güter, die über größere Entfernungen ohne Zeitdruck transportiert werden	vor allem Massengüter und sperrige Güter, die über die Weltmeere ohne Zeitdruck transportiert werden	eilbedürftige Güter aller Art, die über weite Strecken in kürzester Zeit transportiert werden
b) maximales Versandgewicht je Fahrzeugeinheit	bis ca. 50 t, bei Fahrzeugen in Sonderbauart auch darüber	bis ca. 25 t, bei Fahrzeugen in Sonderbauart und mit Sondergenehmigung auch darüber	bis 3.000 t, häufigste Größe: Europaschiff mit 1.350 t	bis 400.000 t, häufigste Größe: Stückgutfrachter mit ca. 10.000 t	bis ca. 100 t bei Frachtflugzeugen; Beiladung bei Passagierflugzeugen bis ca. 20 t
c) Fahrzeuggeschwindigkeit	bis ca. 120 km/h	bis 80 km/h	unterschiedlich langsam je nach Strömung	bis ca. 40 km/h	bis ca. 900 km/h
d) Haftungsumfang	Regelhaftung bei Güterschäden für alle Frachtführer nach HGB: 8,33 SZR/kg brutto, bei internationalen Transporten				
	17 SZR je kg	8,33 SZR je kg	666,67 SZR je Einheit bzw. 2 SZR je kg oder 26.500 SZR je Container	666,67 SZR je Einheit oder 2 SZR je kg	19 SZR je kg

S. 321

1. Beim Textilhaus Müller e. K. sind Artikel der Damen- und Herrenoberbekleidung zu beschaffen. An den Planungen und Entscheidungen hinsichtlich der zu bestellenden Gesamtmenge sind Mitarbeiter der Abteilungen Einkauf und Lager beteiligt. Es ist schwierig, die möglichst optimale Warenmenge zu beschaffen.

a) Erörtern Sie die Notwendigkeit der Lagerhaltung.

b) Beschreiben Sie je zwei Folgen

- **einer zu großen Bestellmenge,**
- **einer zu kleinen Bestellmenge.**

a) Lagerhaltung sichert dem Unternehmen gleichmäßige Beschäftigung (Lieferfähigkeit, Kundenbedienung), wenn die Anlieferung der benötigten Rohstoffe oder Waren Schwankungen ausgesetzt ist, die auf Ernte, Lieferzeit, Verkehrsstörungen, Streiks beruhen und nicht durch andere Maßnahmen verhindert werden können, wie z. B. Terminabsprache, Liefergarantien.

b) Folgen einer zu *großen* Bestellmenge können sein:

- hohe Lagerkosten,
- Gefahr des Veralterns (Ladenhüter) und damit eventuell verbunden sind Verkäufe mit Verlust, wenn Sonderrabatte gegeben werden müssen, um die Waren rechtzeitig abzustoßen,
- hohes gebundenes (totes) Kapital.

Folgen einer zu *kleinen* Bestellmenge können sein:

- Kundenverlust aufgrund eines zu geringen Angebots,
- aufwendige und kostenintensive Nachbestellungen,
- geringere Lieferantenrabatte,
- höhere Einkaufspreise.

2. Die Großmarkt GmbH besitzt zehn Supermärkte im norddeutschen Raum, die alle vom Zentrallager in Minden beliefert werden. Im Sortiment befinden sich neben Frischwaren wie z. B. Obst, Gemüse, Milch und Käse auch Lebensmittelkonserven, Tiefkühlkost und Wein. Das Angebot an Non-Food-Artikeln wie z. B. Reinigungsmittel, Kosmetikartikel und Haushaltsgeräte hat man im letzten Jahr vergrößert. Die Einlagerung erfolgt nach dem Prinzip der chaotischen Lagerung.

a) Erläutern Sie vier Aufgaben der Lagerhaltung am Beispiel der Großmarkt GmbH.

b) Nennen Sie Vorteile, die für die zentrale Lagerung sprechen.

c) Zeigen Sie an drei Artikeln der Großmarkt GmbH, was unter artgerechter Lagerung zu verstehen ist.

d) Beschreiben Sie das Prinzip der chaotischen Lagerung. Geben Sie dabei Voraussetzungen, Vor- und Nachteile an.

e) Erläutern Sie die grundsätzlichen Unterschiede der Lagerung im Zentrallager und in den Supermärkten.

f) Beschreiben Sie mögliche Folgen, wenn bei der Großmarkt GmbH die Eingangskontrolle mangelhaft durchgeführt wird.

a) Für die Großmarkt GmbH erfüllt die Lagerhaltung folgende Aufgaben:
   - Sicherung der Versorgung der zehn Filialen im norddeutschen Raum mit einem ausreichend breiten und tiefen Sortiment,
   - Überbrückung von saisonalen Schwankungen in der Güterproduktion bei Obst und Gemüse in den unterschiedlichen Anbaugebieten,
   - Ausnutzung von Vorteilen des Großeinkaufs für alle Filialen gemeinsam (Mengenrabatte),
   - Wertsteigerung durch die Lagerung bei Wein und Käse.

b) Durch die zentrale Lagerung ergeben sich Vorteile durch
   - Preisnachlässe durch Zentraleinkauf (Mengenrabatte), die an die Kunden weitergegeben werden können,
   - kostengünstigere Anschaffung eines Zentrallagers als Anschaffung von zehn kleineren dezentralen Lagern und dadurch rationellerer Einsatz von Förderzeugen im Zentrallager,
   - dadurch wird weniger Personal
   - sowie geringere Bestände benötigt.

c) Obst, Gemüse und Milch müssen gekühlt gelagert werden; Tiefkühlkost in entsprechenden Tiefkühllagerräumen; Wein wird bei längerer Lagerdauer liegend gelagert, um ein Austrocknen der Korken zu verhindern; Reinigungsmittel müssen getrennt von den Lebensmitteln aufbewahrt werden.

d) Bei der chaotischen Lagerung wird ein beliebiger leerer Lagerplatz mit der nächsten Lieferung belegt. Dies setzt allerdings voraus, dass die Waren gleiche Abmessungen haben bzw. mit Lademitteln (z.B. Paletten) gleiche Abmessungen geschaffen werden, sowie ein (rechnergestütztes) automatisiertes Ordnungssystem, um die optimale Lagerplatzvergabe zu erreichen.

   Vorteil dieser Lagerungsart ist die optimale Lagerplatzvergabe, denn dadurch wird weniger Lagerraum benötigt, was wiederum die Kosten senkt.

   Das »Gleichmachen« der Abmessungen durch Ladehilfsmittel kann je nach Abmessungen der Einzelstücke dazu führen, dass Lagerplatz »verschenkt« wird. Weitere Nachteile treten ein, wenn z.B. die Energieversorgung und damit das Ordnungssystem ausfällt.

e) - Zentrallager: einfache Einrichtung, sachliche Anordnung, zweckmäßiger Zugriff für Lagerpersonal.
   - Supermarkt: Verkaufsraum ist das Hauptlager; Lagerung nach Verkaufsgesichtspunkten (Präsentation, Reihenfolge, verbrauchsgerechte Verpackung, bequemer Zugriff für Kunden).

f) - Mängel werden unter Umständen nicht entdeckt, Beanstandungen und Rückgabe nicht möglich.
   - Gefahr für die bereits lagernden Waren, z.B. bei Obst, Gemüse durch Verbreitung von Ungeziefer.
   - Kundenreklamation, wenn mangelhafte Ware weiterverkauft wird.

3. Laut einer Veröffentlichung in der Fachzeitschrift des Getränkeverbandes beträgt die Umschlagshäufigkeit für Fruchtsäfte im Branchendurchschnitt 10. Für einen Vergleich der eigenen Umschlagshäufigkeit mit dem Branchendurchschnitt liegen folgende Werte für das vergangene Halbjahr vor:

Anfangsbestand:	**300 Kästen**
Endbestand:	**200 Kästen**
Zugänge:	**1.800 Kästen**
durchschnittlicher Einstandspreis:	**8,00 EUR/Kasten**

a) Ermitteln Sie die Umschlagshäufigkeit für Fruchtsäfte und vergleichen Sie das Ergebnis mit dem Branchendurchschnitt.

b) Begründen Sie, ob folgende Maßnahmen zu einer Verbesserung der Umschlagshäufigkeit führen werden:

- **Sonderverkäufe,**
- **häufigere, aber kleine Bestellungen,**
- **Einstellung der Werbung.**

a) $\text{durchschn. Lagerbestand} = \frac{\text{AB+EB}}{2} = \frac{300 \text{ Kästen} + 200 \text{ Kästen}}{2} = 250 \text{ Kästen à } 8{,}00 \text{ EUR/Kasten} = 2.000 \text{ EUR}$

Wareneinsatz = Zugänge + Bestandsminderung = 1.800 Kästen + 100 Kästen

= 1.900 Kästen · 8,00 EUR/Kasten = 15.200 EUR

$\text{Umschlagshäufigkeit} = \frac{\text{Wareneinsatz}}{\text{durchschn. Lagerbestand}} = \frac{15.200 \text{ EUR}}{2.000 \text{ EUR}} = 7{,}6$

Im Vergleich zum Branchendurchschnitt ist die eigene Umschlagshäufigkeit schlechter.

b) Durch *Sonderverkäufe* und durch *häufige, aber kleine Bestellungen* steigt die Umschlagshäufigkeit, diese Maßnahmen führen zu einer Verbesserung; die *Einstellung der Werbung* kann dazu führen, dass die Umschlagshäufigkeit sinkt, sich also verschlechtert.

4. Eine Wirtschaftlichkeitsprüfung ergab, dass im Beschaffungs- und Lagerbereich die Kosten zu hoch sind. Als Konsequenz soll das Lagerwesen effektiver organisiert werden.

a) Nennen Sie sechs Kostenarten, die im Lager entstehen.

b) Aus der Lagerbuchhaltung liegen folgende Informationen vor:

Anfangsbestand:	**320.000 EUR**
12 Monatsendbestände:	**4.360.000 EUR**
Wareneinsatz zu Einstandspreisen:	**1.296.000 EUR**

Berechnen Sie folgende Lagerkennzahlen:

- **durchschnittlicher Lagerbestand,**
- **Umschlagshäufigkeit,**
- **durchschnittliche Lagerdauer,**
- **Lagerzinssatz bei einem Jahreszinssatz von 4,6 %.**

c) Für die Umorganisation des Lagerwesens liegen folgende Empfehlungen vor:

- **Das System der chaotischen Lagerhaltung soll eingeführt werden.**
- **Ein Teil der Waren soll fremdgelagert werden. Hierfür sind folgende Daten bekannt:**

– Kosten bei Fremdlagerung: 3,50 EUR/Stück.

– Kosten bei Eigenlagerung: 64.000 EUR fix + 1,50 EUR pro Stück. Es soll vermehrt auf Streckengeschäfte umgestellt werden.

Beurteilen Sie die einzelnen Empfehlungen.

a) Personalkosten, Versicherungskosten, Abschreibungen, Miete, Energiekosten, Zinsen u. Ä.

b)
- durchschn. Lagerbestand $= \frac{320.000 \text{ EUR} + 4.360.000 \text{ EUR}}{13} = 360.000 \text{ EUR}$
- Umschlagshäufigkeit $= \frac{1.296.000 \text{ EUR}}{360.000 \text{ EUR}} = 3{,}6$
- durchschn. Lagerdauer $= \frac{360 \text{ Tage}}{3{,}6} = 100 \text{ Tage}$
- Lagerzinssatz $= \frac{4{,}6\,\% \cdot 100 \text{ Tage}}{360 \text{ Tage}} = 1{,}27\,\%$

c)
- *Chaotische Lagerung:* Dadurch kommt es zu einer Optimierung der Lagerkapazitätsauslastung, da die Einlagerung DV-gesteuert an geeignete freie Plätze vorgenommen wird; allerdings muss u. U. die DV-Anlage beschafft werden.
- *Eigen- oder Fremdlagerung*

  $3{,}50\,x = 64.000 + 1{,}50\,x$

  $2{,}0\,x = 64.000$

  $x = 32.000$

  Bis zu einer Lagermenge von 32.000 Stück lohnt sich die Fremdlagerung; darüber hinausgehende Lagermengen sollten im eigenen Lager gelagert werden.
- *Streckengeschäft:* Eine Kostensenkung ist möglich, da die Waren direkt vom Lieferanten zum Kunden gehen; es fallen keine eigenen Lager- und Frachtkosten mehr an.

5. Die Getränkegroßhandlung Rebstock OHG in Beutelsbach möchte in das lukrative Geschäft mit »Beaujolais Primeur« einsteigen, der jährlich Mitte November auf den Markt kommt und für zwei Monate gute Umsätze verspricht. Da dieser Artikel aber nur vorübergehend im Sortiment ist; prüft die Geschäftsleitung, den Wein in einem nahe gelegenen Lagerhaus einzulagern.

An Kosten fallen an:

– bei Eigenlagerung:

fixe Lagerhaltungskosten	**4.000,00 EUR**
variable Lagerhaltungskosten	**0,50 EUR/Karton**

– bei Fremdlagerung: 3,00 EUR/Karton

a) Wägen Sie Vor- und Nachteile dieser beiden Lagerarten ab.

b) Nennen Sie je drei typische fixe bzw. variable Lagerhaltungskosten.

c) Führen Sie den rechnerischen Nachweis für die Lagermenge durch, ab der sich die Eigenlagerung lohnt.

a) – *Vorteile des Eigenlagers:*
   - Zugriff jederzeit möglich
   - Bearbeitung der Lagergüter erleichtert
   - Spezialbehandlung durch eigenes Fachpersonal
   - keine Zeitverzögerung durch Abholung

   – *Vorteile des Fremdlagers:*
   - Benutzung von Spezialeinrichtungen auch bei geringen Mengen möglich
   - keine Investitionskosten für Gebäude und Lagereinrichtungen
   - keine Leerkosten für nicht belegte Lagerflächen
   - Lagerhalter erledigt die Lagerverwaltung (Überwachung, Ein- und Auslagern, Buchhaltung)

b) – *typische fixe Lagerhaltungskosten:* Gebäudeversicherung, Abschreibung, Personalkosten

   – *typische variable Lagerhaltungskosten:* Energiekosten, Instandhaltungskosten, Lagerzinsen

c) kritische Lagermenge:

$$4.000 + 0{,}50\,x = 3\,x$$
$$4.000 = 2{,}5\,x$$
$$1.600 = x$$

Ab einer Menge von 1.600 Kartons lohnt sich die Eigenlagerung.

6. Der Warenbestand eines Handelsbetriebes betrug zu Beginn eines Geschäftsjahres 220.000 EUR, am Ende des Jahres 260.000 EUR. Im Verlauf des Jahres wurde für 2.200.000 EUR eingekauft. Der Verkaufsumsatz betrug 2.570.000 EUR.

a) Ermitteln Sie den Wareneinsatz.

b) Wie hoch war der durchschnittliche Lagerbestand?

c) Wie groß war die Umschlagshäufigkeit des Warenlagers?

d) Ermitteln Sie die durchschnittliche Lagerdauer.

e) Welcher Lagerzinszuschlag wäre bei der Kalkulation der Waren zu berücksichtigen, wenn für ein Darlehen zur Finanzierung der Lagerinvestitionen 9 % Zinsen zu entrichten wären?

a) 220.000 EUR + 2.200.000 EUR = 2.420.000 EUR
   2.420.000 EUR – 260.000 EUR = 2.160.000 EUR

b) $$\frac{220.000\ \text{EUR} + 260.000\ \text{EUR}}{2} = 240.000\ \text{EUR}$$

c) 2.160.000 EUR : 240.000 EUR = 9

d) 360 Tage : 9 = 40 Tage

e) 9 % · 40 Tage : 360 Tage = 1 %

7. Vergleichen Sie die manuelle mit der automatischen Kommissioniertechnik.

Manuelle Kommissioniertechnik: Hier steht der Mensch im Vordergrund. Die Ware wird entweder vom Menschen aus den Lagerregalen entnommen (Mann-zur-Ware-System) oder die Ware wird zum Kommissionierplatz gebracht und dort vom Menschen entnommen (Ware-zum-Mann-System).

Automatische Kommissioniertechnik: Den kompletten Kommissioniervorgang übernimmt ein Automat, der elektronisch gesteuert wird.

8. Beschreiben Sie das »Pick-Pack-Check-System«.

Beim *Pick-Pack-Check-System* werden die verschiedenen Artikel in der Reihenfolge der Einlagerung von Hand oder mit einem Greifer aus dem Regalfach entnommen, in die Transportverpackung gelegt und auf einem Förderband zur Versandstelle befördert. Dort wird die Vollständigkeit anhand des Ordersatzes überprüft und das vorgegebene Versandgewicht mit dem tatsächlichen verglichen. Bei Übereinstimmung erfolgt anschließend die Übergabe an ein Transportmittel.

9. Erläutern Sie, was unter Wegeoptimierung verstanden wird und nennen Sie Waren, bei denen eine Wegeoptimierung notwendig ist.

Unter Wegeoptimierung versteht man, dass bei der Zusammenstellung einer Kommission möglichst kurze Wege zwischen dem Lagerort der Ware und dem Kommissionierungsplatz zurückgelegt werden sollen. Diese Forderung wird am besten erfüllt, wenn die Entnahmen in der Reihenfolge der Einlagerungsorte (Regalfeld, Regalfach) erfolgt.

Auf die Wegeoptimierung muss besonderer Wert gelegt werden bei Waren, die häufig angefordert werden. Eine Wegeoptimierung erübrigt sich bei Waren, die selten angefordert werden.

10. Die Großhandels-AG Paderborn möchte die aus Nordeuropa stammenden Waren bis zu ihrer Auslieferung an Einzelhändler bei einem gewerblichen Lagerhalter zwischenlagern. Eine infrage kommende Lagergesellschaft legt den Lagerverträgen ihre Lagerbedingungen zugrunde, die u. a. folgenden Passus enthalten:

»Die Lagergesellschaft ist im Falle der Lagerung vertretbarer Sachen zu ihrer Vermischung mit anderen Sachen von gleicher Art und Güte befugt. Wird dies allerdings vom Einlagerer nicht gewünscht, so muss er dies vor der Einlagerung ausdrücklich schriftlich mitteilen.«

a) Beschreiben Sie die Gefahr, die sich durch Sammellagerung für den Einlagerer ergibt.

b) Durch welche Vorsorgemaßnahmen kann sich der Einlagerer vor den Risiken der Einlagerung bei gewerblichen Lagerhaltern schützen?

c) Nennen Sie Serviceleistungen der Lagergesellschaft, die das Einlagern bei gewerblichen Lagerhaltern für den Auftraggeber attraktiv machen.

d) Welche Vorteile ergeben sich für die Großhandels-AG durch die Fremdlagerung?

a) Der Einlagerer erhält möglicherweise Güter schlechterer Qualität (Getreide) zurück.

b)
- sorgfältige Auswahl des Lagerhalters
- Abschluss einer Lagerversicherung
- Wahrung seines Rechts auf Besichtigung des Lagergutes und
- Entnahme von Proben

c)
- sorgfältige Überwachung des Lagergutes durch Fachpersonal
- Ein- und Auslagerung mit Spezialeinrichtungen
- Bestandsüberwachung nach der Menge (Inventur)
- Aufzeichnung der Bestände (Kartei, Inventar) und der Veränderungen (Eingangs- und Ausgangslisten)
- Zufuhr zum Kunden durch Personal und Fahrzeuge der Lagergesellschaft

d) – Einsparung von Lagerinvestitionen (Gebäude, Fahrzeuge, Lagereinrichtungen)

- möglicherweise Einsparung von Lagerkosten, da keine Leerkosten für nicht belegte Lagerflächen berechnet werden
- Nutzung spezieller Einrichtungen für besondere Lagergüter (z. B. Kühlung) auch bei geringeren Mengen
- Lagergesellschaft erledigt die Lagerverwaltung (Überwachung, Ein- und Auslagerung, Buchhaltung)

5.5 Intralogistik

S. 325

1. Beschreiben Sie den Materialfluss in einem Unternehmen.

Der Materialfluss in einem Unternehmen beginnt beim Wareneingang. Je nach Beschaffungsprinzip schließt sich die Einlagerung, evtl. Umlagerung sowie die Auslagerung und Weitergabe in die Fertigung an. Beim Just-In-Time-Prinzip wird auf die Lagerung verzichtet und die benötigten Teile »fließen« direkt in die Fertigung. Bei jedem Produktionsschritt wird das Material weiterbewegt, bis schließlich das Fertigprodukt die Fertigung verlässt und in den Versand kommt. Auch hier könnte ein Fertigerzeugnislager zwischengeschaltet sein. Sobald das Fertigprodukt die Rampe verlässt endet der innerbetriebliche Materialfluss.

2. Neben dem »Bringsystem« ist in manchen Industriebetrieben auch das Abholen des benötigten Materials durch die verwendende Abteilung im »Holsystem« üblich. Worin sehen Sie Vor- und Nachteile der beiden Systeme?

	Vorteile	**Nachteile**
Bring-system	– Das innerbetriebliche Transportsystem kann optimal ausgenutzt werden, da die Transporte zu den einzelnen Abteilungen zeitlich und mengenmäßig aufeinander abgestimmt werden (Minimierung der Leerwege). – Kurze Auftragswartezeiten, wenn Servicegrad vorhanden. – verursachungsgerechte (auftragsbezogene) Verteilung der Lagerkosten – Geringere Personalkosten, da fahrerlose Transportsysteme eingesetzt werden können.	– Es können Wartezeiten bei der Auftragsbearbeitung entstehen, wenn die innerbetrieblichen Transportsysteme nicht optimal genutzt werden bzw. wenn kein hoher Servicegrad vorhanden ist. – Fehler im Informationssystem führen zu Wartezeiten. – Die Vielzahl und Verschiedenartigkeit der zu transportierenden Materialien erfordert eine hohe Flexibilität. – hohe Investitionskosten bei den Fördermitteln
Hol-system	– Geringe Investitionskosten, wenn kein hoher Automatisierungsgrad angestrebt wird.	– Hohe Personalkosten, da jede anfordernde Abteilung eigenes Personal vorhalten muss.

3. Stetigförderer können unterteilt werden in mechanische, pneumatische und hydraulische Fördereinrichtungen. Recherchieren Sie hierzu im Internet und finden Sie je zwei Beispiele für diese Fördereinrichtungen. Präsentieren Sie die jeweilige Funktionsweise.

Schülerabhängige Lösungen.

	Beispiele	Funktionsweise
mechanische Förderer	Förderband	Schütt-, aber auch Stückgüter werden auf Bändern meist horizontal transportiert.
	Schneckenförderer	Der Einsatz ist häufig bei vertikalen Transporten zu finden. Das Schüttgut wird durch die Schnecke befördert.
pneumatische Förderer	pneumatische Rinne, Rohrpostanlagen	Schütt- oder Stückgüter werden in Rohren oder Schläuchen durch Über- oder Unterdruck befördert.
hydraulische Förderer	hydraulische Rinnen, hydraulische Rohrförderung	Schüttgüter werden mithilfe einer Trägerflüssigkeit transportiert. Bei der Spülförderung wird das Material durch die Fließgeschwindigkeit der Flüssigkeit bewegt, bei der Pumpenförderung wird das Material in der Flüssigkeit durch Druck transportiert.

4. Erläutern Sie die Notwendigkeit der engen Zusammenarbeit bei der Terminplanung zwischen der Intralogistik, der Beschaffungsplanung und der Fertigungsplanung.

Die Terminplanung der Intralogistik muss eng mit der Beschaffungsplanung und Fertigungsplanung zusammenarbeiten, um die notwendige Fläche für die einzulagernden Materialien rechtzeitig bereitzustellen. Dieses Lagergut ist an die anfordernden Stellen termingerecht weiterzuleiten. Für die Beschaffungsplanung muss die notwendige Lagerfläche bereitgehalten werden. Für die Fertigungsplanung sind die anfordernden Stellen termingerecht zu bedienen.

5.6 Produktionslogistik (Kapitel 8)

5.7 Distributionslogistik

1. Beschreiben Sie die Aufgaben der Distributionslogistik. S. 328

Aufgabe der Distributionslogistik ist es, die produzierten Güter in der richtigen Art und Menge, zur rechten Zeit am richtigen Ort bereitzustellen, um den Bedarf der Kunden optimal und kostengünstig zu decken. Dabei werden unterschiedliche logistische Leistungen erbracht, je nachdem, ob für den anonymen Markt oder als Auftragsfertigung produziert wird.

Bei der Auftragsfertigung werden logistische Leistungen hinsichtlich der Lieferart, der Liefermenge, des Lieferortes und der Lieferzeit erbracht, um Kundenwunsch und Wirtschaftlichkeit der Auftragserfüllung in Einklang zu bringen.

Bei der Produktion für den anonymen Markt wirkt die Logistik an der zielgerichteten Gestaltung des Marktes mit, um sofort auf Nachfrageänderungen reagieren zu können.

2. Untersuchen Sie, inwieweit die Distributionslogistik bereits vor der Auftragsannahme in die Planungen mit einbezogen werden sollte.

Beispiele:

- Endprodukt wird in fertigem Zustand oder zerlegt geliefert
- Lieferung erfolgt als Gesamt- oder Teillieferung
- Entscheidung über Transportmittel

3. Ein Möbelhersteller produziert für den anonymen Markt. Beschreiben Sie die Entscheidungen für die Distribution, die Sie in diesem Falle treffen würden.

Die Distribution muss gewährleisten, dass die produzierten Möbel in der gewünschten Art und Menge dann zur Verfügung stehen, wenn die Kunden sie nachfragen. Um dies zu gewährleisten muss entschieden werden, wie groß das Absatzgebiet sein soll, wie die Güter verteilt werden und wie groß die Lager bzw. an welchen Orten die Lager sein sollen.

4. Suchen Sie Beispiele für Zusatzleistungen, die Industriebetriebe für ihre Kunden übernehmen können.

- Preisauszeichnung
- Verpackung in Verkaufsverpackungen/Kundenaufmachungen
- Fakturierung, Inkasso, Mahnwesen
- Zusammenstellung von Aktionspaketen

6 Beschaffung

6.1 Beschaffungsbedarf und -planung

S. 340

1. Ein Handelsunternehmen führt seine Waren überwiegend aus Ostasien ein.

a) Welche Risiken ergeben sich daraus für das Unternehmen?

b) Wie könnte diesen Risiken im Rahmen der Sortiments-, Mengen-, Zeit- und Bezugsquellenplanung begegnet werden?

a) Unsicherheit laufender Lieferbereitschaft, Lieferfristen, Transportrisiko, Preisrisiko, Qualitätsrisiko, Wechselkursrisiko, politisches Risiko

b) Risikostreuung (Bezugsquellenstreuung), vertragliche Risikobegrenzung (Kauf auf Abruf), günstiger Erfüllungsort, Vertragsstrafe, Eigenvorsorge durch Lagerhaltung

2. Warum bestellen Textilgeschäfte die Sommerartikel des folgenden Jahres meist schon im Herbst des vorangehenden Jahres?

Textilfabriken legen die Musterkollektionen so frühzeitig vor, dass entsprechend den Bestellmengen während des Winters produziert und bis zum Frühjahr geliefert werden kann.

3. Warum decken Privathaushalte ihren Bedarf an Heizmaterial für den Winter möglicherweise bereits im Sommer?

Günstige Sommerpreise, weil allgemein im Sommer eine geringere Nachfrage besteht.

4. »Die deutsche Wirtschaft gehört seit Jahrzehnten zu den Exportweltmeistern. ... In der Beschaffung hingegen besteht in fast allen deutschen Unternehmen, die nicht Teil eines internationalen Produktionsverbundes sind, noch Nachholbedarf: Der Anteil der international beschafften Einsatzgüter am gesamten Beschaffungsvolumen erreicht nur selten 20 %, in aller Regel pendelt die Quote im 10-Prozent-Bereich und darunter.« (Beschaffung aktuell)

a) Welche Vorteile bietet ein international orientiertes Beschaffungswesen?

b) Mit welchen Risiken ist zu rechnen?

a)
- Eine bessere Marktübersicht schafft mehr Einsicht in die Preise und Qualität anderer Anbieter.
- bessere Verhandlungsposition gegenüber inländischen Anbietern
- Kennenlernen neuer Produkte (neues Design und neue Technologien)

b) Risiken bei
- Transporten
- Wechselkursen
- der Qualität
- unterschiedlichen politischen Systemen
- unterschiedlichen Rechtssystemen

5. Bei der Beschaffungsplanung ist die zeitliche Komponente sehr wichtig. Beschreiben Sie das Bestellpunkt- und das Bestellrhythmusverfahren.

- *Bestellpunktverfahren:* Es muss bestellt werden, wenn der Meldebestand (Bestellpunkt) erreicht ist.
- *Bestellrhythmusverfahren:* Es wird in bestimmten, genau festgelegten Zeitabständen bestellt, z.B. monatlich, vierteljährlich.

6. Erläutern Sie, wann sich Bedarfsmengen und Bestellmengen unterscheiden können.

Die Bedarfsmengen ergeben sich aus den Bedarfsmengenanforderungen (Aufträge). Die Bestellmengen umfassen nicht nur die Bedarfsmengen für den unmittelbaren Verkauf, sondern können auch Anforderungen zur Lagerergänzung sein. Die Bestellmengen vermindern sich um diejenigen Bedarfsmengen, die durch den unmittelbaren Lagerabverkauf gedeckt werden können.

7. In einem Großhandelsbetrieb wird bei der Beschaffung einer Warensorte mit folgenden Bedingungen gerechnet:

Der 3-Monats-Bedarf beträgt 6.000 Stück			
Listenpreis: 10,00 EUR je Stück			
Abnahmemenge	**2.000 Stück**	**4.000 Stück**	**6.000 Stück**
Mengenrabatt	**3 %**	**5 %**	**10 %**
Transportkosten	**285,00 EUR**	**255,00 EUR**	**225,00 EUR**
Bestellkosten je Bestellvorgang: 150 EUR			
Lagerhaltungskosten: 0,025 EUR je Stück			

Wegen der Rabattstaffel wird die Bestellung in Einheiten von 2.000, 4.000 oder 6.000 Stück in Erwägung gezogen.

Berechnen Sie die optimale Bestellmenge.

Fall	**I**	**II**	**III**
Bestellmenge	**2.000 Stück**	**4.000 Stück**	**6.000 Stück**
Bestellvorgänge	**3**	**1,5**	**1**
Beschaffungskosten	EUR	EUR	EUR
Rechnungspreis	= 60.000,00	= 60.000,00	= 60.000,00
abzüglich Rabatt	= 1.800,00	= 3.000,00	= 6.000,00
Einkaufspreis	= 58.200,00	= 57.000,00	= 54.000,00
Transportkosten	= 855,00	= 382,50	= 225,00
Bestellkosten	= 450,00	= 225,00	= 150,00
Beschaffungskosten	= 59.505,00	= 57.607,50	= 54.375,00
Lagerhaltungskosten $\left(k \cdot \frac{M}{2} \cdot t\right) \cdot$ Anzahl der Lagerperioden	(0,025 · 1.000 · 30) · 3 = 2.250,00	(0,025 · 2.000 · 60) · 1,5 = 4.500,00	(0,025 · 3.000 · 90) · 1 = 6.750,00
Summe: Beschaffungs- und Lagerhaltungskosten für 6.000 Stück	= 61.755,00	= 62.108,00	= 61.125,00

Die optimale Bestellmenge liegt bei 6.000 Stück (Fall III mit einem Bestellvorgang).

8. Die Maschinenfabrik Walz & Co. KG verbraucht in der Fertigung pro Tag 120 Bolzen aus Spezialstahl. Die Lieferzeit des Herstellers beträgt 14 Tage. Als eiserner Bestand wird der fünffache Tagesverbrauch auf Lager gehalten.

a) Unterscheiden Sie Lieferzeit und Beschaffungszeit.

b) Berechnen Sie den Meldebestand.

c) Nennen Sie zwei Gründe, warum die Maschinenfabrik einen eisernen Bestand hält.

d) In welchem Zeitpunkt wird im Lager der Höchststand an Bolzen erreicht und welche Stückzahl umfasst dieser Bestand, wenn die optimale Bestellmenge 2.400 Stück beträgt?

e) Beschreiben Sie Möglichkeiten, Grenzen und Auswirkungen, wenn der Mindestbestand herabgesetzt werden soll.

a) *Lieferzeit* ist der Zeitraum zwischen Bestellung und Eingang der Ware, während bei der *Beschaffungszeit* zur Lieferzeit i.e.S. die Zeit für den internen Bestellvorgang sowie die Zeit für die interne Warenannahme und Warenprüfung hinzukommen.

b) MB = (A · T) + R = 120 St./T. · 14 T. + (5 · 120 T.) = 2.280 Stück

c) Verbrauch schwankt; mögliche Transport- und/oder Lieferschwierigkeiten; fehlerhafte Stücke

d) Der *Höchstbestand* wird nach Eintreffen der bestellten Bolzen erreicht; er beträgt Bestellmenge plus eiserner Bestand = 2.400 St. + 600 St. = 3.000 Stück

e) *Möglichkeiten:* guter Lieferservice (Pünktlichkeit), mehrere Lieferanten in der Nähe

Grenzen: täglicher Verbrauch · Lieferzeit in Tagen

Auswirkungen: geringere Kapitalbindung; kleinere Lager; unter Umständen Engpässe

9. Ein Unternehmen hat bei einem bestimmten Produkt einen Jahresbedarf von 100.000 Stück. Der Einstandspreis des Produktes beträgt 12,50 EUR je Stück. Unabhängig von der Bestellmenge fallen bei jeder Bestellung fixe Kosten in Höhe von 40,00 EUR an. Der Lagerhaltungskostensatz (= Lagerhaltungskosten · 100/ durchschnittlicher Lagerbestand) liegt bei 16 %.

Im Rahmen der Beschaffungsplanung muss entschieden werden, wie oft ein Artikel während des Jahres bestellt werden soll. Werden die 100.000 Stück auf einmal bestellt, fallen 40,00 EUR bestellfixe Kosten und 100.000 EUR Lagerhaltungskosten (100.000,00 EUR : 2 · 12,50 EUR/St. · 0,16) an.

a) Bei welcher Bestellmenge ist für die genannten Daten die Summe aus Beschaffungskosten und Lagerhaltungskosten am niedrigsten?

b) Wodurch sind die Mehrkosten bedingt

– bei höheren Bestellmengen,

– bei niedrigeren Bestellmengen?

c) Für die Bestellmengen 400, 800, 1.200, 1.600. 2.000, 2.400, 2.800, 3.200, 3.600, 4.000 Stück sollen

– die Beschaffungskosten, – die Lagerhaltungskosten, – die Gesamtkosten

grafisch in einem Koordinatensystem dargestellt werden (Y-Achse: Kosten, X-Achse: Bestellmenge). Bestimmen Sie die optimale Bestellmenge grafisch.

d) Wie ändert sich die optimale Bestellmenge jeweils gegenüber der Ausgangssituation, wenn

- **der Jahresbedarf auf 110.000 Stück steigt,**
- **der Einstandspreis aufgrund eines Lieferantenrabatts auf 11,25 EUR sinkt,**
- **die bestellfixen Kosten auf 55,00 EUR steigen,**
- **der Lagerhaltungskostensatz auf 20 % steigt?**

Erläutern Sie die Veränderungen der optimalen Bestellmenge.

a)

Jahresbedarf M = 100.000 Stück Bestellmenge x Stück	**Anzahl der Beschaffungsvorgänge** $\frac{M}{x}$	**Beschaffungskosten**			**Lagerhaltungskosten** $\frac{x}{2} \cdot p \cdot \frac{Lks}{100}$ EUR	**Gesamtkosten** (Summe der Beschaffungs- und Lagerhaltungskosten) EUR
		Einstandspreis $p \cdot x$ EUR	bestellfixe Kosten $f \cdot \frac{M}{x}$ EUR	insgesamt EUR		
400	250	5.000,00	10.000,00	15.000,00	400,00	15.400,00
540	185	6.750,00	7.407,41	14.157,41	540,00	14.697,41
541	185	6.762,50	7.393,72	14.156,22	541,00	14.697,22
542	185	6.775,00	7.380,07	14.155,07	542,00	14.697,07
543	184	6.787,50	7.366,48	14.153,98	543,00	14.696,98
544	184	6.800,00	7.352,94	14.152,94	544,00	14.696,94
545	183	6.812,50	7.339,45	14.151,95	545,00	14.696,95
800	125	10.000,00	5.000,00	15.000,00	800,00	15.800,00
1.200	83	15.000,00	3.333,33	18.333,33	1.200,00	19.533,33
1.600	63	20.000,00	2.500,00	22.500,00	1.600,00	24.100,00
2.000	50	25.000,00	2.000,00	27.000,00	2.000,00	29.000,00
2.400	42	30.000,00	1.666,67	31.666,67	2.400,00	34.066,67
2.800	36	35.000,00	1.428,57	36.428,57	2.800,00	39.228,57
3.200	31	40.000,00	1.250,00	41.250,00	3.200,00	44.450,00
3.600	28	45.000,00	1.111,11	46.111,11	3.600,00	49.711,11
4.000	25	50.000,00	1.000,00	51.000,00	4.000,00	55.000,00

Ergebnis: Die optimale Bestellmenge liegt im Bereich von 540 bis 545 Stück (544 Stück).

b) Ursachen für die Mehrkosten

- bei *höheren* Bestellmengen: Die Steigerung der Einstandspreise und der Lagerhaltungskosten ist stärker als die Einsparung bestellfixer Kosten.
- bei *niedrigeren* Bestellmengen: Der Anstieg der bestellfixen Kosten ist stärker als die Einsparung der Einstandspreise und der Lagerhaltungskosten.

c)

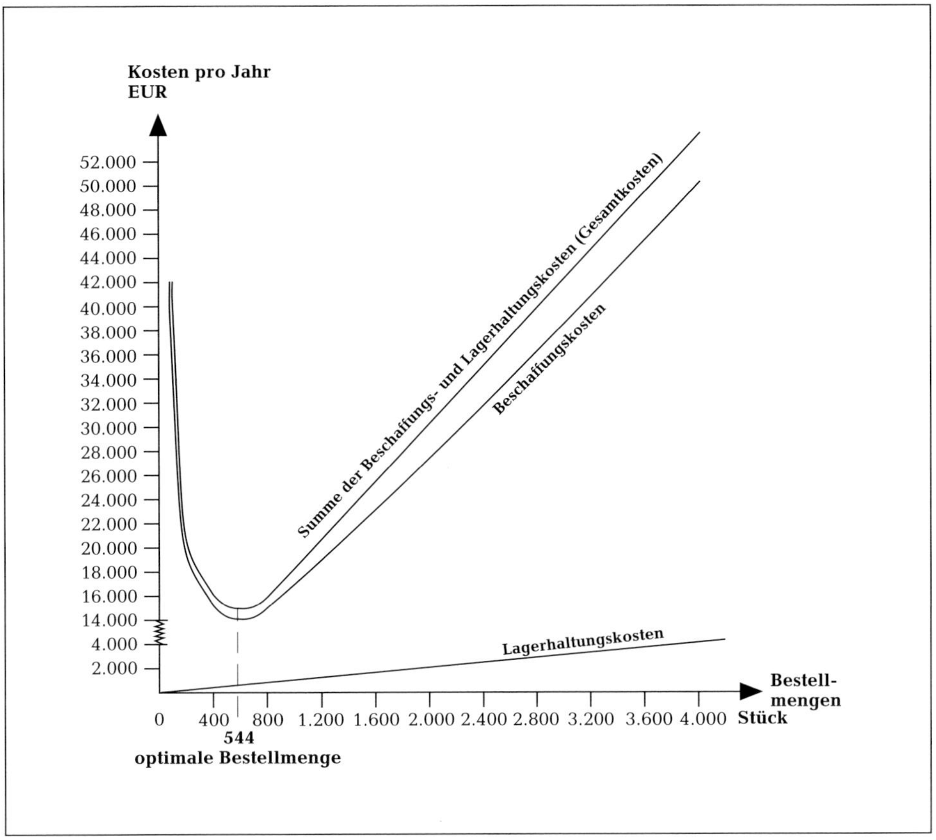

d) – Optimale Bestellmenge bei 110.000 Stück Jahresbedarf:

Bestell-menge Stück	**Anzahl der Be-schaffungs-vorgänge**	**Beschaffungskosten**			**Lager-haltungs-kosten** EUR	**Gesamt-kosten** EUR
		Einstands-preis EUR	bestellfixe Kosten EUR	insgesamt EUR		
544	202	6.800,00	8.088,24	14.888,24	544,00	14.432,24
560	196	7.000,00	7.857,14	14.857,14	560,00	15.417,14
569	193	7.112,50	7.732,86	14.845,36	569,00	15.414,36
570	**193**	**7.125,00**	**7.719,30**	**14.844,30**	**570,00**	**15414,30**
571	193	7.137,50	7.705,78	14.843,28	571,00	15.414,28
580	190	7.250,00	7.586,21	14.836,21	580,00	15.416,21

Ergebnis: Die optimale Bestellmenge erhöht sich von 544 auf 570 Stück.

Erläuterung: Ein höherer Jahresbedarf würde bei gleichbleibenden Bestellmengen mehr Beschaffungsvorgänge auslösen. Dadurch würden die bestellfixen Kosten sprunghaft ansteigen. Durch höhere Bestellmengen werden die Zahl der Bestellvorgänge und damit die bestellfixen Kosten niedriger gehalten.

– Optimale Bestellmenge bei einem Einstandspreis von 11,25 EUR:

Bestell-menge Stück	Anzahl der Be-schaffungs-vorgänge	Beschaffungskosten			Lager-haltungs-kosten	Gesamt-kosten
		Einstands-preis EUR	bestellfixe Kosten EUR	insgesamt EUR	EUR	EUR
544	184	6.120,00	7.352,94	13.472,94	489,60	13.962,54
560	179	6.300,00	7.142,86	13.442,86	504,00	13.946,86
567	176	6.378,75	7.054,67	13.433,42	510,30	13.943,72
568	176	6.390,00	7.042,25	13 432,25	511,20	13.943,45
569	**176**	**6.401,25**	**7.029,88**	**13.431,13**	**512,10**	**13.943,23**
570	175	6.412,50	7.017,54	13.430,04	513,00	13.943,04

Ergebnis: Die optimale Bestellmenge erhöht sich von 544 auf 569 Stück.

Erläuterung: Ein niedrigerer Einstandspreis vermindert das rechnerische Gewicht der variablen Beschaffungskosten und auch der Lagerhaltungskosten. Durch höhere Bestellmengen lässt sich die Anzahl der Bestellvorgänge und damit auch das Gewicht der bestellfixen Kosten vermindern, sodass die Gesamtkosten sinken.

– Optimale Bestellmenge bei bestellfixen Kosten von 55 EUR:

Bestell-menge Stück	Anzahl der Be-schaffungs-vorgänge	Beschaffungskosten			Lager-haltungs-kosten	Gesamt-kosten
		Einstands-preis EUR	bestellfixe Kosten EUR	insgesamt EUR	EUR	EUR
544	184	6.800,00	10.110,29	16.910,29	544,00	17.454,29
630	159	7.875,00	8.730,16	16.605,16	630,00	17.235,16
637	157	7.962,50	8.634,22	16.596,72	637,00	17.233,72
638	**157**	**7.975,00**	**8.620,69**	**16.595,69**	**638,00**	**17.233,69**
639	156	7.987,50	8.607,20	16.594,70	639,00	17.233,70
640	156	8.000,00	8.593,75	16.593,75	640,00	17.233,75

Ergebnis: Die optimale Bestellmenge erhöht sich von 544 auf 638 Stück.

Erläuterung: Höhere bestellfixe Kosten erfordern einen Ausgleich durch eine geringere Zahl von Bestellvorgängen bei jeweils größeren Bestellmengen.

– Optimale Bestellmenge bei einem Lagerhaltungskostensatz von 20%:

Bestell-menge Stück	Anzahl der Be-schaffungs-vorgänge	Beschaffungskosten			Lager-haltungs-kosten	Gesamt-kosten
		Einstands-preis EUR	bestellfixe Kosten EUR	insgesamt EUR	EUR	EUR
544	184	6.800,00	7.352,94	14.152,94	680,00	14.832,94
530	189	6.625,00	7.547,17	14.172,17	662,50	14.834,67
538	186	6.725,00	7.434,94	14.159,94	672,50	14.832,44
539	**186**	**6.737,50**	**7.421,15**	**14.158,65**	**673,75**	**14.832,40**
540	185	6.750,00	7.407,41	14.157,41	675,00	14.832,41
545	183	6.812,50	7.339,45	14.151,95	681,25	14.833,20

Ergebnis: Die optimale Bestellmenge vermindert sich von 544 auf 539 Stück.

Erläuterung: Bei höheren Lagerhaltungskosten muss der Lagerbestand verringert, d.h., es müssen die jeweiligen Bestellmengen und damit die Lagerzugänge kleiner gehalten werden.

10. Welchem Ziel dient die ABC-Analyse?

Die ABC-Analyse ist ein Hilfsmittel der Disposition und der Preisplanung bei der Beschaffung und der Lagerhaltung.

Ziele:

- Einsparung von Kosten beim Einkauf,
- genaue Termineinhaltung bei der Beschaffung,
- genaue Überprüfung der Lagerbestände, um unnötig hohe Lagerhaltungskosten zu vermeiden.

11. Führen Sie eine ABC-Analyse für folgende Beschaffungsgüter durch und werten Sie Ihr Ergebnis aus (Wertklassen: 75 % A-Güter; 20 % B-Güter; 5 % C-Güter).

	A	B	C	D	E	F
1	**ABC-Analyse bei Beschaffungsgütern**					
2	**Waren-gruppe**	**Bezugspreis je Einheit (in EUR)**	**Menge (in Stück)**	**Wert (in EUR)**	**Wert (in %)**	**Wertklassen-zuordnung A, B, C**
3	1	2,00	800			
4	2	30,00	10.000			
5	3	50,00	3.000			
6	4	10,00	1.000			
7	5	20,00	1.000			
8	6	2,00	30.000			
9	7	2,50	5.000			
10	8	5,00	10.000			
11	9	6,00	12.000			
12	10	12,00	15.000			
13		**Summe**				

Mögliche Lösung:

	A	B	C	D	E	F
1	**ABC-Analyse bei Beschaffungsgütern**					
2	**Waren-gruppe**	**Bezugspreis je Einheit (in EUR)**	**Menge (in Stück)**	**Wert (in EUR)**	**Wert (in %)**	**Wertklassen-zuordnung A, B, C**
3	2	30,00	10.000	300.000,00	35,04	A
4	10	12,00	15.000	180.000,00	21,03	A
5	3	50,00	3.000	150.000,00	17,52	A
6	9	6,00	12.000	72.000,00	8,41	B
7	6	2,00	30.000	60.000,00	7,01	B
8	8	5,00	10.000	50.000,00	5,84	B
9	5	20,00	1.000	20.000,00	2,34	C
10	7	2,50	5.000	12.500,00	1,46	C
11	4	10,00	1.000	10.000,00	1,17	C
12	1	2,00	800	1.600,00	0,19	C
13		**Summe**	87.800	856.100,00	100,00	

Bei den Warengruppen 2, 10 und 3 (A-Güter) sollte auf günstige Preise und Rabatte geachtet werden, da hier besonders hohe Einsparungen bei der Beschaffung möglich sind. Die Kosten der Lagerhaltung sollten so gering wie möglich gehalten werden.

6.2 Angebotsvergleich und Lieferantenauswahl

S. 345

1. Warum ist ein Angebot mit einem niedrigeren Bezugspreis nicht unbedingt das bessere Angebot?

Weil der Lieferant u.U. mindere Qualität anbietet.

2. Warum bevorzugt ein Unternehmen beim Einkauf einen Stammlieferanten?

Aufgrund der langjährigen Geschäftsbeziehungen hat man ein begründetes Vertrauen in die Zuverlässigkeit des Stammlieferanten. So kennt man beispielsweise recht gut die Qualitätsstandards des Lieferanten sowie dessen Verhalten bei Mängelrügen.

3. Die Reifen Roesch GmbH erhielt von zwei verschiedenen Lieferanten jeweils ein Angebot für die gleichen Artikel zu folgenden Bedingungen:

	Angebot A	Angebot B
Rechnungspreis (netto)	1.000 EUR	1.000 EUR
Rabatt	5 %	3 %
Skonto	2 %	2 %
Bezugskosten	44 EUR	frei Haus

Am Absatzmarkt kann dieser Artikel für 1.600,00 EUR (netto) verkauft werden. Die Reifen Roesch GmbH rechnet mit einer Handelsspanne von 40 %.

a) Ermitteln Sie die Preisobergrenze für den Einkauf.

b) Welches Angebot müsste bei sonst gleichen Bedingungen den Zuschlag erhalten?

a) 1.600,00 EUR – 40 % Handelsspanne = 960,00 EUR Bezugspreis (Obergrenze).

b)

	Angebot A		Angebot B	
Rechnungspreis		1.000,00 EUR		1.000,00 EUR
– Rabatt	5% ≙	50,00 EUR	3% ≙	30,00 EUR
– Skonto	2% ≙	19,00 EUR	2% ≙	19,40 EUR
+ Bezugskosten		44,00 EUR		0,00 EUR
Bezugspreis		975,00 EUR		950,60 EUR

Angebot B erhält den Zuschlag. Es ist das günstigere Angebot und liegt unter der festgesetzten Preisobergrenze.

4. Zur Bestellung von 200 Kinderautositzen liegen der Reifen Roesch GmbH zwei Angebote mit folgenden Lieferungs- und Zahlungsbedingungen vor:

Kinderautositzhersteller	Kids and More KG	Carrera GmbH
Listenpreis pro Stück	38,00 EUR	40,00 EUR
Mengenrabatt	ab 100 Stück 12,5 %	ab 50 Stück 5 % ab 100 Stück 15 % ab 500 Stück 25 %
Lieferungsbedingungen	Fracht 120,00 EUR	Lieferung frei Haus
Zahlungsbedingungen	60 Tage ohne Abzug	8 Tage 2 % Skonto 30 Tage rein netto

a) Ermitteln Sie den jeweiligen Einstandspreis, wenn die Reifen Roesch GmbH die Rechnungen immer erst nach 30 Tagen bezahlt.

b) Wie verändert sich Ihr Ergebnis von a), wenn die Reifen Roesch GmbH immer mit Skontoabzug die Rechnungen begleicht?

a) **Kids and More KG:**

Listeneinkaufspreis (200 St. · 38,00 EUR/St.)	7.600,00 EUR
– Lieferantenrabatt (12,5 %)	950,00 EUR
Zieleinkaufspreis	6.650,00 EUR
+ Bezugskosten	120,00 EUR
Einstandspreis	6.770,00 EUR

Carrera GmbH:

Listeneinkaufspreis (200 St. · 40,00 EUR/St.)	8.000,00 EUR
– Lieferantenrabatt (15 %)	1.200,00 EUR
Zieleinkaufspreis = Einstandspreis	6.800,00 EUR

b) **Kids and More KG:**

Einstandspreis	6.770,00 EUR

Carrera GmbH:

Zieleinkaufspreis	6.800,00 EUR
– Lieferantenskonto (2 %)	136,00 EUR
Einstandspreis	6.664,00 EUR

5. Angenommen, der Lieferant B fällt aus (Bild Lehrbuch, S. 344). Welche zusätzlichen Entscheidungskriterien würden Sie zur Entscheidung heranziehen?

- Image des Lieferanten
- Finanzierungskonditionen
- Dauer der Geschäftsbeziehungen
- ethische Aspekte, u. Ä.

6.3 Beschaffungsdurchführung

1. »Eine genaue Wareneingangskontrolle erhöht die Zufriedenheit unserer Kunden« S. 351

Nehmen Sie zu dieser Aussage Stellung.

Die Aussage ist richtig, da sich durch eine genaue Wareneingangskontrolle auch die Qualität der gefertigten Produkte und weiterverkauften Waren erhöht. Beispielsweise werden fehlerhaft gelieferte Güter schon vor ihrer Weiterverarbeitung aussortiert.

2. Welche Tätigkeiten sind bei der Rechnungsprüfung durchzuführen?

Prüfen der sachlichen Richtigkeit: Stimmt die Rechnung mit der Bestellung nach der Menge, der Art, dem Preis, den Lieferungs- und Zahlungsbedingungen überein?

Prüfen der rechnerischen Richtigkeit: Stimmen die Netto- und Bruttopreise, die Frachtkosten bzw. Nachlässe mit den Vereinbarungen im Kaufvertrag überein?

3. Welche rechtliche Bedeutung haben
a) die Überwachung der Lieferfristen,
b) die Prüfung des angelieferten Materials,
c) die Prüfung der Eingangsrechnung?

a) Terminliche Eingangskontrolle, damit der Lieferant bei nicht rechtzeitiger Lieferung, sofern erforderlich, durch eine Mahnung in Verzug gesetzt werden kann und die Rechte aus dem Lieferungsverzug geltend gemacht werden können.

b) Sachliche Eingangskontrolle, damit bei vorliegenden Mängeln innerhalb der Gewährleistungspflicht eine Mängelrüge erhoben und die Gewährleistungsrechte geltend gemacht werden können.

c) Rechnungskontrolle, damit eventuelle Abweichungen von den Vertragsvereinbarungen (Menge, Art, Preis, Lieferungs- und Zahlungsbedingungen) nachgewiesen werden können.

4. Welche Bedeutung hat der Rechnungseingangsstempel?

eventuelle Grundlage für die Ermittlung der Zahlungsfrist (Nachweis)

5. Welche Fehler können in einer Eingangsrechnung gefunden werden?

- sachliche Fehler bezüglich der Warenart, -qualität, -menge, -preis, den Lieferungs- und Zahlungsbedingungen.
- rechnerische Fehler bezüglich Gesamtpreis, Umsatzsteuer, Bezugskosten, Nachlässen.

6. Welche wirtschaftliche Bedeutung hat eine sorgfältige Überwachung der Zahlungstermine?

Überwachung der Zahlungstermine,

- um gegebenenfalls die Frist für den Skontoabzug einhalten zu können,
- um durch eine rechtzeitige Zahlung die Folgen eines Zahlungsverzuges (Verzugszinsen) zu vermeiden.

7. a) Beschreiben Sie einen Beschaffungsprozess eines Möbelherstellers.
b) Erläutern Sie das Vorgehen und erstellen Sie die notwendigen Dokumente. Präsentieren Sie Ihre Ergebnisse.

a)

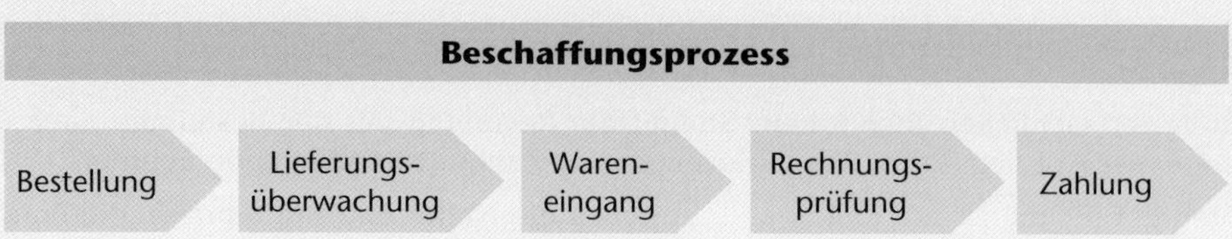

b) – Bestellen von Holz und weiteren Roh-, Hilfs- und Betriebsstoffen (Bestellungen)
- Überwachen der Liefertermine (Terminkalender)
- Prüfen, ob die Waren mangelfrei und rechtzeitig geliefert wurden, z. B., ob das Holz die richtige Qualität hat. (Bestellung, Lieferschein)
- Kontrollieren der Rechnungen (Rechnung, Lieferschein)
- Zahlung anweisen, wenn alle Prüfungen in Ordnung waren (Zahlungsbeleg, Rechnung)

Vgl. auch die zusammenfassende Übersicht im Lehrbuch, S. 350.

7 Marketing

7.1 Wesen des Marketings

7.2 Marketingpolitische Zielsetzungen als Grundlage für ein strategisches Marketing

S. 357

1. Erläutern Sie, warum Märkte für ein Unternehmen Ziel- und Bezugsobjekte darstellen.

Die Kunden (Nachfrager), Konkurrenten (Mitanbieter) beeinflussen stark (oder weniger stark) die gesamten Entscheidungen des Unternehmens. Zudem muss sich das Unternehmen an den Vertriebspartnern und staatlichen Vorgaben orientieren. Das Unternehmen muss also Bezug zu den Gegebenheiten am Markt nehmen. Andererseits versucht es, den Markt selbst zu gestalten. Ziel aller Aktivitäten ist, die Kunden für sich zu gewinnen und gegen die Konkurrenz zu bestehen, z. B. durch entsprechende Sortimente, Werbung, Preise, etc.

2. Joachim Egert und Dietrich Keller beabsichtigen, ein Großhandelsunternehmen zum Vertrieb ökologischer Möbel, die Natur Pur KG in Heilbronn, zu eröffnen. Die beiden wollen Marketingziele formulieren und eine sinnvolle Marketingstrategie entwerfen.

Bearbeiten Sie in Gruppen folgende Aufgabenstellungen:

- **Begründen Sie, warum eine Zielformulierung wichtig ist.**
- **Formulieren Sie sinnvolle Ziele für die Natur Pur KG.**
- **Entscheiden Sie sich für eine Marketingstrategie und begründen Sie diese.**
- **Stellen Sie Ihre Ziele und Ihre Strategie der Klasse vor.**

- Begründung der Zielformulierung:

  Die Märkte/Kunden sollen zielgerichtet beeinflusst werden. Um die geeigneten Maßnahmen ergreifen zu können, müssen zunächst die Ziele definiert werden.

- Zielformulierung:

  - psychologische Ziele: Informationen vermitteln den ökologischen und gesundheitlichen Nutzen von ökologischen Möbeln; Schaffung eines Markenbewusstseins: Ökomöbel = Natur pur; Gewinnung des Vertrauens der Möbelhäuser und der Endverbraucher durch solide Qualität.
  - ökonomische Ziele: Weckung des Bedarfs nach Ökomöbeln; Auffinden von Marktnischen und -lücken; Erhöhung des Absatzes und des Gewinnes
  - produktpolitische Ziele: Angebot von Spitzenprodukten verschiedener Hersteller in formschönem Design; Markenimage bilden
  - preispolitische Ziele: Stabilisierung der Preise auf hohem Niveau, passend zu den Produkten und zum Image

- kommunikationspolitische Ziele: Information der Möbelhäuser und Endverbraucher und Aufbau einer positiven Kundeneinstellung zu ökologischen Möbeln; Stärkung der Bereitschaft, für Umwelt und Gesundheit einen höheren Preis zu bezahlen
- vertriebspolitische Ziele: Bindung des Möbeleinzelhandels durch Lieferflexibilität und -beschleunigung, aber auch durch langfristige Lieferverträge

– Entscheidung und Begründung der Marketingstrategie:

Sinnvoll erscheint eine Marktentwicklung mit der Zielsetzung, neue Verwender zu gewinnen. Außerdem könnte versucht werden, über eine Marktsegmentierung (Möbelhäuser, Abholmärkte) den Gesamtmarkt auszuweiten.

Diese Marktentwicklung kann ergänzt werden durch eine Sortiments- und Produktentwicklung (zusammen mit den Herstellern), damit eine breite Produktpalette angeboten werden kann, um möglichst viele Kunden anzusprechen.

– Vorstellen der Ziele und Strategien mit passenden Medien zur Visualisierung

3. Auf der Seite 353 des Lehrbuches werden drei Möglichkeiten dargestellt, welche Stellung das Marketing im Unternehmen haben kann.

a) Erläutern Sie die drei dargestellten Möglichkeiten.

b) Informieren Sie sich in einem Unternehmen Ihrer Wahl. Stellen Sie dar, welche Stellung das Marketing dort einnimmt.

a) Möglichkeit 1: Marketing steht als Absatzfunktion gleichberechtigt neben den Funktionen Beschaffungswirtschaft, Finanzwirtschaft, Personalwirtschaft. Der Begriff deutet bereits an, dass es dabei häufig nur um den Vertrieb und die Absatzvorbereitung geht.

Möglichkeit 2: Marketing steht im Zentrum aller unternehmerischen Funktionen. Dies ergibt sich aus der Erkenntnis, dass sämtliche Entscheidungen im Unternehmen vom Markt beeinflusst werden.

Möglichkeit 3: Das Marketing dominiert alle unternehmerischen Entscheidungen und steht daher im Zentrum aller Funktionen; den Mittelpunkt stellt dabei der Dienst am Kunden dar.

b) Schülerabhängige Antworten. → Einordnung in die drei dargestellten Betrachtungsweisen und Begründung.

7.3 Beschaffung von Informationen durch Marktforschung

1. Nennen Sie Vor- und Nachteile der Primärforschung gegenüber der Sekundärforschung. S. 361

– Vorteile: streng auf das Untersuchungsziel abgestimmte Fragen, Konzentrierung auf wenige Untersuchungsmerkmale

– Nachteile: zeit- und personalaufwendig, da die Erhebung erst noch vorbereitet, durchgeführt und ausgewertet werden muss

2. Nennen Sie Anwendungsbereiche, für die sich die einzelnen Methoden der Primärforschung besonders eignen.

Beispiel für

- Beobachtung: Wirksamkeit der Produktplatzierung,
- Interview: Verhalten, Meinungen, Wünsche der Kunden,
- Panel: Wirkung von Wettbewerbsaktivitäten, Effizienz der Absatzorganisation,
- Experiment: Test von Produktmodellen, Werbemitteln, neuen Verpackungen, Preisen.

3. Rufen Sie im Internet die Seite des Statistischen Bundesamtes (www.destatis.de) auf.

a) Zählen Sie die wichtigsten Informationen auf, die Handelsunternehmen zu erfahren suchen.

b) Suchen Sie nach Informationen, die für ein Handelsunternehmen von Interesse sein könnten.

c) Erläutern Sie, an welchen Merkmalen sich eine drohende Absatzkrise erkennen lässt.

d) Beschreiben Sie, inwieweit die Kenntnis der Marktdaten eine wichtige Entscheidungshilfe für die Absatzpolitik von Unternehmen ist.

a)
- Anzahl und Marktmacht der Konkurrenten
- Entwicklung des Einkommens der Verbraucher
- Struktur der Bevölkerung nach Alter, Geschlecht, Erwerbstätigkeit usw.
- Neigungen und Kaufgewohnheiten der Kunden
- Marktchancen unserer Produkte
- Motive für den Kauf unserer Produkte

b) Sämtliche Schaubilder und Tabellen aus: http://www.destatis.de

Verbraucherpreisindex für Deutschland
Veränderung gegenüber dem Vorjahr in %

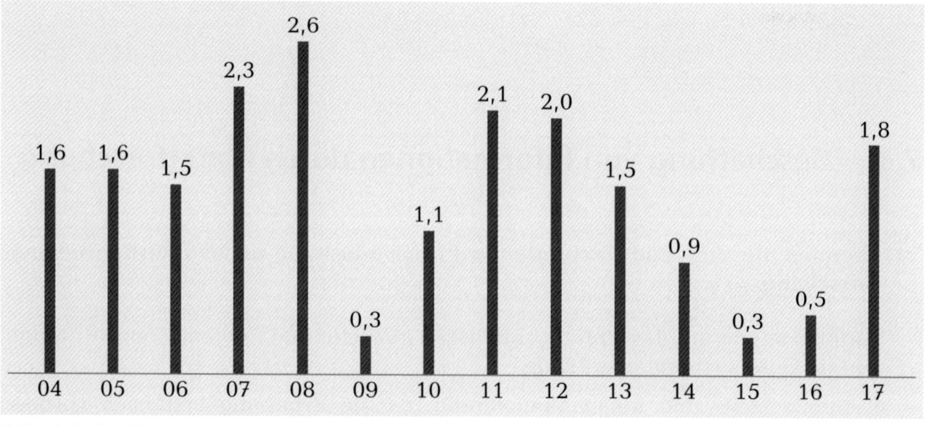

Konsumausgaben privater Haushalte 2016
Anteile in %

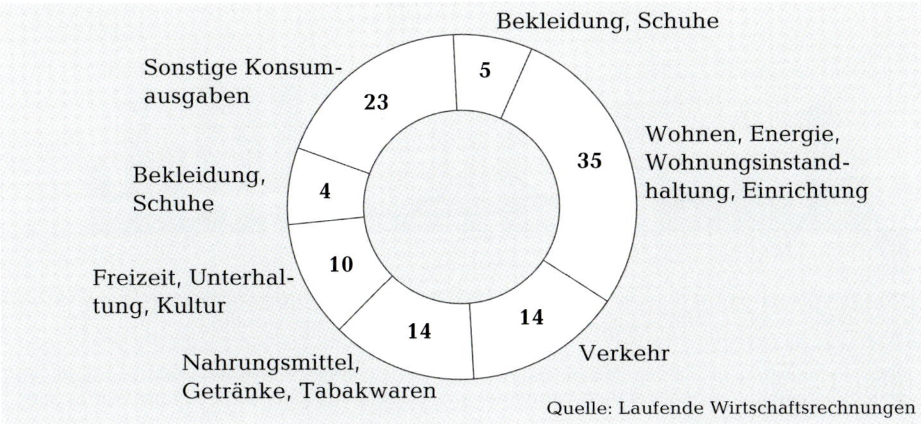

© Statistisches Bundesamt, Wiesbaden 2017

Indizes der Großhandelsverkaufspreise
2010 = 100

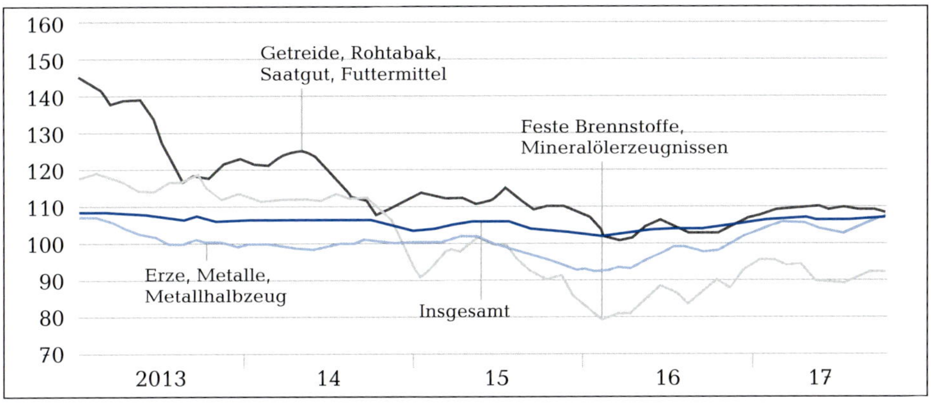

© Statistisches Bundesamt (Destatis), 2017

Preisveränderung in den Güter- und Dienstleistungsgruppen 2017 gegenüber 2016 in Prozent

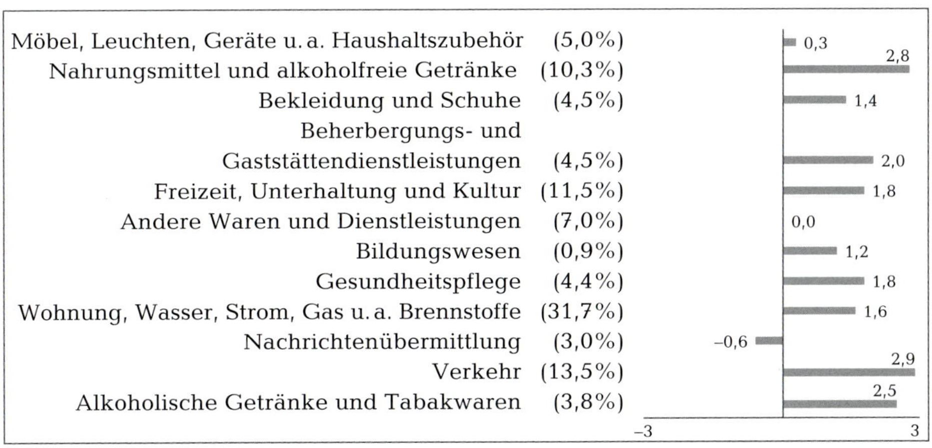

© Statistisches Bundesamt, Wiesbaden 2018

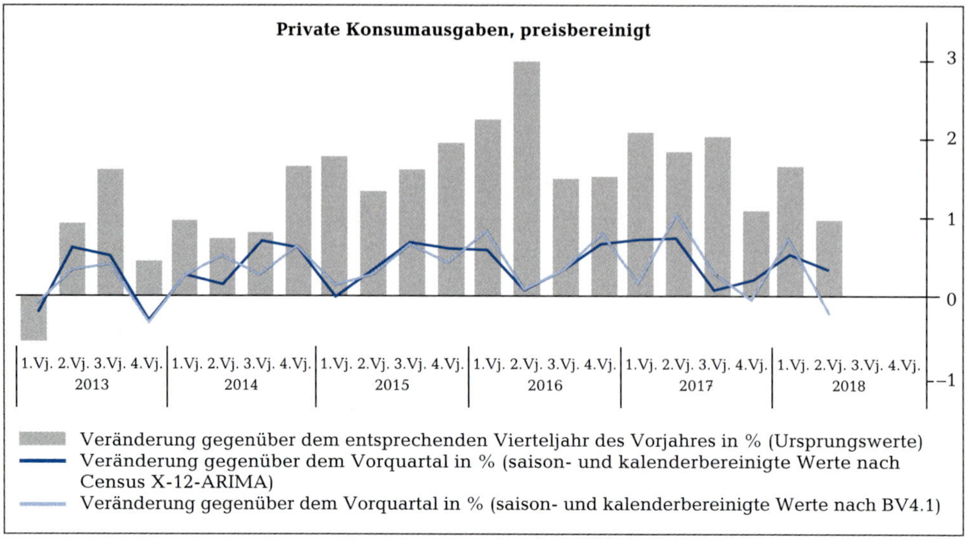

Bevölkerungsvorausberechnung

Entwicklung der Bevölkerung in Deutschland bis 2060

Jahr	Variante »mittlere« Bevölkerung, Untergrenze		Variante »mittlere« Bevölkerung, Obergrenze	
	1.000	2008 = 100	1.000	2008 = 100
2008	82.002	100	82.002	100
2010	81.545	99,4	81.545	99,4
2020	79.914	97,5	80.437	98,1
2030	77.350	94,3	79.025	96,4
2040	73.829	90,0	76.757	93,6
2050	69.412	84,6	73.608	89,8
2060	64.651	78,8	70.120	85,5

c) preisbewusstes Einkaufen der Kunden bis zum Konsumverzicht, härtere Verhandlungen über Preise und Rabatte, Verzögerung fälliger Zahlungen

d) Die Kenntnis der Marktdaten führt zur Verringerung des Marktrisikos, z. B.:

- Würde ein Produkt auch ohne Werbung verkauft werden, könnte auf Werbung verzichtet werden; in diesem Fall wäre Werbung eine Fehlinvestition.
- Wird auf Sortimentsteile verzichtet, die die Kundschaft verlangt, gehen Kunden verloren.
- Werden die Preise über den Marktpreisen kalkuliert, dann muss mit Absatzrückgang gerechnet werden.
- Werden die Preise unter den Marktpreisen kalkuliert, entgeht Gewinn.

4. Entwerfen Sie einen Fragebogen, mit dem Sie die Erfahrungen der Abnehmer eines neuen Brotaufstrichs erfragen, um gegebenenfalls neue Absatzstrategien vorzubereiten.

SDL – Süddeutsche Lebensmittelwerke AG Ulm

Liebe Verbraucherin, lieber Verbraucher,

wir haben eine neue Margarine entwickelt, die den gewandelten Ansprüchen der Ernährungswissenschaft und neuen medizinischen Erkenntnissen entspricht und deswegen auch Ihren Geschmack treffen könnte. Durch die Beantwortung der folgenden Fragen helfen Sie uns, unsere hohen Ansprüche an eine neuzeitliche Margarine zu erfüllen. Als Dank für Ihre Mitarbeit nehmen Sie an einer Verlosung teil. Als erster Preis winkt Ihnen ein Kleinwagen, dessen Kofferraum über 1.000 Becher Sana Soft fasst. Ihre Anschrift behandeln wir selbstverständlich vertraulich. Einsendeschluss ist der 30. September.

Name: ______________________________

Adresse: ______________________________

A. Fragen zu Ihrer Person: Geschlecht: m ☐ w ☐ Ihr Alter ☐ Jahre

Welchen Beruf üben Sie aus? ______________________________

Wie hoch ist Ihr Monatseinkommen? bis 2.000 € ☐ 2.001–4.000 € ☐ über 4.000 € ☐

Wie viele Mitglieder umfasst Ihr Haushalt? bis 2 ☐ 3–4 ☐ 5–6 ☐ 7–8 ☐ über 8 ☐

B. Fragen zu Ihren Lebensmittelansprüchen:

Ernähren Sie sich gesundheitsbewusst? ja, sehr ☐ teilweise schon ☐ überhaupt nicht ☐

Müssen Sie oder Mitglieder Ihres Haushalts auf das Körpergewicht achten? nein ☐ Ja ☐

Welche Eigenschaften einer Margarine ist Ihnen besonders wichtig (1), weniger wichtig (2) oder unwichtig (3)?

butterähnliche Farbe ☐	günstiger Preis ☐	hocher Gesundheitswert ☐
natürliche Bestandteile ☐	guter Geschmack ☐	gute Streichfähigkeit ☐

Wozu verwenden Sie Margarine?

als Brotaufstrich	ja ☐	nein ☐
zum Kochen	ja ☐	nein ☐
zum Backen	ja ☐	nein ☐

C. Fragen zu Sana Soft:

Kennen Sie Sana Soft? *ja* ☐ *nein* ☐

Wenn Sie Sana Soft schon kennen: Welche Eigenschaft schätzen Sie an Sana Soft besonders?

____

... und welche Eigenschaft vermissen Sie an Sana Soft?

____

Mit welchem Werbeslogan würden Sie Sana Soft weiterempfehlen?

____

Mit Ihrem Slogan nehmen Sie an einem Preisausschreiben teil.

→ 1. Preis: 1 Woche Wellness-Urlaub für 2 Personen auf Ibiza.

→ 2. Preis: 1 Woche für 2 Personen in einem oberbayrischen Wellness-Hotel.

→ 3. Preis: 1 Jahr lang beziehen Sie kostenlos Sana Soft, soviel Ihr Haushalt benötigt.

Wir bedanken uns herzlich für die Beantwortung der Fragen. Werfen Sie den Fragebogen in einem unfrankierten Umschlag bis zum 30. September in den nächsten Briefkasten: SDL, Postfach 3457, 89073 Ulm.

5. Welche Folgerungen können aus den folgenden Ergebnissen der Marktforschung für das Marketing abgeleitet werden?

a) Die Bevölkerung ist zunehmend verärgert über den übermäßigen Verpackungsaufwand.

b) Die Bevölkerung interessiert sich immer stärker für Sportsendungen im Fernsehen.

c) 50 % der Fans während der Fußballweltmeisterschaft in Russland waren weiblich.

d) Die Bevölkerung ist wieder bereit, mehr Geld für Konsumgüter auszugeben. Jedoch herrscht bei Luxusgütern deutliche Kaufzurückhaltung.

a) Das Aufstellen von Behältern für Verpackungsmaterial reicht nicht aus. Man muss den Lieferanten dazu bewegen, soweit es geht auf Verpackung zu verzichten oder wenigstens wiederverwendbare Verpackung zu benutzen.

b) Im Zusammenhang mit Sportveranstaltungen sind gezielte Werbemaßnahmen für bestimmte Produkte sinnvoll. Vor allem neue Produkte können frühzeitig bereitgestellt und beworben werden.

c) Durch entsprechende Marketingmaßnahmen lassen sich Frauen für Fußballfanartikel, Sportartikel, Fachzeitschriften etc. gewinnen.

d) Der Luxusgüterhersteller und -händler wird versuchen, neue Märkte zu erschließen und über Werbemaßnahmen die Kaufbereitschaft zu erhöhen.

6. Nennen Sie Merkmale, an denen die Konjunkturentwicklungen abgelesen werden können.

Aufschwung:
- ansteigende Nachfrage
- steigende Preise
- Wunsch nach Kreditkauf
- Bevorratung durch Einzelhandel
- Wachstum des BIP

Abschwung:
- Kaufzurückhaltung
- kurze Lieferzeiten der Hersteller
- nachlassende Vorratshaltung des Einzelhandels
- kein Wachstum des BIP

7. Erläutern Sie mögliche Risiken, die sich aus der Erstellung einer Marktprognose ergeben.

Die Entwicklung in der Zukunft kann nur geschätzt werden. Wichtige Einflussfaktoren werden vernachlässigt, andere werden überbewertet. Die auf der Prognose aufbauende Planung ist zu langfristig angelegt und damit unsicher. Investitionsentscheidungen aufgrund der Prognose können sich bei tatsächlich anderen Entwicklungen als Fehlinvestitionen erweisen.

8. Ein regional anbietender Großhändler für Fahrräder, Fahrradzubehör und -bekleidung möchte seine Stellung am Markt verbessern. Eine Marktforschung soll Basis dafür sein.

a) Unterbreiten Sie Vorschläge, wie der Markt erforscht werden könnte.

b) Folgern Sie aus Ihren persönlichen Beobachtungen heraus, welche Ergebnisse die Marktforschung erbringen könnte.

c) Erarbeiten Sie Vorschläge, wie die Marketingstrategie gestaltet werden könnte.

a) Zielgruppen- und Trendforschung: mit statistischem Material, z. B. Altersentwicklung, Ausgabenentwicklung für Gesundheit, Freizeit, Sport, Zuschauerzahlen bei Radveranstaltungen, Verkaufszahlen von Fachzeitschriften (Sekundärforschung). Durch Interviews auf Messen oder über Fachzeitschriften bzw. über Krankenkassen (Primärforschung)

   Wettbewerbsforschung: Konkurrenzsituation, Produkt- und Preisvergleiche, Umfragen zum Image, Beobachtungen auf Messen

b) – Zielgruppenforschung: Fahrradfahren ist als Freizeitbeschäftigung und -sport bei allen Altersgruppen sehr beliebt; immer mehr ältere und gesundheitsbewusste Menschen entdecken das Radfahren; zunehmend werden auch hochpreisige Modelle bei hohen Qualitätsansprüchen gekauft; neuer Trend geht, insbesondere bei älteren und zahlungskräftigen Kunden, zu E-Bikes.

   – Wettbewerbsforschung: Große Anzahl von Wettbewerbern; Hersteller insbesondere aus dem Ausland, manche davon mit sehr klangvollem Namen und bei gut informierten Sport-Radlern sehr beliebt; daneben ernstzunehmende kleine Konkurrenten, die sich spezialisiert haben; Vorteil deutscher Marken bei Image und Logistik.

   – Trendforschung: deutlich zunehmendes Marktpotenzial bei Rennrädern, Mountainbikes und Freizeiträdern; Dopingaffären könnten zum Rückgang im Bereich Rennsport führen; Konsumfreudigkeit in Deutschland; Klimadiskussion und Benzinpreise lenken den Blick auf Alternativen zum Auto; neuer Trend: E-Bikes.

c) – Marketingziele: Ausweitung des Marktanteils; Gewinnerzielung

   – Marketingkonzept. Einsatz folgender Marketingaktivitäten:

     • Produkt- und Sortimentspolitik: Produktgruppen Rennrad, Mountainbike und Freizeitrad für Gesundheitsbewusste; sämtliche Fahrräder mit höchster Qualität unter Verwendung von Schaltungs- und Bremsenkomponenten namhafter Hersteller; Bezug hochwertiger Rahmen und Vormontage mit Komponenten; spezielle Rahmen für Menschen mit Rückenbeschwerden, Rennräder und Mountainbikes im Hochpreissegment als Sonderanfertigung (Absprache mit deutschen Herstellern); sämtliche namhafte Hersteller werden ins Sortiment aufgenommen; Einstiegssortiment mit E-Bikes.

     • Preispolitik: Entsprechend der Qualität wird ein gehobenes Preisniveau angestrebt; umfangreiches Rabattsystem für Einzelhändler soll etabliert werden.

     • Kommunikationspolitik: Hauptwerbeargument »Gesundheit«, sowohl im Bereich Freizeitsport (Hightech-Ausstattung bringt Sicherheit) als auch im Bereich Freizeit (Gesundheitsrahmen); Werbung in Fachzeitschriften und Gesundheitsmagazinen; Auftritt bei Radsport- und Gesundheitsveranstaltungen; enge Zusammenarbeit mit dem Hersteller aus Deutschland.

     • Distributionspolitik: Vertrieb nur über Fachhandel, nicht über Versandhandel oder Discounter

   – Umsetzung:

     • Marktdurchdringung: Versuch, ältere Menschen und Menschen mit Rückenproblemen mithilfe des Gesundheitsaspektes zum Radfahren zu bewegen, dazu Kooperation mit Krankenkassen; Versuch, bisherige Kunden ausländischer Konkurrenten abzuwerben; insbesondere im Fahrradeinzelhandel die Vorteile der einheimischen Produkte kommunizieren.

     • Marktentwicklung: Mittelfristig vier Standbeine (Rennrad, Mountainbike, Gesundheitsrad, E-Bike); besondere Betonung des Freizeit- und Gesundheitswertes, Ausweitung des Absatzgebietes in andere Bundesländer oder auch EU-Länder

- Produkt- und Dienstleistungsentwicklung: In Zusammenarbeit mit dem Hersteller oder in eigener Werkstatt: Eingehen auf Sonderwünsche der Endverbraucher (z. B. Rahmenfertigung und -lackierung); Umlackierung gebrauchter Rennräder etc.

9. Joachim Egert und Dietrich Keller haben die Natur Pur KG in Heilbronn eröffnet (vgl. Lehrbuch, Aufgabe 2, S. 357). (Die Teilaufgaben a) und b) können in arbeitsteiliger oder arbeitsgleicher Gruppenarbeit bearbeitet werden.)

a) Zur Festlegung der Marketingstrategie und -instrumente soll Marktforschung betrieben werden.

– Erläutern Sie, was die Natur Pur KG durch Marktforschung in Erfahrung bringen will.

– Begründen Sie, ob die Natur Pur KG eine Marktbeobachtung, Marktanalyse oder Marktprognose betreiben soll.

– Erläutern Sie, mit welchen Methoden Sie die gesuchten Daten in Erfahrung bringen würden.

b) Die beiden Jungunternehmer wollen kleinere und mittlere Möbelhäuser, aber auch Passanten in Fußgängerzonen mit einem Fragebogen ansprechen.

– Stellen Sie in arbeitsteiligen Kleingruppen zusammen, welche Informationen sich die beiden erhoffen.

– Entwerfen Sie jeweils einen Fragebogen für die beiden Zielgruppen.

– Stellen Sie Ihre Fragebogen im Plenum vor und erläutern Sie, welche Informationen Sie sich dadurch erhoffen.

– Vergleichen und diskutieren Sie die Unterschiede der Fragebogen je nach Zielgruppe der Befragung.

a) – Kundenstruktur (Alter, Geschlecht, Ansprüche, Gewohnheiten), Kaufkraft (Käuferzahl, Einkommen), Konkurrenz (Anzahl, Marktanteil, Sortiment), Trend (Einstellung zu Naturmöbeln, Konjunkturentwicklung)

– In erster Linie will man die derzeitige Marktsituation feststellen, deswegen wird eine Marktanalyse durchgeführt. Da die Entwicklung in der Zukunft wichtig ist, wird man auch eine vorsichtige Marktprognose wagen. Man wird den Markt weiterhin beobachten, um Tendenzen und Entwicklungen aufzuspüren.

– mit Sekundärforschung (Auswertung von Statistiken über Naturmöbelhersteller in den vergangenen Jahren und Erfahrungsberichte in Fachzeitschriften)

mit Primärforschung (Interviews und Fragebogen an Passanten, Beobachtungen des Verkaufs in verschiedenen Naturmöbelgeschäften)

b) Möbelhäuser *(Beispiele)*:

Fragen:	erhoffte Informationen:
– Listen Sie ökologische Möbel?	– Sortimentsgestaltung
– Aus welchen Gründen führen Sie ökologische Möbel in Ihrem Sortiment?	– Motive der Sortimentsgestaltung
– Von welchen Herstellern führen Sie ökologische Möbel in Ihrem Sortiment?	– Zusammensetzung des Sortiments, Beliebtheit der Hersteller
– Wie groß ist der prozentuale Anteil der Kunden, die nach ökologischen Möbeln fragen?	– Kundenstruktur, Kundenwünsche

– Aus welchen Gründen fragen Ihre Kunden nach ökologischen Möbeln?	– Kaufmotive der Kunden
– Welche Materialien, Designs usw. bevorzugen Ihre Kunden?	– Kundenwünsche
– Welchen Anteil am Gesamtumsatz hat der Umsatz mit ökologischen Möbeln?	– Absatzchancen

Endverbraucher *(Beispiele)*:

Fragen:	**erhoffte Informationen:**
– Was bedeuten Ihnen Möbel: notwendiger Gebrauchsgegenstand, Wohlfühlelement, Wertanlage, Möglichkeit zum Repräsentieren?	– Kaufmotive, Höhe möglicher Ausgaben
– Haben Sie vor, in nächster Zeit neue Möbel zu kaufen?	– Beschaffungswunsch, Kaufabsichten
– Legen Sie Wert auf umwelfreundliche Möbel?	– Kaufmotive
– Welche Beschaffenheit sollten ökologische Möbel haben: Holzart, Oberflächenbehandlung, Design, Geruch, Farbe?	– Produktbeschaffenheit
– Aus welchem Grund wünschen sie ökologische Möbel: Gesundheit, Aussehen, Naturschutz?	– Kaufmotive
– Wären Sie bereit, für ökologische Möbel einen höheren Preis als für konventionelle zu bezahlen?	– Preisvorstellungen

7.4 Produkt- und Sortimentspolitik

1. Stellen Sie fest, welche Art der Produktpolitik in den letzten Jahren vollzogen wurde in der Produktion von

a) Personenkraftwagen,

b) Mobiltelefonen.

S. 372

a) – Innovation: Seitenairbags, Antischlupfregelung, Track Control, schleudersichere Lenkung und Radaufhängung (ESP = Electronic Stability Programm – Fahrdynamikregelung), Kfz-Navigationssystem, Fahrerassistenzsysteme

– Variation: Gestaltung von Mini-Vans, Elektroauto

– Beständigkeit: Zeitliche Streckung der Lebensdauer durch Verzicht auf aggressive Modellpolitik, Relaunch-Maßnahmen

– Benennung: Fantasienamen, Benennung nach Qualitäts- oder Größenklassen

b) – Produktentwicklung: WAP-Mobiltelefon, Roll-Screen-Display

– Variation: Mobiltelefon mit MP3-Player, Smartphone

2. Erstellen Sie ein Mind Map mit den Gestaltungselementen für ein Produkt Ihrer Wahl.

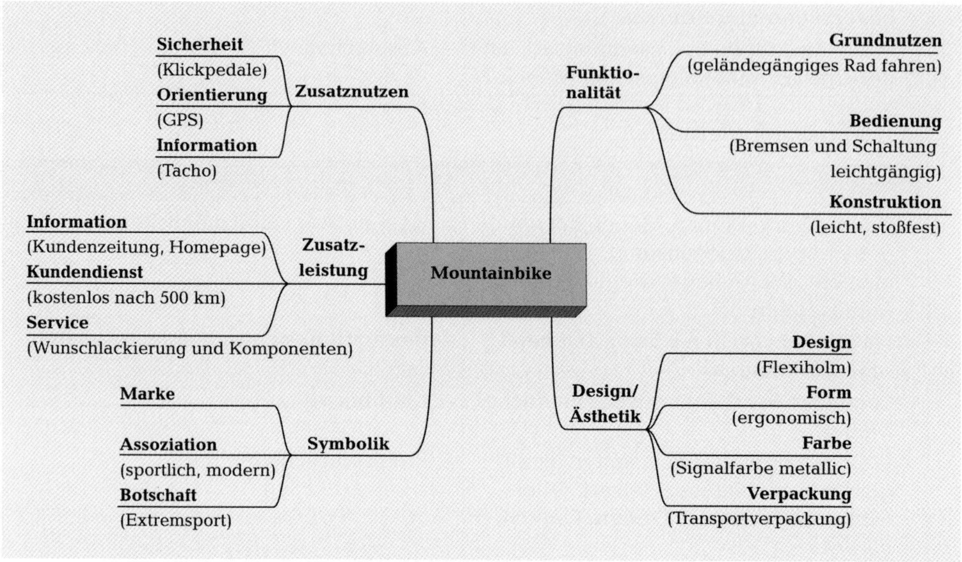

3. Nennen Sie Beispiele für Produkte, bei denen das Design und/oder Sounddesign
a) sehr wichtig, b) eher unwichtig ist.

a) Design: Brillen, Möbel, Handys
Sounddesign: Autos, Küchenmaschine

b) Design: Werkzeuge, Gartengeräte, Gefriergeräte
Sounddesign: Kaffeemaschinen, Rasenmäher

4. Nennen Sie Beispiele aus Ihrem Erfahrungsbereich für
a) Produktinnovation, b) Produktveränderung, c) Sortimentsverbund.

Schülerabhängige Antworten.

Beispiele für den Sanitärgroßhandel:

a) Nanobeschichtung, Duschtempel, Aquastopp

b) Keramikdichtung, Ökowasserhahn

c) Wasch- und Spültischarmaturen im Ausstellungsraum, Duschkabinen und Reinigungsmittel

5. a) Entwickeln Sie mithilfe einer Kartenabfrage Produktideen. Gehen Sie wie folgt vor:

- **Vereinbaren Sie zuerst einen Warenbereich bzw. eine Warengattung.**
- **Jeder schreibt mehrere Karten, die seine Ideen enthalten (wichtig: deutlich schreiben, in Druckbuchstaben, pro Karte maximal drei Zeilen und nur eine Idee).**

- **Die Karten werden an einer Pinnwand befestigt und geclustert, d.h., Karten mit gleichen oder sehr ähnlichen Ideen werden zu Inseln zusammengehängt.**
- **Aus den Inhalten dieser Kartenlandschaft werden in 2er-Teams Produktideen formuliert, jeweils auf Streifen/Karten geschrieben und ebenfalls an einer Pinnwand befestigt.**
- **Die Ideen werden von den Teilnehmern mit Klebepunkten bepunktet und so in eine Rangfolge gebracht.**

b) Entwickeln Sie in Gruppen für Ihre gefundenen Produktideen eine passende Markteinführungsstrategie.

schülerabhängige Antworten

6. Entwerfen Sie eine Sortimentspyramide für

a) einen Warenbereich Ihres Erfahrungsbereichs,

b) das Sortiment eines Reifengroßhändlers.

a) und b)

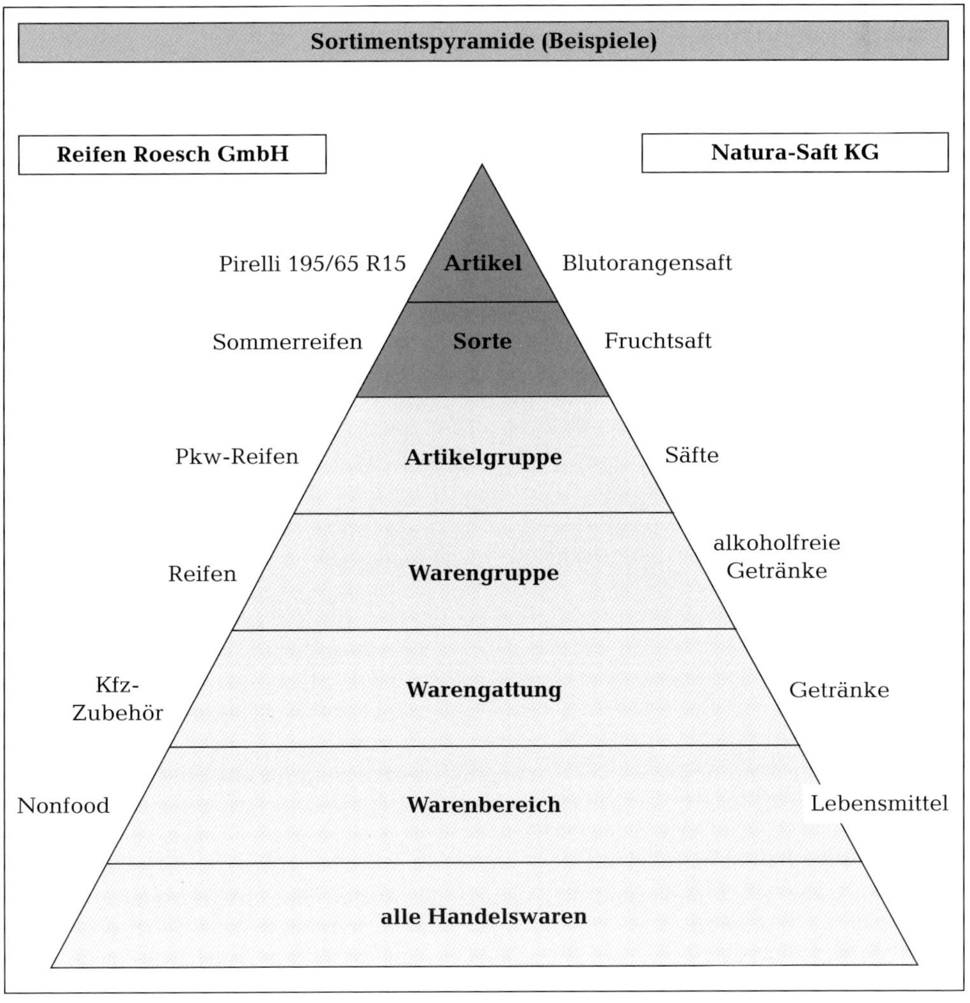

7. a) Stellen Sie das Produktsortiment und das Dienstleistungssortiment eines Unternehmens Ihrer Wahl jeweils in einem Schaubild (vgl. Lehrbuch, Seite 368) dar und erläutern Sie dieses vor der Klasse.

b) Ergänzen Sie Ihr Schaubild mit den Dienstleistungen, aus der die zeitliche Anordnung als Haupt- und Nebenleistung sowie Vor- und Nachleistung hervorgeht (vgl. Lehrbuch, Seite 370).

a) schülerabhängige Antwort

b) Beispiel für die Reifen Roesch GmbH (Großhandelsunternehmen):

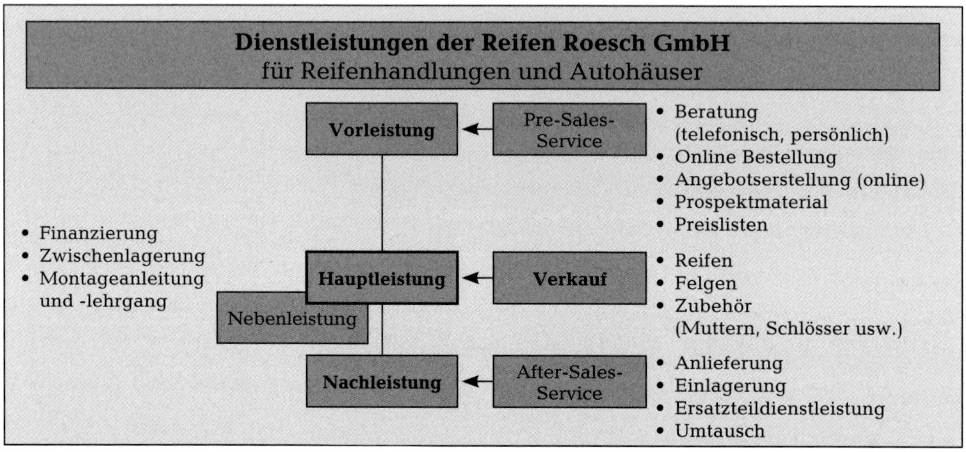

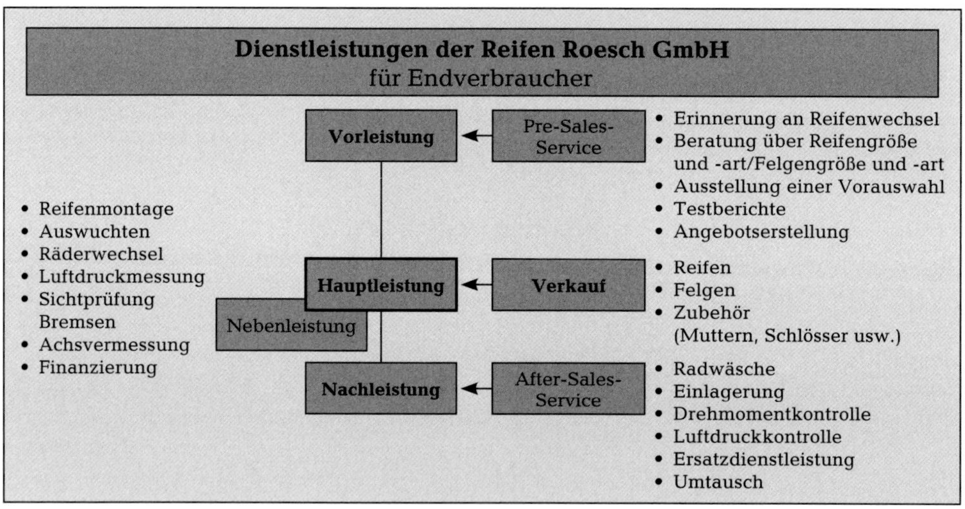

8. Nennen Sie Möglichkeiten der Sortimentsveränderung für ein Unternehmen Ihrer Wahl.

Beispiel für die Reifen Roesch GmbH:

Sortimentsbreite: Kfz-Pflegemittel, Kfz-Ersatzteile, Audio- und GPS-Systeme, Fahrradzubehör

Sortimentstiefe: Fahrradreifen und -schläuche, Spezialreifen für Oldtimer

9. Nennen Sie Beispiele einer Produktdifferenzierung und -diversifikation für die Produkte eines Unternehmens Ihrer Wahl.

Beispiel für die Reifen Roesch GmbH:

Differenzierung:	Pkw-Reifen, Lkw-Reifen, Landmaschinen-Reifen, Baumaschinen-Reifen, Spike-Reifen für den österreichischen Markt
Diversifikation:	Sortimentserweiterung um Fahrräder und Fahrradzubehör

10. Die Lachmann GmbH ist ein Großhandelsunternehmen für Heimwerkermaschinen, Geräte für Hobbygärtner sowie Geräte für den gewerblichen Gartenbau und öffentliche Einrichtungen. Sie vertreibt ihre Produkte in ganz Deutschland. Im vergangenen Geschäftsjahr erlitt sie starke Umsatzeinbußen. Aus diesem Grund wurde eine Marktanalyse in Auftrag gegeben. Diese hat ergeben, dass eine Produktdifferenzierung auf dem Sektor Heimwerkermaschinen zusätzliche Umsätze bringen könnte. Darüber sollen der Lieferant und Hersteller der Maschinen informiert und beraten werden.

a) Unterbreiten Sie dem Hersteller der Maschinen zwei konkrete Vorschläge für diese Produktpolitik.

b) Der Abteilungsleiter der Marketingabteilung ist der Ansicht, dass zudem eine deutliche Produktdiversifikation erstrebenswert sei. Erklären Sie an einem Beispiel, was bei der vorliegenden Produktpalette eine Produktdiversifikation wäre.

c) Erläutern Sie zwei Gründe, die im Sinne des Abteilungsleiters für eine solche Produktpolitik sprächen.

a) – Weiterentwicklung des Schwingschleifers zum Winkelschleifer mit Akkubetrieb
– Schlagbohrmaschine mit integrierter Staubabsaugung

b) Aufnahme von Küchengeräten ins Sortiment (vollkommen neue Warengruppe, die bisher nicht im Sortiment der Lachmann GmbH war)

c) Gründe für Diversifikation:
– Risikostreuung durch Schaffung eines weiteren Standbeines
– Eindringen in neue Märkte und damit Sicherung von Arbeitsplätzen

11. Ordnen Sie den folgenden Aussagen die Begriffe Sortimentsbreite, Sortimentstiefe, Sortimentsbereinigung oder Sortimentserweiterung zu und begründen Sie Ihre Antworten.

a) Eine Weingroßhandlung bietet Weine aus 30 verschiedenen Weinanbaugebieten an.

b) Dieselbe Großhandlung hat 40 verschiedene toskanische Rotweine im Sortiment.

c) Eine Süßwarengroßhandlung nimmt zum neuen Jahr Erfrischungsgetränke ins Sortiment auf.

d) Aufgrund der Konkurrenz im Internet nimmt ein Großhandelsunternehmen für Bürobedarf sämtliche PC-Druckerpatronen aus dem Programm.

a) Sortimentsbreite:	verschiedene Artikelgruppen (Weißweine und Rotweine aus Italien, Spanien, Frankreich, Deutschland)
b) Sortimentstiefe:	verschiedene Artikel der gleichen Warengruppe

c) Sortimentserweiterung: Diversifikation des bisherigen Sortiments

d) Sortimentsbereinigung: Sortiment wird verkleinert

12. Grenzen Sie mithilfe von Beispielen Herstellermarken von Handelsmarken ab.

Herstellermarken:	Handelsmarken:
= Markenartikel eines Herstellers	= Marke einer Handelskette
– Tempo-Papiertaschentücher	– K-Classic-Papiertaschentücher der Kaufland-Kette
– Nike-Sportbekleidung	– Crane-Sportbekleidung von Aldi
– Point S-Schneeketten	– ADAC-RUD, Handelsmarken-Schneeketten des ADAC

13. Beschreiben Sie Vorteile, die die Positionierung von Handelsmarken für die Hersteller dieser Artikel hat.

Vorteile der Handelsmarken für den Hersteller des Artikels:

- Kapazitätsauslastung
- Arbeitsplatzsicherung
- Erwirtschaftung eines hohen Deckungsbeitrags
- Listung in großen Handelsketten
- Distributionsvorteile

14. Nennen Sie Markenkooperationen im Sinne eines Co-Brandings.

- Lufthansa und Visa (Kreditkarte)
- Nestle und Haribo (Fruity Smarties)
- Phillips und Beiersdorf/Nivea (Creme spendender Rasierer)
- Apple und Deutsche Telekom (iPhones)

7.5 Preis- und Konditionenpolitik

S. 381

1. Entscheiden Sie anhand der folgenden Aussagen und Fragen, ob es sich um eine nachfrage-, konkurrenz- oder kostenorientierte Preisgestaltung handelt.

a) Die angefallenen Kosten der Ware bestimmen den Preis.

b) Man orientiert sich an den Leistungsverhältnissen der Mitbewerber.

c) Welchen Preis sind die Kunden bereit zu zahlen?

d) Die Preisbildung basiert auf einem möglichst niedrigen Endverbraucherpreis.

e) Die Art der Preisbildung berücksichtigt Kaufkraft, Preisvorstellung sowie Preis- und Kaufbereitschaft der Kunden.

f) Die Preisbildung berücksichtigt den subjektiv empfundenen Wert der Ware aus der Sicht des Käufers.

g) Der Preis ist so gesetzt, dass ihn der Kunde gerade noch bezahlen will.

h) Der Preis wird mithilfe der Kalkulation ermittelt.

i) Eine Maßnahme der Preispolitik ist eine konsequente Preisunterbietung.

j) Der Preis wird an den gängigen Marktpreis angepasst.

a) kostenorientierte Preisgestaltung

b) konkurrenzorientierte Preisgestaltung

c) nachfrageorientierte Preisgestaltung

d) nachfrageorientierte Preisgestaltung

e) nachfrageorientierte Preisgestaltung

f) nachfrageorientierte Preisgestaltung

g) nachfrageorientierte Preisgestaltung

h) kostenorientierte Preisgestaltung

i) konkurrenzorientierte Preisgestaltung

j) konkurrenzorientierte Preisgestaltung

2. Auf einer Rechnung steht: »Ab einer Abnahmemenge von 100 Einheiten gewähren wir einen Nachlass von 10 %. Die Zahlung erfolgt in 30 Tagen netto Kasse, bei Zahlung innerhalb von 10 Tagen mit 2 % Abzug.«

Erläutern Sie, um welche Preisnachlässe es sich handelt.

- Mengenrabatt wegen Abnahme einer größeren Menge
- Preisnachlass wegen vorzeitiger Zahlung, also Skonto

3. Unterscheiden Sie Rabatt, Skonto und Bonus und begründen Sie, warum diese eingesetzt werden.

- Rabatt: Preisnachlass wegen bestimmter Anlässe, z. B. wegen großer Abnahmemengen, Kundentreue, Firmenjubiläum, Barzahlung etc.
- Skonto: Preisnachlass für Zahlung vor Fälligkeit
- Bonus: Nachträglicher Preisnachlass, der von der abgenommenen Menge oder einem bestimmten Umsatz abhängig ist.

4. Begründen Sie, ob Mindestabnahmemengen und Mindermengenzuschläge eine Benachteiligung der Kleinkunden darstellen.

Die Auftragsbearbeitungskosten sind bei Kleinaufträgen verhältnismäßig hoch. Deshalb ist es gerechtfertigt, Mindestabnahmemengen in kundenfreundlicher Höhe oder Mindermengenzuschläge in angemessenem Ausmaß festzulegen.

5. Erläutern Sie an konkreten Beispielen die Arten der Preisdifferenzierung.

Art der Preisdifferenzierung	Beispiel
personelle	Konzerteintrittspreise für Studenten, Rentner, Normalverdiener
räumliche	Benzinpreise in verschiedenen Regionen
zeitliche	Tagstrom-, Nachtstromtarife
produktbezogene	Speiseeis in gleicher Qualität als Markenprodukt oder beim Discounter
mengenmäßige	Gruppentarife bei Bahnfahrten

6. Zeigen Sie Vorteile der Preisdifferenzierung für beide Vertragsparteien auf.

Verkäufer: Umsatz, Gesamtgewinn und Marktanteil wachsen, Kapazitäten werden besser ausgenutzt, größere Verbreitung der Produkte (Bekanntheit).

Käufer: Sie haben die Gelegenheit, zu ermäßigten Preisen zu kaufen.

7. Ordnen Sie die genannten Preisstrategien den abgebildeten Grafiken zu und erklären Sie anhand der Grafiken die Preisstrategien.

a) Marktpreisstrategie

b) Prämienpreisstrategie

c) Hochpreisstrategie

d) Penetrationspreisstrategie

e) Niedrigpreisstrategie

f) Promotionspreisstrategie

g) Skimmingpreisstrategie

h) Abschöpfungspreisstrategie

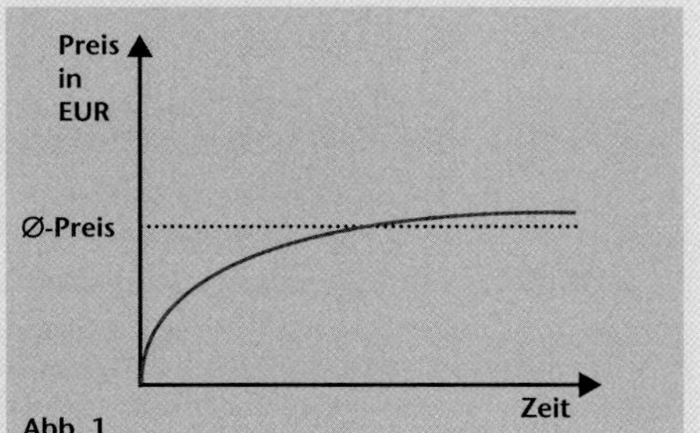

Abb. 1

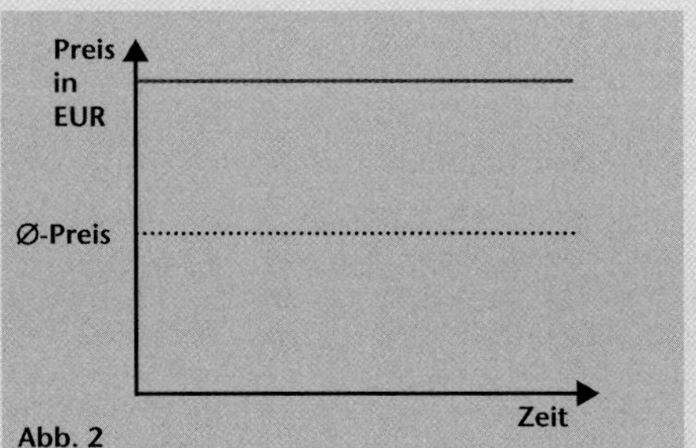

Abb. 2

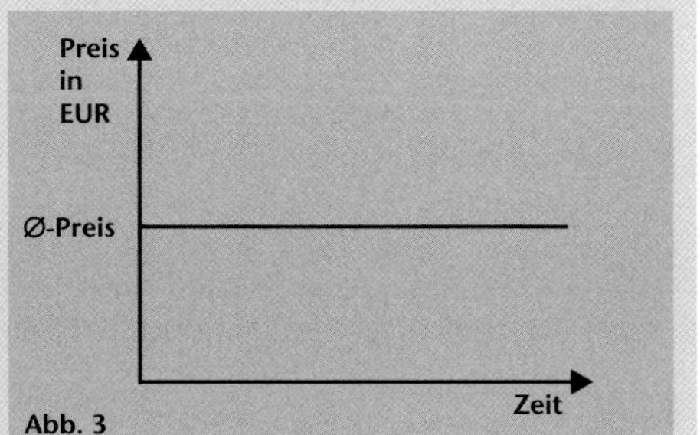

Abb. 3

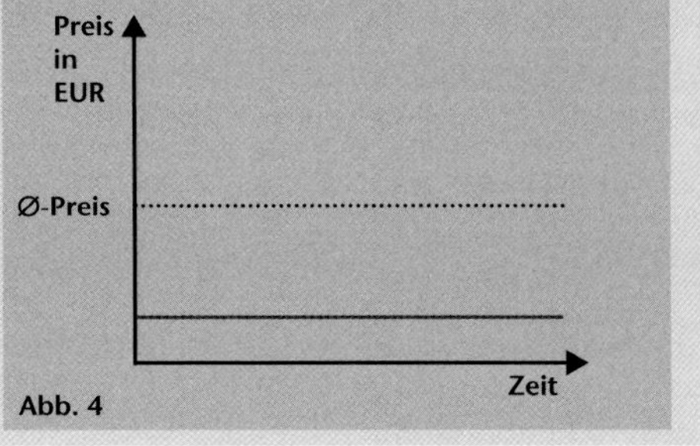

Abb. 4

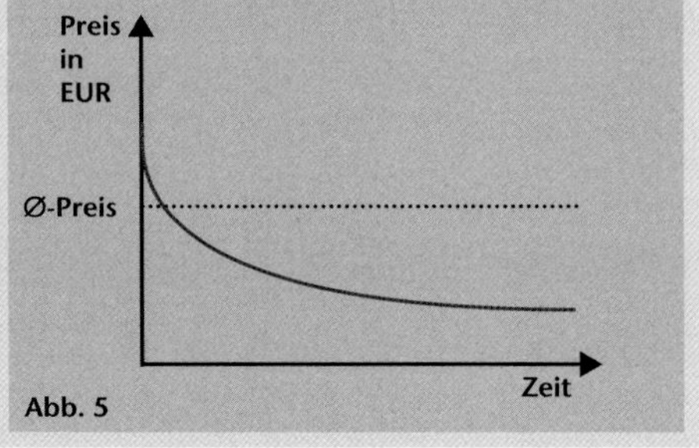

Abb. 5

	Preisstrategie	Abbildung
a)	Marktpreisstrategie	3
b)	Prämienpreisstrategie	2
c)	Hochpreisstrategie	2 und 5
d)	Penetrationspreisstrategie	1
e)	Niedrigpreisstrategie	1 und 4
f)	Promotionspreisstrategie	4
g)	Skimmingpreisstrategie	5
h)	Abschöpfungspreisstrategie	5

7.6 Kommunikationspolitik

1. Diskutieren Sie die Behauptung »Werbung verteuert das Produkt«.

S. 400

Werbung muss nicht unbedingt die Erzeugnisse verteuern. Werbung lässt zwar die Gesamtkosten steigen. Erfolgreiche Werbung führt aber zu einer Umsatzsteigerung. Sofern der Umsatz durch die Werbung stärker gestiegen ist als die Kosten, ist eine Preissenkung möglich.

2. Stellen Sie Vor- und Nachteile der Werbung jeweils aus der Sicht des werbenden Unternehmens und des Konsumenten einander gegenüber.

	Vorteile	Nachteile
Unternehmen	– Gestaltung der Information – Einfluss auf die Kunden – Zielgenauigkeit	– Kosten – Ungewissheit, ob die Maßnahme »greift« – u. U. profitiert auch die Konkurrenz
Verbraucher	– wird informiert – Produktvergleich wird möglich	– wird beeinflusst – zahlt u. U. erfolglose Werbemaßnahmen mit – wird von übermäßiger Werbung belästigt

3. Die AIDA-Formel spielt in der Kommunikationspolitik eine zentrale Rolle.

a) Welche Ziele der Kommunikationspolitik werden durch sie unterschieden?

b) Begründen Sie die Unterscheidung in kommunikationsbezogene und markterfolgsbezogene Ziele.

c) Untersuchen Sie aktuelle Werbekampagnen im Hinblick auf die genannten Ziele.

a) Aufmerksamkeit erregen (Attention)

Interesse wecken (Interest)

Kaufwunsch erzeugen (Desire)

b) Das erfolgsbezogene Ziel »Kauf« (Action) kann nur erreicht werden, wenn zuvor Aufmerksamkeit, Interesse und Kaufwunsch entstanden sind.

c) Schülerabhängige Antworten.

Als Beispiele gut geeignet: Media-Markt-Kampagnen, Fernsehspots, Kampagnen für neue Pkw-Serie.

4. Interpretieren Sie das Schaubild des Lehrbuches, Seite 384 unten.

Erfolgreiche Kommunikationspolitik legt in einem Kommunikationsplan (ausgehend von den Marketingzielen) den Mediaplan fest, der die passenden Kommunikationsinstrumente (z. B. Werbeträger und -mittel oder Maßnahmen der Verkaufsförderung) kombiniert. Der Kommunikationsplan steht in Wechselwirkung zum Etat für die Kommunikation. Dieser kann vorgegeben sein oder wird durch den Mediaplan bestimmt und schlägt sich in den Kosten nieder. Die festgelegten Kommunikationsinstrumente sollen beim Kunden Aufmerksamkeit, Interesse und Kaufwunsch wecken (kommunikationsbezogene Ziele der AIDA-Formel), was in der Folge zum Kauf (erfolgsorientiertes Ziel) und damit zum Umsatz führen soll. Hierdurch können erneut die Kosten beeinflusst werden, z. B. können Mengeneffekte zur Kostenverringerung beitragen. Gewinn wird erwirtschaftet, wenn der Umsatz die Kosten übersteigt.

5. Eine Sanitärgroßhandlung stellt die geplanten Werbemittel und Werbeträger in einem Werbeplan zusammen. Auf welche Werbemittel und Werbeträger sollte nicht verzichtet werden?

Beispiele:

Anzeigen und Prospektbeilagen in Zeitungen des Lieferbereichs, Werbedias oder Werbespots in den Kinos der Region, Werbetafeln in Sportstätten, Leuchtschrift und Plakate am Betriebsgebäude, Werbeaufdrucke auf Fahrzeugen und Bussen

6. Begründen Sie, warum einer Werbeaktion immer eine Zielgruppenbestimmung vorausgehen sollte.

Zielgruppen sind die Personenkreise, die umworben werden sollen. Nur wenn diese genau bestimmt sind, können die passenden Werbemittel, -träger und -botschaften adressatengerecht bestimmt werden. So müssen diese beispielsweise für Senioren anders gestaltet werden als für Jugendliche.

7. Nennen Sie die Bestimmungsfaktoren für den Werbeetat eines Unternehmens.

Umsatz, verfügbare liquide Mittel, Aktivitäten der Konkurrenten, Marketingziele und Ziele der Kommunikationspolitik

8. Warum muss die Werbeaktivität eines Unternehmens auf ihre kommunikative und wirtschaftliche Wirkung hin untersucht werden?

Durch die Kontrolle soll geprüft werden, ob die angestrebten Ziele erreicht wurden. Da die Ziele in kommunikative und wirtschaftliche unterschieden werden, muss die Erreichung auch getrennt überprüft werden. Es soll festgestellt werden, ob die Maßnahme von den Zielgruppen wahrgenommen wurde und zu einer Verhaltensänderung (Einstellung, Kauf) geführt hat. Durch die wirtschaftliche Kontrolle wird versucht zu klären, wie groß der Beitrag der Maßnahme zur Umsatz- oder Gewinnerhöhung war.

9. Stellen Sie die Vor- und Nachteile der Werbung eines Großhändlers gegenüber;

a) für den Großhändler selbst,

b) für den Einzelhändler,

c) für den Hersteller,

d) für den Verbraucher.

		Vorteile	Nachteile
a)	Großhandel	Er hat volle Gestaltungsfreiheit.	Er hat die Kosten zu tragen.
b)	Einzelhandel	Es wird gezielt über Produkte informiert, Mehrumsatz ohne eigenen Werbeaufwand.	Werbung kommt u. U. auch den Konkurrenten zugute.
c)	Hersteller	Mehrumsatz ohne eigenen Werbeaufwand.	Werbung kommt u. U. auch den Konkurrenten zugute.
d)	Verbraucher	Einzelhandel bietet ein breiteres Sortiment; evtl. Informationen über Produkte.	Zielrichtung der Werbung ist u. U. der Einzelhandel, daher wird der Verbraucher über Produkte nicht gezielt informiert.

10. Welche Werbemittel halten Sie geeignet bei der Werbung für

a) Herrenanzüge,

b) Waschmittel,

c) Personalcomputer,

d) Kraftfahrzeuge,

e) eine neue Limonadensorte,

f) Bücher?

Beispiele:

a) Prospekte, Schaufenster, Anzeigen in der Tageszeitung

b) Radio- und Fernsehspots

c) Prospekte, Vorführung, DV-Kurse, Fernsehspots, Anzeigen in Zeitschriften, Homepages im Internet

d) Prospekte, Vorführungen, Beratung, Fernsehspots, Homepages im Internet

e) Gratisausschank, Spots im regionalen Fernsehen, Plakate

f) Schaufenster, Prospekte, Vorlesewettbewerbe, Dichterlesungen

11. Ein Unternehmen legt den Werbeetat für die nächsten Jahre in Höhe von 3 % des jeweiligen Jahresumsatzes fest. Beraten Sie dieses Unternehmen.

Vordergründig erscheint die Maßnahme sinnvoll. Hat man viel Umsatz, so hat man auch die Mittel für Werbung. In dieser Situation ist Werbung jedoch unnötig. Es wäre besser, die Mittel einzusparen und dann einzusetzen, wenn der Absatz schleppend verläuft und die Nachfrage durch nachhaltige Werbung unterstützt werden muss. Außerdem bedeutet ein höherer Umsatz nicht, dass damit ein höherer Gewinn verbunden ist.

12. Grenzen Sie Werbung, Public Relations und Verkaufsförderung gegeneinander ab.

	Werbung	Public Relations	Verkaufsförderung
Zielsetzung	Absatzvorbereitung	Imagepflege	Verkaufserleichterung
Zielgruppe	Verbraucher, Einzelhändler	Öffentlichkeit	Einzelhändler
Mittel	Anzeigen, Fernseh- und Hörfunkspots, Warenauslage, Prospekte, Kataloge, Zeitungsbeilagen, Service	Medienarbeit, Betriebsbesichtigungen, Kundenzeitschriften, Sponsoring, Preisausschreiben	Verkaufspropagandisten, Displaymaterial, Verkaufsschulungen und -wettbewerbe, Preisausschreiben

13. Nennen Sie Public Relations-Maßnahmen Ihres Erfahrungsbereiches.

Beispiele:

Tag der offenen Tür, Betriebsbesichtigung, Spende an Vereine, Trikotwerbung, Firmenzeitschrift, Jubiläumsveranstaltung, Vorträge, Gründung einer Stiftung, Co-Branding mit Umweltschutzverbänden oder Hilfsorganisationen

14. Die Natur Pur KG in Heilbronn nimmt demnächst ihre Tätigkeit, den Handel mit ökologischen Möbeln, auf. Als wichtigstes Marketinginstrument erscheint der Natur Pur KG die Kommunikationspolitik.

a) Nennen Sie drei Ziele der Werbung, die Sie für besonders wichtig halten.

b) Erläutern Sie die Grundsätze der Werbung, die zu beachten sind.

c) Erläutern Sie einige Gesichtspunkte, die die Natur Pur KG bei der Festlegung des Werbeetats berücksichtigen sollte.

d) Begründen Sie die Empfehlung an die Natur Pur KG, antizyklisch zu werben.

e) Die beiden Eigentümer des jungen Unternehmens erwägen, ihre Kunden durch ein Callcenter »betreuen« zu lassen. Wägen Sie die Argumente »Für« und »Wider« gegeneinander ab.

f) Die beiden Eigentümer werden vom Sportverein »TSG 27 Heilbronn« gebeten, Preise für die Weihnachtstombola zur Verfügung zu stellen. Begründen Sie, was sie tun sollen.

g) Die Natur Pur KG wird von der NATURKOST GmbH in Stuttgart angeschrieben, man halte ein Co-Branding der Markenprodukte beider Unternehmen für sehr wirkungsvoll und vorteilhaft. Nehmen Sie zu diesem Vorschlag Stellung.

h) Unterbreiten Sie Vorschläge, wie das Unternehmen mit Werbemaßnahmen über neue Medien aktiv werden könnte.

i) Das Unternehmen möchte als Aussteller Messen besuchen. Recherchieren Sie im Internet, welche regionalen und überregionalen Messen für die Natur Pur KG infrage kämen.

j) Begründen Sie, welche verkaufsfördernden Maßnahmen das junge Unternehmen ergreifen sollte.

a) Information der Öffentlichkeit, Weckung von Bedarf, Gewinnung von Neukunden

b) Grundsätze:

Wahrheit:	Wird die Werbeaussage nicht geglaubt, dann ist sie wirkungslos.
Klarheit:	Sind die Werbeaussagen nicht klar verständlich, verfehlen sie ihren Zweck.
Soziale Verantwortung:	Die Ausnutzung der Leichtgläubigkeit erregt Missfallen.
Wirksamkeit:	Originelle Werbeideen, beste Kombination der Werbemittel und nicht übertriebene Wiederholung fördern den Verkauf.
Wirtschaftlichkeit:	Auch die Werbung unterliegt dem ökonomischen Prinzip. Das Werbeziel muss mit einem Minimum an Werbeaufwand erreicht werden, oder mit einem bestimmten Werbeaufwand ist ein möglichst großer Werbeerfolg zu erzielen.

c) Werbeetat: Dringlichkeit der Werbemaßnahme, vorhandene Mittel, Konkurrenzaktivität, Marketingziele.

d) Antizyklische Werbung: In Zeiten reißenden Absatzes kann auf Werbung verzichtet werden, die eingesparten Mittel sind besser in Zeiten einzusetzen, in denen der Absatz nur schleppend verläuft.

e)

für	**wider**
– regelmäßige, persönliche Ansprache – direktes Eingehen auf Kundenwünsche – kostengünstig	– ungewöhnlich in der Möbelbranche – wird evtl. als belästigend empfunden – Problem, wenn die Anrufer nicht fachmännisch ausgebildet sind
→ evtl. geeignet für Einzelhandel	→ nicht geeignet für Endverbraucher

f) Unbedingt mitmachen! Einige nicht allzu aufwendige Produkte können als Preise gespendet werden, sie machen das Unternehmen bekannt. Eine Tombola wirkt nicht als Werbe- oder Verkaufsaktion.

g) Sofern die NATURKOST GmbH gute und bekannte Hausmarken führt, lässt sich über eine gemeinsame Werbung durchaus reden. Co-Branding-Kosten halten sich im Rahmen. Es werden neue Kundenkreise erschlossen. Vor allem bei Küchenmöbeln bietet sich eine Co-Branding-Maßnahme an.

h)
- mobiles Speichermedium: Werbefilme in Verkaufsräumen von Möbelhäusern,
- Kiosksystem: Informations- und Artikelsuchsystem über PC in Möbelhäusern,
- Onlinesystem: eigene Homepage mit Popup-Hinweisen auf Messen und Neuheiten, Werbebanner auf Homepages von Möbel-, Einrichtungshäusern und Fertighausherstellern, E-Mails mit Informationen über Neuheiten an Möbelhandel, Endverbraucher.

i) Beispiele:

BADEN-MESSE (Freiburg) Öko 2019 (Trier) Haus – Bau & Energie Nordhausen	regional
SANA – Internationale Messe für Naturprodukte in Bologna imm-cologne – Internationale Einrichtungsmesse in Köln	überregional

j) – Verkäufer von Einrichtungs- und Möbelhäusern schulen, damit sie mit den Verkaufsargumenten für Ökomöbel vertraut sind.
   – Einflussnahme auf Möbelhäuser, damit verkaufsgünstige Platzierung der Ausstellungsstücke erfolgt.
   – Bereitstellen von Displaymaterial, weil Plakate, Großfotos, Filme über die Herstellung der Möbel informieren.
   – Preisausschreiben in einschlägigen Zeitschriften wie Schöner Wohnen, GEO und den Verbandszeitungen von Umweltschutzverbänden, um Verbraucher aufmerksam zu machen.

15. Suchen Sie nach Beispielen für vergleichende Werbung und gestalten Sie damit eine Wandzeitung in Ihrem Klassenzimmer.

Beispiele:

- PC-Hersteller Dell: »Aldi werden staunen«
- Europcar verglich den Mietpreis eines Polos mit dem von Sixt, indem der Europcar-Preis von 66 EUR in den Sixt-Farben um 180° gedreht wurde.
- Seekport warb für seine Suchmaschine mit »Nun hat's sich ausgegoogled!«.
- Gegenüber einem Burger-King am Berliner Alexanderplatz hing ein Plakat mit folgender Aufschrift: »Könige sind out, McDonalds ist lecker!«

16. Suchen Sie Beispiele für irreführende Werbung.

Beispiele:

- Die Umweltschutzorganisation BUND prangerte die Werbung für »umweltfreundliche Elektroheizungen« als irreführend an.
- Die Vattenfall Europe AG, eines der führenden Energieunternehmen Deutschlands und größter Wärmeerzeuger in Europa, hatte in einer Anzeige in zahlreichen deutschen Publikumszeitschriften und auf ihrer Internetseite angekündigt, »ein CO_2-freies Braunkohlekraftwerk« zu errichten. In einem Urteil des Landgerichts Berlin vom 4. Dezember 2007 wurde einer einstweiligen Verfügung gegen die Vattenfall Europe AG stattgegeben, da der Begriff »CO_2-frei« irreführend verwendet wurde (Az.: 97 O 297/07).

17. Recherchieren Sie auf der Homepage des Deutschen Werberats, mit welchen Beschwerden dieser sich konfrontiert sieht.

a) Zeigen Sie an Beispielen, welche Verstöße am häufigsten vorkommen.

b) Erläutern Sie, wie der Werberat mit Beschwerden umgeht und wie die betroffenen Unternehmen in der Regel reagieren.

c) Diskutieren Sie in Ihrer Klasse, ob die Beschwerden gerechtfertigt sind.

a) Herabwürdigung von Frauen. Thematischer Schwerpunkt der Bürgerkritik an kommerzieller Marktkommunikation ist nach wie vor der Vorwurf, Frauen würden diskriminiert, gedemütigt, herabgewürdigt (39 % aller Beschwerden). Der seit einigen Jahren rückläufige Trend dieses Beschwerdemotivs hat sich im Jahr 2010 nicht fortgesetzt: Im Berichtsjahr betraf die von den Beschwerdeführern unterstellte Diskriminierung von Frauen 116 Werbeaktivitäten, während es im Jahr zuvor noch 90 waren.

Beispiele:

- Eine Diskothek warb im Internet und auf Plakaten für eine Party mit dem Motto: »Trinkst Du Dich blau, kriegst du 'ne Frau!« Der Beschwerdeführer sah hierin einen Verstoß gegen die Verhaltensregeln des Deutschen Werberats über die kommerzielle Kommunikation für alkoholhaltige Getränke. Der verwendete Werbetext fordere zu schädlichem Konsum auf und verstoße deshalb gegen das Regelwerk. Verletzt würde auch die Vorgabe, wonach in der Werbung für alkoholhaltige Getränke nicht der Eindruck erweckt werden solle, der Konsum solcher Getränke fördere sozialen oder sexuellen Erfolg.
- In einem Anzeigenblatt warb eine Fleischerinnung mit einer ganzseitigen Anzeige für die ihr angehörenden Fachbetriebe. Zu dem Slogan »Wir haben nichts zu verbergen... In unseren Fachgeschäften gibt es nur Frischfleisch« war ein nur mit Netzstrumpfhose, Perlenkette und Seidenhandschuhen bekleidetes Model abgebildet, das den Betrachter mit laszivem Blick ansah. Die Beschwerdeführerin hielt die Werbemaßnahme für sexistisch. Es sei Frauen herabwürdigend, dass in der Anzeige ein Zusammenhang zwischen einer jungen, fast nackten Frau und Frischfleisch hergestellt werde. Der Werberat schloss sich dieser Kritik an und forderte die Innung zur Stellungnahme auf. Diese teilte dem Gremium daraufhin mit, dass die Anzeige künftig nicht mehr geschaltet werde und sich die Innung im Übrigen mit einer im gleichen Anzeigenblatt veröffentlichten Erklärung des Bedauerns beim Verbraucher entschuldigt habe.
- Ein französischer Autohersteller machte im Radio mit einem »Stoßgebet« in Reimform auf seine Marke aufmerksam: »Lieber Gott, bitte mach, dass es auch heute nicht kracht, und schütze uns auf allen Wegen bei Glatteis, Schnee und auch bei Regen. Amen.« Der Beschwerdeführer sah hierin eine Verunglimpfung und Verulkung christlichen Glaubens, die sich auch nicht mit dem Hinweis auf das Stilmittel des »Augenzwinkerns« rechtfertigen lasse. Nachdem der Werberat den Autohersteller zur Stellungnahme aufgefordert hatte, bedauerte das Unternehmen, diese nicht beabsichtigten negativen Assoziationen hervorgerufen zu haben, und setzte den Spot ab.

b) Bei rund einem Drittel der Werbekampagnen schloss sich der Werberat der Kritik aus der Bevölkerung an. In den übrigen Fällen sprach die Schiedsstelle die kritisierte Werbung jedoch frei. So mussten zahlreiche Unterstellungen von Frauendiskriminierungen zurückgewiesen werden: Häufig handelte es sich um nicht nachvollziehbare und überzogene Ansichten. 89 Werbekampagnen beanstandete das Gremium. Daraufhin stellten 81 betroffene Unternehmen die Werbeaktion ein oder änderten sie entsprechend der Kritik (Durchsetzungsquote: 93 Prozent). Lediglich in 8 Fällen musste der Werberat öffentliche Rügen aussprechen.

c) Klassenspezifische Diskussion.

Beispiele:

- Unternehmen überschreiten bewusst die Grenzen des guten Geschmacks, um in der Öffentlichkeit wahrgenommen zu werden.
- Werbung, die nur kurzfristig wahrgenommen wird, erzielt Wirkung.
- Verschiebung der moralischen Werte.
- Sex sells.

18. Erläutern Sie, wie man den ökonomischen und den nichtökonomischen Erfolg einer Werbeaktion messen kann.

Ökonomischer Erfolg:

$$\frac{\text{Umsatzzuwachs}}{\text{Werbeaufwand}} \cdot 100 = \text{Wirtschaftlichkeit der Werbung}$$

Einzelne Aktionen können überprüft werden mit

- Gebietsverkaufstest: Vergleich eines Marktes, auf dem Marketingaktivitäten durchgeführt wurden, mit einem Markt ohne Aktivitäten.
- BuBaW-Verfahren: Bestellung unter Bezugnahme auf die Werbung.

Nichtökonomischer Erfolg:

Nach einer Werbeaktion werden zufällig ausgewählte Personen nach dem Bekanntheitsgrad des Produktes oder des Werbeslogans befragt, oder sie werden gebeten, über ihre Kaufmotive Auskunft zu geben.

19. Eine Werbeaktion hat 100.000 EUR gekostet. Daraufhin wurden 2.000 Produkte zusätzlich zu einem Preis von 600 EUR je Stück verkauft. Pro verkauftem Erzeugnis wird mit einem Gewinn von 80 EUR gerechnet.

a) Ab welcher zusätzlich verkauften Stückzahl wären die durch die Werbeaktion entstandenen Kosten gedeckt?

b) Ab welcher zusätzlich verkauften Stückzahl erreicht das werbende Unternehmen die Gewinnzone?

a) Zusätzlicher Gewinn: 160.000,00 EUR

→ Werbung war erfolgreich, da Werbeaufwand nur 100.000,00 EUR.

b) $80\,x = 100.000$

$x = 1.250$

Ab 1.250 zusätzlich verkauften Stück erreicht das Unternehmen die Gewinnzone.

20. Ein Großhandelsunternehmen möchte eine große Werbekampagne in einer überregionalen Tageszeitung starten. Es stehen folgende Alternativen zur Wahl:

	Zeitung A	Zeitung B	Zeitung C
Leser pro Auflage	**1.000.000**	**1.200.000**	**800.000**
Reichweite	**40 %**	**50 %**	**47 %**
Kosten einer einseitigen Anzeige	**20.000 EUR**	**27.000 EUR**	**27.500 EUR**

a) Berechnen Sie jeweils den TKP.

b) Treffen Sie eine Entscheidung und beurteilen Sie das Ergebnis.

a) Zeitung A 1.000.000 Leser · 40 % = 400.000 Leser

$$\frac{20.000 \text{ EUR}}{400} = 50{,}00 \text{ EUR/1.000 Leser}$$

Zeitung B 1.200.000 Leser · 50 % = 600.000 Leser

$$\frac{27.000 \text{ EUR}}{600} = 45{,}00 \text{ EUR/1.000 Leser}$$

Zeitung C 800.000 Leser · 47 % = 376.000 Leser

$$\frac{27.500 \text{ EUR}}{376} = 73{,}14 \text{ EUR/1.000 Leser}$$

b) Die Anzeige in der Zeitung B ist am günstigsten, da die Anzahl der erreichten Leser höher ist als bei den anderen beiden Zeitungen und folglich die Kosten pro 1.000 angesprochener Leser mit 45,00 EUR am günstigsten sind. Beurteilung: Nicht die absoluten Kosten der Anzeige sind ausschlaggebend, sondern die relativen, bezogen auf 1.000 erreichte Leser.

21. »Werbung ist nur einer unter vielen Einflussfaktoren für die Kaufentscheidung des Kunden.«

Interpretieren Sie in Kleingruppen die nebenstehende Grafik unter Beachtung dieser Aussage.

Suchen Sie gemeinsam nach Beispielen für die Einflussfaktoren.

Stellen Sie Ihre Ergebnisse der Klasse vor.

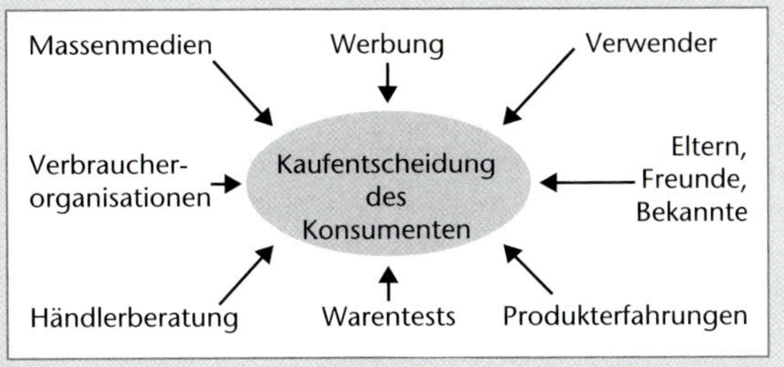

Werbung macht keinen Hehl daraus, den Konsumenten beeinflussen zu wollen. Mit offenem Visier vermittelt sie Informationen auf der rationalen und emotionalen Ebene. Der Konsumalltag zeigt jedoch, dass Werbung nur eine unter vielen Möglichkeiten darstellt, sich über Produkte und Dienstleistungen zu informieren. Erfahrungsgemäß steigt die Anzahl der genutzten Informationsquellen mit der Bedeutung der Kaufentscheidung: Die Anschaffung eines neuen Autos bedarf umfassenderer Informationen als die einer Dose Erbsen. Bei Letzterer genügt in der Regel Werbung auf einem einfachen Niveau.

Der Autokäufer hingegen sichert seine beabsichtigte Investition nach allen Seiten hin ab: Aufmerksam geworden durch Werbespots und Anzeigen in Zeitungen und Zeitschriften, zieht er die Werbeträger mit tiefergehenden Informationen hinzu – vom Prospekt über die Internet-Präsentation bis hin zur Besichtigung, Probefahrt und Beratung beim Händler. Er befragt Freunde, Fachleute, Verbraucherorganisationen, liest redaktionelle Beiträge und Testberichte. Er holt sich gegebenenfalls die Meinung derer ein, die bereits über Erfahrung mit dem Auto verfügen. Solche mündlichen Empfehlungen von Produktverwendern haben einen besonders hohen Einfluss auf die Kaufentscheidung.

Die Einflusszone der Werbebotschaften relativiert sich dadurch deutlich, wenngleich diese hohen Anforderungen standhalten müssen. Denn ein simpler menschlicher Verhaltensmechanismus zwingt den Werbenden dazu, die Werbeaussagen zu Produkten oder Dienstleistungen so auszurichten, dass die Erwartungen des Konsumenten auch erfüllt werden können: Ist der Kunde erst einmal enttäuscht, so wird die Werbung bei ihm kein zweites Mal Erfolg haben können. Das ist sozusagen der markteigene Schutz vor Übertreibungen.

(Quelle: ZAW, Abenteuer Kommunikation, 2005, S. 18)

7.7 Distributionspolitik

1. Welche Bereiche (Entscheidungsfelder) gehören zur Distributionspolitik (Vertriebspolitik)? S. 409

Vertriebssystem (Vertriebsorgane und -wege), Beziehung zu den Vertriebspartnern, Verkaufsaktivitäten, Vertriebslogistik

2. Skizzieren Sie das Vertriebssystem (Vertriebsorgane und Vertriebswege) eines Unternehmens Ihrer Wahl und stellen Sie es in Ihrer Klasse vor.

schülerabhängige Antworten

Hinweise: Vertriebsorgane in Anlehnung an das Schaubild des Lehrbuches, S. 403, und Vertriebswege in Anlehnung an das Schaubild des Lehrbuches, S. 407

3. Erläutern Sie, welche Funktionen der Großhandel im Rahmen des Distributionsprozesses übernimmt.

Funktionen des Großhandels (vgl. Kapitel 9.1 des Lehrbuches, Leistungen (Aufgaben) des Handels):

- an der Ware: Sortimentsbildung, Mengenumgruppierung,
- Überbrückung: Raum- und Zeitüberbrückung,
- Vermittlung: Markterschließung.

4. Ein Großhandelsunternehmen belieferte bisher 500 Einzelhandelsunternehmen in über 40 Städten. Es entschließt sich, ergänzend dazu, zum direkten Absatz über Verkaufsniederlassungen in vier Großstädten.

a) Nennen Sie mögliche Gründe dafür.

b) Welche zusätzlichen Kosten entstehen dadurch?

c) Welche Kosten könnten eingespart werden?

d) Begründen Sie, wie sich die Veränderung auf den Umsatz auswirken könnte.

a) direkter Kundenkontakt, Absatzsteigerung, höherer Deckungsbeitrag, Preisdifferenzierung möglich

b) Raumkosten (Abschreibungen, Miete), Personalkosten (Gehälter, Lohnnebenkosten), Lagerhaltungskosten (Lagerzinsen, Einrichtung), Vertriebskosten

c) Vertriebskosten (Rabatte und Gewinnspannen für Handel)

d) Der direkte Kontakt zu den Kunden kann zur Verbesserung der Beziehungen zu den Kunden, zur Verbesserung der Produkte und des Sortiments führen und somit den Umsatz verbessern. Das Unternehmen kann sich besser um umsatzsteigernde Maßnahmen kümmern.

5. Stellen Sie Vor- und Nachteile des direkten und indirekten Absatzes in einer Tabelle einander gegenüber.

	Vorteile	**Nachteile**
direkter Absatz	– Einflussmöglichkeiten auf Absatzgeschehen – direkter Kundenkontakt – keine Handelsspanne – Provision an Händler	– hohe Kosten für den Aufbau des Vertriebssystems – Unternehmen übernimmt selbst die Aufgaben des gesamten Vertriebs
indirekter Absatz	– keine Kosten für den Aufbau des Vertriebsnetzes – Aufgaben des Vertriebs weitgehend ausgelagert – Einzelhandel als Multiplikator	– geringere Deckungsbeiträge wegen Handelsspanne – kein direkter Kundenkontakt – kein Einfluss auf das Absatzgeschehen

6. Die Reifen Roesch GmbH prüft, ob sie einen Handlungsreisenden oder einen Handelsvertreter für den Außendienst beschäftigen soll. Der Handlungsreisende erhält eine Provision von 2 % und ein Monatsfixum von 2.000 EUR; ein Handelsvertreter erhält 6 % Provision.

a) Nennen Sie vier grundlegende Unterschiede zwischen einem Handlungsreisenden und einem Handelsvertreter.

b) Begründen Sie, ob es sich jeweils um einen direkten oder indirekten Absatzweg handelt.

c) Angenommen, die Reifen Roesch GmbH rechnet zunächst mit einem Monatsumsatz von 45.000 EUR. Begründen Sie, was Sie der Geschäftsleitung in diesem Fall empfehlen würden.

a)

Handlungsreisender	Handelsvertreter
– Angestellter	– selbstständiger Unternehmer
– weisungsgebunden	– nicht weisungsgebunden
– flexibel einsetzbar	– nicht anderweitig einsetzbar
– Fixum und Provision	– i. d. R. Provision
– Auslagenersatz	– i. d. R. keine Aufwandsentschädigung
– Wettbewerbsverbot	– Wettbewerbsverbot nur, soweit vertraglich vereinbart (Konkurrenzklausel)

b) Handlungsreisender: direkt, da der Absatz über einen unternehmensinternen Außendienstmitarbeiter erfolgt.

Handelsvertreter: indirekt, da der Absatz über einen externen Absatzhelfer erfolgt.

c) Kosten Handlungsreisender:
2.000,00 EUR + 45.000,00 EUR · 0,02 = 3.800,00 EUR
Kosten Handelsvertreter:
45.000,00 EUR · 0,06 = 5.400,00 EUR

Aus reinen Kostengründen müsste ein Handlungsreisender eingesetzt werden. Wenn jedoch mit Umsatzzuwächsen zu rechnen ist, sollte sofort ein Handelsvertreter eingesetzt werden.

7. Siegfried Kessler hat zwei Beschäftigungsangebote. Er steht vor der Entscheidung, als Handlungsreisender oder als Handelsvertreter zu arbeiten.

a) Wägen Sie Vor- und Nachteile aus der Sicht Siegfried Kesslers ab.

b) Wägen Sie Vor- und Nachteile aus Sicht des Unternehmens ab.

c) Berechnen Sie, ab welchem Umsatz sich der Einsatz eines Handlungsreisenden lohnen würde. Er erhält eine Provision von 3% und ein Monatsfixum von 2.500 EUR. Der Handelsvertreter erhält 6,5 % Provision.

a)

	Handlungsreisender	Handelsvertreter
Vorteile	– durch Fixum gesichertes Einkommen – meist ein geschlossenes Verkaufsgebiet	– hohes Maß an Unabhängigkeit – Möglichkeit, ein hohes Einkommen bei großem Arbeitseinsatz zu erzielen – kann evtl. mehrere Unternehmen vertreten
Nachteile	– Weisungsgebundenheit – bei zu hohem Einkommen Gefahr der Gebietsteilung	– kein gesichertes Einkommen – bei hohen Umsätzen Gefahr der Kündigung (Ersatz durch Handlungsreisenden) – meist unerschlossene Verkaufsgebiete

b)

	Handlungsreisender	Handelsvertreter
Vorteile	– Weisungsgebundenheit – kalkulierbare fixe Kosten – flexibel einsetzbar – vertritt nur Interessen des Unternehmens	– Anreiz zu hohem Umsatz wegen Provision – Anreiz zu stärkeren Verkaufsaktivitäten – meist größere Marktnähe
Nachteile	– bei geringem Umsatz hohe Kosten – evtl. geringe Verkaufsaktivitäten	– keine Weisungsgebundenheit – vertritt u. U. auch andere Unternehmen

c) $0{,}065x = 2.500 + 0{,}025x$
$0{,}04x = 2.500$
$x = 62.500$

Ab einem Umsatz von 62.500,00 EUR ist der Handlungsreisende günstiger.

8. Für die neuen Produkte im Sortiment der Lachmann GmbH (vgl. Lehrbuch, Aufgabe 10, Seite 373) sollen als Kunden angesprochen werden: Fachgeschäfte über deren Einkaufsverbände, Bau- und Heimwerkermärkte sowie Kaufhäuser über deren Fachabteilungen.

Diese Kunden sollen durch Handelsvertreter (HV) oder Handlungsreisende (HR) intensiver betreut werden. Pro Monat fallen folgende Kosten an: HR: 6.000 EUR Fixum und 1 % Umsatzprovision; HV: 7 % Umsatzprovision und 700 EUR Spesenpauschale. Erwartet wird ein Umsatz von 80.000 EUR in dünner besiedelten Regionen und 150.000 EUR in den Ballungsgebieten.

a) Berechnen Sie die jeweiligen monatlichen Kosten.

b) Berechnen Sie den kritischen Umsatz.

c) Sprechen Sie eine Empfehlung bezüglich der Wahl der Außendienstmitarbeiter je Umsatzgebiet aus. Begründen Sie Ihre Empfehlung nicht nur mit Kostenargumenten.

a)

	dünn besiedelte Gebiete	Ballungsgebiete
Handlungsreisender	6.000 EUR + 0,01 · 80.000 EUR = 6.800,00 EUR	6.000 EUR + 0,01 · 150.000 EUR = 7.500,00 EUR
Handelsvertreter	700 EUR + 0,07 · 80.000 EUR = 6.300,00 EUR	700 EUR + 0,07 · 150.000 EUR = 11.200,00 EUR

b) Kritischer Umsatz:
$6.000 + 0{,}01x = 700 + 0{,}07x$
$x = 88.333{,}33$

c) Aus Kostengründen müsste in Ballungsräumen der selbstständige Handelsvertreter, in dünn besiedelten Gebieten der Handlungsreisende eingesetzt werden, da erst ab einem Umsatz von 88.334 Stück der Handelsvertreter günstiger ist. Dies ist auch aus anderen Erwägungen die richtige Entscheidung. Der Handelsvertreter wird u. U. die dünn besiedelten Gebiete weniger intensiv bearbeiten und es besteht daher die Gefahr, dass der erwartete Umsatz nicht erreicht wird. Außerdem wird nur die dauernde Präsenz des Außendienstmitarbeiters die Absatzchancen in den dünn besiedelten Gebieten nachhaltig verbessern können.

9. Ein Unternehmen möchte drei verschiedene Vertriebswege einander gegenüberstellen: Handelsvertreter, Handlungsreisender und Kommissionär. Es wird mit einem Jahresumsatz von 2,2 Mio. EUR gerechnet. Es entstehen folgende Kosten:

- **Handelsvertreter: 6 % Umsatzprovision.**
- **Handlungsreisender: monatliche Personalkosten 3.300 EUR, 1,5 % Umsatzprovision, Spesensatz 0,5 % vom Umsatz.**
- **Kommissionär: jährlicher Kostenersatz für Lagerung 10.000 EUR, 5 % Umsatzprovision.**

a) Berechnen Sie, welche Alternative am kostengünstigsten wäre.

b) Berechnen Sie, bei welchem Umsatz jeweils die Kosten gleich hoch wären für den
- **Handelsvertreter und den Handlungsreisenden?**
- **Kommissionär und den Handlungsreisenden?**
- **Handelsvertreter und den Kommissionär?**

c) Erstellen Sie eine grafische Lösung für die kritischen Umsätze.

d) Welche Schlussfolgerungen ziehen Sie aus den Berechnungen bzw. der Grafik?

a) Kosten Handelsvertreter (HV): 6 % von 2,2 Mio. EUR = 132.000,00 EUR

Kosten Handlungsreisender (HR): 39.600,00 EUR + 2 % von 2,2 Mio. EUR = 83.600,00 EUR

Kosten Kommissionär (K): 10.000,00 EUR + 5 % von 2,2 Mio. EUR = 120.000,00 EUR

b) Vergleich HV – HR: Kritischer Umsatz bei 990.000 EUR

Berechnung: $0{,}06x = 39.600 + 0{,}02x$
$x = 990.000$

Vergleich K – HR: Kritischer Umsatz bei 986.666,67 EUR

Berechnung: $10.000 + 0{,}05x = 39.600 + 0{,}02x$
$x = 986.666{,}67$

Vergleich HV – K: Kritischer Umsatz bei 1.000.000,00 EUR

Berechnung: $0{,}06x = 10.000 + 0{,}05x$
$x = 1.000.000$

c)

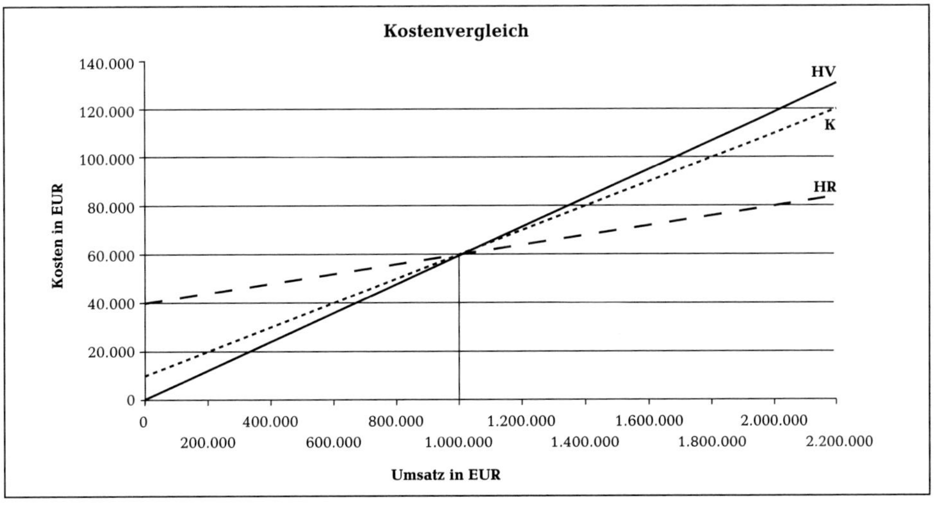

d) Bis zu einem Umsatz von 990.000,00 EUR sollte ein Handelsvertreter eingesetzt werden, darüber ein Handlungsreisender. Ein Kommissionär ist unter den gegebenen Bedingungen immer ungünstiger als eine der beiden anderen Varianten.

10. Skizzieren Sie ein mögliches Mehrkanalvertriebssystem für

a) Sportbekleidung,

b) Autoradios,

c) Bücher.

a) Sportbekleidung:
- eigene Verkaufsniederlassung – Konsument
- Handlungsreisender – Einzelhandel – Konsument
- Katalog/Internet – Einzelhandel – Konsument

b) Autoradios:
- Handelsvertreter – Einzelhandel – Konsument
- Handelsvertreter – Kfz-Händler - Konsument
- Internet – Kfz-Zubehör-Handel – Konsument

c) Bücher:
- Internet – Einzelhandel – Konsument
- Internet – Konsument

11. Erläutern Sie, was man unter Key-Accountern versteht und welche Bedeutung ihnen zukommt.

Key-Accounter sind sehr bedeutende Vertriebspartner, mit denen ein großes Umsatzvolumen bewegt wird.

12. Erläutern Sie an jeweils einem Beispiel die beiden Strategien des vertikalen Marketings.

Beispiel: Eine neue Fertiggerichteserie soll auf den Markt gebracht werden.

Push: Der Lebensmitteleinzelhandel wird mit Nachlässen, Prämien und Displaymaterial dazu gebracht, die Serie günstig zu platzieren.

Pull: Über die Bewerbung der Konsumenten wird der Kaufwunsch geweckt, der sich in der entsprechenden Nachfrage beim Einzelhandel niederschlägt.

13. Immer mehr Verbraucher schätzen den bequemen Einkaufsbummel im Internet. Vor allem der klassische *Versandhandel* und die Anbieter von Eintrittskarten und Reisen, Musik und Büchern profitieren vom *Vertriebsweg* Internet. Aber auch Unternehmen, die ihr Sortiment im Ladengeschäft und zugleich im Internet anbieten (die sogenannten *Multi-Channel-Betriebe*) zählen zu den Gewinnern. Betrachtet man allerdings den Anteil, den der *Onlinehandel* am gesamten Einzelhandelsumsatz hat, so ist er mit knapp 13,5 % (2016) noch relativ gering.

a) Erläutern Sie die kursiv gesetzten Begriffe.

b) Beurteilen Sie, warum gerade die Anbieter der genannten Produkte wachsende Umsätze über das Internet verzeichnen.

c) Warum ist der Umsatzanteil des Onlinehandels am Gesamtumsatz des Handels relativ gering?

a) *klassischer Versandhandel:* Bestellung aus dem Katalog, Lieferung direkt an den Konsumenten

Vertriebsweg: Auswahl und Kombination von Vertriebsorganen

Multi-Channel-Betrieb: Unternehmen, die ein Mehrkanalvertriebssystem nutzen, also unterschiedliche Vertriebsorgane und Vertriebswege

Onlinehandel: Verkauf über das Internet, Lieferung direkt an Konsumenten

b) Die Kunden wissen sehr genau, was sie möchten und es besteht ein geringer Beratungsbedarf und keine Notwendigkeit, das Produkt anzuprobieren.

Eintrittskarten, Musik-CDs und -DVDs sowie Bücher sind sehr homogen; bedeutsam für den Kauf ist lediglich der Preis.

Kann bequem von zu Hause erledigt werden und ohne Umstände dorthin geliefert werden.

c) Höheres Risiko bei Datenaustausch, Zahlung und Lieferung; keine Beratung möglich: für viele Konsumenten ungewohnt; nur für wenige Produkte gibt es breite Plattformen für den Handel.

14. Die »Greinacher-Peterson-Sailer GmbH« (GPS GmbH) ist ein Großhandelsunternehmen, das sich auf den Vertrieb von hochwertigen Navigationssystemen für verschiedene Anwendungsbereiche spezialisiert hat. Bisher erfolgte der Vertrieb ausschließlich über ausgewählte Facheinzelhändler der Autoelektronikbranche im westdeutschen Raum. Diese Verkaufsaktivitäten sollen weiter intensiviert werden. Daneben sollen auch weitere Vertriebswege erschlossen werden. Die »Autoteile Bischofberger GmbH« (AB GmbH) ist eine Fachmarktkette für Autozubehör, die Filialen in der gesamten Bundesrepublik betreibt. Sie möchte gerne die Produkte der GPS GmbH in ihr Sortiment aufnehmen und an die Endverbraucher verkaufen. Sie rechnet mit einer Abnahmemenge von jährlich ca. 20.000 Navigationssystemen. Auch die große Verbrauchermarktkette »Huber KG«, die überwiegend in Süd- und Ostdeutschland vertreten ist, möchte die Systeme in ihr Sortiment aufnehmen. Jedoch erwartet sie einen kräftigen Rabatt von der GPS GmbH, damit die Geräte in das preisgünstige Sortiment eingepasst werden können. Außerdem soll die GPS GmbH vertraglich vereinbart das Auffüllen und Assortieren der Regalflächen in den Huber-Filialen übernehmen und nicht verkaufte Ware wieder zurücknehmen. Die Abnahmemenge könnte bei ca. 500 Geräten monatlich liegen.

a) Erstellen Sie eine Bewertung der drei Vertriebsformen mithilfe einer Entscheidungsbewertungstabelle. Legen Sie dazu geeignete Kriterien fest.

b) Erstellen Sie ein Gesamturteil zu der ermittelten Rangfolge.

c) Begründen Sie, welche weiteren Absatzalternativen in Betracht zu ziehen sind.

a) Lösungsvorschlag:

		Absatzformen					
Kriterium	Gewichtung	Facheinzelhandel		AB GmbH		Huber KG	
		Punkte	gew. Punkte	Punkte	gew. Punkte	Punkte	gew. Punkte
zusätzlicher Absatz	35	1	35	5	175	4	140
Zuwachs der Bekanntheit	30	2	60	5	150	4	120
zusätzliche Kosten (Rabatt, Vertrieb)	25	5	125	3	75	0	0
Marken-exklusivität	10	5	50	2	20	0	0
Summe	**100**		**270**		**420**		**260**

b) Schülerabhängige Antworten, z. B.:

Ein zusätzlicher Vertrieb der GPS-Systeme über die Fachmarktkette AB GmbH erscheint aus folgenden Gründen sinnvoll:

- Die Chance für zusätzlichen Absatz ist hier sehr groß und der Bekanntheitsgrad der Geräte kann gesteigert werden.
- Trotzdem wird die Markenexklusivität zum großen Teil gewahrt.
- Die Werbe- und Vertriebskosten halten sich, im Vergleich zum bisherigen Vertriebsweg, im Rahmen.

Der Vertrieb über die Verbrauchermarktkette Huber KG scheidet aus folgenden Gründen aus:

- hoher Imageverlust, da Präsentation als »Massenware«,
- hohe Rabattgewährung.

c) Intensivierung der Vermarktung über den Facheinzelhandel, evtl. zusätzlich über Elektroeinzelhandel und Autozubehörhandel. Zu prüfen ist auch die Möglichkeit des Onlineshoppings.

7.8 Produktlebenszyklus und Portfolio-Analyse

7.9 Marketing-Mix

7.10 Marketingcontrolling

1. Nennen Sie Produkte aus Ihrem Erfahrungsbereich, die Sie als »Question Marks«, »Cash Cows«, »Stars« bzw. »Poor Dogs« bezeichnen würden. S. 422

Question Marks: E-Book-Reader, 3D-Fernsehgerät

Cash Cows: Schnurloser Telefonapparat, Flachbild-Farbfernsehgerät, Handy

Stars: Festplattenrekorder, digitale Farbfernsehgerät, Smartphones

Poor Dogs: CD-/DVD-Player, CD, herkömmlicher Telefonapparat

2. Fertigen Sie eine Portfolio-Analyse für einzelne Automodelle eines Autoherstellers an.

Fragezeichen	Stars
VW Up VW T-Roc	VW Tiguan VW Passat
Arme Hunde	**Melkkühe**
VW Jetta VW Phaeton	VW Polo VW Golf

3. Die Geschäftsleitung der Lachmann GmbH (vgl. Lehrbuch, Aufgabe 10, Seite 373) möchte für folgende Produkte aus dem Sortiment eine Portfolio-Analyse erstellen lassen.

Produkt	Marktanteil	Marktwachstum
A Bohrmaschine (einfach, ohne Schlagbohrwerk)	3 %	0 %
B Schlagbohrmaschine (220 Volt)	35 %	2 %
C Schlagbohrmaschine (Akku)	15 %	18 %
D Kombischraubbohrer mit Schlagwerk (220 Volt)	9 %	9 %
E Kombischraubbohrer mit Schlagwerk (Akku)	7 %	24 %

a) Erstellen Sie die Portfolio-Analyse.

b) Ziehen Sie für jedes Produkt Schlussfolgerungen für zu planende absatzpolitische Instrumente.

c) Zeichnen Sie einen Produktlebenszyklus und ordnen Sie die Produkte den Phasen zu.

d) Beurteilen Sie Ihre Entscheidungen aus Aufgabe b) vor dem Hintergrund der Einordnung in den Produktlebenszyklus.

e) Erklären Sie, durch welche Maßnahmen ein Relaunch erreicht werden könnte.

a)

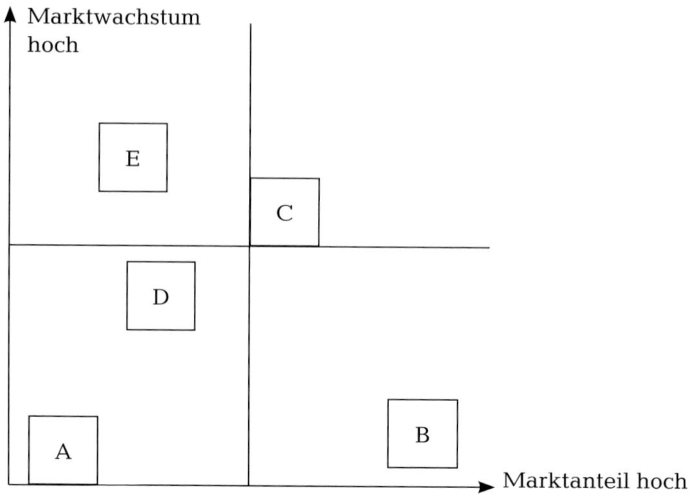

b) A = Poor Dog → eliminieren (eindeutig technisch überholt)

B = Cash Cow → keine Anstrengungen, Gewinne mitnehmen, Selbstläufer

C = Star → Marktpotenzial, evtl. Preisdifferenzierung, Werbung

E = Question Mark → vermutlich Gerät der Zukunft mit viel Potenzial; stark bewerben, aggressive Preispolitik mit Preisdifferenzierung

D = Poor Dog → nur auf den ersten Blick Poor Dog; genauer besehen jedoch wohl wichtige Alternative zu E, folglich Politik wie E

c)

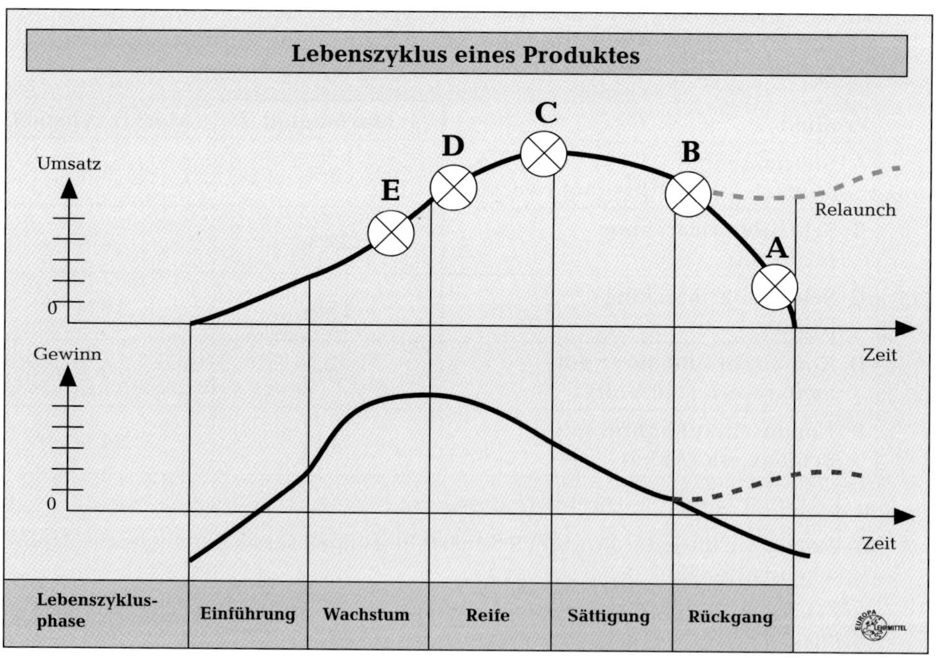

d) A: Eliminieren, da in Rückgangsphase; ein Relaunch ist nicht mehr erfolgversprechend.

B: Befindet sich an der Schwelle zwischen Sättigungs- und Rückgangsphase; ein Relaunch könnte versucht werden, um den Selbstläufer noch einige Zeit »melken« zu können.

C: Hat vermutlich die Reifephase bereits überschritten und befindet sich in der Sättigungsphase. Die oben für B genannten Aktivitäten könnten bereits jetzt durch Relaunchmaßnahmen ergänzt werden.

D: Auch hier ist noch Wachstumspotenzial vorhanden. Das Produkt sollte wie E stark beworben und mit aggressiver Preispolitik vermarktet werden.

E: Befindet sich in der Wachstumsphase; die genannten Maßnahmen sind passend.

e) A: Ein Relaunch ist nicht mehr erfolgversprechend, Produkt vom Markt nehmen.

B: Die oben angeführten Maßnahmen können ergänzt werden durch produktpolitische Relaunchaktivitäten: Ausführungen mit verschiedenen Drehzahlen und Motorstärken oder Profiausführungen für den gewerblichen Einsatz.

E: Grundsätzlich frühzeitig ähnliche Relaunchmaßnahmen in Erwägung ziehen wie bei B, zusätzlich noch Versuch, Frauen für Heimwerkermaschinen zu gewinnen: entsprechende Werbemaßnahmen.

4. Entwerfen Sie in einer Gruppenarbeit ein Marketing-Mix für ein selbstgewähltes Produkt.

Schülerabhängige Antworten.

Als Beispiel wird hier ein Marketing-Mix für ein umweltfreundliches Produkt dargestellt. (Quelle: http://www.marketing-marktplatz.de):

Fallbeispiel: Werner & Mertz

Ein Ansatz kann darin bestehen, neben dem klassischen herkömmlichen Programm ein spezielles ökologieorientiertes Programm zu entwickeln und über eine eigenständige Marke zu vermarkten. Diesen Weg ist hier die Firma Werner & Mertz gegangen. Neben dem traditionellen Schuhreinigungs- und Schuhpflegeprogramm unter der Marke Erdal Rex (Markensymbol »roter Froschkönig«) hat sich das Unternehmen entschlossen, in neue Märkte zu diversifizieren, und zwar mit einem ausgeprägten ökologischen Konzept unter einer eigenen Marke.

Man erkannte, dass der Markt für Reinigungs- und Putzmittel sich in einem Wandel befand. Immer mehr Konsumenten waren mit klassischen, die Umwelt stärker belastenden Reinigungs- und Putzmitteln nicht mehr zufrieden und suchten nach umweltfreundlichen Alternativen. Werner & Mertz schuf ein solches Programm, das u.a. auf Chlor und Phosphat verzichtet, und vermarktet es unter der eigenständigen Marke Frosch (im Gegensatz zur Stamm-Marke als »Grünfrosch« konzipiert). Damit wurde bewusst eine Assoziation zur von der Umwelt bedrohten Tierart Frosch hergestellt, was der Marke von vornherein ein positives Ausgangsimage mitgab.

Neben der umweltorientierten Produktgestaltung im engeren Sinne (Verzicht auf umweltproblematische Rohstoffe, Wahl u. a. des Basisrohstoffes Essig = »sanfte Chemie«) entschied man sich für ein umweltorientiertes, stark am Grundnutzen orientiertes Verpackungskonzept (weniger Verpackungsmaterial, Verzicht auf umweltbelastende Verpackungsstoffe wie PVC, Schaffung leichter Nachfüllpackungen). Begleitet wird das Konzept von einer konzeptionsadäquaten Kommunikationspolitik, die sehr stark die sachliche Produktinformation in den Vordergrund stellt, und zwar sowohl in der Werbung als auch in der Verkaufsförderung.

Der Markt hat dieses Konzept honoriert, inzwischen benutzt über die Hälfte aller Haushalte mindestens ein Frosch-Produkt.

Einsatz der Marketinginstrumente:

Im Sinne des umfassenden Ansatzes Ökomarketing sollte auch auf grundlegende instrumentale Einsatzformen und Ausprägungen eingegangen werden:

Produkt- und Sortimentspolitik:

Im Rahmen der Angebotspolitik ist ein zentraler Anknüpfungspunkt eines ökologieorientierten Marketings zunächst die Produkt- und Programmpolitik. Ökologiegerichtete Produkt- und Programmpolitik ist sowohl auf die umweltfreundliche Herstellung der Produkte, ihre umweltfreundliche Nutzung (speziell bei Gebrauchsgütern) wie auch auf ihre umweltfreundliche Entsorgung gerichtet (= Gestaltung geschlossener Stoffkreisläufe, zu den Implikationen dieses Ansatzes für das Marketing).

Einzubeziehen ist dabei nicht nur der Produktkern, sondern auch das Produktdesign (»Ökodesign« = Verwendung und Nutzung umweltfreundlicher Stoffe für eine neue Ökoästhetik) sowie die Verpackung, und zwar sowohl die primäre Verpackung für den Endverbraucher als auch die sekundäre Verpackung entlang der Absatz- bzw. Logistikkette (u. a. Anforderungen des Dualen Entsorgungssystems in Verbindung mit der Verpackungsverordnung).

Preis- und Konditionenpolitik:

Was die Preispolitik betrifft, so ist zunächst relevant, ob umweltorientierte Produkte zusätzliche Kosten verursachen und inwieweit diese Kosten an die Endverbraucher weitergegeben werden können. Dabei ist an der umweltorientierten Preisbereitschaft der Abnehmer anzuknüpfen. Ursprünglich zeichnete sich eine breite Bereitschaft ab, für umweltgerechte Produkte auch höhere Preise zu akzeptieren. Diese Bereitschaft hat eher wieder abgenommen, nicht zuletzt vor dem Hintergrund gesamtwirtschaftlicher Probleme der letzten Jahre, wie hohe Arbeitslosigkeit, Dauerrezession, und ihrer ökonomischen bzw. kaufkraftbezogenen Auswirkungen. Anstelle von Preisabschöpfungsstrategien (Skimmingstrategien) bei umweltorientierten Produktinnovationen sind deshalb ggf. auch Durchsetzungspreisstrategien (Penetrationsstrategien) angemessen, die über einen eher niedrigen Preis eine hohe Durchsetzung im Markt anstreben und über hohe Absatzmengen bzw. Marktanteile dann entsprechende Kostenvorteile realisieren.

Für breitere Programme kommen im Übrigen auch Ansätze der Mischkalkulation in Betracht, wie es z. B. Henkel seinerzeit mit der Einführung des ersten phosphatfreien Waschmittels realisiert hat. Besondere Probleme bzw. Konsequenzen für die Preispolitik ergeben sich vor allem bei der Schaffung geschlossener Stoffkreisläufe.

Distributionspolitik:

Im Rahmen der Distributionspolitik ist sowohl die akquisitorische als auch die physische Distribution tangiert. Bei der akquisitorischen Distribution geht es vor allem darum, die adäquaten Absatzkanäle für den Absatz umweltorientierter Produkte (Leistungen) zu finden und ggf. auch Schwerpunkte in der Gestaltung der Absatzwege zu bilden, z. B. unter besonderer Berücksichtigung spezifischer Beratungs- und Kundendienstleistungen. Stark betroffen ist darüber hinaus die physische Distribution. Hierbei geht es vor allem um die Gestaltung umweltfreundlicher Transport- und Auslieferungssysteme. Einen besonderen Stellenwert hat außerdem die Gestaltung adäquater Rückführungskanäle für gebrauchte, zu entsorgende Produkte erhalten (Redistribution). Hierbei sind je nach Produktart bzw. -komplexität jeweils spezifische Systeme zu entwickeln (vgl. etwa bei Automobilen, Unterhaltungselektronik, Computern usw.).

Neben einer Umweltorientierung der Angebots- und Distributionspolitik gilt es auch, im Rahmen eines systematischen, konsequenten Ökomarketings die Möglichkeiten der Kommunikationspolitik zu nutzen.

Kommunikationspolitik:

Ihr kommt generell die Aufgabe zu, realisierte Umweltvorteile herauszustellen und die Kompetenz des Unternehmens für umweltorientierte Marketing- und Unternehmenskonzepte aufzubauen. Hierfür ist zunächst einmal – ggf. zielgruppendifferenziert – Mediawerbung einzusetzen. Hierzu gehört auch die Herausstellung von Umweltzeichen. Neben der Werbung in Massenmedien, die sich in erster Linie an Endverbraucher richtet (sog. Sprungwerbung), sind die warenbegleitenden Aktivierungsmöglichkeiten der Verkaufsförderung zu nutzen, um vor allem am Ort des Verkaufs (Point of Sale, POS) umweltfreundliche Leistungen herauszustellen bzw. die von der Werbung vermittelten Ökobotschaften zu (re)aktivieren. Bei enger abgegrenzten ökologieorientierten Zielgruppen kann auch der Einsatz von Direktwerbemaßnahmen sinnvoll sein, gestützt durch eine entsprechende Adressendatenbank (Database-Marketing).

Neben der produktorientierten Werbung und Verkaufsförderung gilt es auch, Umweltthemen und Umweltleistungen des Unternehmens zum Gegenstand von Public Relations (Öffentlichkeitsarbeit) zu machen. Hierbei ist es vielfach sinnvoll, wenn nicht notwendig, die Anliegen und Interessen der einzelnen »Teil-Öffentlichkeiten« wie Endverbraucher, Absatzmittler, Lieferanten, Kapitalgeber oder auch das lokale Umfeld (»Standort-PR«) usw. zu berücksichtigen. In diesem Zusammenhang sind ggf. Möglichkeiten eines Umwelt-Sponsorings zu prüfen, z. B. Ausschreibung von eigenen Umweltpreisen oder Unterstützung von Umweltprojekten.

Mit diesen Darlegungen ist deutlich geworden, dass ein konsequentes Ökomarketing im Prinzip an allen Instrumentalbereichen bzw. allen Basisinstrumenten des Marketings anknüpfen muss. Nur so kann eine ökologieorientierte Marketing- und Unternehmenspolitik konsequent gestaltet und im Markt verankert werden. Es geht mit anderen Worten um einen konsequenten ökologieorientierten Marketing-Mix.

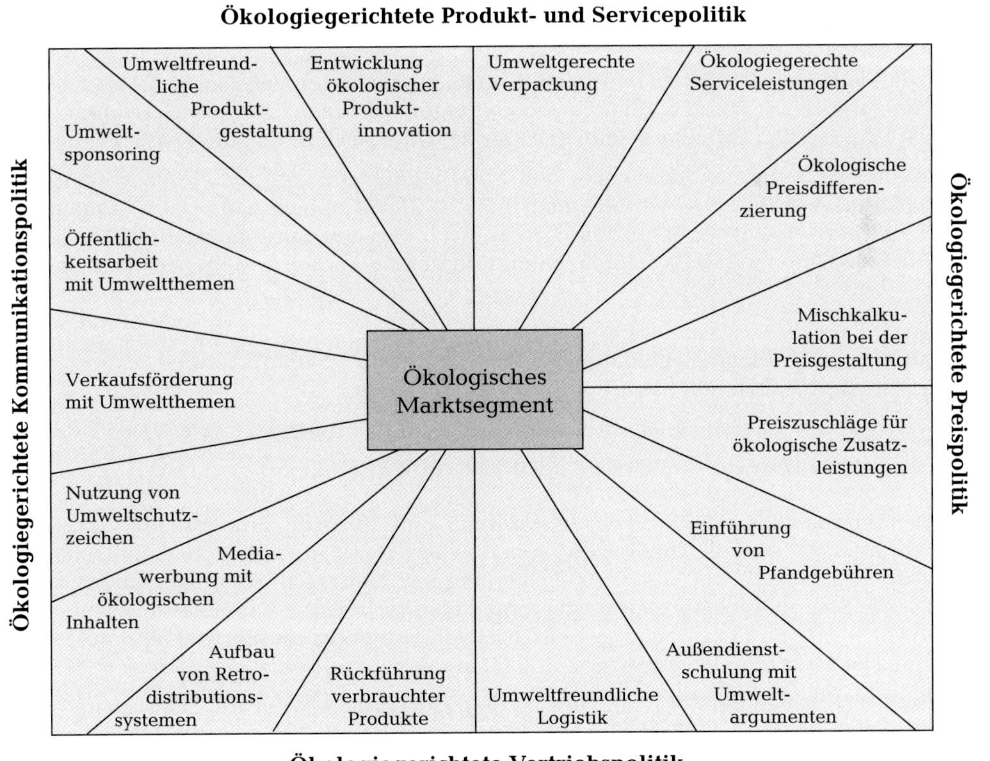

Quelle: http://www.marketing-marktplatz.de

5. Nennen Sie die Aufgaben des Marketingcontrollings.

Kontrolle

- einzelner Marketingaktivitäten (z. B. Werbemaßnahme),
- bestimmter Akteure (z. B. Außendienstmitarbeiter),
- bestimmter Absatzobjekte (z. B. Absatzregion).

Dabei werden Soll-Zahlen und Ist-Zahlen einander gegenübergestellt, um die Wirksamkeit der Sortiments-, Preis-, Kommunikations- und Distributionspolitik zu kontrollieren.

6. Stellen Sie die Maßnahmen des Marketingcontrollings eines beliebigen Unternehmens zusammen.

schülerabhängige Antworten

7. Ein Hersteller hat sich als Ziel gesetzt, pro Jahr 10.000 Waschmaschinen eines bestimmten Typs zu verkaufen. Welche Folgerungen können gezogen werden, wenn

a) tatsächlich 10.000 Waschmaschinen verkauft wurden?

b) nur 8.000 verkauft wurden?

c) 12.000 Waschmaschinen verkauft wurden?

a) Ist das Unternehmen völlig ausgelastet, wird der Planumsatz nicht erweitert, ansonsten ist noch freie Kapazität vorhanden für eine leichte Steigerung der Absatzvorgabe, z. B. auf 11.000 Einheiten.

b) Alle Marketingaktivitäten werden auf Unzulänglichkeiten untersucht. Diese werden dann abgestellt. Werden keine Beanstandungen gefunden, sind die Zielvorgabe und die Planung den Gegebenheiten des Marktes, also nach unten, anzupassen.

c) Zielüberschreitungen sollten bei den Mitarbeitern mit Lob und Erfolgsbeteiligung honoriert werden. Sie werden dann höhere Zielvorgaben, z. B. 14.000 Einheiten, möglicherweise akzeptieren und sich zu noch besserer Leistung motivieren lassen. Aber auch die technischen Kapazitäten sind der neuen Zielvorgabe anzupassen.

8. Bei einem Fahrradgroßhändler ist der Umsatz von 1 Mio. EUR auf 1,2 Mio. EUR gestiegen. Beurteilen Sie diese Entwicklung, wenn

a) der Gewinn von 50.000 EUR auf 55.000 EUR gestiegen ist.

b) der Gewinn von 50.000 EUR auf 48.000 EUR gesunken ist.

a) Der Umsatz stieg um 20 %, der Gewinn nur um 10 %. Die Umsatzrendite ging von 5 % auf 4,5 % zurück. Die Kosten (vereinfacht: Umsatz abzüglich Gewinn) sind also von 9.500.000 EUR auf 11.450.000 EUR gestiegen, dies entspricht einem Zuwachs von 20,5 %. Sofern durch die Umsatzsteigerung eine verbesserte Kapazitätsauslastung erreicht wurde und ein Deckungsbeitrag erzielt wurde, ist die Entwicklung gutzuheißen. Der Mehrumsatz vergrößerte den Gesamtgewinn.

b) Der Umsatz stieg um 20 %, der Gewinn ging jedoch um 4 % zurück. Die Umsatzrendite ging von 5 % auf 4,5 % zurück. Die Kosten (vereinfacht: Umsatz abzüglich Gewinn) sind also von 9.500.000 EUR auf 13.450.000 EUR gestiegen, dies entspricht einem Zuwachs von 41,5 %. Es ist unbedingt nach den Ursachen zu suchen, ob sie betriebswirtschaftlich oder volkswirtschaftlich bedingt sind.

9. Aus der Kundendatei eines Großhandelsunternehmens liegen folgende Daten vor:

	A	B	C	D	E	F
1	Kunden	Umsatz		variable Kosten	Deckungsbeitrag	
2		EUR	%	EUR	EUR	%
3	Bink Handelsgesellschaft mbH	1.300.000,00		750.000,00	550.000,00	
4	Eisunion GmbH	1.000.000,00		92.000,00	908.000,00	
5	Frier GmbH	800.000,00		650.000,00	150.000,00	
6	AZD Dortmund GmbH	2.000.000,00		1.700.000,00	300.000,00	
7	Bergarena OHG	30.000,00		20.000,00	10.000,00	
8	Cornelia Riester e. Kfr.	45.000,00		38.000,00	7.000,00	
9	Kufensport KG	300.000,00		100.000,00	200.000,00	
10		5.475.000,00	100	3.350.000,00	2.125.000,00	100

a) Berechnen Sie die jeweiligen Prozentanteile.

b) Führen Sie jeweils eine ABC-Analyse mit dem Merkmal »Umsatz« und dem Merkmal »Deckungsbeitrag« durch. Bestimmen Sie dabei selbst, welche Kunden zu den A-, B- und C-Kunden gehören könnten.

c) Erstellen Sie ein Diagramm (z. B. Balkendiagramm) für die Umsatz- und für die Deckungsbeitragsanteile der Kunden.

d) Begründen Sie, welche Schlussfolgerungen Sie aus den Ergebnissen ziehen.

a)

Kunden	**Umsatz**		**Variable Kosten**	**Deckungsbeitrag**	
	EUR	**%**	**EUR**	**EUR**	**%**
Bink Handelsgesellschaft mbH	1.300.000,00	23,7	750.000,00	550.000,00	25,9
Eisunion GmbH	1.000.000,00	18,3	92.000,00	908.000,00	42,7
Frier GmbH	800.000,00	14,6	650.000,00	150.000,00	7,1
AZD Dortmund GmbH	2.000.000,00	36,5	1.700.000,00	300.000,00	14,1
Bergarena OHG	30.000,00	0,5	20.000,00	10.000,00	0,5
Cornelia Riester e. Kfr.	45.000,00	0,8	38.000,00	7.000,00	0,3
Kufensport KG	300.000,00	5,5	100.000,00	200.000,00	9,4
	5.475.000,00	100	3.350.000,00	2.125.000,00	100

b) ABC-Analyse nach dem Umsatz:

Kunden	**Umsatz**		
	EUR	%	
AZD Dortmund GmbH	2.000.000,00	36,5	**A-Kunden**
Bink Handelsgesellschaft mbH	1.300.000,00	23,7	
Eisunion GmbH	1.000.000,00	18,3	**B-Kunden**
Frier GmbH	800.000,00	14,6	
Kufensport KG	300.000,00	5,5	
Cornelia Riester e. Kfr.	45.000,00	0,8	**C-Kunden**
Bergarena OHG	30.000,00	0,5	
	5.475.000,00	100	

ABC-Analyse nach dem Deckungsbeitrag:

Kunden	Deckungsbeitrag EUR	%	
Eisunion GmbH	908.000,00	42,7	A-Kunden
Bink Handelsgesellschaft mbH	550.000,00	25,9	
AZD Dortmund GmbH	300.00,00	14,1	B-Kunden
Kufensport KG	200.00,00	9,4	
Frier GmbH	150.00,00	7,1	
Bergarena OHG	10.000,00	0,5	C-Kunden
Cornelia Riester e. Kfr.	7.000,00	0,3	
	2.125.000,00	100	

c)

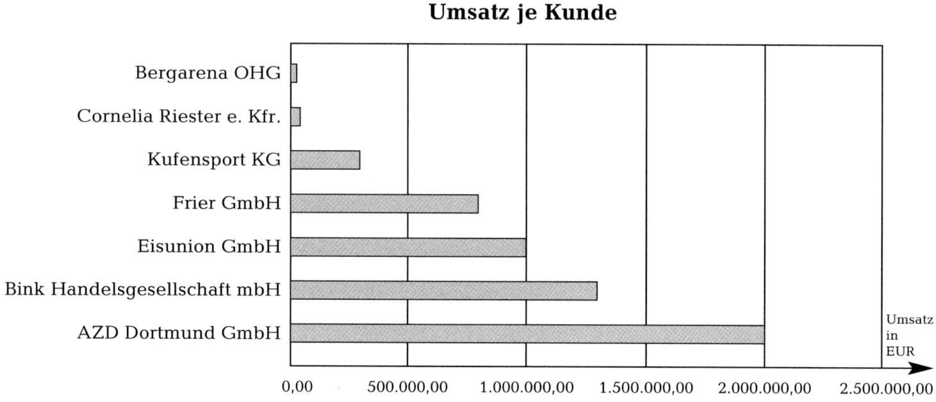

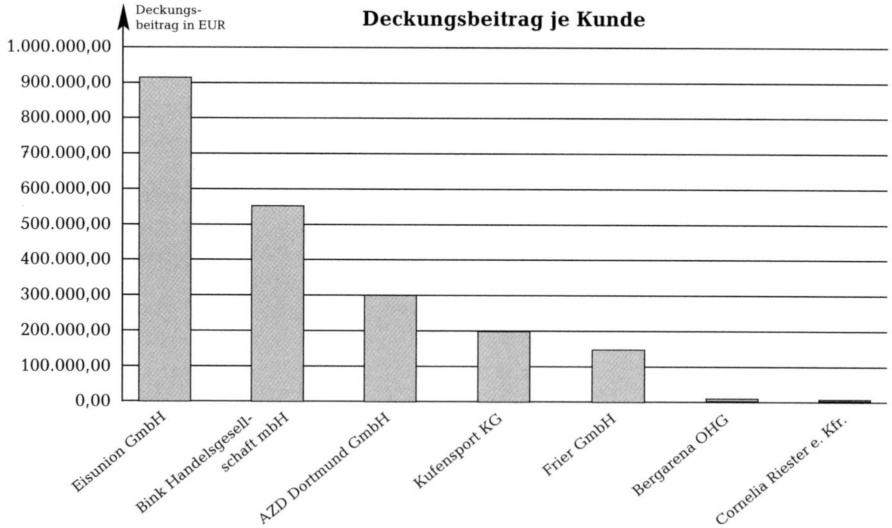

d) Die ABC-Analyse sollte nach den Deckungsbeiträgen erstellt werden, da diese den Anteil an der Deckung der Fixkosten bzw. am Gewinn widerspiegeln. Nach den Umsatzanteilen sind die AZD Dortmund GmbH (36,5 %) und die Bink Handelsgesellschaft mbH (23,7 %) A-Kunden und die Eisunion GmbH (18,3 %) nur B-Kunde.

Betrachtet man jedoch die jeweiligen Deckungsbeiträge, so liegt die Eisunion GmbH mit einem Anteil von 42,7 % deutlich an erster Stelle und wird zum A-Kunden, die AZD Dortmund GmbH mit einem Anteil von nur 14,1 % zum B-Kunden.

Für die A-Kunden (Eisunion GmbH, Bink Handelsgesellschaft mbH): intensive Betreuung z.B. mit besonderem Rabattsystem und Preiszugeständnissen, Möglichkeit der Onlinebestellung, regelmäßige Besuche durch Außendienstmitarbeiter, Kundenwünschen mit Sortimentserweiterungen entgegenkommen, langfristige Lieferverträge mit Preisgarantien vereinbaren.

Für die B-Kunden (AZD Dortmund GmbH, Kufensport KG, Frier GmbH): Es sollte versucht werden, insbesondere bei der AZD Dortmund GmbH und der Frier GmbH den Deckungsbeitrag zu erhöhen, da die Umsätze im Vergleich zum Deckungsbeitrag bereits sehr gut sind. Es könnte versucht werden, bei der Sortimentsgestaltung gezielter auf die beiden einzugehen oder durch zusätzliche Serviceleistungen das Augenmerk der Kunden auf Produkte mit einem höheren Deckungsbeitrag zu lenken.

Für die C-Kunden sollten keine besonderen Maßnahmen ergriffen werden.

10. Eine Unternehmungsberatungsgesellschaft hat für ein Großhandelsunternehmen folgendes Kunden-Portfolio erstellt:

Die ovalen Flächen stellen die Kunden A bis E dar; die Größen der Flächen sollen die relative Umsatzhöhe wiedergeben.

a) Interpretieren Sie das Kunden-Portfolio.

b) Erstellen Sie eine Maßnahmenliste für jeden Kunden, wie dieser betreut werden sollte.

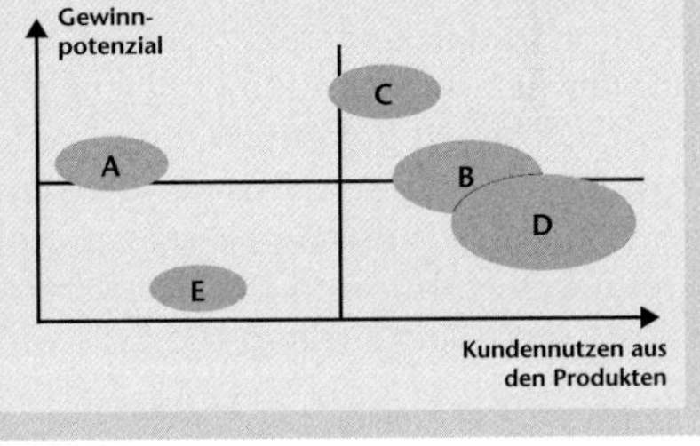

a) Das Großhandelsunternehmen hat fünf sehr unterschiedlich große Kunden. Die Kunden B und D sind Abschöpfungskunden mit großen Umsätzen, die dem Großhandelsunternehmen jedoch sehr wenig Gewinn bringen. Mit ihnen wird jedoch ein erheblicher Teil des Umsatzes gemacht, sodass sie stark zur Auslastung des Unternehmens beitragen. Der Starkunde des Unternehmens ist Kunde C. Mit ihm wird ein sehr hoher Gewinn erwirtschaftet. Er ist der momentan wertvollste Kunde. Falls es nicht gelingt, Kunde E zu einem profitableren Kunden zu machen, sollten die Bemühungen um diesen Kunden eingeschränkt werden. Kunde A scheint bei momentan noch geringem Umsatz kräftiges Entwicklungspotenzial zu haben.

b) – Die Kunden B und D ziehen einen hohen Nutzen aus den Produkten des Unternehmens, sind also wohl leicht zur Sicherung des Beschäftigungsgrades zu halten. Es sollten keine weiteren Zugeständnisse bezüglich Preisen, Rabatten und Serviceleistungen bzw. nur im bisher üblichen Umfang angeboten werden. Vielleicht kann aber mit der gemeinsamen Entwicklung neuer Produkte ein höherer Deckungsbeitrag erwirtschaftet werden.

- Kunde C als wertvollster Kunde muss besonders umsorgt werden, z.B. mit kostenlosen Zusatzleistungen und Einladungen, aber auch mit Preis- und Leistungsgarantien. Es sollte versucht werden, mit dem Kunden gemeinsam Produkte zu entwickeln und Cross-Selling-Geschäfte anzustreben.
- Kunde A muss ebenfalls besonders beachtet werden. Mit seinem Entwicklungspotenzial sollte versucht werden, ihn zum Starkunden zu machen. Er sollte hinsichtlich der Kommunikation und der Belohnung eine besondere Beachtung finden. Es wäre erstrebenswert, Wechselbarrieren aufzubauen.
- Bei Kunde E sollte eine Kundenbefragung durchgeführt werden.

8 Leistungserstellung im Industriebetrieb

S. 445

8.1 Ablauf der Leistungserstellung im Industriebetrieb

1. Unterscheiden Sie verschiedene Bereiche der industriellen Tätigkeit.

- Urproduktion (Rohstoff- und Energiegewinnung; hierbei wird das Naturprodukt gewonnen).
- Grundstoffgewinnung (Veredelung der Rohstoffe; das Urprodukt wird zum verarbeitungsfertigen Grundstoff, z. B. in Raffinerien, Sägewerken).
- Verarbeitung; aus den Grundstoffen wird das Endprodukt hergestellt.

2. »Wer an der Forschung und Entwicklung spart, verliert auch den wirtschaftlichen Anschluss.« Begründen Sie die Richtigkeit dieser Aussage.

In den vergangenen Jahrzehnten ergab sich durch die Internationalisierung der Märkte und gerade auch durch technischen Fortschritt ein Wandel vom Verkäufer- zum Käufermarkt. Dieser ist gekennzeichnet durch einen hohen Grad der Sättigung und von kurzen Produktlebenszyklen. Um neben den zahllosen Konkurrenten bestehen zu können, müssen ständige Produktverbesserungen und Produktneuheiten entwickelt werden. Ohne eigene Forschung und Entwicklung ist dies heute kaum möglich. In diesem Bereich zu sparen, kann mittelfristig die Existenz des Unternehmens gefährden.

3. Grenzen Sie die Begriffe Forschung und Entwicklung gegeneinander ab.

- Forschung ist das nachprüfbare Suchen, Formulieren und Lösen von Problemen mithilfe wissenschaftlicher Methoden.
- Entwicklung ist darauf gerichtet, Erzeugnisse zur Produktionsreife zu führen.

4. Suchen Sie Beispiele für die Programmbreite und Programmtiefe bei
a) einem Möbelproduzenten,
b) einem Textilproduzenten.

	Programmbreite	Programmtiefe
a) Beispiel Möbelproduzent	Herstellung von Wohn- und Schlafzimmermöbeln, Küchenmöbeln	Die Möbelfabrik stellt auch die verwendeten Furnierplatten selbst her.
b) Beispiel Textilproduzent	Herstellung von Oberbekleidung und Unterwäsche für Damen und Herren	Neben der Herstellung der Wäsche erfolgt die Stoffe- und Garnproduktion ebenfalls im Unternehmen.

5. Die Globalisierung ist als ein Prozess zu verstehen, durch den die Märkte und die Produktion in verschiedenen Ländern immer mehr voneinander abhängig werden.

a) Welchen Einfluss hat die dadurch entstandene zunehmende internationale Konkurrenz auf die Programmbreite und -tiefe der Unternehmen?

b) Wie wirkt sich die Programmverbreiterung und Programmvertiefung im Beschaffungs-, Kosten- und Absatzbereich aus?

a) Die Unternehmen sind gezwungen, ein breites Produktionsprogramm zu führen. Aus Gründen der wirtschaftlichen Sicherheit der Unternehmen ist damit oft auch eine Tiefe im Produktionsprogramm verbunden.

b) Beschaffungsbereich: Es muss eine größere Vielfalt von Gütern beschafft werden; die Zahl der Beschaffungsvorgänge steigt.

Kostenbereich: häufigere Umrüstung der Maschinen, höhere Stückkosten, höhere Verwaltungskosten.

Absatzbereich: Erhaltung alter, Gewinnung weiterer Kunden; Umsatzsteigerung.

6. Die Konstruktionsabteilung erhält aufgrund eines Kundenauftrages zur Herstellung von 1.000 Gartentischen die Aufgabe, eine Gesamtzeichnung und die dazugehörige Konstruktionsstückliste zu erstellen. Die Konstruktionsstückliste sollte nach folgendem Schema aufgebaut sein:

lfd. Nr.	Menge	Teile-Nr.	Benennung	Material	Hinweise

Folgende Angaben sind vorhanden:

- **Vier Tischbeine, 70 × 4 × 4 hoch, Stahlrohr, durch Quer- und Längsstreben verbunden.**
- **Eine Tischplatte, 120 × 60 × 3, Holz.**
- **Die Tischplatte wird mit 6 Winkeleisen an der Stahlrohrkonstruktion befestigt (jeweils zwei Schrauben).**
- **Die Tischbeine erhalten als Sockel Kunststoffabdeckungen.**

– *Gesamtzeichnung* (nicht maßstabgerecht):

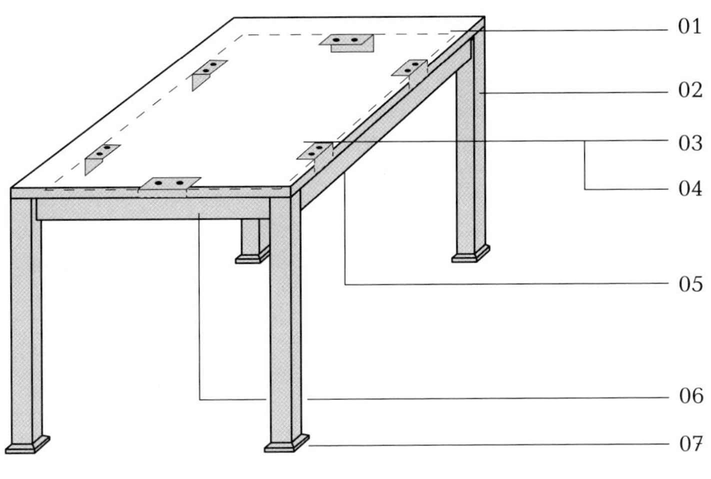

– *Konstruktionsstückliste:*

lfd. Nr.	Menge	Teile-Nr.*	Benennung	Material	Hinweise
01	1		Tischplatte	Spanplatte, furniert	Kanten gerundet
02	4		Tischbein	Stahlrohr	
03	6		Winkeleisen		gehärtet
04	12		Schraube		Senkkopf
05	2		Längsstrebe	Stahlrohr	
06	2		Querstrebe	Stahlrohr	
07	4		Sockel	Kunststoff	

* Eine Klassifizierung kann frei gewählt werden. Hier kann auf die Bedeutung der einheitlichen und systematischen Klassifizierung (Nummerung) von Teilen eingegangen werden.

7. Stellen sie einen vereinfachten Arbeitsplan auf, um den von Ihnen konstruierten Gartentisch (vgl. Aufgabe 6) in der Abteilung Endmontage zusammenbauen zu können.

Vereinfachter Arbeitsplan:

Arbeitsvorbereitung		**Arbeitsplan** Montage Gartentisch			
Datum:					
Bearbeiter:					
AVO*	Beschreibung	Kost.St.	Werkzeuge/Betriebsstoffe	tr**	te** (St.)
10	Tischplatte auf Gestell schrauben	2240	Montagevorrichtung, Bohrschrauber	8	2,5
20	Sockel in Tischbein einfügen	2240		5	2
30	Endkontrolle	2250			2
40	Tische versandfertig verpacken	2240		15	5

* AVO = Arbeitsvorgangsnummer

** tr = Rüstzeit, te = Stückzeit; jeweils in Minuten

8. Begründen Sie, weshalb Konstruktionsdaten (z.B. Stücklisten) in modernen Industrieunternehmen unmittelbar in der zentralen Datenbank gespeichert werden.

Die Konstruktionsdaten werden in einer zentralen Datenbank erfasst und können somit allen am Leistungserstellungs- und -verwertungsprozess Beteiligten zur Verfügung stehen. Die zentrale Datenerfassung und -verwaltung bietet mehrere *Vorteile:*

- Alle beteiligten Bereiche besitzen gemeinsame Datenbestände.
- Zeitersparnis bei der Datenerfassung, da Mehrfacharbeiten entfallen.
- Fehlervermeidung durch einmalige Datenerfassung.
- Zentrale Datenaktualisierung: Die Daten stehen unmittelbar danach allen Beteiligten zur Verfügung.

9. Ein Motorenhersteller produziert Vierzylinderreihenmotoren. Die vereinfachte Erzeugnisstruktur des Motors hat das unten dargestellte Aussehen. Das Erzeugnis besteht aus den Baugruppen G1 und G2 sowie aus den Einzelteilen T1 bis T10. In Klammern stehen die jeweiligen Mengenangaben.

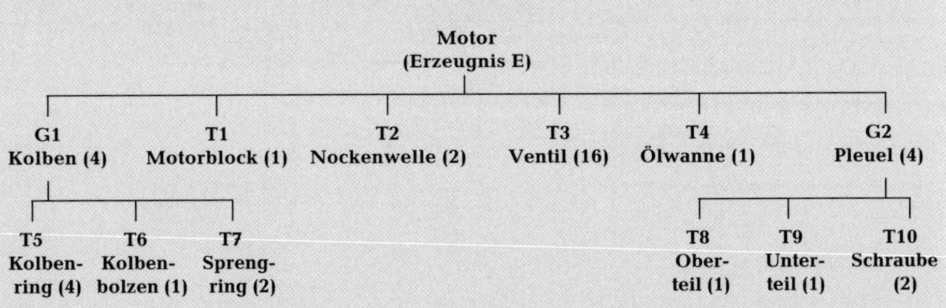

a) Erstellen Sie die Mengenübersichtsstücklisten

- **für einen Motor,**
- **für einen Kundenauftrag über 500 Motoren.**

b) Erstellen Sie

- **die Baukastenstücklisten,**
- **die Strukturstückliste für den Motor.**

a) Mengenübersichtstückliste für einen Motor und für den Kundenauftrag von 500 Motoren:

Mengenübersichtsstückliste Erzeugnis Motor		
Teile-Nr.	**Menge (1 Motor)**	**Menge (500 Motoren)**
G1	4	2.000
G2	4	2.000
T1	1	500
T2	2	1.000
T3	16	8.000
T4	1	500
T5	16	8.000
T6	4	2.000
T7	8	4.000
T8	4	2.000
T9	4	2.000
T10	8	4.000

b) – Baukastenstücklisten:

Baukastenstückliste Erzeugnis Motor	
Teile-Nr.	**Menge**
G1	4
G2	4
T1	1
T2	2
T3	16
T4	1

Baukastenstückliste Kolben G1	
Teile-Nr.	**Menge**
T5	4
T6	1
T7	2

Baukastenstückliste Pleuel G2	
Teile-Nr.	**Menge**
T8	1
T9	1
T10	2

– Strukturstückliste Motor:

Strukturstückliste Erzeugnis Motor		
Baustufe	**Teile-Nr.**	**Menge**
•1	G1	4
••2	T5	16
••2	T6	4
••2	T7	8
•1	T1	1
•1	T2	2
•1	T3	16
•1	T4	1
•1	G2	4
••2	T8	4
••2	T9	4
••2	T10	8

10. Stücklisten sind im Unternehmen von zentraler Bedeutung. Klären Sie, welche Bedeutung Stücklisten haben für

- **die Fertigung,**
- **die Bedarfsermittlung,**
- **die Materialdisposition,**
- **das Ersatzteilwesen,**
- **die Kalkulation.**

Bedeutung der Stücklisten für:

- Fertigung: Die Stücklisten (z.B. Fertigungsstückliste) gehen mit dem Fertigungsauftrag in die Werkstatt und stellen einen Teil der Werkstattpapiere dar. Sie sind nach Fertigungsgesichtspunkten sortiert und dienen der Planung, Organisation, Vorbereitung und Abwicklung der Fertigung eines Erzeugnisses (aufgrund einer vorgegebenen Stückliste ergibt sich die zwangsläufige Abfolge der Fertigungsschritte).
- Bedarfsermittlung: Durch einfache Multiplikation der Auftragsmenge mit dem Teilebedarf gemäß den Stücklisten wird der Gesamtbedarf sofort ersichtlich. Aus der Bedarfsermittlung können DV-gestützt unmittelbar Bestellvorschläge abgelesen und Bestellungen durchgeführt werden.

- Materialdisposition: Eine Produktionsbereitschaft ist heute bei der hohen Teilevielfalt und unter dem starken Preis- und Kostendruck nur gewährleistet, wenn eine auftrags- bzw. programmgesteuerte Teiledisposition eingeführt ist. Durch Aufteilung in unterschiedliche Stücklistenarten und unter Berücksichtigung der Vorlaufverschiebung lässt sich das Material zeitlich und mengenmäßig genau einplanen.
- Ersatzteilwesen: Stücklisten liefern die notwendigen Informationen über die Bereitstellung evtl. notwendiger Ersatzteile, die aufgrund von Erfahrungswerten am Lager gehalten werden sollten. Eine Sonderform stellt dabei die Ersatzteilstückliste dar, die zur Wartung und Reparatur der Erzeugnisse sowie zur Bestellung von Ersatzteilen dient. Darin können auch die Ersatzteilpreise ausgewiesen sein.
- Kalkulation: Aufgrund der Erstellung von Stücklisten kann unmittelbar eine Kalkulation für ein Produkt oder eine Baugruppe vorgenommen werden. Kalkulationsdaten müssen nur einmal erstellt werden und sind anschließend für die verschiedenen Teile/Baugruppen abrufbar..

11. Fertigteile werden von den Zulieferern überwiegend direkt angeliefert. Welche Vorteile und welche Risiken hat diese fertigungssynchrone Anlieferung?

Vorteile:

- keine Beanspruchung von Lagerraum
- Zinsersparnis
- Risikoabwälzung auf den Lieferanten

Risiken:

Fertigungsstockung

- bei unvorhergesehenen Ereignissen während des Transports,
- bei Unzuverlässigkeit der Lieferanten.

12. In einem metallverarbeitenden Unternehmen werden die drei Werkstätten Stanzen und Formen (I), Sägen und Bohren (II) sowie Lackieren (III) betrieben. Bei der Auftragsbearbeitung muss die vorgegebene Reihenfolge der Werkstätten eingehalten werden.

Gegenwärtig sind fünf Kundenaufträge für die unterschiedlichen Produkte A, B, C, D, E auf die Werkstätten zu verteilen. Die Produkte durchlaufen die einzelnen Werkstätten jeweils tageweise. Eine Trennung in Losgrößen ist nicht möglich. Aufgrund der Arbeitspläne ergeben sich folgende Abläufe:

A	**1 Tag in I,**	**1 Tag in II,**	**1 Tag in III;**
B	**2 Tage in I,**	**1 Tag in II,**	**1 Tag in III;**
C	**2 Tage in I,**	**3 Tage in III;**	
D	**1 Tag in I,**	**2 Tage in II,**	**1 Tag in III;**
E	**1 Tag in II,**	**1 Tag in III.**	

a) Ermitteln Sie die optimale Belegung der drei Werkstätten.

Verwenden Sie für Ihre Lösung ein Balkendiagramm.

b) Ermitteln Sie rechnerisch, zu wie viel Prozent die einzelnen Werkstätten im gesamten Zeitraum ausgelastet sind (Auslastungsgrad).

a) Mögliche Lösungen (vereinfachte Darstellung):

Werkstatt \ Tage	1	2	3	4	5	6	7	8
I (Stanzen/Formen)	A	C	C	D	B	B	–	–
II (Sägen/Bohren)	E	A	–	–	D	D	B	–
III (Lackieren)	–	E	A	C	C	C	D	B

oder

Werkstatt \ Tage	1	2	3	4	5	6	7	8
I (Stanzen/Formen)	C	C	A	D	B	B	–	–
II (Sägen/Bohren)	E	–	–	A	D	D	B	–
III (Lackieren)	–	E	C	C	C	A	D	B

b) *Auslastungsgrad:*

Beispielrechnung für die erste Belegungsalternative:

I 6 Tage/8 Tage = 75,0 %

II 5 Tage/8 Tage = 62,5%

III 7 Tage/8 Tage = 87,5%

13. Netzpläne sind Planungs-, aber auch Organisations- und Kontrollinstrumente. Begründen Sie diese Feststellung.

Planungsinstrument:	Mit dem Netzplan wird der Prozessablauf gründlich vorbereitet.
Organisationsinstrument:	Die Netzplandaten schaffen Vorgaben zur Steuerung des Projektablaufs.
Kontrollinstrument:	Auf der Grundlage des Netzplanes sind Termine, Kosten und Kapazitätsauslastung überwachbar.

5. Bei der Herstellung eines Getriebes entsteht für die einzelnen Arbeitsvorgänge folgender Zeitbedarf (ATg = Arbeitstage; Ft = Folgetätigkeit):

Vorgang	Beschreibung	ATg	Ft	Vorgang	Beschreibung	ATg	Ft
A	Konstruktion	10	B, E, G, H	G	Herstellung der Wellen	1,8	K
B	Modellbau für Gehäuse	3	C	H	Drehen der Zahnräder	0,8	I
C	Gießen des Gehäuses	0,2	D	I	Fräsen der Zahnräder	0,9	J
D	Vorarbeiten am Gehäuse	0,5	K	J	Härten der Zahnräder	0,3	K
E	Beschaffung der Lager	2	F	K	Montage	1,3	–
F	Prüfung der Lager	0,3	K				

a) Zeichnen Sie den Netzplan und bestimmen Sie den kritischen Weg sowie die Pufferzeiten.

b) Welche Wirkungen haben

- **die auftretenden Pufferzeiten,**
- **eventuell auftretende Verzögerungen auf dem kritischen Weg?**

c) Setzen Sie in das Netzplanbeispiel (Lehrbuch, Seite 433) Kalendertage ein. Der Vorgang A soll am ersten Werktag des kommenden Monats beginnen. Wann ist das Projekt bei jeweils fünf Arbeitstagen in der Woche fertiggestellt?

a)

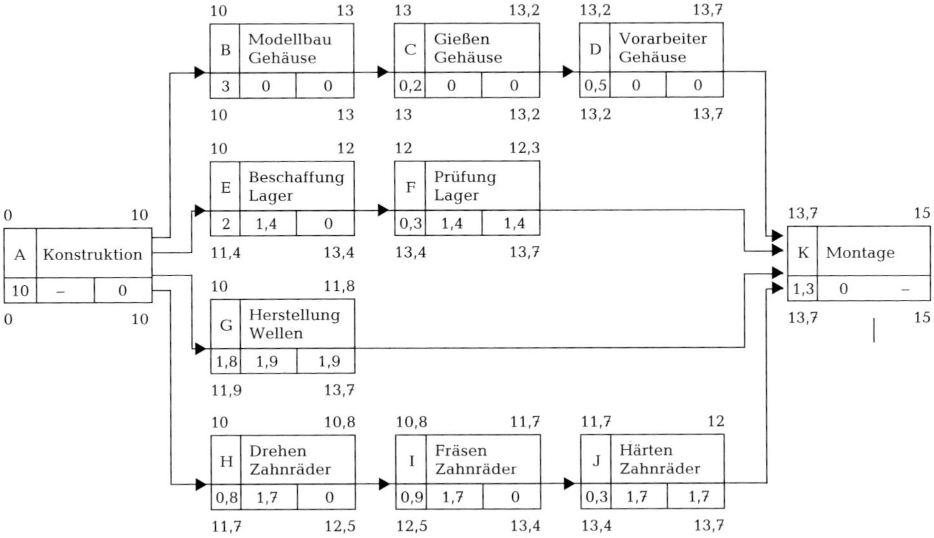

Kritischer Weg: A–B–C–D–K.

b) Wirkung auftretender Pufferzeiten:

Der zeitliche Spielraum durch Pufferzeiten ermöglicht es, den kostengünstigsten Zeitpunkt für die Erledigung einer Teilaufgabe zu wählen.

Wirkungen eventuell auftretender Verzögerungen auf dem kritischen Weg:

- Verlängerung der Herstellungsdauer für das Projekt.
- Verschiebung der nachfolgenden Vorgänge.

c) *Beispiel:*
Beginn des Vorganges A am Montag, 1. September,
letzter Arbeitstag für Vorgang J (nach 44 Arbeitstagen) am Donnerstag, dem 30. Oktober.

15. Für den Bereich der Produktion Tischbeine stehen in der Abteilung Rohbau nur noch begrenzte Kapazitäten zur Verfügung. Die bisherigen Kapazitäten sind gegenwärtig durch andere Aufträge belegt. Die bestehende Belastungsübersicht vor der Berücksichtigung des neuen Kundenauftrages sieht für diese Abteilung bei einer möglichen betrieblichen täglichen Auslastung von 9 Stunden wie folgt aus:

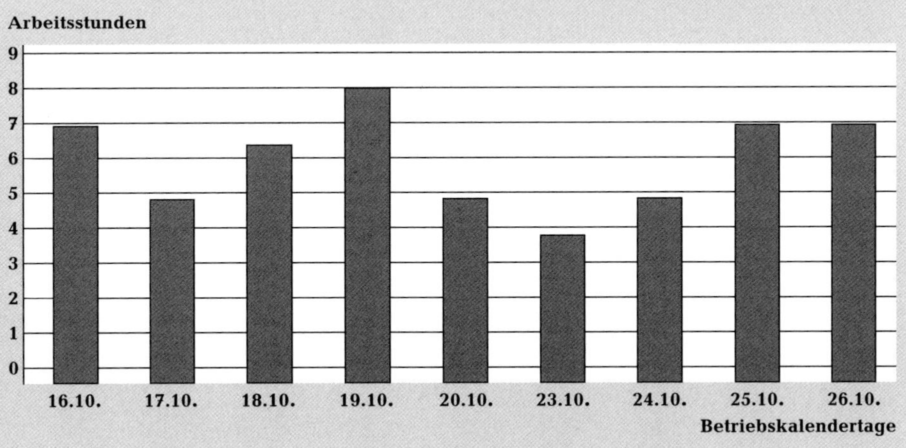

a) Welche Möglichkeiten hat das Unternehmen, um den Kundenauftrag fristgerecht abwickeln zu können, wenn im Fertigungszeitraum für den Kundenauftrag zur Produktion der Tischbeine insgesamt 32 Stunden einzulasten sind?

b) Begründen Sie Ihre Entscheidung und deren mögliche Auswirkungen.

a) und b)

Für den Produktionszeitraum gibt es 26,5 Stunden freie Kapazitäten, d. h., für den Auftrag fehlen 5,5 Stunden. Dieser Engpass muss überbrückt werden durch

- Verschiebung von Aufträgen, die keinen zeitlichen Engpass haben ⇒ keine negativen Auswirkungen, da der Kundenauftrag verschoben werden kann.
- Einplanung von Zusatzschichten oder Überstunden ⇒ Verteuerung der Produktionskosten.
- Ausweichen auf andere Anlagen oder Maschinen ⇒ erhöhter Organisationsaufwand, Gefahr der Verschiebung anderer Aufträge mit Folgewirkungen (Domino-Effekt), höhere Rüstkosten.
- Fremdvergabe ⇒ höhere variable Kosten, Abhängigkeiten vom Lieferanten.

16. a) Welche Ursachen können den Fertigungsablauf stören?

b) Nennen Sie Maßnahmen

- **zur Behebung aufgetretener Störungen,**
- **zur Vermeidung möglicher Störungen.**

a) Störgröße Material: Am Lager sind zu geringe Bestände vorhanden; die Wiederbeschaffungszeiten sind zu lange; Lagerungszeiten während und nach Produktionsabläufen sind zu lange.

Störgröße Kapazitäten: Wegen hoher Auslastung sind keine oder zu geringe Kapazitäten frei; Kapazitätsengpässe als Folge von Mitarbeiterengpässen (Urlaub, Feiertage, Krankheiten, arbeitsrechtliche Einschränkungen).

Störgröße Organisation: Ungenügende oder anfällige DV-Organisation; keine funktionale oder prozessuale Ablaufplanung.

b) Behebung aufgetretener Störungen: Kurzfristige Maßnahmen, die darauf gerichtet sind, die Störungen rechtzeitig, eventuell auch unter erhöhten Kosten, zu beseitigen. Im Vordergrund steht dabei die rechtzeitige Auslieferung der Produkte. Maßnahmen: Teurerer kurzfristiger Einkauf, Teilauftragsvergabe an Unterauftragnehmer (Subunternehmer), Überstunden, Mehrschichtbetrieb, Zurückstellung von Wartungsarbeiten.

Vermeidung möglicher Störungen: Verbesserung der betrieblichen Abläufe und Informationsflüsse; verstärkte Anwendung der DV; Ausrichtung an definierten Qualitätsstandards; konsequente Umsetzung der im QM-Handbuch festgelegten Abläufe und Einhaltung der Verantwortlichkeiten; Anwendung des Konzeptes des kontinuierlichen Verbesserungsprozesses und dem damit verbundenen Anreizsystem.

17. Das Wort »Massenproduktion« erweckt oft die Vorstellung minderer Qualität. Nehmen Sie dazu Stellung.

Der Begriff »Massenproduktion« sagt über die Qualität der Erzeugnisse nichts Negatives aus. Häufig wird durch Massenproduktion eine höhere und gleichbleibende Qualität der Erzeugnisse geschaffen, da Automaten genauer arbeiten als Menschen.

18. Bei einem Rundgang durch verschiedene Abteilungen eines Industrieunternehmens stellen Sie verschiedene Anordnungen der Betriebsmittel fest. Welche Fertigungsart liegt vor?

a) Stanzmaschinen einerseits und Drehbänke andererseits sind räumlich getrennt untergebracht.

b) Fertigteile werden von Arbeitskräften montiert und das unfertige Erzeugnis im Zeittakt weitertransportiert.

c) Maschinen und Arbeitsplätze sind hintereinander geschaltet, die Werkstücke werden durch Elektrokarren je nach Bedarf weiterbefördert.

d) Die Motoren werden von einem bestimmten Arbeitsteam montiert. Die dazu notwendigen verschiedenartigen Betriebsmittel werden von den Teammitgliedern bedient.

a) Werkstättenfertigung

b) Fließfertigung

c) Reihenfertigung

d) Gruppenfertigung

19. Die Elektro GmbH, Cottbus, stellt Mikrowellengeräte her. Der Betriebsleiter prüft, ob von der Werkstättenfertigung auf Fließfertigung übergegangen werden soll.

a) Stellen Sie die Unterschiede der beiden Fertigungsarten anhand folgender Merkmale einander gegenüber:

- **Anordnung der Betriebsmittel,**
- **Menge der in einem Arbeitsgang zu fertigenden Werkstücke,**
- **Flexibilität,**
- **Transportwege.**

b) Welche Gründe sprechen für die Beibehaltung der Werkstättenfertigung bzw. für die Einführung der Fließfertigung?

a)

	Werkstättenfertigung	**Fließfertigung**
Anordnung der Betriebsmittel	gleichartige Maschinen werden in Werkstätten zusammengefasst	Anordnung der Maschinen nach dem Produktionsablauf
Menge der in einem Arbeitsgang zu fertigenden Werkstücke	kann niedriger sein	erhöhter Aufwand bei der Einrichtung (Fließband) ist nur bei höherer Losgröße wirtschaftlich
Flexibilität	größere Anpassungsfähigkeit an Kundenwünsche und Nachfrageänderungen	kurzfristig geringere Anpassungsfähigkeit
Transportwege	länger	kürzer

b) *für Werkstättenfertigung:*

- keine Neufinanzierung
- flexiblere Arbeitseinteilung
- höhere Motivation

für Fließfertigung:

- höhere Produktivität
- kurze Durchlaufzeiten
- niedrigere Kosten

20. Im Rahmen der Diskussion zur »Humanisierung« der Arbeitswelt spricht man bei der Gruppenfertigung im Vergleich zur Fließfertigung von der humaneren Arbeitsform. Nehmen Sie dazu Stellung.

Der Arbeitnehmer muss nicht ständig denselben Arbeitsgang verrichten, sondern stellt in mehreren Arbeitsgängen mit der Arbeitsgruppe ein ganzes Werkstück her. Er wird in die Verantwortung für die Arbeit in der Gruppe eingebunden. Dies führt zu erhöhter Motivation. Die Arbeit ist somit nicht so monoton und bringt dem einzelnen Arbeitnehmer ein Erfolgserlebnis.

21. Stellen Sie die Vor- und Nachteile der Fertigungsarten dar:

a) aus Sicht des produzierenden Unternehmens,

b) aus Sicht der Beschäftigten.

a) und b)

	Vorteile	**Nachteile**
Werkstattfertigung/ Werkstättenfertigung		
– produzierendes Unternehmen	– Universalmaschinen senken die Maschinenkosten – Eingehen auf Kundenwünsche ist möglich – schnelle Anpassung an Nachfrageänderungen	– hohe Lohnkosten durch Fachkräfte – hohe Kosten der Arbeitsvorbereitung – hohe Transport- und Lagerkosten (Werkstättenfertigung) – relativ lange Durchlaufzeiten
– Beschäftigte	– abwechslungsreiche Tätigkeit	– Gefahr, dass anspruchsvolle Tätigkeiten wegrationalisiert werden können und damit Einkommensverluste entstehen
Reihenfertigung/ Fließfertigung		
– produzierendes Unternehmen	– kurze innerbetriebliche Transportwege – übersichtliche Fertigungsabläufe – täglicher Materialbedarf und täglicher Tagesausstoß liegen fest – niedrigere Lohnkosten, da Einsatz von angelernten/ geringer qualifizierten Mitarbeitern – Ausschussminimierung, da Spezialmaschinen verwendet werden und die Mitarbeiter hohes Bearbeitungsgeschick besitzen	– hoher Kapitalbedarf für Spezialmaschinen und damit hohe Fixkostenbelastung – Gefahr von Kostenremanenz bei rückläufiger Beschäftigung – geringe Anpassungsfähigkeit an wechselnde Markterfordernisse – Einrichtung von Zwischenlagern nötig (Reihenfertigung)

	Vorteile	Nachteile
– Beschäftigte	– Möglichkeit für geringer Qualifizierte, eine Beschäftigung zu finden	– Arbeitstempo ist fremdbestimmt (Fließfertigung) – Beschäftigte sind dauernd an den Arbeitsplatz gebunden – starke Beanspruchung des Menschen durch Monotonie
Gruppenfertigung – produzierendes Unternehmen	– Verantwortung und Selbstständigkeit der Mitarbeiter führen zu höherem Engagement und damit zu verbesserten Arbeitsergebnissen – arbeitsorganisatorische Maßnahmen können in gewissem Umfang auf die Gruppe verlagert werden	– hoher Schulungsaufwand, der über die rein fachliche Schulung hinausgeht – Problematik der Konfliktlösung für diejenigen Konflikte, die aus der Gruppe herausgetragen werden
– Beschäftigte	– Arbeit wird abwechslungsreicher – Selbstwertgefühl steigt durch Übertragung von Selbstständigkeit und Verantwortung	– Gefahr der Überforderung im Rahmen der Teamarbeit
Baugruppen-(Module-)Fertigung – produzierendes Unternehmen	– Kosten und Risiken der Lagerhaltung werden auf die Systemlieferanten ausgelagert – Spezialisierungskenntnisse der Zulieferer können genutzt werden – Kostenreduzierung für die fremdbezogenen Teile/Baugruppen/Systeme	– Qualitätsmängel werden vom Kunden dem produzierenden Unternehmen angelastet – Gefahr von Produktionsstörungen bei Lieferantenausfall – technischer Aufwand zur Einrichtung einer einheitlichen Kommunikationstechnologie zwischen Hersteller und Zulieferer
– Beschäftigte	– Arbeit wird abwechslungsreicher	– »Rationalisierungsopfer« (beim Hersteller) – sind oftmals die »Schlussglieder« einer Kette, die unter Rationalisierungsdruck stehen (beim Zulieferer)

22. Häufig spricht man von »Serieneinzelfertigung« und »Mass customization«. Klären Sie diese Begriffe.

Serieneinzelfertigung: Innerhalb einer in begrenzter Stückzahl gefertigten Serie kann auf eine Vielzahl von Sonderwünschen der Kunden eingegangen werden. Dabei gehen die Wünsche über die im Verkaufskatalog genannten Merkmale der Serienausstattung hinaus. Diese Produktionsweise setzt flexible Fertigungssysteme voraus.

Beispiel: Beim Bau eines Fertighauses werden die Wünsche des Bauherrn nach veränderter Fassadengestaltung berücksichtigt.

Mass customization: Innerhalb der Massenfertigung sollen die zunehmenden Wünsche der Kunden nach einer Individualisierung ihres Produktes berücksichtigt werden.

Beispiel: Bei der Automobilproduktion hat der Kunde eine große Kombinationsmöglichkeit im Hinblick auf Ausstattungsmerkmale wie Farbgestaltung, Motorstärken und Zubehör.

23. Automatisierte Fertigung ist eine wesentliche Voraussetzung für eine kostengünstige und verbraucherorientierte Produktion.

Welche Vor- und Nachteile ergeben sich bei der Automation

a) für den Arbeitgeber,

b) für den Arbeitnehmer?

	Vorteile	Nachteile
Arbeitgeber	– Ermöglichung von Massenproduktion – Senkung der Stückkosten – Qualitätssteigerung	– Krisenanfälligkeit – Zwang zum Zusammenschluss mit anderen Unternehmen – hoher Kapitalbedarf
Arbeitnehmer	– schwere körperliche Arbeit entfällt – Arbeitnehmer braucht sich nicht mehr nach dem Arbeitstakt der Maschinen zu richten	– Arbeitnehmer haben nur noch Kontrollaufgaben – Arbeitnehmer müssen häufiger geschult/umgeschult werden – Arbeitsplatzrisiko steigt

24. Welche Formen der Qualitätsprüfung unterscheidet man

a) nach der Menge der zu kontrollierenden Erzeugnisse,

b) nach dem Zeitpunkt der Kontrolle?

a) nach der Menge der kontrollierten Erzeugnisse:
   - Vollprüfung
   - Stichprobenkontrolle

b) nach dem Zeitpunkt der Kontrolle:
   - Eingangskontrolle
   - Zwischenkontrolle
   - Endkontrolle

25. Welche Merkmale sind bei der Qualitätskontrolle maßgebend?

- Fehlerfreiheit: Fertigteile und Erzeugnisse müssen den Konstruktionsunterlagen entsprechen.
- Tauglichkeit: Das Produkt muss für den vorgesehenen Zweck funktions- und gebrauchsfähig sein.
- Vorschriftsmäßigkeit: Das Erzeugnis muss bestehenden Vorschriften entsprechen.

26. Begründen Sie die Notwendigkeit, Maßnahmen der Qualitätskontrolle durchzuführen.

- Verbesserung der Qualität der Erzeugnisse,
- dadurch wird die Absatzfähigkeit der Produkte verbessert.
- Die Häufigkeit von Gewährleistungen und Garantieleistungen und die damit verbundenen Kosten gehen zurück.

27. Qualitätsprobleme resultieren zu 70 % aus Managementfehlern und nur zu 30 % aus Herstellungsfehlern. Was schließen Sie daraus?

Aus diesen Prozentsätzen kann man schließen, dass Fehler an Produkten nicht in erster Linie durch noch so viele Qualitätsprüfungen vermieden werden können. Ausschlaggebend ist vielmehr, dass im Organisationsaufbau und -ablauf optimale Verhältnisse bestehen und dass alle Führungskräfte für die Qualität der Produkte bzw. Dienstleistungen verantwortlich sind. Dies geschieht unter anderem durch

- Förderung von Verbesserungsmaßnahmen,
- kooperativen Führungsstil,
- eindeutige Aufgaben- und Verantwortungsfestlegung.

28. Ein amerikanischer Qualitätsgrundsatz lautet: »Quality doesn't cost, it pays.« Was will dieser Grundsatz aussagen?

In Zeiten, in denen sich die technologischen Entwicklungen der Wettbewerber mehr und mehr annähern, verlieren die äußeren Unterschiede als Verkaufsargumente an Bedeutung. Deshalb versuchen Unternehmen, sich durch andere Kriterien von der Konkurrenz abzugrenzen. Dazu gehören z.B. Maßnahmen im Bereich des kaufmännischen und technischen Kundendienstes (Beratung und Dienstleistung vor, während und nach dem Kauf) insbesondere aber die Qualität des Produktes selbst. Der Begriff Qualität wird deshalb *umfassend* verwendet. Qualität, richtig umgesetzt, »zahlt sich somit aus«.

29. Warum muss ein umfassendes Qualitätsmanagementsystem auch die Qualität des Umweltschutzes einschließen?

Qualitätsmanagement definiert sich nicht mehr nur über das hochwertige Produkt, sondern umfasst unter anderem auch den Anspruch, Nutzen für die Arbeitnehmer und die Gesellschaft zu erreichen. Um das Wohl des Einzelnen und der Gemeinschaft zu gewährleisten, gewinnt der Umweltschutz zunehmende Bedeutung.

Um den umweltbewussten Kunden zufriedenzustellen, müssen die Waren aus umweltfreundlichen Rohstoffen bestehen sowie Herstellung und Vertrieb umweltfreundlich gestaltet sein.

30. Warum ist es vorteilhaft, wenn schon der Lieferant eine Zertifizierung nach ISO 9000 ff. vorgenommen hat?

Die Zertifizierung nach ISO 9000 ff. garantiert ein einwandfreies Qualitätsmanagement eines Lieferanten und damit auch gleichbleibend gute Qualität der von diesem Lieferanten bezogenen Produkte. Aus diesem Grund kann man die Eingangskontrolle vereinfachen oder ganz wegfallen lassen. Die Normen werden laufend aktualisiert.

31. Welche Schlussfolgerungen ziehen Sie aus den folgenden Aussagen?
»Wenn Produkte nur zu 99 % korrekt sind, dann
... haben Sie an 4 Tagen im Jahr kein Trinkwasser,
... haben Sie an 4 Tagen im Jahr keine Tageszeitung,
... funktioniert bei jedem 100. Bremsvorgang das ABS-System nicht,
... versagt bei jeder 100. Operation das Beatmungssystem.«

- Geringe Abweichungen in der Erfüllung von Qualitätsnormen können starken Einfluss auf die Lebensqualität des Menschen haben.
- In manchen Bereichen müssen Produkte zu 100 % fehlerfrei sein (lebensnotwendige Bereiche).

Die Qualität der Produkte ist für ein Unternehmen die Voraussetzung für das Bestehen am Markt. Dies gilt, um den Konkurrenten gegenüber nicht nur Preisvorteile zu haben. Hohe Produktqualität schützt vor möglichen Ansprüchen der Kunden bei Fehlern oder bei der Nichteinhaltung von Vorschriften während der Produktion (Produkthaftung des Herstellers). Außerdem sind 100 % Qualität bei manchen Produkten die unabdingbare Voraussetzung für deren Einsatz (medizinischer Bereich, Raumfahrttechnik).

32. An der Anschlagtafel eines Industrieunternehmens ist ein Plakat mit folgendem Inhalt angebracht:
»Ein entdeckter Fehler kostet
– während der Konstruktion ca. 1 EUR,
– während der Fertigung des Produkts ca. 10 EUR,
– nach Auslieferung des Produkts ca. 100 EUR.«
Was soll mit dieser Mitteilung erreicht werden?

Die Kostenminimierung sollte bereits zu Beginn des Produktlebenszyklus einsetzen. Vorausschauende Entwicklung und Konstruktion besitzt die höchsten Kostensparpotenziale, da sie sich auf alle nachgelagerten Abläufe auswirkt. Außerdem sollen Mitarbeiter hierdurch aufgefordert werden, in allen Produktionsphasen qualitätsorientiert im Unternehmen zu arbeiten.

8.2 Rechtsschutz der Erzeugnisse

S. 451

1. Erklären Sie den Unterschied zwischen Patent und Gebrauchsmuster.

Das Patent wird für eine Erfindung, das Gebrauchsmuster für eine neue Anordnung bzw. Gestaltung erteilt. Der Patentschutz dauert 20 Jahre und kann nicht verlängert werden, der Gebrauchsmusterschutz dauert 10 Jahre und muss ab dem vierten Jahr durch die Zahlung einer Aufrechterhaltungsgebühr gesichert werden.

2. Welche Möglichkeiten für die Verwertung eines Patentes gibt es?

- Der Eigentümer des Patentes kann den Gegenstand der Erfindung selbst herstellen.
- Er kann das Patent veräußern oder vererben.
- Er kann einem anderen die Nutzung des Patentes überlassen (Lizenz).

3. Stellen Sie den Unterschied zwischen einem Patenterwerber und einem Lizenznehmer dar.

- Der Erwerber des Patentes wird Eigentümer mit dem Recht auf alle Verwertungsmöglichkeiten.
- Der Lizenznehmer hat nur ein Nutzungsrecht.

4. Wenn die Zahl der Patentanmeldungen den Erfindergeist und die Innovationskraft widerspiegeln, dann sind die Japaner das innovativste und kreativste Volk der Welt.

Die Deutschen befinden sich in den meisten Technologiebereichen an vierter Stelle. In der Kfz-Technik, in der Laser- und in der Luft- und Raumfahrttechnik belegen die Deutschen den zweiten Rang hinter Japan.

»Patentländer der Erde«

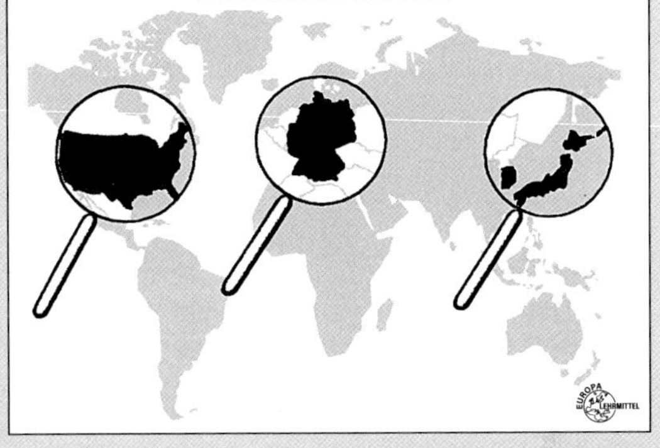

a) Suchen Sie Gründe, weshalb in den Ländern Japan, USA, Korea und Deutschland in den bedeutenden Technologiebereichen die meisten Erfindungen getätigt werden.

b) Welche Bedeutung haben Schutzrechte für innovative Unternehmen?

c) Stellen Sie die volkswirtschaftliche Bedeutung einer hohen Zahl von Patentanmeldungen und Patentgenehmigungen dar.

a) In den vier Ländern gibt es zahlreiche Unternehmen, die in den Technologiebereichen Kommunikationstechnik, Bürotechnik, Lasertechnik, Luft- und Raumfahrttechnik, Medizintechnik, Biotechnologie, Kraftfahrzeugtechnik und Digitale Rechen- und Speichertechnik aktiv sind. Staatliche Förderung und Grundlagenforschung ist in diesen Ländern ebenfalls auf diese Bereiche ausgerichtet.

b) Innovative Unternehmen erbringen in ihren Bereichen teilweise umfangreiche Forschungs- und Entwicklungsarbeiten, die nach erfolgter Produkteinführung in das Unternehmen zurückfließen sollen. Schutzrechte sichern dem Unternehmen die wirtschaftliche Verwertungsmöglichkeit.

c) Eine hohe Zahl von Patentanmeldungen zeigt, dass in dem betreffenden Land intensiv geforscht und entwickelt wird. Dies erfolgt meist in den Bereichen, in denen der Wettbewerbsdruck zu Forschungs- und Entwicklungsanstrengungen führt. Hohe Zahlen von Patentanmeldungen und -genehmigungen führen anschließend zu vermarktungsfähigen Produkten oder Herstellungsverfahren. Damit können sich Volkswirtschaften einen Vorteil gegenüber anderen Ländern sichern.

5. Welche Überlegungen veranlassen einen Erfinder, seine Erfindung patentieren zu lassen?

Für den Erfinder geht es in erster Linie darum, seine Erfindung wirtschaftlich zu nutzen. Sofern es sich um eine grundsätzlich neue Erfindung eines Produktes oder eines Herstellungsverfahrens handelt, erlangt er dadurch eine Monopolstellung, die ihm für den Schutzzeitraum, mindestens jedoch bis zur Erfindung von Substitutionsprodukten bzw. alternativen Herstellungsverfahren, ein Einkommen garantieren kann. Dies kann er sich durch die eigene Verwertung des Patentes oder durch die Veräußerung bzw. Lizenzvergabe sichern.

6. Welche Vorteile ergeben sich aus eingeführten Marken- und Gütezeichen

a) für Hersteller,

b) für Verbraucher?

a) Vorteile für den Hersteller: Erleichterung und Kosteneinsparung bei der Werbung, Umsatzsteigerung

b) Vorteile für die Verbraucher: Qualitätsgarantie

7. Nach Erhebungen werden gegenwärtig weltweit 35 % der Software als Raubkopie eingesetzt. Spitzenreiter sind China und Georgien, in denen ca. 90 % der Softwareprodukte als Raubkopien genutzt werden.

a) Begründen Sie, weshalb gerade in diesem Wirtschaftszweig die Produktpiraterie solche Ausmaße annehmen kann.

b) Stellen Sie weitere Beispiele der Marken- und Produktpiraterie dar.

a) Originalsoftware ist oft sehr teuer, da deren Entwicklung Kompetenz, Erfahrung und lange Programmierungsarbeit verlangt. Die Erstellung von Raubkopien (Plagiaten) ist ohne großen technischen Aufwand durchführbar und deshalb auch kostengünstig. Außerdem können die meisten Kopierschutzmaßnahmen der Hersteller entschlüsselt werden. Zudem ist eine Überprüfung durch die Hersteller auf den regulären Kauf der Software kaum durchführbar.

b) Oberbekleidung, Elektronikbauteile, Autofelgen, Kupplungsscheiben, Bremsbeläge, Kurbelwellen, Sportartikel, Bild- und Tonträger, Zigaretten, Armbanduhren, Parfums

8. Warum werden Arbeitnehmererfindungen besonders geschützt?

Es muss gewährleistet werden, dass dem Arbeitnehmer für eine besondere Leistung eine angemessene Vergütung bezahlt wird, da diese Leistung nicht durch das Arbeitsentgelt abgegolten ist.

9. Nach einer Statistik des Deutschen Institutes für Betriebswirtschaft wurden in Deutschland im Jahre 2012 durch Verbesserungsvorschläge insgesamt Einsparungen in Höhe von 1,1 Mrd. EUR erbracht.

Die Zahlen für die einzelnen Branchen (Vorschläge je 100 Mitarbeiter):

- **Aluminium- und metallverarbeitende Industrie 586**
- **Eisen- und Metallindustrie 246**
- **Dienstleistung, Handel, Bildung 237**
- **Automobilzulieferer 214**
- **Maschinen- und Anlagenbau 186**
- **Elektroindustrie 179**
- **Verkehr, Logistik, Luftfahrt 157**
- **Automobilindustrie 84**
- **Öffentliche Körperschaften 84**
- **Chemische Industrie 56**
- **Banken, Versicherer 15**

Suchen Sie Gründe für die Unterschiede in den einzelnen Wirtschaftsbereichen.

In den Bereichen aluminium- und metallverarbeitende Industrie, Eisen- und Metallindustrie, Dienstleistung, Handel, Automobilzulieferer ist eine Vielzahl von Mitarbeitern »produktiv« tätig. Die Beschäftigten können dadurch unmittelbar Verbesserungen am Produkt, aber auch an den Produktionsabläufen erkennen.

In den Bereichen öffentliche Körperschaften, chemische Industrie, Banken, Versicherer sind Veränderungen an den Produkten bzw. an den Abläufen für den einzelnen Mitarbeiter kaum möglich; Veränderungen werden aufgrund wissenschaftlicher Erkenntnis (chemische Industrie) bewirkt oder durch professionelle Planung und Entwicklung (Softwareprogrammierung bei Banken, Versicherern und öffentlichen Körperschaften).

8.3 Rationalisierung der Leistungserstellung

S. 460

1. Welche Vor- und Nachteile ergeben sich aus der Arbeitsteilung
a) für den Arbeitnehmer,
b) für das Unternehmen?

	Vorteile	Nachteile
a) Arbeitnehmer	– kürzere Anlernzeiten – erhöhte Fertigkeit durch ständige Wiederholung – Möglichkeit, höheren Leistungslohn zu erzielen	– raschere Ermüdung durch gleichbleibende und eintönige Arbeit – einseitige Beanspruchung der Fähigkeiten – Verlust der Selbstständigkeit durch Abhängigkeit von Mitarbeitern – Verlust der Übersicht über den Herstellungsprozess
b) Unternehmen	– Zeitersparnis infolge größerer Fertigkeit – höhere Qualität der Werkstücke – kürzere Ausbildungszeiten – Möglichkeit zum Einsatz von Hilfskräften – Kostenersparnis	– Bei einer arbeitsteiligen Fertigung können die Nachteile für den Arbeitnehmer so groß werden (s. o.), dass eine Produktivitätssteigerung ausbleibt und sogar eine Verminderung der Produktivität eintritt.

2. Grenzen Sie Job rotation, Job enlargement und Job enrichment anhand der folgenden Tätigkeiten gegeneinander ab:
- **Herstellung industriell gefertigter Möbel,**
- **Sachbearbeitertätigkeit in einem Bankbetrieb,**
- **Verkäufertätigkeit in einem Warenhaus.**

	Job rotation	Job enlargement	Job enrichment
Herstellung industriell gefertigter Möbel	Eine Arbeitskraft wechselt vom Zuschnitt in die Montage.	Eine Arbeitskraft ist für die gesamte Herstellung von Stühlen/Polstermöbeln etc. zuständig.	Eine Arbeitskraft ist neben der Herstellung von Stühlen zuständig für den Modellbau und den damit zusammenhängenden planenden Tätigkeiten (u. a. auch für das Prüfen neuer Materialien).

	Job rotation	Job enlargement	Job enrichment
Sachbearbeiterin im Bankbetrieb	Eine Sachbearbeiterin wechselt vom Privatkundenschalter zum Sortenschalter.	Eine Sachbearbeiterin im Privatkundengeschäft ist neben den Vertragsabschlüssen auch für Werbemaßnahmen zuständig.	Eine Sachbearbeiterin am Privatkundenschalter erhält die Vollmacht, bis zu einer bestimmten Höhe Kreditverträge abzuschließen, Sonderkonditionen zu vereinbaren und die Vertragserfüllung zu kontrollieren.
Verkäuferin im Warenhaus	Eine Verkäuferin wechselt von der Abteilung Haushaltswaren in die Abteilung Schreibwaren oder Schuhe.	Eine Verkäuferin ist zuständig für die Verkaufsraumgestaltung, den Verkauf und das Kassieren.	Eine Verkäuferin ist neben dem Verkauf auch zuständig für Verhandlungen und Vertragsabschlüsse mit Lieferanten.

3. Warum tragen Arbeitsplatzwechsel und Arbeitsbereicherung zur Humanisierung der Arbeit bei, obwohl dabei höhere Anforderungen an die Mitarbeiter gestellt werden?

Bei Arbeitsplatzwechsel und Arbeitsbereicherung wird die Arbeit abwechslungsreicher. Dadurch wird Monotonie vermieden und das Arbeitsinteresse gesteigert.

4. Was will ein Manager der Automobilindustrie mit folgender Aussage verdeutlichen?

»Jeder Arbeiter versteht sich als Lieferant seines Produktes an seine Kollegen.«

Die Zielsetzungen der Gruppenarbeit lassen sich grundsätzlich auf den gesamten Betrieb ausdehnen. Danach hat dann der Einzelne sowohl Selbstständigkeit als auch entsprechende Verantwortung für das Produkt und die Produktionsabläufe. Er soll sich als »Unternehmer im Unternehmen« sehen, um dadurch die Wirksamkeit zu erhöhen.

5. a) Begründen Sie, weshalb Fachleute durch die Telearbeit eine Veränderung der Arbeitswelt erwarten.

b) Welche grundsätzlichen Voraussetzungen müssen im Arbeitsprozess gegeben sein, damit sich Telearbeit als neue Organisationsform der Arbeit schnell durchsetzen wird?

c) Stellen Sie Vor- und Nachteile gegenüber

- **aus Sicht des Arbeitnehmers,**
- **aus Sicht des Unternehmens,**
- **aus Sicht der Gesellschaft.**

a) Die Chancen der Telearbeit eröffnen sich durch die großen Möglichkeiten der Telekommunikation. Dies gilt für den umfassenden und stetig zunehmenden Dienstleistungssektor. Für eine Vielzahl von Tätigkeiten werden wenige Zusammenkünfte ausreichen, um Planungen und organisatorische Maßnahmen vorzunehmen. Die restliche Arbeit kann vom Arbeitsplatz außerhalb des Unternehmens erledigt werden. Eine rasche Einführung wird aus Sicht der Experten auch deshalb erwartet, weil Kosten verringert werden können.

b) Voraussetzungen bei den Mitarbeitern:
- Wille, selbstständig und eigenverantwortlich zu arbeiten
- Fähigkeit zur Selbstdisziplin und Selbstorganisation
- kompetenter Umgang mit den neuesten Kommunikationsmedien

Voraussetzungen bei den Vorgesetzten:
- Führungsstil nach Zielvereinbarungen
- Fähigkeit zum konsequenten Delegieren
- Fähigkeit zum Aufbau und zur Erhaltung eines Vertrauensverhältnisses

Voraussetzungen beim Unternehmen:
- Vereinbarungen mit Betriebsrat und Arbeitnehmervertretung bezüglich Arbeitszeit, Entlohnung, Weiterbildung, Aufstiegsmöglichkeiten; Verhältnis Telearbeitskräfte und »normale Mitarbeiter«
- Erstellung der notwendigen technischen Voraussetzungen
- Erstellung von Regeln für die Kommunikation und den Austausch von Büromaterialien

c)

	Vorteile	**Nachteile**
aus Sicht des Arbeitnehmers	– hohes Maß an individueller Arbeitsplanung – hohe Motivation – die berufliche Zwangsgemeinschaft fehlt	– Gefahr der beruflichen Isolation – Risiko, in die Scheinselbstständigkeit gedrängt zu werden – keine Trennung von Beruf und Privatleben

aus Sicht des Unternehmens	– Einsparungen:
	  – Raumkosten (Bürofläche an teuren Standorten)
	  – Sozialkosten (Wegfall von Kantine und Sozialräumen)
	  – Energiekosten
	– hohe Arbeitsergiebigkeit
	– begrenzte Arbeitsaufträge können über Auftragsbörsen an Außenstehende vergeben werden
		– Verlust des »Wir-Gefühls«, das über soziale Kontakte aufgebaut und erhalten werden kann
		– mangelnde Kontrolle über den Umgang mit Arbeitsergebnissen

aus Sicht der Gesellschaft	– Energieeinsparung durch Einschränkung des Berufsverkehrs – Arbeitsplätze können auch in strukturschwachen Gebieten entstehen	– Arbeitsplätze können ins Ausland ausgelagert werden – Aufweichung bewährter und stabiler Strukturen

6. Ein Unternehmer behauptet: »Lean production führt gleichzeitig zu Rationalisierung und zu humaner Gestaltung der Arbeit.« Nehmen Sie dazu Stellung.

- Rationalisierungswirkung: Die höhere Motivation und Verantwortlichkeit der Mitarbeiter wirkt produktivitätssteigernd. Weniger Ausschuss und geringere Nacharbeit tragen zur Kostensenkung bei.
- Humanisierungswirkung: Lean production führt durch Vielseitigkeit der Arbeit und Mitverantwortung dazu, dass der arbeitende Mensch den Sinn seiner Arbeit besser erkennt.

7. Welche personalwirtschaftlichen Herausforderungen ergeben sich durch die Einführung neuer Organisationsformen der Arbeit zu folgenden Kriterien:

- **Entlohnung der Mitarbeiter,**
- **Personalschulung,**
- **Personalentwicklung,**
- **Konfliktlösung,**
- **Arbeitszeitgestaltung.**

- Entlohnung der Mitarbeiter: Herkömmliche Entlohnungsmodelle können nicht mehr ausreichen, um eine leistungsgerechte Entlohnung zu gewähren. Der Begriff der Leistung muss evtl. unterschiedlich definiert werden. Eine Erfolgsbeteiligung bietet sich an.
- Personalschulung: Schulungsmaßnahmen müssen häufiger, umfassender und kompetenter vermittelt werden. Die Personalleiterin muss deshalb sowohl organisatorische Kompetenz haben als auch die Fähigkeit, geeignetes Schulungspersonal zu finden. Außerdem müssen die Mitarbeiter für ständig neue Schulungen »motiviert« werden.
- Personalentwicklung: Mitarbeiter, die auf »lebenslanges Lernen« vorbereitet sind, gewinnen zunehmend Flexibilität und Mobilität. Die Fluktuation im Betrieb wird sich erhöhen und damit auch das Problem mittelfristiger Personalentwicklung. Motivierende Fähigkeiten der Personalleiterin, die Mitarbeiter an den Betrieb zu binden, werden deshalb zunehmend gefragt.
- Konfliktlösung: Nach neuen Modellen der Arbeitsorganisation sollen Konflikte überwiegend in den Gruppen gelöst werden. Um diese soziale Kompetenz zu erlangen, müssen Mitarbeiter entsprechend vorbereitet und geschult werden. Dabei sollte gerade das Problem des »Mobbing« am Arbeitsplatz gelöst werden.
- Arbeitszeitgestaltung: Neue Organisationsformen der Arbeit, insbesondere die zunehmende Telearbeit am häuslichen Arbeitsplatz und der notwendige Zeitbedarf für Schulungen verlangen nach flexiblen Arbeitszeitmodellen, die jedoch die betrieblichen Abläufe und auch vertragliche Verpflichtungen (Tarifverträge) nicht unterlaufen dürfen.

8. Warum gibt es oftmals gerade in krisengeschüttelten Wirtschaftszweigen zukunftsweisende Modelle der Arbeitsorganisation?

In krisengeschüttelten Wirtschaftszweigen steht die Konkurrenzfähigkeit, die heute meist mit dem Zwang zur Kostensenkung verbunden ist, auf dem Prüfstand. Wenn die Maßnahmen zur Kostensenkung ausgeschöpft sind, müssen organisatorische Maßnahmen ergriffen werden, die die Motivation und die Verantwortung des Einzelnen erhöhen. So gab es gerade in der deutschen Automobilindustrie in den 1990er Jahren entsprechende Modelle der Arbeitsorganisation (und auch der Arbeitszeitgestaltung, z. B. Einführung der 4-Tage-Woche bei VW).

9. Kaum ein technisches Detail entgeht der Normung. Auch Schriften und Druckfarben sind genormt. Da will natürlich das Deutsche Institut für Normung nicht zurückstehen.

Selbst das DIN-Zeichen, das Markenzeichen deutscher Normarbeit, ist eigens genormt.

Begründen Sie die Notwendigkeit der Normgebung.

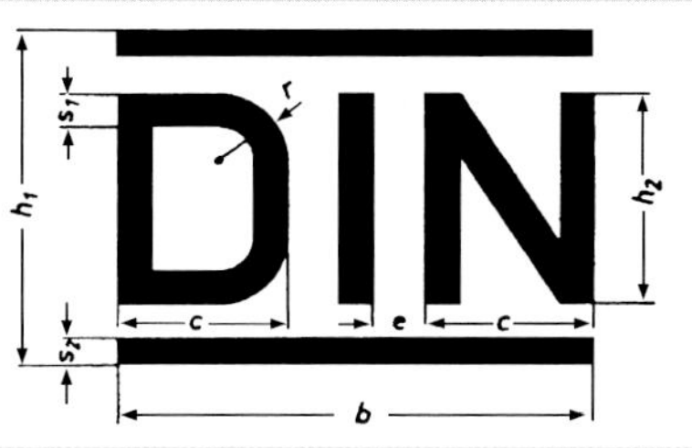

Normen ermöglichen den Einsatz eines Teiles/Erzeugnisses in unterschiedlichen Produkten. In einer weltweiten arbeitsteiligen Wirtschaft sind Normen als vereinheitlichende Maße und Vorgaben notwendige Voraussetzung für einen nationalen und internationalen Austausch von Produkten, aber auch von Informationen. Dadurch wird außerdem eine Kostensenkung bei der Beschaffung, Produktion und beim Vertrieb erreicht.

10. Die Reifen Roesch GmbH hat festgestellt, dass der Papierverbrauch in den vergangenen drei Jahren um 50 % gestiegen ist.

Stellen Sie in einem PDCA-Zyklus die Aktivitäten zum Abbau dieses Missstandes dar.

Planning: Es gilt zu klären, welche Ursachen den Missstand hervorgerufen haben, warum es als betriebliche Aufgabe angesehen wird, den Papierverbrauch zu senken (erhöht die Akzeptanz bei der Umsetzung), welche Maßnahmen ergriffen werden sollen (Bsp.: Drucker nur noch an zentralem Ort), in welchem Zeitraum und mit welchen Methoden die Veränderungen erreicht werden sollen.

Do: Die Verantwortlichen der Maßnahme erarbeiten konkrete Zeitpläne und Maßnahmenpläne und setzen diese um.

Check: Überprüfung, ob die Maßnahmen umgesetzt bzw. die gewünschten Ziele erreicht wurden.

Action: Aufgrund der Ergebnisse werden einheitliche Richtlinien im Unternehmen festgelegt.

11. Welches Rationalisierungskonzept könnte dieser Karikatur zugrunde liegen?

Nehmen Sie kritisch Stellung.

Der Karikatur könnte das Konzept Lean Production zugrunde liegen. »Schlanke Produktion« darf dabei jedoch nicht dahingehend verstanden werden, dass Verbesserungen der Qualität, der Abläufe und damit auch der Produktivität lediglich Konsequenzen für die ausführenden Ebenen im Unternehmen haben. Diese Gefahr bestand anfänglich in der deutschen Industrie, bis Großbetriebe das Prinzip auch auf die Ebene des Managements ausgedehnt haben.

9 Handel

9.1 Leistungen (Aufgaben) des Handels

9.2 Arten und Bedeutung des Handels

9.3 Ziele und Formen der Kooperation im Handel

S. 472

1. Bezeichnen Sie in dem Schaubild die jeweiligen Elemente in der richtigen Reihenfolge mit den folgenden Begriffen: Aufkaufgroßhandel, Einzelhandel, Industrieunternehmen, Natur, Produktionsverbindungshandel, Sortimentsgroßhandel, Verbraucher.

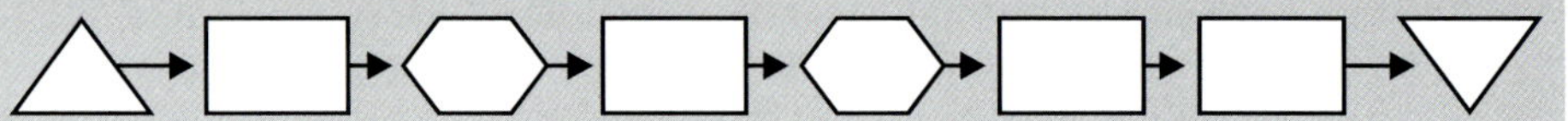

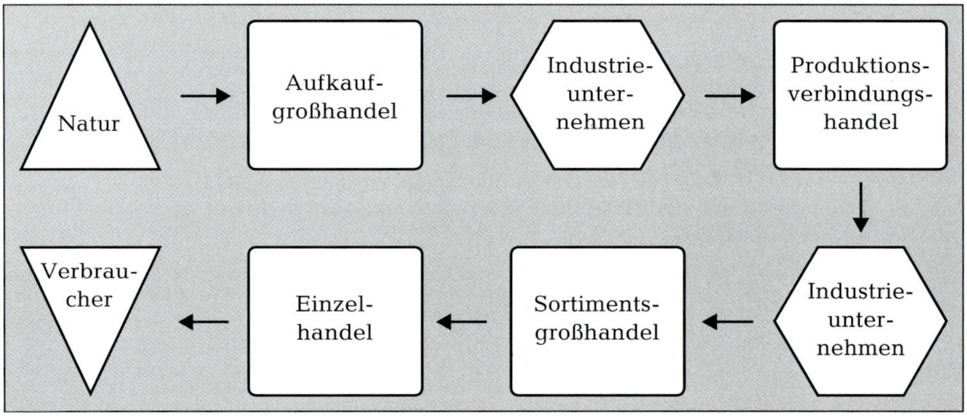

2. Nehmen Sie Stellung zu folgenden Behauptungen:

a) Der Handel ist nicht produktiv.

b) Der Handel verleitet zu überhöhtem Verbrauch.

c) Der Handel verteuert die Ware.

a) Die Aussage ist falsch. Die produktiven Leistungen des Handels sind: Bereitstellung der Waren am Bedarfsort, verbrauchergerechte Sortimentsgestaltung, Beratung, Service.

b) Es ist auch eine Aufgabe des Handels, latenten Bedarf zu wecken. Der Abschluss eines Kaufvertrages setzt allerdings zwei Vertragspartner voraus. Geschickte Werbung und geschickte Warenpräsentation können beim Käufer spontane Kaufentschlüsse auslösen. Verantwortungslose, vor allem Jugendliche und Kinder ansprechende Werbung sollte unterbleiben.

c) Obwohl die Handlungskosten den Warenpreis steigen lassen, verursacht die Warenverteilung durch den Handel weniger Beschaffungs- und Verteilungskosten, als wenn der Verbraucher die Ware vom Hersteller selbst beschaffen bzw. der Hersteller an den Verbraucher liefern würde. Der Handel kann durch Großeinkäufe beim Hersteller günstigere Beschaffungspreise erzielen und damit dem Verbraucher Vorteile vermitteln. Die Höhe des vom Handel geforderten Preises hängt auch von der Wettbewerbssituation der Handelsstufe ab.

3. Welche Umstände begünstigen die Entwicklung von Großbetrieben des Handels?

Großbetriebe können durch Großeinkäufe die Herstellerpreise drücken und ihre eigenen Fixkosten durch Massenabsatz senken. Sie befriedigen den Wunsch vieler Verbraucher, alle benötigten Waren an einem Ort vorzufinden.

4. Stellen Sie Vor- und Nachteile beim Einkauf mittels E-Commerce einander gegenüber.

Vorteile: Bequemes Einkaufen von zuhause mithilfe des Computers; Zeit- und Kostenersparnis; große Auswahl; direkter Preisvergleich möglich; rund um die Uhr verfügbar; schnelle Aktualisierung; Lieferung an die Haustür

Nachteile: Kein Besichtigen oder Probieren der Ware, keine persönliche Beratung; bei Unerfahrenen Gefühl der Unsicherheit betreff Lieferung und Zahlung; Gefahr der Übervorteilung oder Datenschutzmissachtung; Verzicht auf soziales Einkaufserlebnis

5. Ein Hersteller von Elektroartikeln hat bisher 5.000 Einzelhändler und über 50 Großhändler beliefert. Nun entschließt er sich zum direkten Absatz an die Einzelhändler.

a) Welche zusätzlichen Tätigkeiten und Kosten entstehen ihm dadurch?

b) Welche Vorteile sieht das Unternehmen in dieser Maßnahme?

a) vielfältige Kaufvertragsverhandlungen, breiteres Vertriebsnetz, mehr Verwaltung (Buchführung, Inkasso, Mahnwesen), viele Sendungen mit den entsprechenden Versandkosten, höhere Kosten für Handlungsreisende

b) Großhändlerrabatt entfällt, engerer Kontakt mit dem Markt, entsprechend bessere Abstimmung der Produkte auf den Bedarf, direkte Einwirkung auf den Einzelhandel

6. Welche Vorteile können sich für ein Einzelhandelsunternehmen ergeben, wenn es Mitglied einer freiwilligen Kette wird?

einfache Bestellung, regelmäßige Belieferung, gegenseitige Beratung und Hilfestellung, günstige Preise, vorgegebenes Sortiment, Finanzierungsmöglichkeiten

7. Nennen Sie Beispiele für Sortiments- und Spezialgroßhandlungen beim Absatz von

a) Elektrogeräten, **c) Wohnmöbeln,** **e) Büroartikeln.**

b) Baumaterialien, **d) Schreibwaren,**

Beispiele:

Sortimentsgroßhandlung	Spezialgroßhandlung
a) Großhandlung für elektrische Haushaltsgeräte	Großhandlung für Beleuchtungskörper
b) Baustoffgroßhandlung	Holzgroßhandlung
c) Großhandlung für Schlafzimmereinrichtungen	Großhandlung für Matratzen
d) Papiergroßhandlung	Großhandlung für Verpackungspapiere
e) Büromaschinengroßhandlung	Großhandlung für Rechnergeräte

8. Ein Arzneimittelgroßhändler beliefert zweimal täglich die Apotheken seines Abnehmerkreises. Beurteilen Sie diese Zustellpraxis

a) aus der Sicht des Abnehmers, b) aus der Sicht des Großhändlers.

a) Der Apotheker erspart sich die Lagerung vor allem selten benötigter Medikamente; das Lager- und Absatzrisiko wird gemindert, Kosten werden gesenkt. Die Kunden können dennoch in angemessener Zeit, meist noch am selben Tag, beliefert werden.

b) Der Pharmagroßhändler benötigt eine aufwendige Transportorganisation und eigene Fahrzeuge. Die dadurch entstehenden Kosten sollen durch die Bindung der Abnehmer an den Großhändler aufgefangen werden; sie werden zu Dauerkunden.

9. Welche unterschiedlichen Leistungen an der Menge erfüllen der Aufkaufgroßhandel und der Absatzgroßhandel?

Aufkaufgroßhandel: Kauf in kleinen Mengen (Sammelleistung), Verkauf in großen Mengen

Absatzgroßhandel: Kauf in größeren Mengen, Verkauf in kleinen Mengen (Verteilerleistung)

10. Welchen Einfluss hat der Handel auf die Qualität der Waren?

Der Handel kann zur Erhaltung und Verbesserung der Warenqualität beitragen, indem er vom Hersteller entsprechende Qualitäten fordert (Verbesserungsvorschläge, Weitergabe von Kundenwünschen) bzw. durch eigene Bearbeitung und Pflege der Warenvorräte während der Lagerung für Warengüte sorgt.

11. Ein Sprichwort lautet: »Handel schafft Wandel«. Beurteilen Sie anhand der Leistungen eines Handelsbetriebes, auf welche Weise der Handel wirtschaftliche Veränderungen bewirken kann.

- Warenleistung: Ein Großhändler für Heizungsanlagen regt bei einem Produzenten die Entwicklung einer umweltfreundlichen und intelligenten Regeltechnik an.
- Überbrückungsleistung: Ein Pharmagroß- und -außenhändler organisiert die Einführung eines neuen preiswerten Medikamentes gegen die hohe Säuglingssterblichkeit in tropischen Regionen.
- Vermittlungsleistung: Ein Verpackungsgroßhändler veranlasst ausländische Getränkehersteller, durch intensive Beratung und günstige Einführungspreise in Zukunft Getränke nur noch in recycelbaren Mehrwegflaschen anzubieten.

12. Ordnen Sie die folgenden Beschreibungen einem Großhandelsunternehmen zu: nach der Stellung des Großhandelsunternehmens bzw. nach der Betriebsform des Großhandelsunternehmens.

a) Die Schraubengroßhandlung Wändels GmbH beliefert ihre Kunden in den ostdeutschen Bundesländern mit dem eigenen Fuhrpark.

b) Die Lammert KG, eine Holzgroßhandlung in Bayern, führt alle gängigen Holzformate für die Bauwirtschaft in ihrem Sortiment. Das Unternehmen lässt jede Lieferung direkt vom Sägewerk zur Baustelle liefern.

c) Die KTB Werkzeugmaschinengroßhandlung GmbH hat Kunden und Lieferanten in der ganzen Welt.

d) Die Weingroßhandlung Lausitz GmbH hat bei verschiedenen Supermärkten mehrere Regalmeter gemietet. Diese befüllt sie regelmäßig und pflegt sie. Der Verkauf der Waren erfolgt durch den jeweiligen Supermarkt.

e) Die auf italienische Erzeugnisse spezialisierte Großhandlung Ital-Market GmbH bietet ihren Kunden monatliche Sonderaktionen an. Die Kunden können diese, wie auch alle anderen Produkte, selbst in den eigenen Verkaufsräumen der Großhandlung aussuchen und abtransportieren.

f) Die Sanitärgroßhandlung Wissmann GmbH ermöglicht die Belieferung der Handwerker durch einen eigenen Nacht- und Wochenenddienst.

g) Die Fachgroßhandlung für asiatische Möbel hat ein breites und tiefes Sortiment für alle Haus- und Gartenmöbel. Die Möbel werden in den eigenen Räumen in verschiedenen Abteilungen ausgestellt. Dort können sie besichtigt und bestellt werden.

h) Die Großhandlung für technische Industrieprodukte Allbries KG bietet den angemeldeten Einzelhändlern einen Onlinekatalog mit über 150.000 Artikeln an.

i) Die Gastro- und Einrichtungsgroßhandlung HKV-GmbH ermöglicht es allen Hotel- und Gastronomieunternehmen der Luxusklasse, ihren Bedarf im Internet selbst zusammenzustellen oder nach Auswahl im zentralen Ausstellungsraum der jeweiligen Landeshauptstadt liefern zu lassen.

Unternehmensbeschreibung	Stellung bzw. Betriebsform
a) Die Schraubengroßhandlung Wändels GmbH beliefert ihre Kunden in den ostdeutschen Bundesländern mit dem eigenen Fuhrpark.	Stellung: Produktionsverbindungshandel Betriebsform: Zustellgroßhandel
b) Die Lammert KG, eine Holzgroßhandlung in Bayern, führt alle gängigen Holzformate für die Bauwirtschaft in ihrem Sortiment. Das Unternehmen lässt jede Lieferung direkt vom Sägewerk zur Baustelle liefern.	Stellung: Produktionsverbindungshandel Betriebsform: Streckengeschäftsgroßhandel
c) Die KTB Werkzeugmaschinengroßhandlung GmbH hat Kunden und Lieferanten in der ganzen Welt.	Stellung: Absatzgroßhandel Betriebsform: Streckengeschäftsgroßhandel
d) Die Weingroßhandlung Lausitz GmbH hat bei verschiedenen Supermärkten mehrere Regalmeter gemietet. Diese befüllt sie regelmäßig und pflegt sie. Der Verkauf der Waren erfolgt durch den jeweiligen Supermarkt.	Stellung: Absatzgroßhandel Betriebsform: Regalgroßhandel

Unternehmensbeschreibung	Stellung bzw. Betriebsform
e) Die auf italienische Erzeugnisse spezialisierte Großhandlung Ital-Market GmbH bietet ihren Kunden monatliche Sonderaktionen an. Die Kunden können diese, wie auch alle anderen Produkte, selbst in den eigenen Verkaufsräumen der Großhandlung aussuchen und abtransportieren.	Stellung: Absatzgroßhandel Betriebsform: Abholgroßhandel
f) Die Sanitärgroßhandlung Wissmann GmbH ermöglicht die Belieferung der Handwerker durch einen eigenen Nacht- und Wochenenddienst.	Stellung: Produktionsverbindungs-/ Absatzgroßhandel Betriebsform: Zustellgroßhandel
g) Die Fachgroßhandlung für asiatische Möbel hat ein breites und tiefes Sortiment für alle Haus- und Gartenmöbel. Die Möbel werden in den eigenen Räumen in verschiedenen Abteilungen ausgestellt. Dort können sie besichtigt und bestellt werden.	Stellung: Absatzgroßhandel Betriebsform: Zustellgroßhandel
h) Die Großhandlung für technische Industrieprodukte Allbries KG bietet den angemeldeten Einzelhändlern einen Onlinekatalog mit mehr als 150.000 Artikeln an.	Stellung: Absatzgroßhandel Betriebsform: Zustellgroßhandel
i) Die Gastro- und Einrichtungsgroßhandlung HKV-GmbH ermöglicht es allen Hotel- und Gastronomieunternehmen der Luxusklasse, ihren Bedarf im Internet selbst zusammenzustellen oder nach Auswahl im zentralen Ausstellungsraum der jeweiligen Landeshauptstadt liefern zu lassen.	Stellung: Absatzgroßhandel Betriebsform: Zustellgroßhandel

9.4 Warenwirtschaft und Warenwirtschaftssystem

S. 477

1. Welche Informationen bietet ein Warenwirtschaftssystem?

Für jeden Artikel:

- Wareneingangsdaten: Datum, Menge, Einkaufspreis, Einkaufswert, Vorsteuer
- Warenausgangsdaten: Datum, Menge, Verkaufspreis, Umsatzwert, Umsatzsteuer
- Veränderungen im Verkauf: Verschlechterungen und Verbesserungen
- Statistiken: Umsatzstatistik, Lagerstatistik, Erfolgsstatistik
- organisatorische Informationen: Rechnungskontrolle, Etikettierung

Für den Einkauf:

- Bestelllisten, Lieferantenlisten, Lieferantenbewertungen
- optimale Bestellmengen bzw. Bestellzeitpunkte
- Kennzahlen: Reklamationen je Lieferant oder je Artikel, Preisentwicklung etc.

Für den Verkauf:

- Verkaufsentwicklung je Artikel, je Kunde, je Verkaufsniederlasung usw.
- Preiskalkulation
- Überblick über Nachlassgestaltung
- Kontrolle der Zahlungseingänge

Für die Lagerhaltung:

- Bestände, Bestandsentwicklung, Bestellzeitpunkte
- Lagerorte
- Inventurlisten

2. Erläutern Sie Rationalisierungsziele, die mit der Einführung eines Warenwirtschaftssystems angestrebt werden.

Schnelle Entscheidungen beim Einkauf, bei der Sortimentsgestaltung, dem Verkäufereinsatz, bei Sonderverkäufen und bei der Personalbeurteilung sind möglich. Bei Bedarf können Inventurlisten, Lager-, Umsatz- und Gewinnstatistiken ausgedruckt werden. Die Beschaffung von Waren kann über den gespeicherten Meldebestand durch den Computer veranlasst werden. Preisänderungen können schnell und einfach vorgenommen werden.

3. Welche Entscheidungen können durch ein Warenwirtschaftssystem vorbereitet werden?

Entscheidungen, die den Personaleinsatz, den Einkauf, Sonderaktionen beim Verkauf, die Warenplatzierung und Sortimentsveränderungen betreffen.

4. Erklären Sie den Unterschied zwischen Stammdaten und Bewegungsdaten.

- Stammdaten bleiben für längere Zeit unverändert: Lieferantendaten, Kundendaten, Artikeldaten.
- Bewegungsdaten werden bei jedem Vorgang verändert: Preise und Mengen beim Einkauf und Verkauf.

5. Warum ist mithilfe des Warenwirtschaftssystems die wiederholte Bestellung kleinerer Mengen der Bestellung einer großen Menge vorzuziehen?

Kleine, dafür häufige Bestellungen, verursachen gegenüber selteneren, aber größeren Bestellungen geringere Lagerkosten, aber höhere Bestellkosten. Wenn die Bestellungen direkt online veranlasst werden, werden auch die Bestellkosten vermindert.

6. Ein mittelständisches Unternehmen, das medizinische Geräte vertreibt, will seine Warenwirtschaft in Zukunft DV-gestützt abwickeln. Stellen Sie ein Konzept auf, in dem die Schritte bis zur Einführung eines Warenwirtschaftssystems vorgegeben sind.

Bis zur Einführung eines Warenwirtschaftssystems sollte in folgenden Schritten vorgegangen werden:

Schritt 1: Begründung

Erhebung der Gründe für die geplante computergestützte Warenwirtschaft (z. B. gestiegenes Auftragsvolumen, Ausweitung der Inlands- und Auslandsaktivitäten, größeres

Produktspektrum), Zusammenstellung der erwarteten Vorteile (z.B. Beschleunigung der Auftragsabwicklung, schnellere Informationen, bessere Übersicht über den Auftragsbestand, intensivere Kundenbetreuung)

Schritt 2: Ist-Analyse

Beschreibung der Form der Auftragseingänge (telefonisch, schriftlich, über Außendienst), Darstellung des bisherigen Arbeitsablaufs mit Schwachstellen, Erhebung des Mengengerüsts (Anzahl Artikel/Artikelgruppen, Kunden/Kundengruppen wie z.B. Ärzte, Fachhandel oder Kliniken, Aufträge pro Zeiteinheit, Anzahl der Innen- und Außendienstmitarbeiter)

Schritt 3: Soll-Konzept

Beschreibung des geplanten Verfahrens vom Wareneingang bis zur Auftragserfüllung. Aufstellung grober Programmabläufe, Grobbeschreibung der einzurichtenden Dateien (Artikel, Kunden, Aufträge) bzw. der dafür einzurichtenden Datenbank

Schritt 4: Auswahl und Anschaffung der Software

Grobauswahl von Branchensoftware für den medizinischen Fachhandel anhand von Katalogen, Angebotsvergleich, Entscheidung für einen Anbieter, Vertragsabschluss

Schritt 5: Einführung des Warenwirtschaftssystems

Schulung der Benutzer, Einrichtung der Dateien bzw. Datenbank durch Erfassung bzw. Übernahme der vorhandenen Datenbestände, Systemstart

9.5 Markt- und Börsenhandel

S. 480

1. Welche Güter werden auf folgenden Märkten »gehandelt«: Rohstoffmarkt, Halbwarenmarkt, Fertigwarenmarkt, Geld- und Kapitalmarkt, Arbeitsmarkt?

- Rohstoffmarkt: Energierohstoffe (z. B. Erdöl, Erdgas, Uran), Metallrohstoffe (z. B. Erze, Kupfer, Zinn, Gold, Aluminium, Stahl), Bau- und Keramikrohstoffe (z. B. Holz, Gestein, Sediment, Ton)
- Halbwarenmarkt: Vorprodukte, welche an andere Unternehmen geliefert und dort fertig produziert oder eingebaut werden, z. B. Scheinwerfer und Getriebe für die Pkw-Produktion, Ethylen und Vinylchlorid für die Kunststoffherstellung oder Milchpulver für die Nahrungsmittelindustrie.
- Fertigwarenmarkt: Für den Verbrauch bestimmte Güter wie Mobiltelefon, Auto, Waschmaschine, Milch, Brot, Saft.
- Geld- und Kapitalmarkt: Geld, Sorten, Devisen, Kredite, Wertpapiere
- Arbeitsmarkt: Als Arbeitsmarkt wird das Zusammentreffen von Angebot und Nachfrage nach Arbeitskraft in einer Volkswirtschaft bezeichnet. Auf dem Arbeitsmarkt »verkaufen« Menschen gegen Arbeitsentgelt ihre Arbeitskraft zur Verrichtung konkreter Tätigkeiten an Arbeitgeber, für die sie bestimmte Produkte herstellen oder Dienstleistungen ausführen.

2. Unterscheiden Sie:

a) Beschaffungsmarkt – Absatzmarkt,

b) Importmarkt – Exportmarkt.

a) Ein Beschaffungsmarkt ist der Markt, auf dem Rohstoffe, Halbfabrikate und Waren zur Weiterverarbeitung oder -veräußerung von Unternehmen beschafft werden. Der Beschaffungsmarkt des Käufers ist aus der Sicht des Verkäufers der Absatzmarkt. Der

Absatzmarkt ist folglich der Markt, auf dem ein Unternehmen seine Verkäufe tätigt. Aus der Sicht des Käufers ergibt sich als Gegenstück der Beschaffungsmarkt.

b) Der Importmarkt ist der Markt, auf dem ins Inland eingeführte Güter gehandelt werden; auf dem Exportmarkt werden die Güter gehandelt, die ausgeführt werden sollen.

3. Erläutern Sie, wie eine Internetauktion abläuft.

Eine Internetauktion (Onlineauktion) ist eine Auktion (Versteigerung) im Internet. Verschiedene Unternehmen bieten im Internet Waren zur Versteigerung an. Die Teilnehmer können online ihre Gebote abgeben. Die Onlineauktionen sind zeitlich begrenzt und oft mit Mindestgeboten versehen.

Die rechtliche Wirkung einer Internetauktion ist ein Kaufvertrag. Der Bieter unterbreitet ein Angebot. Mit dem Zuschlag wird dieses Angebot vom Anbieter angenommen. Es handelt sich um Willenserklärungen unter Anwesenden und der Kaufvertrag ist mit dem Zuschlag geschlossen.

4. Wann gibt der Interessent sein Gebot ab

a) im Aufschlagverfahren,

b) beim Veilingverfahren?

a) Er bietet möglichst schnell.

b) Er bietet möglichst spät.

5. Warum nennt man die Börse den »Markt der Märkte«?

Weil sich hier das gesamte Angebot und die gesamte Nachfrage an einem Ort treffen. Der Markt ist vollkommen überschaubar und transparent. Ideales Funktionieren der Preisbildungsgesetze.

9.6 Außenhandel

1. Die Impex GmbH, Mannheim, ist Ausrüster von Projekten für Unternehmen in aller Welt. Zurzeit steht sie in Verhandlungen mit einem chinesischen Importeur aus Shanghai über die Lieferung von Präzisionswerkzeugmaschinen im Gesamtwert von 250.000 EUR. S. 497

a) Nach den Vorschriften der Ausfuhrliste ist für diese Güter eine Ausfuhrgenehmigung notwendig. An welche Behörde ist der Antrag auf Ausfuhrgenehmigung zu richten?

b) Langwierige Verhandlungen mussten bei den Lieferungsbedingungen geführt werden. Nach dem Willen des chinesischen Kunden sollte »CIF Shanghai« vereinbart werden; der deutsche Exporteur konnte jedoch seine Vorstellung (»FOB Bremerhaven«) durchsetzen. Erläutern Sie die beiden Klauseln jeweils vom Standpunkt des Exporteurs und Importeurs aus.

c) Im Verlauf der zähen Verhandlungen einigte man sich auf die Zahlung gegen Dokumentenakkreditiv.

Skizzieren Sie die Abwicklung dieser Zahlungsbedingung.

d) Zählen Sie die Dokumente auf, mit denen das Akkreditiv eingelöst werden könnte.

a) Bundesamt für Wirtschaft und Ausfuhrkontrolle (BAFA) in Eschborn (bei Frankfurt/M).

b) *»CIF Shanghai«*

- Der Exporteur
  - schließt den Seefrachtvertrag ab,
  - deckt auf seine Kosten und zugunsten des Importeurs eine Versicherung ein,
  - zahlt die Fracht bis zum Bestimmungshafen,
  - bringt die Ware fristgerecht an Bord des Schiffes.
- Der Importeur
  - trägt das Risiko, sobald die Ware an Bord des Schiffes im Verschiffungshafen verladen ist,
  - übernimmt alle während des Seetransports entstehenden Kosten mit Ausnahme von Fracht und Versicherung,
  - trägt die Löschkosten im Bestimmungshafen und die Kosten für den Anschlusstransport.

»FOB Bremerhaven«

- Der Exporteur
  - bringt die Ware fristgerecht an Bord des benannten Schiffes in den Verschiffungshafen,
  - trägt Kosten und Risiko, bis die Ware an Bord des Schiffes im Verschiffungshafen verladen ist.
- Der Importeur
  - besorgt den Schiffsraum,
  - übernimmt Kosten und Gefahr, sobald die Ware an Bord des Schiffes im Verschiffungshafen verladen ist.

c) Der Käufer beantragt bei seiner Bank die Eröffnung eines Akkreditivs. Nach erfolgreicher Bonitätsprüfung eröffnet die Bank des Importeurs (Akkreditivbank) das Akkreditiv und informiert die vereinbarte Bank des Exporteurs (Akkreditivstelle) über die Eröffnung. Die Bank des Exporteurs avisiert dem Exporteur die Eröffnung des Akkreditivs und sendet ihm eine Kopie zu. Der Exporteur überprüft die Akkreditivbedingungen mit den Vereinbarungen im Kaufvertrag. Werden keine Abweichungen festgestellt, kann mit dem Versand – meistens unter Einschaltung eines Spediteurs – begonnen werden. Der Spediteur besorgt die im Akkreditiv geforderten Dokumente, die er dem Exporteur übergibt. Der Exporteur reicht die Dokumente bei seiner Bank ein. Nach Prüfung und Weiterreichung der Dokumente an die Akkreditivbank erhält der Exporteur den entsprechenden Betrag über die Akkreditivstelle gutgeschrieben. Der Importeur erhält die Dokumente zur Auslösung der Ware, nachdem sein Konto belastet wird.

d) *Spediteurdokumente:* FCR, FCT, FBL, TBL

Beförderungsdokumente: Seekonnossemente, CIM-Frachtbriefdoppel, CMR-Frachtbriefkopie, 3. Original des Luftfrachtbriefs

2. Die Food-Import GmbH, Bielefeld, importiert von der SIAM-Export Ltd. Thailand 20 t Reis. Die Sendung wird in einem Container auf dem Seeweg nach Hamburg transportiert und von dort per Bahn nach Bielefeld weitergeleitet. Die Zollabfertigung wird in Bielefeld vorgenommen.

a) Schildern Sie die zollamtliche Abwicklung dieses Importvorgangs, bis die Food-Import GmbH über die Ware verfügen kann.

b) Nennen Sie die Unterlagen, die dem Zollamt vorgelegt werden müssen.

c) Mit welchen Eingangsabgaben muss die Food-Import GmbH rechnen?

a) In Hamburg werden die Zollbegleitpapiere (T1-Versandschein) ausgestellt und die Nämlichkeit gesichert (Raumverschluss). In Bielefeld erfolgt die Abfertigung zum freien Verkehr mit der Zollanmeldung. Die Zollabfertigung kann mit oder ohne Zollbeschau durchgeführt werden. Dies liegt im Ermessen der Zollbehörde. Nach der Zollwertermittlung wird die Zollschuld ermittelt und der Zollbescheid ausgestellt. Die Ware wird dem Importeur nach Begleichung der Zollschuld (Bezahlung oder Zollaufschub) überlassen. Damit erhält die Nichtgemeinschaftsware den zollrechtlichen Status einer Gemeinschaftsware.

b)
- Zollwertanmeldung
- Verbrauchssteueranmeldung
- Handelsrechnungen
- Beförderungspapiere
- Präferenzpapiere
- Einfuhrgenehmigungen

c) Zoll und EUSt., evtl. Agrarteilbeträge

3. Beschreiben Sie die Schritte bei der Abwicklung des Dokumentenakkreditivs (vgl. Bild aus Lehrbuch, Seite 494)

→ Exporteur und Importeur schließen einen Kaufvertrag. → Akkreditiveröffnungsauftrag des Importeurs an seine Bank. → Übersendung des Akkreditiveröffnungsschreibens an die avisierende Bank. → Avisierungsschreiben an den Exporteur. → Einreichung der Dokumente bei der avisierenden Bank (Zahlstelle) nach erfolgter Lieferung. → Nach Prüfung der Dokumente und Feststellung der Übereinstimmung mit den Akkreditivbedingungen erfolgt die Übersendung der Dokumente seitens der avisierenden Bank an die Akkreditivbank. → Übersendung der Dokumente seitens der Akkreditivbank an den Importeur unter Belastung seines Kontos mit dem Dokumentengegenwert sowie mit den anfallenden Gebühren. → Auszahlung an die avisierende Bank. → Auszahlung des Dokumentengegenwertes unter Abzug der angefallenen Gebühren und Spesen an den Exporteur.

10 Finanzierung und Investition

10.1 Kapitalbedarfsrechnung und Finanzplanung

S. 502

1. Worin unterscheiden sich Investition und Finanzierung?

- *Investition:* Bindung bereitgestellter Geld- und Sachmittel im Unternehmen; die Investition findet auf der Aktivseite der Bilanz ihren Niederschlag.
- *Finanzierung:* Beschaffung und Bereitstellung von Geld- und Sachmitteln; die Finanzierung findet auf der Passivseite der Bilanz ihren Ausdruck.

2. Ordnen Sie die folgenden Begriffe der Aktiv- oder Passivseite der Bilanz zu: Mittelverwendung, Finanzierung, Investition, Mittelherkunft, Vermögen.

- *Aktivseite:* Mittelverwendung, Investition, Vermögen
- *Passivseite:* Mittelherkunft, Finanzierung, Kapital

3. Worin unterscheiden sich Kapitalbedarfsrechnung und Finanzplanung?

- *Kapitalbedarfsrechnung:* Liefert Informationen über das notwendige Kapital für die Gründung sowie für die anlaufende Betriebstätigkeit.
- *Finanzplanung:* Steuert die Finanzierungsvorgänge und sichert die Zahlungsbereitschaft.

4. Die Reifen Roesch GmbH kauft am 20.07. Waren mit einem Zahlungsziel von 40 Tagen. Die durchschnittliche Lagerdauer bis zum Verkauf beträgt 63 Tage. Die GmbH räumt ein Kundenziel von 30 Tagen ein.

Für wie viele Tage müssen die Waren von der GmbH finanziert werden?

20.07. + 40 Tage = 30.08.

30.08. + 23 Tage = 23.09.

23.09. + 30 Tage = 23.10.

Differenz zwischen 30.08. und 23.10. = 53 Tage

5. Führen Sie das Beispiel der Finanzplanung (vgl. Lehrbuch, Seite 501) für die Monate Januar und Februar mithilfe einer Tabellenkalkulation weiter:

Januar – Zahlungseingänge von Kunden 85.000 EUR, sonstige Erträge aus dem Verkauf von Wertpapieren 15.000 EUR, Ausgaben für Waren 50.000 EUR für die Lieferung des Vormonats. Eine Warenlieferung wird vorzeitig mit 20.000 EUR bezahlt. Personalkosten und sonstige Kosten wie im Vormonat.

Februar – Zahlungseingänge von Kunden 80.000 EUR, Ausgaben für Waren 50.000 EUR, Personalkosten und sonstige Kosten wie im Vormonat.

a) Welchen Stand hat das Bankkonto Ende Februar?

b) Wie hoch ist der Kontostand Ende Januar tatsächlich, wenn eine erwartete Kundenforderung von 35.000 EUR nicht beglichen wird?

c) Mit welchen Forderungen könnte die Bank aufgrund des Kontostandes Ende Januar an das Unternehmen herantreten?

d) Ende Februar sind die 35.000 EUR immer noch nicht eingegangen. Begründen Sie, ob sich das Unternehmen noch im Rahmen seiner Finanzplanung bewegt.

a)

Guthaben Ende Dezember: 8.300 EUR.					
Januar			**Februar**		
AB	8.300 EUR	Haben	AB	14.300 EUR	Haben
+	85.000 EUR		+	80.000 EUR	
+	15.000 EUR		–	50.000 EUR	
–	50.000 EUR		–	20.000 EUR	
–	20.000 EUR		–	4.000 EUR	
–	20.000 EUR		Kontostand:	20.300 EUR	Haben
–	4.000 EUR				
	14.300 EUR	Haben			

b) 20.700 EUR Soll

c) – Sie wünscht eine Anpassung des Kreditlimits an die jetzigen Gegebenheiten.
- Sie wünscht weitere Sicherheiten, da der Kreditrahmen von 15.000 EUR auf z.B. 25.000 EUR erhöht wird.
- Sie wünscht Auskünfte über den weiteren Mittelzufluss auf diesem Konto.

d) – Es bewegt sich mit 14.700 EUR Soll gerade noch im Finanzplan (Kreditlimit 15.000 EUR).

10.2 Finanzierungsarten

1. Nennen Sie Vor- und Nachteile der Beteiligungsfinanzierung. S. 517

- *Vorteile:* Eigenkapital macht unabhängiger; der Unternehmer kann in zeitlicher und sachlicher Hinsicht frei entscheiden; Eigenkapital ermöglicht risikoreiche Investitionen.

  Beteiligungsfinanzierung bedeutet keinen regelmäßigen Zinsaufwand und damit keinen Liquiditätsabfluss. Beteiligungskapital ist nur beschränkt kündbar.
- *Nachteile:* Unabhängigkeit kann zu Leichtsinn bei Investitionen führen; wird eine marktgerechte Eigenkapitalverzinsung nicht kalkuliert, steht das Eigenkapital umsonst zur Verfügung und arbeitet unrentabel.

2. Welche Vor- und Nachteile bringt die Fremdfinanzierung mit sich?

Vorteile:
- Zinszahlung ist steuerlich betrieblicher Aufwand und wirkt dadurch steuermindernd,
- Ausnutzung des Leverage-Effektes.

Nachteile: – Disagio,
– Zinszahlung,
– Tilgung,
– Abhängigkeit vom Geldgeber.

3. Durch Änderung des Gesellschaftsvertrags wird ein bisheriger Darlehensgeber zum Teilhaber. Welche Auswirkung hat dieser Vorgang auf die Freisetzung liquider Mittel und auf die Bilanz?

Die Gesellschaft erspart sich den Zins- und Tilgungsdienst, muss aber künftig den Teilhaber am Gewinn beteiligen. In der Bilanz steht statt »Darlehen« jetzt »Eigenkapital« des Teilhabers.

4. Welche besonderen Merkmale bestehen beim Darlehen?

- Das Darlehen wird in Raten oder in einer Summe bereitgestellt und anschließend ebenso zurückbezahlt.
- Das Darlehen dient einem bestimmten Zweck.
- Über getilgte Beträge kann nicht mehr verfügt werden.
- Die Laufzeit ist grundsätzlich langfristig.

5. Wodurch unterscheiden sich Raten- und Annuitätendarlehen?

- Beim *Ratendarlehen* bleibt die Tilgungsrate gleich, der Zinsanteil sinkt, und damit sinkt auch der Gesamtbetrag pro Rate.
- Beim *Annuitätendarlehen* zahlt der Schuldner pro Rate einen festen Betrag, der sich aus Zinsen (die sinken) und Tilgung (die dann steigt) zusammmensetzt.

6. Was kann einen Kaufmann veranlassen, ein hohes Disagio zu vereinbaren?

Mit einem hohen Disagio »erkauft« sich der Schuldner einen niedrigeren Nominalzinssatz für die Laufzeit des Darlehens. Dadurch sind seine zukünftigen nominalen Zinsbelastungen niedriger als ohne Disagio; seine Liquiditätsbelastung ist also eine niedrigere. Die Frage ist, ob ihm die verminderte Auszahlungssumme für das Investitionsvorhaben ausreicht. Das Disagio kann man steuerlich geltend machen, man muss es aber auf die Laufzeit des Darlehens verteilen.

7. Nach der Art der Rückzahlung unterscheidet man zwei Darlehensformen.

Grafik I **Grafik II**

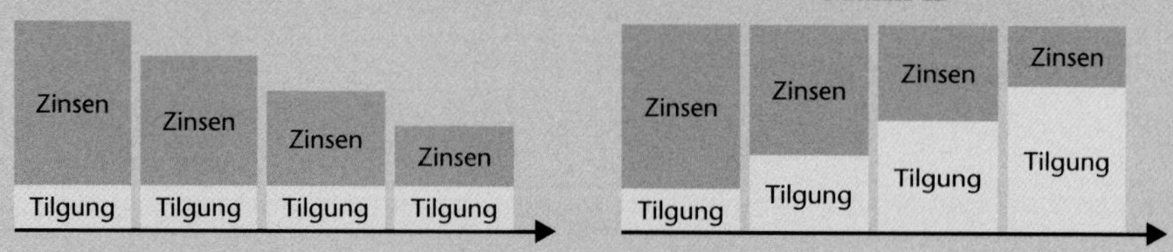

a) Ordnen Sie den Darlehensformen die Grafiken zu.

b) Begründen Sie die Zuordnung.

a) Grafik I: Ratentilgung
   Grafik II: Annuitätentilgung

b) Grafik I: konstanter Tilgungsbetrag, abnehmender Gesamtbetrag
   Grafik II: steigender Tilgungsbetrag, konstanter Gesamtbetrag

8. Errechnen Sie den Zinsaufwand des 1. und 2. Jahres für das Darlehen aus dem Darlehensvertrag (vgl. Lehrbuch, Seite 506).

Jahr	Schuld	Zinsen	Tilgung	Annuität
1	140.000,00 EUR	6.300,00 EUR	5.640,00 EUR	11.940,00 EUR
2	134.360,00 EUR	6.046,20 EUR	5.893,80 EUR	11.940,00 EUR

9. Erstellen Sie einen Raten- und Annuitätentilgungsplan für die ersten vier Jahre bei 100.000 EUR Kapital, einem Zinssatz von 4 % und 11 % Tilgung; Annuität 15.000 EUR.

Tilgungsplan Annuitätendarlehen in EUR				
Jahr	Schuld	Zinsen	Tilgung	Gesamtbetrag
1	100.000,00	4.000,00	11.000,00	15.000,00
2	89.000,00	3.560,00	11.440,00	15.000,00
3	77.560,00	3.102,40	11.897,60	15.000,00
4	65.662,40	2.626,50	12.373,50	15.000,00
Summe		13.288,90	46.711,10	60.000,00
Tilgungsplan Ratendarlehen in EUR				
Jahr	Schuld	Zinsen	Tilgung	Gesamtbetrag
1	100.000,00	4.000,00	11.000,00	15.000,00
2	89.000,00	3.560,00	11.000,00	14.560,00
3	78.000,00	3.120,00	11.000,00	14.120,00
4	67.000,00	2.680,00	11.000,00	13.680,00
Summe		13.360,00	44.000,00	57.360,00

10. Das Bankhaus Ackermann verlangt für einen Kontokorrentkredit 8 % Sollzinsen und 3 % Bereitstellungsprovision von dem zugesagten Kredit von 30.000 EUR für 180 Tage. Eine Volksbank berechnet 11 % Sollzinsen und 3 % Bereitstellungsprovision für diejenigen Beträge, die in den 180 Tagen nicht in Anspruch genommen wurden.

a) Vergleichen Sie die beiden Angebote für den Fall, dass

- **der Kreditnehmer den Kredit in den 180 Tagen überhaupt nicht in Anspruch nahm,**
- **der Kreditnehmer die gesamten 180 Tage mit 30.000 EUR im Soll stand.**

b) Begründen Sie, warum das eine Kreditangebot günstiger erscheint.

a)

Es verlangt	Bankhaus Ackermann	Volksbank
bei keiner Inanspruchnahme	0 % Sollzinssatz, aber 3 % Bereitstellungsprovision	0 % Sollzinssatz, aber 3 % für die Nichtinanspruchnahme des Kredits
bei voller Inanspruchnahme	8 % Sollzinssatz sowie 3 % Bereitstellungsprovision	11 % Sollzinssatz und 0 % Bereitstellungsprovision, da in Anspruch genommen

Ergebnis: Beide Institute verlangen gleich viel.

b) 8 % täuschen eine günstigere Bedienung vor als 11 %, denn die Bereitstellungsprovision ist in beiden Fällen 3 %, jedoch bezogen auf eine unterschiedliche Ausgangsbasis.

11. Welche Unterschiede bestehen zwischen einem Kontokorrentkredit und einem Darlehen hinsichtlich Bereitstellung, Rückzahlung und Laufzeit?

Merkmale	Kontokorrentkredit	Darlehen
Bereitstellung	– Beim Kontokorrentkredit wird ein Kreditrahmen vereinbart, innerhalb dessen man frei nach seinen wirtschaftlichen Bedürfnissen verfügen kann.	– Das Darlehen wird in Raten in einer Summe für einen bestimmten Zweck bereitgestellt.
Rückzahlung	– Die Rückzahlung erfolgt mit laufender Rechnung, spätestens am Ende des Vertragsverhältnisses.	– Die Rückzahlung erfolgt innerhalb einer festgelegten Zeit in Raten oder in einer Summe.
Laufzeit	– Der Kontokorrentkredit ist seiner Natur nach kurzfristig.	– Das Darlehen ist seiner Natur nach langfristig.

12. Warum ist ein Kontokorrentkredit grundsätzlich teurer als ein Darlehen?

Für Kontokorrentkredite müssen die Kreditinstitute täglich Beträge in Höhe der Kreditlimits verfügbar halten, ohne zu wissen, ob und in welcher Höhe diese in Anspruch genommen werden. Diese Entscheidungsfreiheit des Kontokorrentkunden ist eben teurer als wenn er sich bei einem Darlehen verpflichtet, einen einmal langfristig zur Verfügung gestellten Betrag in gleichbleibenden Raten zu tilgen.

13. Erstellen Sie eine Tabelle für eine Ratentilgung für ein mit 3 % verzinsliches Darlehen von 30.000 EUR bei acht Jahren Laufzeit.

Jahr	Tilgungsrate	Zinsen	Gesamtbetrag
1	3.750,00	900,00	4.650,00
2	3.750,00	787,50	4.537,50
3	3.750,00	675,00	4.425,00
4	3.750,00	562,50	4.312,50
5	3.750,00	450,00	4.200,00
6	3.750,00	337,50	4.087,50
7	3.750,00	225,00	3.975,00
8	3.750,00	112,50	3.862,50
	30.000,00	4.050,00	34.050,00

14. Die Gesellschafter einer GmbH erörtern die Frage, ob eine Investition in Höhe von 20 Mio. EUR mittels Erhöhung des Stammkapitals oder Aufnahme eines Darlehens finanziert werden soll. Erklären Sie Vor- und Nachteile beider Finanzierungsmöglichkeiten.

	Stammkapital	Darlehen
Vorteile	– keine Rückzahlung des Kapitals – variable Gewinnausschüttung	– gewinn- und dadurch körperschaftsteuermindernder Zinsaufwand – keine Mitsprache der Gläubiger
Nachteile	– Stimmrecht der Gesellschafter – Gewinn ist körperschaftsteuerpflichtig – Gewinnausschüttung wirkt gewinnmindernd	– feste Zinsen, unabhängig von der Ertragslage – Zinsrisiko – Rückzahlungsverpflichtung

15. Ein Ehepaar will für 360.000 EUR eine Eigentumswohnung kaufen. Es verfügt über 40.000 EUR Festgeld und einen sofort einsetzbaren Bausparvertrag (Bausparvertragssumme 120.000 EUR, davon angespart 50 %). Errechnen Sie das insgesamt vorhandene Eigenkapital und das insgesamt erforderliche Fremdkapital.

Kaufpreis		360.000 EUR
angespartes Kapital		
– Festgeld	40.000 EUR	
– Bauspargeld	60.000 EUR	
Summe	100.000 EUR	
erforderliches Fremdkapital		260.000 EUR

16. a) Die Hausbank bietet ein fünfjähriges Darlehen zu einem Zinssatz von 4,5 % nominal und einer Auszahlung von 98 % an. Berechnen Sie die Effektivverzinsung.

b) Prüfen Sie, ob das Konkurrenzangebot einer anderen Bank günstiger wäre: Nominalzinssatz 4 %, Auszahlung 96 %, Laufzeit 5 Jahre.

a) $p_{eff.} = \frac{(4{,}50 + 2{,}00 : 5) \cdot 100}{98} = 5\,\%$

b) $p_{eff.} = \frac{(4{,}00 + 4{,}00 : 5) \cdot 100}{96} = 5\,\%$. Nein, nicht günstiger.

17. Welche Vor- und Nachteile bringt die Selbstfinanzierung mit sich?

Vorteile der Selbstfinanzierung	Nachteile der Selbstfinanzierung
– Die Sicherheit und Kreditfähigkeit des Unternehmens wird durch zusätzliches Eigenkapital erhöht. – Die Eigenkapitalerhöhung erfolgt progressiv, denn bei zweckmäßiger Verwendung wirft das Zusatzkapital ebenfalls Gewinne ab, die ihrerseits wiederum Gewinn bringen. – Es entstehen keine Finanzierungskosten. – Die Notwendigkeit zur Aufnahme kostspieligen Fremdkapitals vermindert sich. Bereits aufgenommenes Fremdkapital kann zurückgezahlt werden. Das Unternehmen wird unabhängiger. Der Zinsaufwand wird gemindert. – Sie erleichtert den Entschluss des Unternehmers zu zusätzlichen Investitionen, zur Rationalisierung, zur Anpassung an den technischen Fortschritt.	– Hohe Bestände an liquiden Mitteln, die aus einbehaltenen Gewinnen entstanden sind, verführen leicht zu Kapitalfehlleitungen, wenn die Marktlage nicht beachtet wird und die bei einer Fremdfinanzierung notwendige Berechnung des Kapitalbedarfs unterbleibt. – Sie führt bei der AG zu unliebsamen Auseinandersetzungen mit den Aktionären, die hohe Dividenden erwarten. – Einsichtige Aktionäre erkennen natürlich, dass durch die Gewinnfinanzierung der Substanzwert des Unternehmens steigt und damit die Möglichkeit von Kursgewinnen bei einer Veräußerung der Aktien. Jedoch sind auch steuerliche Belastungen zu berücksichtigen. – Soweit die Gewinnfinanzierung durch überhöhte Preise erfolgt, trägt der Käufer die Last der Bildung zusätzlichen Eigenkapitals.

18. a) Worin unterscheiden sich Beteiligungsfinanzierung und Selbstfinanzierung?

b) Was haben sie gemeinsam?

a) – *Beteiligungsfinanzierung* ist Außenfinanzierung. Aufbringung des Eigenkapitals durch die Gesellschafter.

– *Selbstfinanzierung* ist Innenfinanzierung. Aufbringung des Eigenkapitals durch Rücklagenbildung aus dem Gewinn.

b) – In beiden Fällen wird Eigenkapital gebildet, über dessen Verwendung die Unternehmensleitung von außen unbeeinflusst entscheiden kann.

– In beiden Fällen kann die Unternehmensleitung selbst Entscheidungen treffen.

19. Gegeben sind als Ausgangssituation zwei Posten auf der Passivseite der Bilanz einer GmbH (= Jahr 1), anschließend die veränderten Positionen in den Jahren 2 und 3, jeweils in Mio. EUR:

	Jahr 1	**Jahr 2**	**Jahr 3**
Stammkapital	**100**	**115**	**115**
Gewinnrücklage laut Satzung	**14**	**14**	**17**

Welche Finanzierungsart erkennen Sie und in welcher Höhe liegt diese vor

a) im Jahr 2 im Vergleich zu Jahr 1,

b) im Jahr 3 im Vergleich zu Jahr 2?

a) Beteiligungsfinanzierung: 15 Mio. EUR

b) Selbstfinanzierung (offene): 3 Mio. EUR

20. Ein Unternehmer ist nicht bereit, zur Bezahlung von Lieferantenrechnungen Fremdkapital aufzunehmen. Klären Sie, ob er sich im folgenden Fall in einem Zielkonflikt zwischen Rentabilität und Liquidität befindet: 100.000 EUR, zahlbar innerhalb von zehn Tagen mit 3 % Skonto oder 90 Tage netto; Kreditzinssatz 13,5 %.

Kein Zielkonflikt, da bei Aufnahme von 97.000 EUR (100.000 EUR abzüglich 3 % Skonto) zu 13,5 % für 80 Tage Zinsen in Höhe von 2.910 EUR anfallen, also 90 EUR Skontoertrag übrig bleiben. Außerdem wurde die eigene Liquidität geschont, und der Unternehmer ist beim Lieferanten ein angesehener Rechnungszahler.

21. Einem Unternehmen liegen zur Finanzierung von Produktionsanlagen im Wert von 117.600 EUR und einer Nutzungsdauer von acht Jahren zwei Angebote vor.

Kreditangebot der Hausbank	**Angebot einer Leasinggesellschaft**
Zinssatz 5 %	**Leasingrate pro Monat 2.250 EUR**
Disagio 2 %	**Mietdauer 5 Jahre**
Laufzeit 5 Jahre	**Eine angebotene Kaufoption in Höhe von 3 % der Anschaffungskosten wird am Ende des 5. Jahres ausgeübt.**
Tilgung in fünf gleichen Jahresraten, jeweils am Jahresende	

Beurteilen Sie die beiden Angebote pro Jahr und in der Summe nach fünf Jahren bezüglich ihrer Auswirkung auf die Liquidität des Unternehmens nach folgendem Schema:

Jahr	**Kreditkauf**				**Leasing**
	Darlehen EUR	**Tilgung EUR**	**Zinsen EUR**	**Summe EUR**	**Leasingrate EUR**

Auswirkungen auf die Liquidität:

Jahr	**Kreditkauf**				**Leasing-rate**
	Darlehen EUR	Tilgung EUR	Zinsen EUR	Summe EUR	EUR
1	120.000,00	6.000,00	24.000,00	30.000,00	27.000,00
2	96.000,00	4.800,00	24.000,00	28.800,00	27.000,00
3	72.000,00	3.600,00	24.000,00	27.600,00	27.000,00
4	48.000,00	2.400,00	24.000,00	26.400,00	27.000,00
5	24.000,00	1.200,00	24.000,00	25.200,00	27.000,00
Summe		18.000,00	120.000,00	138.000,00	135.000,00
Kaufoption					3.528,00
Summe		18.000,00	120.000,00	138.000,00	138.528,00

Ergebnis: Bis einschließlich dem dritten Nutzungsjahr ist das Leasing dem Kauf unter Liquiditätsgesichtspunkten überlegen. Ab dem vierten Jahr wäre der Kauf dem Leasing vorzuziehen. Insgesamt muss bei der Kreditfinanzierung etwas weniger Liquidität bereitgestellt werden (528 EUR).

22. Vergleichen Sie die Kreditfinanzierung und Leasing im Hinblick auf
a) den Kapitalbedarf,
b) die laufende Liquiditätsbelastung, sowie
c) die Bindung an das Wirtschaftsgut.

	Kreditfinanzierung	**Leasing**
a) Kapitalbedarf	Großer anfänglicher Bedarf in Höhe der Anschaffungskosten.	Geringer anfänglicher Bedarf in Höhe der ersten Monatsrate und der Installationskosten.
b) laufende Liquiditätsbelastung	Je höher der Fremdfinanzierungsanteil an der Investition, desto höher die Liquiditätsbelastung.	Bei Restwertverträgen ist die Belastung niedriger, da nur der Wertverlust ersetzt werden muss.
c) Bindung an das Wirtschaftsgut	Endgültiger Erwerb bindet den Eigentümer während der gesamten Nutzungsdauer.	Zeitlich begrenzte Gebrauchsüberlassung bindet den Leasingnehmer nur während der vereinbarten Vertragsdauer.

23. Was versteht man unter der
a) »Goldenen Blinanzregel«, b) »Goldenen Finanzierungsregel«?

a) Langfristig gebundenes Vermögen sollte möglichst durch Eigenkapital und langfristiges Fremdkapital gedeckt sein.

b) Die Fristen zwischen Mittelherkunft und Mittelverwendung sollten möglichst übereinstimmen.

24. Beschreiben Sie die Gefahren einer
a) Überfinanzierung, b) Unterfinanzierung.

a) *Gefahren der Überfinanzierung:*
- totes Kapital,
- Verteuerung der Erzeugnisse,
- Gewinnschmälerung,
- Rentabilitätseinbuße.

b) *Gefahren der Unterfinanzierung:*
- Zahlungsschwierigkeiten,
- fehlende Skontierungsmöglichkeit,
- sinkendes Ansehen bei Geschäftspartnern,
- fehlender Bewegungsspielraum bei günstigen Einkaufschancen,
- evtl. dadurch bedingte Produktions- und Absatzengpässe,
- Rentabilitätseinbuße.

25. Berechnen Sie die Rentabilität des Eigenkapitals und des Gesamtkapitals bei folgenden Angaben:
Eigenkapital 100.000 EUR, Fremdkapital 400.000 EUR, Fremdkapitalzinssatz 5 %, Jahresgewinn 10.000 EUR.

- Eigenkapitalrentabilität: (10.000 EUR · 100) : 100.000 EUR = 10 %
- Gesamtkapitalrentabilität: (10.000 EUR + 20.000 EUR) · 100 : 500.000 EUR = 6 %

11 Finanzdienstleistungen der Geldinstitute

11.1 Zahlungsgeschäfte im europäischen Zahlungsverkehrsraum SEPA

S. 531

1. An der Kasse eines Modehauses werden die Laufkunden gefragt: »Zahlen Sie bar oder mit Karte?« Das gleiche Modehaus schickt einem Stammkunden eine Rechnung mit dem Text: »Barzahlung innerhalb von acht Tagen bei 2 % Skonto oder 30 Tage netto.«

a) Erklären Sie den Begriff Barzahlung.

b) Berechnen Sie den Jahreszinssatz dieses Skontoangebotes.

a) Unter Barzahlung versteht man zunächst einmal die Zahlung mit Bargeld. Im Geschäftsleben zählt aber auch die sofortige oder innerhalb einer bestimmten Frist getätigte Zahlung als Barzahlung, unabhängig davon, ob mittels Bargeld, Scheck oder Karte.

b) – nach der Faustformel:

22 Tage früher bezahlen ≙ 2 %

360 Tage ≙ x % => 32,72 %

– genaue Berechnung:

$$p = \frac{Z \cdot 100 \cdot 360}{k \cdot t} = \frac{2 \cdot 100 \cdot 360}{98 \cdot 22} => 33{,}39\,\%$$

2. Nennen Sie Gründe, warum Gläubiger ihren Schuldnern mit der Rechnung einen ausgefüllten Überweisungsauftrag/Zahlschein zusenden.

- Der *Schuldner* hat den Vorteil, dass alle Daten maschinenlesbar auf dem Formular stehen, außer seiner Kontonummer und der Bankleitzahl seiner Bank.
- Der *Gläubiger* hat den Vorteil, dass Fehler bei den Absender- und Empfängerangaben, dem Verwendungszweck sowie dem EUR-Betrag vermieden werden.

3. Ein Mieter überlegt, ob er sich im Mietvertrag bezüglich der Bezahlung der monatlichen Miete für einen SEPA-Dauerauftrag oder eine Basislastschrift entscheiden soll. Beraten Sie ihn.

- *Basislastschrift:* Schuldner ermächtigt den Gläubiger, regelmäßig oder unregelmäßig gleiche oder ungleiche Beträge von seinem Konto abbuchen zu lassen.
- *Dauerauftrag:* Schuldner gibt dem Geldinstitut den Auftrag, regelmäßig gleichbleibende Beträge an denselben Empfänger zu überweisen.

Die Basislastschrift kann vom Schuldner noch acht Wochen lang nach der Belastung widerrufen und somit der Betrag dem Gläubiger zurückbelastet werden.

4. Ein Unternehmer beantragt bei seinem Kreditinstitut, im Einzugsermächtigungsverfahren seine Kundenforderungen in monatlicher Höhe von 65.000 EUR einziehen zu dürfen. Daraufhin wird er gebeten, in der Kreditabteilung vorzusprechen und die letzten beiden Jahresbilanzen mitzubringen. Begründen Sie das Verhalten der Bank.

Beim Einzugsermächtigungsverfahren können die Schuldner jederzeit widersprechen. Daraus kann für das Kreditinstitut ein Risiko erwachsen. Hebt der Unternehmer die gutgeschriebenen 65.000 EUR ab und wird mit Rücklastschrift belastet, so gerät er ins Soll und nimmt damit einen Kredit auf. Deswegen erfolgt die Kreditwürdigkeitsprüfung.

5. Ein Kaufmann hat monatlich folgende Zahlungsvorgänge zu erledigen: Leasingraten, Umsatzsteuer, Postwertzeichen, Gehälter, Telefonrechnungen, Lieferantenrechnungen.

Stellen Sie in einer Matrix dar, welche Zahlungsmöglichkeiten für ihn im jeweiligen Fall sinnvoll sind.

	Barzahlung	SEPA-Überweisung	SEPA-Dauerauftrag	Basislastschrift
Leasingraten		×	×	×
Umsatzsteuer		×		×
Postwertzeichen	×			
Gehälter		×		
Telefonrechnungen				×
Lieferantenrechnungen		×		×

6. Ordnen Sie die Scheckarten Orderscheck, Barscheck, Inhaberscheck, Verrechnungsscheck der Tabelle zu.

Unterscheidung nach Art der	Arten des Schecks	
Einlösung	Barscheck	Verrechnungsscheck
Übertragung	Inhaberscheck	Orderscheck

7. Ein Jugendlicher behauptet, die GeldKarte sei unnütz, denn sie würde ja nur zum Geldausgeben verführen.

Nehmen Sie dazu Stellung.

Einerseits stimmt die Behauptung nicht, denn statt Bargeld hat man elektronisches Geld in der Tasche und muss mit diesem ebenso sorgsam umgehen. Andererseits verführt das Automatenangebot elektronisch zu bezahlen, zumal es keine Probleme mit dem passenden Kleingeld gibt.

8. Warum spricht man bei den Bank- und Kreditkarten von »Plastikgeld«?

Die Bank- und Kreditkarten bestehen aus Kunststoff (Plastik); sie können anstelle von Geld zur Zahlung verwendet werden.

9. Auch große Kaufhäuser und Einkaufszentren bieten »Kreditkarten« in Form von Kundenkarten an. Suchen Sie Gründe dafür.

Diese Häuser verbinden die Vereinfachung der Zahlungsabwicklung mit ihrer Absatzstrategie: Kunden mit hausgebundenen Kreditkarten kaufen in diesen Geschäften mehr.

10. Worin bestehen die Unterschiede der Bankkarte gegenüber der Kreditkarte?

	Bankkarte	Kreditkarte
Ausgabestelle	Geldinstitut	Kartenorganisation
Empfänger	Kontoinhaber mit regelmäßigem Geldeingang	Bezieher ab bestimmten Jahreseinkommen
Jahresgebühr	niedriger	höher
Zusatzleistungen	Nutzung als GeldKarte, Bargeld am Bankomat, Kontoauszug am Drucker	Versicherungsleistungen, Bargeld am Bankomat

11. Nennen Sie Vor- und Nachteile der Kreditkarte für den Kartennutzer.

Vorteile	Nachteile
– einfache Handhabung, da Unterschrift genügt – sicherer, da geringe Bargeldhaltung – bequem, da weltweit einsetzbar – immer zahlungsfähig (prestigefördernd) – günstig, da kostenloses Kartenkonto – zinsbringend, da zeitverzögerte Belastung – zinsloser Kredit	– jährliche Gebühr – teure Bargeldbeschaffung – Probleme bei defektem Terminal – Gefahr unüberlegter Spontankäufe – erhöhte Verschuldungsgefahr – möglicher Missbrauch bei Verlust

12. In den letzten Jahren wurde das Angebot im elektronischen Zahlungsverkehr erheblich ausgebaut.

a) Wie stehen Sie als Verbraucher zu dieser Zahlungsmöglichkeit?

b) Warum haben Geldinstitute sowie Handels- und Dienstleistungsunternehmen ein Interesse an der Nutzung dieser Zahlungsmöglichkeit?

a) Die Einstellung des Verbrauchers ist grundsätzlich positiv, da er immer liquide ist, im Funktionsbereich der GeldKarte keine Münzprobleme mehr hat und bei größeren Beträgen bequem im In- und Ausland mit der Kreditkarte zahlen kann.

b) Für jeden Kaufmann ist das Halten von Bargeld ein nicht zu unterschätzender Kosten- und Risikofaktor. Außerdem wissen die Kartenanbieter, dass durch das leichtere Handling der »Karten« die Ausgabefreude der Nutzer und damit die Umsätze der Anbieter steigen.

13. Welche Zugangsdaten müssen Sie auf einer Homepage für Onlinebanking eingeben?

Legitimations-ID und PIN

14. Erklären Sie die Abkürzung TAN.

TAN = Transaktionsnummer, sie ist ein Einmalpasswort.

15. Rufen Sie im Internet die Homepage der Postbank auf (www.postbank.de). Im Menüpunkt Onlinebanking (Mauszeiger auf »Kunden-Login«) können Sie ein Demokonto öffnen. Lesen Sie die Informationen sorgfältig durch und erkunden Sie die Möglichkeit des Onlinebankings.

a) Welchen Betrag haben Sie zuletzt an das Finanzamt Köln überwiesen?

b) Wie hoch ist Ihr aktueller Kontostand?

c) Welche Funktionen stehen den Kunden beim Onlinebanking zur Verfügung?

d) Welche Funktionen beinhaltet der Menüpunkt »Einstellungen«?

e) Nennen Sie die notwendigen Schritte zur Vornahme einer Überweisung.

a) Die Überweisung lautet auf *328,75* EUR.

b) Der aktuelle Kontostand beträgt *5.314,05* EUR.

c) Beim Onlinebanking lassen sich folgende Funktionen (Anwendungsbereiche) durchführen: Kontoverwaltung, Kontostand, Kontoauszug, Finanzstatus, Überweisung usw.

d) Der Menüpunkt »Einstellungen« beinhaltet: PIN-Verwaltung (PIN ändern/deaktivieren), Sicherheit (Sicherheitsstatus/Auftragslimit ändern), TAN-Verfahren sperren (Neue TAN-Liste bestellen/TAN-Verfahren deaktivieren), mobile TAN-Verfahren, TAN-Historie, Eurogiro Cash direct, Western Union direkt, Vorlagen und Versandarten.

e) Die notwendigen Schritte beim Onlinebanking sind:

1. Internetverbindung herstellen (online)
2. Bank-Homepage laden (z. B.: http//www.postbank.de)
3. Startseite des Onlinebankings laden (Login-Seite)
4. Legitimation des Kunden (Kontonummer/PIN)
5. Transaktion vornehmen (z. B. Überweisung)
6. mit TAN bestätigen
7. Transaktion wird von der Bank bestätigt
8. Onlinebanking beenden (Logout)
9. Internetverbindung trennen (offline)

16. Welche Vor- bzw. Nachteile hat das Onlinebanking für ein Unternehmen?

Vorteile	Nachteile
Flexibilität (24-Stunden-Service), Zeitersparnis, Kostenersparnis, keine beleghafte Buchung notwendig, standardisierte Verfahren	Sicherheit, Gefahr der Manipulation (Phishing, Pharming), Onlinezugang notwendig

17. Wie kann man sich gegen die Gefahren beim Onlinebanking schützen?

Stets prüfen, dass

- der Adressat bekannt ist,
- nur bekannte Empfänger vertrauliche persönliche Informationen erhalten,
- alle Daten, Aufforderungen und Eingaben vertraut und passend erscheinen,

- das Kennwort mindestens acht Zeichen aus Zahlen und Buchstaben hat,
- ein Phishingversuch ausgeschlossen ist,
- der Viren- und Firewallschutz aktuell ist,
- am Browser ein Vorhängeschloss angezeigt ist,
- die URL in der Adressleiste steht.

11.2 Einlagengeschäfte

1. Worin unterscheiden sich Sichteinlagen von Termineinlagen? S. 534

- Sichteinlagen: dienen dem Zahlungsverkehr und sind jederzeit verfügbar.
- Termineinlagen: dienen der kurzfristigen Geldanlage für eine festgelegte Zeit.

2. Aus welchen Gründen kann sich ein Sparer für eine Termineinlage und nicht für eine Spareinlage entscheiden?

- Der Zinssatz ist höher.
- Die Mindestanlagedauer von 30 Tagen kann eingehalten werden.
- Beträge können gezielt auf einen festgelegten Tag angelegt werden.

3. Welche volkswirtschaftlichen Voraussetzungen müssen gegeben sein, um den Sparwillen und die Sparfähigkeit der Bevölkerung zu erhalten?

- Die Einkommensentwicklung muss überschaubar sein,
- das Vertrauen in eine positive Wirtschaftsentwicklung muss aufrechterhalten werden,
- die realen Einkommensverhältnisse (Steigerungsrate des Nettolohnes – Inflationsrate) müssen Zuwachsraten aufweisen,
- die Einkommensentwicklung sowie die Lasten aus Steuern und Abgaben müssen in einem erträglichen Verhältnis zueinander stehen.

11.3 Kreditgeschäfte

1. Ermitteln Sie die Gesamtpunktzahl des Scoringbogens (vgl. Lehrbuch, Seite 535), indem Sie von Ihrer eigenen privaten Situation ausgehen. S. 547

schülerabhängige Antworten

2. Um welche Kreditart handelt es sich, wenn nach dem Verwendungszweck unterschieden wird?

a) Die Privatbrauerei Ganter GmbH & Co. KG, Freiburg, erhält im Spätsommer einen Kredit über 500.000 EUR zum Ankauf von Hopfen.

b) Das Gesundheitszentrum Reinartz GmbH, Köln, vereinbart ein Millionendarlehen zur Gründung eines weiteren Zentrums in Berlin.

c) Einem Universitätsprofessor wird ein Dispokredit über 10.000 EUR eingeräumt.

a) z. B. Saisonkredit

b) z. B. Investitionskredit

c) z. B. Konsumkredit

3. a) Kaufmann Hans Dietenmeier nimmt bei seiner Bank einen Kredit auf. Sein Geschäftsfreund Sven Winkler bürgt für ihn. Wer schließt mit wem welchen Vertrag ab?

b) Warum verlangt die Bank von Herrn Winkler den Verzicht auf die Einrede der Vorausklage?

c) Wenige Tage nach Fälligkeit der Schuld verlangt die Bank von Herrn Winkler die Zahlung der Schuld. Dieser zahlt nicht mit der Begründung, Herr Dietenmeier habe noch Vermögen in der Schweiz. Wie verhält sich die Bank?

a) Dietenmeier mit seiner Bank: Kreditvertrag
Winkler mit dieser Bank: Bürgschaftsvertrag
Winkler mit Dietenmeier: kein Vertragsverhältnis, aber Einverständnis von Winkler.

b) Die Bank will ihn im Ernstfall wie den Hauptschuldner Dietenmeier behandeln können.

c) Die Bank wird sich darauf nicht einlassen, sondern aufgrund der Teilaufgabe b) auf Zahlung bestehen.

4. Ein Unternehmer benötigt 160.000 EUR und will jeweils die Hälfte über eine Bürgschaft bzw. Zession absichern.

a) In welcher Höhe muss er seiner Bank Forderungen anbieten, wenn sie zu 75 % beliehen werden?

b) Warum wird der Bürgschaftsbetrag zu 100 % der Kreditsumme angesetzt?

a) 75 % = 80.000 EUR
100 % = 106.667 EUR Forderungen

b) Weil der Bürge für die volle Schuld haftet und die Bank keinen Risikoabschlag macht.

5. Worin unterscheidet sich die selbstschuldnerische von der gewöhnlichen Bürgschaft?

- gewöhnliche Bürgschaft: Bürge hat Recht auf Einrede der Vorausklage
- selbstschuldnerische Bürgschaft: kein Recht auf Einrede der Vorausklage

6. Wodurch unterscheiden sich stille und offene Zession?

stille Zession	offene Zession
– Drittschuldner weiß von der Zession nichts. – Drittschuldner kann schuldbefreiend an den Kreditnehmer bezahlen.	– Drittschuldner weiß von der Zession. – Drittschuldner kann schuldbefreiend nur an den Gläubiger bezahlen.

7. Nennen Sie Vor- und Nachteile der offenen Zession.

Vorteile	Nachteile
– erhöhte Sicherheit, da Mehrfachzession ausgeschlossen – schuldbefreiende Zahlung nur an den Zessionar	– schwindendes Ansehen des Zedenten und evtl. Verlust des Drittschuldners als Käufer

8. Der Unternehmer Günther Frey benötigt für seine neue Büroausstattung einen Kredit über 5.000 EUR. Auf die Frage der Bankmitarbeiterin nach Sicherheiten antwortet Herr Frey: »Ich habe vor einem Monat einen Neuwagen für 25.000 EUR bar bezahlt, aber mit dem können Sie ja nichts anfangen.« Durch welche Vereinbarung könnte der Pkw doch als Sicherheit dienen?

In der Praxis hat sich die Vereinbarung einer Sicherungsübereignung entwickelt. Da es oft vorkommt, dass ein Unternehmer das Wirtschaftsgut, das er als Sicherheit anbietet, im Betrieb benötigt, vereinbaren Kreditgeber und Kreditnehmer einen Sicherheitsübereignungs- und einen Gebrauchsüberlassungsvertrag (Besitzkonstitut). Der Kreditgeber wird bedingter Eigentümer, der Kreditnehmer bleibt Besitzer des Sicherungsgutes.

9. Nennen und begründen Sie drei Gefahren aus der Sicherungsübereignung für die Bank.

- *Mehrfachübereignung:* Nur derjenige mit dem zuerst abgeschlossenen Vertrag ist abgesichert.
- *Eigentumsvorbehalt:* Da der Kreditnehmer noch gar nicht Eigentümer des Gegenstandes ist, konnte auch keine Eigentumsübertragung auf den Kreditgeber erfolgen; auch gutgläubig nicht, da der Sinn der Sicherungübereignung nicht in der Eigentumsübertragung liegt, sondern in ihrem Pfandcharakter.
- *Vermieterpfandrecht:* Der Vermieter kann sich an den in seine Mieträume eingebrachten Sachen vorrangig wegen nicht bezahlter Miete schadlos halten, sofern sie nicht dem Eigentumsvorbehalt unterliegen.

10. Der Kaufmann Claudio Marini bietet seiner Bank verschiedene Werte als Sicherheiten an, die diese zu den genannten Beleihungssätzen lombardiert.

a) 500 Chemie-Aktien zu je 120 EUR (60 %),

b) Wechsel zu 25.000 EUR (90 %),

c) Sparbücher über 40.000 EUR (100 %),

d) festverzinsliche Wertpapiere über 60.000 EUR (75 %).

Wie viel EUR Kredit erhält er von seiner Bank?

a) 36.000 EUR, b) 22.500 EUR, c) 40.000 EUR, d) 45.000 EUR; insgesamt 143.500 EUR.

11. Begründen Sie, warum die Beleihungssätze (Aufgabe 10) unterschiedlich hoch sind.

Weil die gebotenen Sicherheiten unterschiedlichen Risiken unterliegen.

12. In der Geschäftswelt gilt die Immobilie als die beste aller Kreditsicherheiten. Begründen Sie, warum das so ist und welche Risiken dennoch bleiben.

Die Immobilie ist unbeweglich, kann nur mittels notariellen Vertrages und Grundbucheintragung erworden werden und ist aus langjähriger Erfahrung wertbeständig. Risiken entstehen eigentlich nur durch fehlerhafte Vermittlung, zu hohe Beleihung, schädliche Planungsänderungen der Behörden oder Versäumnisse bei der Kreditüberwachung.

13. Welche Informationen liefert der abgebildete Grundschuldbrief?

Lage, Art und Größe der Grundstücke, Eigentümer; Rechte am Grundstück, Lasten und Beschänkungen; nominaler Wert der Grundpfandrechte.

Gruppe 02 Nr. 1706117

Deutscher Grundschuldbrief

über

200.000,00 EUR, m.W.: Zweihunderttausend Euro

eingetragen im Grundbuch von H a u s e n
Amtsgerichtsbezirk Neustadt
Band 150, Blatt 973, Abteilung III Nr. 3 (drei)

-.-.-.-.-

Inhalt der Eintragung:
Grundschuld zugunsten der Kreditbank AG in Neustadt im Betrage von – zweihunderttausend Euro – verzinslich zu vier vom Hundert für das Jahr.
Unter Bezugnahme auf die Eintragungsbewilligung vom 15. August 20..

Belastetes Grundstück
Grundbuch von Hausen, Amtsgericht Neustadt, Band 150, Blatt 973, Abteilung I, Nr. 1 (eins)

Neustadt, den 20. August 20..
Amtsgericht Neustadt

Siegel

Buhl

14. Ein Bekannter von Ihnen will eine Immobilie kaufen und möchte wissen, welche rechtliche Wirkung folgende Vorgänge haben:

a) Abschluss eines Grundstückkaufvertrages in Schriftform im Beisein eines Rechtsanwaltes.

b) Abschluss eines Grundstückkaufvertrages vor einem Notar.

c) Eintragung des Grundstückkaufs in das Grundbuch.

d) Eintragung einer Grundschuld in das Grundbuch.

e) Tilgung der letzten Rate dieser Grundschuld.

a) Kaufvertrag ist nichtig, da er nur von einem Notar abgeschlossen werden kann.

b) Kaufvertrag ist rechtswirksam.

c) Vollzogene Eigentumsübergabe der Immobilie an den Käufer.

d) Verpfändung der Immobilie an einen Kreditgeber.

e) Der Kreditgeber hat keine Forderung aus dem Darlehen mehr, aber theoretisch immer noch aus der abstrakten Grundschuld, solange diese nicht gelöscht wird.

15. a) Welche Möglichkeiten der Kreditsicherungen gibt es aufgrund der nachstehenden Bilanz?

Aktiva	Bilanz (in EUR)		Passiva
Grundstücke	165.000	Eigenkapital	428.000
Fuhrpark	25.000	Grundschulddarlehen	90.000
Maschinen	100.000	Verbindlichkeiten a. LL.	112.000
Rohstoffe	170.000		
Forderungen a. LL.	80.000		
Wertpapiere	40.000		
Zahlungsmittel	50.000		
	630.000		630.000

b) Errechnen Sie den möglichen Mittelzufluss bei folgenden Beleihungssätzen: Anlagevermögen zu 75 %, Umlaufvermögen zu 50 %. Die Maschinen sind bereits zu 40 % sicherungsübereignet.

a)
- *Grundstücke:* Belastung durch weitere Grundpfandrechte bis zur Beleihungsgrenze
- *Fuhrpark und Maschinen:* Sicherungsübereignung
- *Rohstoffe:* Sicherungsübereignung; Verpfändung, bei Einlagerung in einem öffentlichen Lagerhaus mittels Verpfändung des Lagerscheins
- *Forderungen:* Zession, Factoring, Forfaitierung oder Verpfändung
- *Wertpapiere:* Lombardierung (Verpfändung)

b)

Grundstücke (123.750 EUR – 90.000 EUR Grundschuld) =	33.750 EUR
Fuhrpark	18.750 EUR
Maschinen	45.000 EUR
Rohstoffe	85.000 EUR
Forderungen	40.000 EUR
Wertpapiere	20.000 EUR
möglicher Mittelzufluss	242.500 EUR

16. Ein Investor beabsichtigt, eine Immobilie für 450.000 EUR zu kaufen. Die kreditgebende Bank ermittelt einen Beleihungswert von 420.000 EUR.

a) Errechnen Sie die Kreditobergrenze bei einer Beleihungsgrenze von 60 %.

b) Errechnen Sie den sich darauf ergebenden Eigenkapitalanteil dieser Investition in EUR und in Prozent.

a) 60 % von 420.000 EUR = 252.000 EUR

b) Investitionssumme 450.000 EUR – Kredit 252.000 EUR = Eigenkapital 198.000 EUR

17. Wodurch unterscheiden sich Fremdgrundschuld und Eigentümergrundschuld?

- Fremdgrundschuld: Nicht der Eigentümer des Grundstücks ist Pfandgläubiger, sondern ein Dritter als der Kreditgeber. Die Fremdgrundschuld dient zur Sicherung des Gläubigers.
- Eigentümergrundschuld: Der Eigentümer selbst ist Berechtigter. Die Eigentümergrundschuld dient zur Offenhaltung einer Rangstelle zwecks späterer Umwandlung in eine Fremdgrundschuld durch Abtretung.

18. Welchen Sinn hat eine Eigentümergrundschuld?

Der Eigentümer eines Grundstücks kann sich eine bevorzugte Rangstellung im Grundbuch freihalten, um durch Abtretung der Eigentümergrundschuld schnell zu Geld zu kommen.

19. Einem Kapitalanleger wird ein Mietobjekt angeboten, das nach Abzug aller Kosten im Jahr 180.000 EUR Mietertrag abwirft. Der Verkäufer spricht von einer Verzinsung des eingesetzten Kapitals von 6 %. Errechnen Sie den (Ertrags-)Wert des Mehrfamilienhauses.

6 %	≙	180.000 EUR
100 %	≙	x EUR
x	=	3 Mio. EUR

11.4 Wertpapiergeschäfte

S. 558

1. Welche Rechte verbrieft das festverzinsliche Wertpapier dem Inhaber?

Recht auf Verzinsung, Rückzahlung und Anteil an der Insolvenzmasse

2. Weshalb werden festverzinsliche Wertpapiere mit unterschiedlichen Laufzeiten angeboten?

Die Laufzeitenwünsche der Sparer sind äußerst unterschiedlich; man will praktisch jeden Wunsch erfüllen können, d.h., Anbieter passen sich den Geldanlagevorstellungen des Sparers an.

3. Ein Kapitalanleger will wissen, ob sich eine 9 %ige Anleihe zum Preis von 102 EUR besser verzinst als eine Anleihe zu 5 % und einem Kurs von 98 EUR. Beide Papiere haben eine Restlaufzeit von einem Jahr.

P1 = (9 EUR – 2 EUR) · 100 : 102 EUR = 6,86 %

P2 = (5 EUR + 2 EUR) · 100 : 98 EUR = 7,14 %

4. Emittenten von Unternehmensanleihen müssen einen Zinssatz bieten, der einen Bruchteil über demjenigen von Anleiheemissionen der öffentlichen Hand liegt.

Diskutieren Sie, warum dies so ist.

Emittenten der öffentlichen Hand gelten in Kapitalmarktkreisen als absolut sichere Schuldner, da die Steuerkraft dahinter steht. Anbieter von Unternehmensanleihen können (theoretisch) zahlungsunfähig werden und müssen deswegen höhere Zinsen bieten.

5. Welche Rechte verbrieft eine a) Stammaktie und b) eine Vorzugsaktie?

a) Recht auf Stimmabgabe in der HV, Dividende, Bezug junger Aktien, Anteil am Liquidationserlös.

b) Recht auf höhere Dividende als bei a), evtl. Mehrstimmrecht, Anteil am Liquidationserlös

6. Es gibt unterschiedliche Aktien bezüglich ihrer Übertragbarkeit. Erklären Sie die drei Möglichkeiten.

- Inhaberaktie: Übertragung durch Einigung und Übergabe
- Namensaktie: Übertragung durch Einigung, Indossament und Übergabe
- vinkulierte Namensaktie: Zustimmung des Vorstandes der AG, sonst wie Namensaktie

7. Was spricht für die Anlage von Geld in festverzinslichen Papieren und was für die Anlage in Aktien?

- Der risikofreudige Sparer kauft *Aktien* in der Hoffnung auf Kursgewinne und hohe Dividenden. Großanleger denken auch an Macht, Einfluss und Diversifikation durch Beteiligungen.
- Der risikoscheue Sparer kauft *festverzinsliche Wertpapiere* mit der Gewissheit fester Zinsen und Rückzahlung. Großanleger denken an die konstante Rendite gegenüber Aktien.

8. Vergleichen Sie die Vorteile einer Beteiligung an einer AG durch den Kauf einer Aktie mit dem Kauf von Anteilen eines Aktienfonds.

- *Anlage in Aktien:* direkte Gewinnmitnahme bei Kurssprüngen, Stimmrecht und Bezugsrecht
- *Anlage in Anteilen eines Aktienfonds:* geringer Kapitaleinsatz, bequeme Vermögensverwaltung durch sachkundiges Management, hohe Sicherheit durch Risikoverteilung

9. Errechnen Sie den Wert eines Investmentzertifikates, wenn das Fondsvermögen 38.400.000 EUR beträgt und 240.000 Anteile verkauft wurden.

38.400.000 EUR : 240.000 Anteile = 160 EUR/Anteil

10. Die Kunden B und S kaufen regelmäßig Investmentzertifikate. Während B am 1. jeden Monats 120 EUR anlegt, kauft S monatlich am 1. Tag vier Zertifikate. Welcher Kunde hat die günstigere Anlagestrategie bei folgenden Daten?

Am 1. Februar kostet das Stück 30 EUR, am 1. März kostet das Stück 40 EUR, am 1. April kostet das Stück 60 EUR, am 2. Mai kostet das Stück 24 EUR, am 1. Juni kostet das Stück 20 EUR.

Datum	Preis	B legt an und erhält		S erhält und legt an	
1. Februar	30 EUR	120 EUR	4 Stück	4 Stück	120 EUR
1. März	40 EUR	120 EUR	3 Stück	4 Stück	160 EUR
1. April	60 EUR	120 EUR	2 Stück	4 Stück	240 EUR
2. Mai	24 EUR	120 EUR	5 Stück	4 Stück	96 EUR
1. Juni	20 EUR	120 EUR	6 Stück	4 Stück	80 EUR
		600 EUR	20 Stück	20 Stück	696 EUR

Ergebnis: B hat die günstigere Anlagestrategie.

11. Warum hat der Gesetzgeber dem Börsenhandel mit Wertpapieren eine Zulassungsstelle vorgeschaltet?

Der Gesetzgeber will sichergehen, dass die kapitalsuchende Aktiengesellschaft solide aufgestellt ist. Das Risiko für den Kapitalgeber (Aktionär) wird dadurch berechenbarer.

12. Errechnen Sie den Bilanzkurs: Grundkapital 15 Mio. EUR, gesetzliche Rücklage 2 Mio. EUR, andere Rücklagen 3 Mio. EUR, Gewinn 1 Mio. EUR.

Grundkapital von 15 Mio. EUR = 100 %

Rest von 6 Mio. EUR = 40 %, d. h., der Bilanzkurs liegt bei 140 %. Der Börsenkurs einer 50-EUR-Aktie müsste bei 70 EUR liegen.

13. Errechnen Sie den Ertragskurs bei einer Durschnittsdividende von 12 EUR je 50-EUR-Aktie; Zinssatz 8 %.

(12 EUR : 8 %) · 100 % = 150 EUR

14. Errechnen Sie für eine Kapitalanlage in Aktien in Höhe von 20.000 EUR und einer Bankgutschrift für Dividenden in Höhe von insgesamt 1.500 EUR die Dividendenrendite vor Steuern.

Dividendenrendite vor Steuern: $p = \frac{1.500 \text{ EUR}}{20.000 \text{ EUR}} \cdot 100 = 7{,}5\ \%$

15. Eine Aktiengesellschaft hat einen Jahresgewinn von 2 Mio. EUR und ein Gezeichnetes Kapital von 10 Mio. EUR zu einem Nennbetrag von je 5 EUR je Aktie. Der aktuelle Börsenkurs steht bei 15 EUR.

a) Erklären Sie das KGV.

b) Errechnen Sie das KGV.

a) Das KGV drückt aus, wie oft sich der Gewinn pro Aktie im Aktienkurs widerspiegelt. Die Zahl dient einzig und allein dem Vergleich von Aktiengesellschaften.

b) Anzahl der Aktien = 10.000.000 EUR : 5 EUR/Stück = 2 Mio. Stück
15 EUR/Stück : (2 Mio. EUR : 2 Mio. Stück) = 15 : 1 = 15

16. Das KGV einer AG ist halb so groß wie dasjenige der Aufgabe 15. Begründen Sie die Auswirkung auf die Kapitalanlageentscheidung zwischen diesen Aktien.

Die Hälfte des KGV der Aufgabe 15 ist 7,5. Erhält der Anleger 7 $^1/_2$ Jahre die gleiche Dividende, hat er den beim Kauf bezahlten Kurs in Form von Dividende vereinnahmt. Bei der Aufgabe 15 dauert es 15 Jahre.

17. Ein Kapitalanleger besitzt festverzinsliche Wertpapiere zu 6 %.
Berechnen Sie die Effektivverzinsung bei einer
a) Restlaufzeit von zwei Jahren und einem Börsenkurs von 98 EUR.
b) Restlaufzeit von einem Jahr und einem Börsenkurs von 100 EUR.

a) Kursgewinn in zwei Jahren = 2 EUR, in einem Jahr = 1 EUR
rechnerischer Ertrag pro Jahr = 6 EUR plus 1 EUR = 7 EUR
Kaufpreis 98 EUR, Rückzahlung 100 EUR, Rendite = 7 · 100 : 98 = 7,14 %

b) 6 %

18. Errechnen Sie die Effektivverzinsung einer Unternehmensanleihe mit folgenden Bedingungen: Zinssatz 4 %, Ausgabepreis 98 EUR, Laufzeit 10 Jahre.

Kursgewinn in zehn Jahren = 2 EUR, in einem Jahr = 0,20 EUR
rechnerischer Ertrag pro Jahr = 4 EUR plus 0,20 EUR = 4,20 EUR
Kaufpreis 98 EUR, Rückzahlung 100 EUR, Rendite = 4,20 · 100 : 98 = 4,29 %

12 Volkswirtschaftslehre

12.1 Außerbetriebliche Beziehungen

S. 565

1. Weshalb ist eine stationäre Wirtschaft weder wünschenswert noch vorstellbar?

- kein Wirtschaftswachstum
- keine Entwicklungsperspektiven und damit keine Anreize für die Menschen
- keine Verbesserung der Lebensqualität

2. Erklären Sie den Begriff der evolutorischen Wirtschaft.

Es ist eine sich weiterentwickelnde Wirtschaft. Wirtschaftswachstum ist gegeben, was zu Verbesserungen der Lebensqualität der Menschen und des Wohlstandes einer Gesellschaft führen kann.

3. Für eine Volkswirtschaft gelten folgende Größen:

– **Einkommen der privaten Haushalte aus Faktorleistungen**	**?**
– **Einkommen der privaten Haushalte vom Staat (Transferleistungen)**	**500 GE**
– **Ersparnisse der privaten Haushalte**	**300 GE**
– **Konsumausgaben der privaten Haushalte**	**2.400 GE**
– **Von privaten Haushalten an den Staat abgeführte direkte Steuern**	**1.100 GE**
– **Von Unternehmen an den Staat abgeführte Steuern**	**?**
– **Subventionen**	**200 GE**
– **Ausgaben des Staates für Sachgüter und Dienstleistungen**	**1.300 GE**
– **Von Unternehmen bei Kapitalsammelstellen in Anspruch genommene Investitionskredite**	**300 GE**
– **Exporte und Importe belaufen sich auf je**	**120 GE**

a) Zeichnen Sie einen erweiterten Wirtschaftskreislauf und tragen Sie die einzelnen Geldströme und Stromgrößen ein.

b) Wie hoch müssen die Einkommen der privaten Haushalte aus Faktorleistungen sein, damit der Kreislauf geschlossen ist?

c) Wie hoch müssen die Steuern der Unternehmen an den Staat sein, damit der Staatshaushalt ausgeglichen ist?

a) – c)

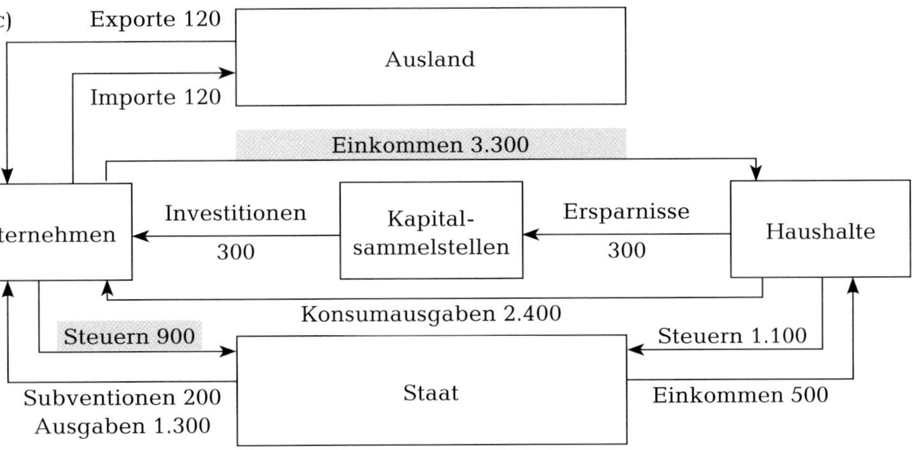

4. Die Verwendungsrechnung des Bruttoinlandsproduktes zeigt, wofür das Produktionsergebnis verwendet wurde. Ermitteln Sie anhand der nachstehenden Daten den Außenbeitrag:

– **private Konsumausgaben:**	**1.330,98 Mrd. EUR**
– **Konsumausgabe des Staates:**	**414,75 Mrd. EUR**
– **Ausrüstungen:**	**153,85 Mrd. EUR**
– **Bauten:**	**204,97 Mrd. EUR**
– **sonstige Anlagen:**	**26,52 Mrd. EUR**
– **inländische Verwendung:**	**2.131,07 Mrd. EUR**
– **Bruttoinlandsprodukt:**	**2.244,00 Mrd. EUR**

BIP – inländische Verwendung = Außenbeitrag

2.244,00 Mrd. EUR – 2.131,07 EUR = 112,93 Mrd. EUR

5. a) Erklären Sie das Schaubild.

b) Was als »Entstehung« und »Verwendung« des Bruttoinlandsproduktes beschrieben ist, sind die beiden Seiten einer »Medaille«. Formulieren Sie sowohl für die Entstehung als auch für die Verwendung jeweils zwei Aussagen, die für 2018 die wirtschaftliche Situation in Deutschland beschreiben.

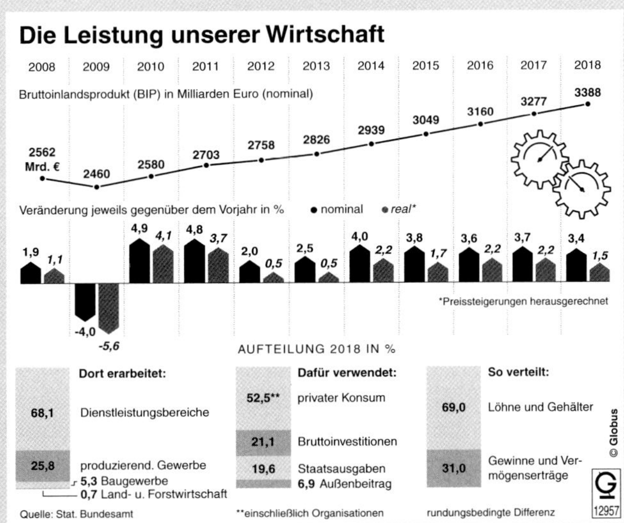

a) Im oberen Teil des Schaubildes geht es um die Unterscheidung zwischen nominalem und realem Wirtschaftswachstum. Das nominale BIP ist mit Ausnahme des Jahres 2009 kontinuierlich angestiegen. Das reale Wirtschaftswachstum ist jedoch die aussagefähigere Größe, weil es die Preisveränderungen in den einzelnen Jahren berücksichtigt und dadurch Aussagen getroffen werden können, ob die Wirtschaft tatsächlich gewachsen oder nur die Preise gestiegen sind. Deutlich wird dies im Jahr 2018: Unter Berücksichtigung des Preisniveauanstiegs ist das BIP zwar nominal um 3,4 % gestiegen, real aber nur um 1,5 % gewachsen. Der untere Teil des Schaubildes zeigt die Entstehungs-, Verwendungs- und Verteilungsrechnung des BIP.

b) Entstehung:

   - Wesentlich und am stärksten hat der Dienstleistungsbereich, gefolgt vom produzierenden Gewerbe, zur Entstehung des Bruttoinlandsproduktes beigetragen.
   - Die Land- und Forstwirtschaft hat den kleinsten Anteil an der Entstehung des Bruttoinlandsproduktes.

   Verwendung:

   - Es dominiert deutlich der private Konsum.
   - Mit jeweils einem knappen Fünftel sind der Staatsverbrauch und die Investitionen an der Verwendung des Bruttoinlandsproduktes beteiligt.

12.2 Grundlagen der Sozialen Marktwirtschaft

S. 580

1. Was versteht man unter Markttransparenz?

Unter Markttransparenz versteht man den Umstand, dass die Anbieter und Nachfrager einen Überblick über die Verkaufs- und Kaufmöglichkeiten besitzen. Der Markt ist »durchschaubar«. So kann die jeweils bestmögliche Entscheidung getroffen werden.

Beispiele: Der Anbieter kennt die Konkurrenzprodukte und deren Preis und kann deshalb seine Preisfestlegung daran ausrichten. Der Nachfrager weiß über die verschiedenen Preise ein und desselben Gutes Bescheid. Er kann deshalb beim billigsten Anbieter kaufen.

2. Unterscheiden Sie zwischen Polypol, Oligopol und Monopol.

- Polypol: Viele Konkurrenten stehen miteinander im Wettbewerb.
- Oligopol: Einige wenige Konkurrenten stehen sich im Wettbewerb gegenüber.
- Monopol: Das gesamte Angebot oder die gesamte Nachfrage eines Gutes befindet sich in einer Hand.

3. Beschreiben Sie die Marktverhältnisse auf dem Benzinmarkt.

- Oligopol: wenige Anbieter (Mineralölgesellschaften) und viele Nachfrager (Verbraucher)
- Relative Abhängigkeit der Nachfrager, für die es kaum Ausweichmöglichkeiten gibt. Sieht man einmal von den »Freien Tankstellen« ab, gibt es häufig kaum Alternativen beim Benzinkauf, da die dafür festgelegten Preise gar nicht oder kaum unterschiedlich sind.
- Die Anbieter besitzen eine starke Stellung. Sie müssen allerdings bei ihrer Preisfestsetzung das Verhalten ihrer Konkurrenten beachten. Es lässt sich allerdings beob-

achten, dass häufig Preissenkungen oder Preiserhöhungen von den verschiedenen Anbietern gleichzeitig oder nur mit geringer zeitlicher Verzögerung vorgenommen werden.

4. Prüfen und begründen Sie für die folgenden Aussagen, ob diese mit der Marktform der vollständigen Konkurrenz vereinbar sind:

a) Ein Anbieter hat einen Marktanteil von 80 %.

b) Ein Nachfrager kauft am liebsten bei Händler A, weil dort die Verkäufer besonders freundlich sind.

c) Ein einzelner Anbieter kann die Preise nicht beeinflussen.

a) Nicht vereinbar, da eine vollständige Konkurrenz durch eine polypolistische Marktstruktur mit sehr vielen Anbietern gekennzeichnet ist, die jeweils nur kleine Marktanteile haben.

b) Nicht vereinbar, da es bei der vollständigen Konkurrenz keine Präferenzen gibt.

c) Vereinbar, es ist das Kennzeichen eines Polypols im vollkommenen Markt, dass ein Anbieter den Preis als gegeben ansieht, weil er als einer von vielen im Markt keine Marktmacht besitzt, um den Marktpreis beeinflussen zu können.

5. Erklären Sie folgende Vorgänge und Erscheinungen in einer Volkswirtschaft:

a) Im Sommer und Herbst fallen die Preise für Obst beträchtlich.

b) Trotz Steigens der Produktionskosten und erheblicher Werbekosten für ein Gut ist sein Preis gefallen.

c) Trotz Nachfragerückganges steigt der Preis eines Gutes.

a) Das Angebot wird aufgrund der Erntezeit größer.

b) Entweder ist die Nachfrage zurückgegangen und trotz der Werbemaßnahmen nicht ausreichend stimulierbar, dann muss der Preis angepasst werden, um sich Nachfrage zu erschließen. Oder es gibt ein Konkurrenzunternehmen, das billiger anbieten kann oder einen Preiskampf austrägt.

c) Der Anbieter ist entweder in der Lage, den Preis trotz der zurückgehenden Nachfrage zu erhöhen, um zumindest *seine Kosten* zu decken und/oder nur eine bestimmte Käuferschicht anzusprechen, oder die Preiserhöhung gleicht die Mindereinnahmen aufgrund des Nachfragerückganges aus. Eine starke Stellung des Anbieters im Marktgeschehen dürfte in einer solchen Situation vorliegen.

6. a) »Je mehr der Preis eines Gutes sinkt, desto größer wird die nachgefragte Menge.« Um welche Regel handelt es sich?

b) Stellen Sie diese Regel grafisch dar.

a) Nachfrageregel

b) 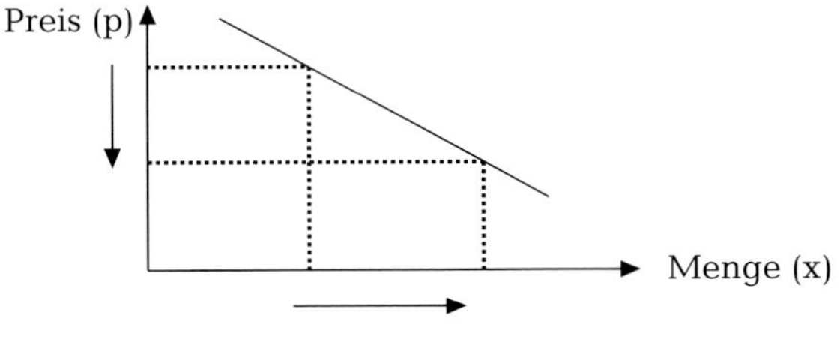

7. Ermitteln Sie mithilfe eines Diagramms den Gleichgewichtspreis und die dazugehörige Menge.

angebotene Menge in Stück	100	150	200	300	400	550	700	900
Preis in EUR je Stück	10	20	30	40	50	60	70	80
nachgefragte Menge in Stück	900	700	550	400	300	200	150	100

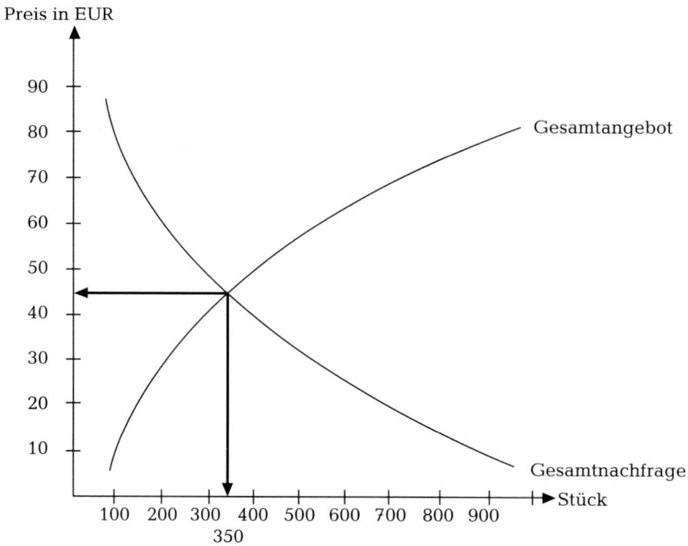

Gleichgewichtspreis: 45 EUR
Menge: 350 Stück
Umsatz: 15.750 EUR

8. Dem Makler an der Wertpapierbörse liegen folgende Aufträge in Aktien der Telematik AG vor:

Verkaufsaufträge (zum Nennwert 1 EUR)	
6.500 Stück	bestens
6.000 Stück	limit 56
9.000 Stück	limit 56,5
8.000 Stück	limit 57
10.000 Stück	limit 57,5

Kaufaufträge (zum Nennwert 1 EUR)	
8.000 Stück	billigst
7.000 Stück	limit 55
7.500 Stück	limit 55,5
6.500 Stück	limit 56
4.000 Stück	limit 56,5
5.000 Stück	limit 57

a) Ermitteln Sie in einer Gesamtaufstellung die Marktlage bei den jeweiligen Preisen (Kursen) und den Gleichgewichtspreis.

b) Warum ist dieser Gleichgewichtspreis der optimale Preis?

a)

Kurs (EUR)	Angebot (Stück)	Nachfrage (Stück)	mögliche Umsätze (Stück)
55,0	6.500	38.000	6.500
55,5	6.500	31.000	6.500
56,0	12.500	23.500	12.500
56,5	21.500	17.000	17.000
57,0	29.500	13.000	13.000
57,5	39.500	8.000	8.000

b) Der Gleichgewichtspreis »räumt den Markt«. Das heißt, er ermöglicht die größtmögliche Umsatztätigkeit (größtmögliche Zahl von Anbietern, die zu diesem Preis ihre Waren verkaufen kann; größtmögliche Zahl von Nachfragern, die zu diesem Preis die Waren kaufen kann).

9. Warum kann ein Monopolist den Preis nicht »willkürlich« bestimmen?

- Er muss das Verhalten der Nachfrager trotz seiner beherrschenden Marktstellung beachten. Diese könnten auf Ersatzgüter ausweichen oder mit Verärgerung auf Preiserhöhungen reagieren und die Güter dann nicht mehr nachfragen.
- Ein monopolistisch überhöhter Preis regt Konkurrenz an. Potenzielle (= mögliche) Konkurrenz darf nicht außer Acht gelassen werden. Auch können Konkurrenten angeregt werden, Ersatzgüter zu entwickeln. Darüber kann dann das Monopol gebrochen werden.

10. Ein Monopolunternehmen ermittelt durch eine Kosten-Erlös-Untersuchung für ein Produkt folgende Ergebnisse:

Preis in EUR	**1.000**	**900**	**800**	**700**	**600**	**500**	**400**	**300**	**200**
Produktions-menge in Stück	**10**	**20**	**30**	**40**	**50**	**60**	**70**	**80**	**90**
Gesamt-kosten in EUR	**15.000**	**18.000**	**21.000**	**24.000**	**27.000**	**30.000**	**33.000**	**36.000**	**39.000**

Stellen Sie anhand dieser Zahlen fest:

a) Menge und Preis der Gewinnschwelle,

b) Menge und Preis der Nutzengrenze,

c) den »monopolistischen Preisspielraum«,

d) den »optimalen Preis« und den »optimalen Beschäftigungsgrad« des Monopolisten.

Produktions- und Absatzmenge (Stück)	10	20	30	40	50	60	70	80	90
Gesamterlös (EUR)	10.000	18.000	24.000	28.000	30.000	30.000	28.000	24.000	18.000
Gesamtkosten (EUR)	15.000	18.000	21.000	24.000	27.000	30.000	33.000	36.000	39.000
Gesamtgewinn/ -verlust (EUR)	– 5.000	0	3.000	4.000	3.000	0	– 5.000	– 12.000	– 21.000

11. Unter welchen Umständen gelingt es einem Oligopolisten trotz einer Preissenkung nicht, seinen Konkurrenten Marktanteile abzunehmen?

– Wenn die Konkurrenten ebenfalls eine Preissenkung vornehmen.

– Wenn die Qualität der Konkurrenzprodukte derart besser ist, dass die Nachfrager diese Produkte trotz höherer Preise kaufen.

– Wenn der Markt gesättigt ist.

12. Nennen Sie Ordnungsmerkmale der Sozialen Marktwirtschaft.

– Privates und öffentliches Eigentum

– Vertragsfreiheit

– Gewerbefreiheit

– Freie Berufs- und Arbeitsplatzwahl

– Markteingriffe des Staates

13. Eine Gemeinde verfolgt folgende Projekte:

– Anlegen eines Golfplatzes,

– Verlegung einer Straße.

Prüfen Sie anhand des Grundgesetzes, ob die Gemeinde für die Realisierung der Projekte Privatgrundstücke enteignen könnte.

Eine Enteignung ist nur für die Verlegung der Straße, nicht aber für die Erweiterung von Sportanlagen und für das Anlegen eines Golfplatzes möglich. Nach Artikel 14 GG ist eine Enteignung nur zum Wohle der Allgemeinheit zulässig – dies liegt bei Sportanlagen und Golfplatz nicht vor.

14. Zählen Sie Vor- und Nachteile auf, die das Eigentum an Produktionsmitteln dem privaten Unternehmer bringt.

– Vorteile für den Unternehmer: Beschaffung, Einsatz und Veräußerung von Gütern ohne fremden Einfluss. Er hat den ungeteilten Nutzen (Gewinn) und kann ihn in eigener Entscheidung entnehmen.

– Nachteile für den Unternehmer: Erhaltungs- und Verlustrisiko trägt allein der Unternehmer. Sozialpflichtigkeit des Eigentums.

15. Nehmen Sie Stellung zu der Aussage, dass die Marktwirtschaft durch die Gesetzgebung des Staates sozial gestaltet werden muss.

Die freie Marktwirtschaft kann durch Freiheitsmissbrauch zu Verhältnissen führen, die für alte, kranke, pflegebedürftige und arbeitslose Menschen sowie für kleine Unternehmen existenzbedrohende Wirkungen haben können. Um das zu verhindern, muss die Gesetzgebung des Staates sozial ausgerichtet sein.

16. In der Sozialen Marktwirtschaft gibt es auch öffentliches Eigentum an Produktionsmitteln. Erörtern Sie diese Notwendigkeit.

Staatliches Eigentum an Produktionsmitteln ist in der Sozialen Marktwirtschaft dann notwendig, wenn der Bedarf der Allgemeinheit durch private Unternehmen nicht oder nicht ausreichend sichergestellt werden kann.

17. Nennen Sie Gründe für die Einschränkung des Eigentums in der Sozialen Marktwirtschaft.

- Umweltschutz
- Schutz vor Lärmbelastung
- Enteignung für Straßenbaumaßnahmen
- Bauvorschriften

18. Der Aufbau und die Unterhaltung staatlicher Einrichtungen ist ohne Eingriffe in das Privateigentum und damit in das Wirtschaftsleben nicht denkbar.

Suchen Sie nach Gründen für diese Behauptung.

Bei der Befriedigung von Kollektivbedürfnissen (Schulen, Verkehrswege) durch staatliche Einrichtungen wird meist kein Gewinn erzielt, allenfalls Kostendeckung. Wenn diese Einrichtungen im Interesse der Allgemeinheit gebaut und unterhalten werden sollen, muss der Staat die Mittel von den Bürgern durch Steuern und Abgaben erheben, also in das Privateigentum eingreifen.

19. Begründen Sie, warum das System der Marktwirtschaft nicht ohne Vertragsfreiheit denkbar ist.

Der freie Austausch von Gütern und Leistungen auf dem Markt ist nur möglich, wenn die Menschen das Recht haben, ihre Beziehungen zueinander durch Verträge frei zu gestalten.

20. Unsere Rechtsordnung enthält Bestimmungen, die auch durch Vertrag nicht geändert werden können. Geben Sie Beispiele dafür an.

Aus Gründen der Schutzbedürftigkeit des Einzelnen enthält die Rechtsordnung Bestimmungen, die durch Verträge nicht geändert werden können.

Beispiele: AGB-Vorschriften im BGB zur Verhinderung des Missbrauchs der Vertragsfreiheit durch Ausnutzen der Marktmacht in Mangelsituationen; Verbot von Wucherzinsen von Kreditgebern; Arbeitsschutzgesetze zur Verhinderung der Ausbeutung von Arbeitnehmern in Notlagen.

21. Begründen Sie in den folgenden Fällen, ob die Markteingriffe des Staates marktkonform sind:

a) Der Gesetzgeber legt Höchstsätze für verschreibungspflichtige Arzneimittel fest.

b) Im Rahmen von Arbeitsförderungsmaßnahmen gewährt der Staat sogenannten Beschäftigungsgesellschaften im Dienstleistungsbereich Zuschüsse.

c) Landwirtschaftsministerien verbieten die Einfuhr von Rindfleisch.

d) Der Export von Maschinen in Kriegsgebiete ist verboten.

e) Ein Bauherr erhält staatliche Zuschüsse mit der Auflage, die Wohnungen nur an sozial schwache Mieter zu einem staatlich festgelegten Höchstpreis zu vermieten.

a) marktkonträr – Festsetzung des Preises und damit Ausschalten der freien Preisbildung durch Angebot und Nachfrage

b) marktkonform
c) marktkonform
d) marktkonform
e) marktkonform

} in diesen Fällen beeinflusst der Staat durch seine Eingriffe das Angebot und die Nachfrage und damit nur indirekt den Preis

22. Prüfen und begründen Sie, inwieweit folgende staatliche Maßnahmen mit dem System der Sozialen Marktwirtschaft vereinbar sind:

a) Erhöhung der Umsatzsteuer (Mehrwertsteuer).

b) Jeder muss für seine Kinder Schulgeld bezahlen, da Bildung Privatsache ist.

c) Zahlung von Elterngeld.

d) Vergabe von Aufträgen zum Bau von Verkehrswegen.

e) Um Landwirte zu unterstützen, wird für Rindfleisch ein Mindestpreis eingeführt.

f) Senkung des Spitzensteuersatzes in der Einkommen- und Körperschaftsteuer.

g) Absenkung der Einfuhrzölle.

h) Zur Erweiterung des Krankenhauses werden angrenzende Grundstückseigner von der Gemeinde enteignet.

i) Neuordnung des Steuersystems, damit jeder Steuerpflichtige über das gleiche Nettoeinkommen verfügt.

a) Vereinbar – die Erhöhung der Umsatzsteuer verteuert das Produkt, dadurch wird die private Nachfrage gesenkt. Der Staat kann die zufließenden Mittel zur Erhöhung der Staatsnachfrage oder auch zur Schuldentilgung verwenden.

b) Nicht vereinbar – der soziale Auftrag der Gesellschaft, allen Kindern gleiche Bildungschancen einzuräumen, wird nicht wahrgenommen.

c) Vereinbar – die Zahlung von Elterngeld soll es Vätern oder Müttern ermöglichen, vorübergehend ganz oder teilweise auf eine Erwerbstätigkeit zu verzichten und so mehr Zeit für die Betreuung ihres Kindes zu haben.

d) Vereinbar – der Staat lenkt Steuergeld oder durch Kredite beschafftes Geld in die Bauwirtschaft, er erhöht die Staatsnachfrage und damit die Gesamtnachfrage.

e) Nicht vereinbar – der Marktmechanismus wird außer Kraft gesetzt und nur eine bestimmte Produzentengruppe geschützt.

f) Vereinbar – der Staat verlagert staatliche Kaufkraft in private Hand. Längerfristig kann durch eine erhöhte private Nachfrage die Beschäftigung zunehmen und das Wirtschaftswachstum angeregt werden.

g) Vereinbar – die Erleichterung der Einfuhr führt zur Angebotsvermehrung, dämpft oder verhindert Preissteigerungen.

h) Vereinbar – das Wohl der Allgemeinheit überwiegt die Interessen des Privateigentums, jedoch besteht Entschädigungspflicht.

i) Nicht vereinbar – es handelt sich um eine Zwangsmaßnahme, die verhindert, dass jeder entsprechend seiner Leistung entlohnt wird.

23. Es herrschen die gezeigten Marktsituationen (Fall 1, Fall 2) vor. Der Staat ergreift Maßnahmen:

a) Nennen Sie die Markteingriffe, die der Staat in diesen Fällen vorgenommen haben könnte.

b) Erläutern Sie mögliche Auswirkungen dieser Markteingriffe.

Fall 1:

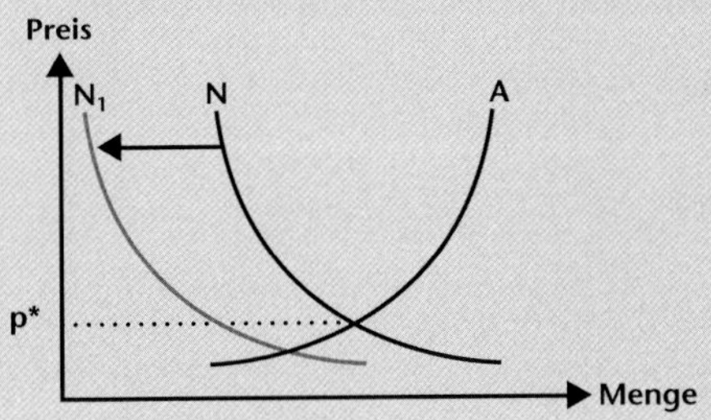

Fall 2:

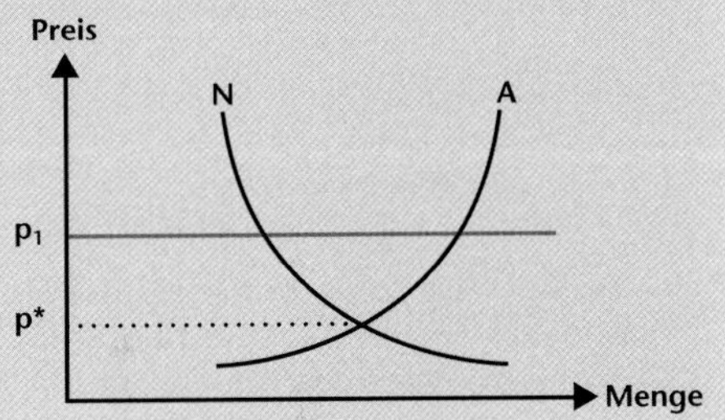

a) und b), Fall 1:

Es handelt sich um einen marktkonformen Staatseingriff, da Einfluss auf die Nachfragestruktur genommen wird und damit nur mittelbar auf den Preis. Da die Nachfrage sich nach links verschiebt, hat der Staat z. B.

- das verfügbare Einkommen reduziert, in dem er die Einkommensteuer erhöht oder eine Konjunkturausgleichsabgabe eingeführt hat,
- die staatliche Nachfrage eingeschränkt.

Die Folge ist, dass sich der Gleichgewichtspreis auf einem niedrigeren Niveau einpendelt.

a) und b), Fall 2:

Es handelt sich um einen marktkonträren Staatseingriff. Der Staat legt hier einen Mindestpreis fest, der nicht unterschritten werden darf. Zu diesem Preis wird mehr angeboten als nachgefragt, d. h., der Preis räumt nicht mehr den Markt. Der Staat muss nun die Überproduktion aufkaufen, da er durch diese Maßnahme die Produzenten bevorzugen wollte und diese nicht auf den Produkten »sitzen lassen« darf.

S. 605

1. Nennen Sie die vier Ziele des Stabilitätsgesetzes.

- stetiges und angemessenes Wirtschaftswachstum
- Preisniveaustabilität
- hoher Beschäftigungsstand
- außenwirtschaftliches Gleichgewicht

2. a) Ergänzen Sie die folgende Tabelle:

	Jahr 01 (Basisjahr)	Jahr 02	Jahr 03
Ausgaben für den Warenkorb (EUR)	2.000	2.040	2.101
Preisniveausteigerung	–	...?...	...?...
Preisindex	...?...	...?...	...?...

b) Erläutern Sie die Entwicklung der Kaufkraft in diesem Zeitraum.

c) Erklären Sie den Zusammenhang zwischen Kaufkraft und Preisniveau.

a) Preisniveausteigerung: Jahr 01 → Jahr 02: 2 %
Jahr 02 → Jahr 03: 3 %
Preisindex: Jahr 01: 100; Jahr 02: 102; Jahr 03: 105,1

b) Unter der Voraussetzung, dass das Handelsvolumen im selben Zeitraum unverändert geblieben ist, hat sich die Kaufkraft vermindert. Der Käufer kann sich für dieselbe Geldmenge weniger Güter kaufen.

c) Das Verhältnis ist reziprok, d.h., steigt das Preisniveau, sinkt die Kaufkraft und umgekehrt.

3. Nennen Sie mögliche Ursachen der Inflation.

- Nachfrage übersteigt das Angebot
- übermäßige Kreditgewährung an die private Wirtschaft
- wachsende Einkommen, durch die der Konsum stärker steigt als das Güterangebot
- Rückgang der Gütermenge (Missernten, Streiks, Bürgerkriege, Erdölverknappung)
- hohe Preise im Ausland führen zu einer stärkeren Nachfrage im Inland (importierte Inflation)

4. Unterscheiden Sie verschiedene Arten der Inflation.

Inflationsarten im Überblick*			
Inflationsarten		**Merkmale**	**Beispiele**
offene Inflation	schleichende Inflation	– niedrige Preissteigerungsraten – lang anhaltend	Deutschland seit dem Jahre 1948
	galoppierende Inflation	– Preissteigerungsrate liegt über dem Zinssatz für langfristige Geldanlagen (6 bis 8 %)	Länder der Dritten Welt
	Hyperinflation	– Die Inflationsrate beträgt mehr als 50 %	Deutschland in den Jahren 1918 bis 1923
verdeckte Inflation		– Die Preissteigerungen werden durch Lohn- und Preisstopp unterbunden – Schwarzmarkt mit »Wucherpreisen«	Deutschland zwischen 1939 und 1948
Nachfrageinflation	Binnennachfrageinflation	Unternehmen, private und/oder öffentliche Haushalte erhöhen ihre Nachfrage nach Gütern und Dienstleistungen	Mehrmalige Situation Deutschlands in den vergangenen Jahrzehnten
	importierte Inflation	– Ausländer fragen inländische Güter und Dienstleistungen nach – teure Rohstoffimporte führen zu Preissteigerungen im Inland	
Angebotsinflation	Kosteninflation	Der Kostenanstieg in den Unternehmen wird durch Preiserhöhungen auf die Nachfrager abgewälzt	Erhöhungen der Tarifgehälter können zu gesamtwirtschaftlichen Preiserhöhungen führen **(Lohn-Preis-Spirale)**
	Gewinninflation	Unternehmen mit starker Marktstellung erhöhen ihre Preise**	Preiserhöhungen durch Mineralölgesellschaften

* Inflationsursachen können immer mehrere Merkmale aufweisen. Deshalb kann es auch gleichzeitig verschiedene Arten der Inflation geben.

** Führen die durch die Unternehmen verursachten Preissteigerungen zu neuen Lohnforderungen der Gewerkschaften, so entsteht ein Preis-Lohn-Zusammenhang. Entwickelt sich dieser Zusammenhang zu einem fortlaufenden Prozess, so spricht man von der **Preis-Lohn-Spirale.**

5. Wie wird eine schleichende Inflation
a) vom Verbraucher bemerkt, b) aus der amtlichen Statistik erkennbar?

a) Die monatlichen Haushaltsausgaben steigen, ohne dass der Güterkonsum zunimmt.

- Vor allem die privaten Haushalte bemerken, dass für die gleiche Menge Haushaltsgeld immer weniger eingekauft werden kann.
- Die Preise für Strom, Gas, Öl, Wasser, die Beiträge zu Versicherungen werden zumindest jährlich »nach oben« angepasst.
- Die vordringlichen Anschaffungen (Nahrung, Kleidung, Wohnung) verschlingen mehr Kaufkraft, sodass für Güter des gehobenen Bedarfs (Auto, Urlaub, Hobby) weniger Kaufkraft zur Verfügung bleibt. Besonders bemerkt werden diese Preissteigerungen in kinderreichen Familien.

b) Der vom Statistischen Bundesamt in Wiesbaden herausgegebene »Verbraucherpreisindex für Deutschland« nimmt jedes Jahr um einige Prozentpunkte zu.

6. Beschreiben Sie die importierte Inflation.

Die Ursache der »importierten Inflation« liegt in inflatorischen Preissteigerungen in jenen Ländern, nach denen inländische Güter exportiert werden.

Ein stabiles Preisniveau im Inland veranlasst die Ausländer, vermehrt die relativ billigen Inlandsgüter zu kaufen – der Export steigt also.

Die relativ teuren Auslandsgüter sind für die Inländer zu teuer – der Import sinkt also.

Durch den starken Güterexport einerseits und durch den geringen Güterimport andererseits entstehen im Inland gleichzeitig

- eine Verknappung des Güterangebots und deshalb ein Nachfrageüberhang.
- eine Vermehrung der geldlichen Nachfrage.

Dieser Nachfrageüberhang bewirkt eine Preissteigerung (Sogwirkung) für die im Inland angebotenen Güter.

»Importierte Inflation« entsteht auch, wenn stetig im Preis steigende Produkte aus dem Ausland (Erdöl, Gas) importiert werden (müssen).

7. »Deflation ist doch gut. Alles wird billiger und man bekommt endlich mehr für sein Geld.« Nehmen Sie Stellung zu dieser Aussage.

Es ist zwar richtig, dass die Deflation für ein sinkendes Preisniveau sorgt und damit die Kaufkraft des Geldes zunimmt. Die gesamtwirtschaftlichen Auswirkungen können jedoch gravierend sein: Unternehmen können ihre Preisvorstellungen nicht mehr durchsetzen, schränken die Produktion ein oder geben sie auf. Die Folgen sind Kurzarbeit bzw. steigende Arbeitslosenzahlen, wodurch in der Folge die Gesamtnachfrage abnimmt. Durch sinkende Unternehmensgewinne gehen zudem die Steuereinnahmen des Staates zurück, wodurch öffentliche Aufträge zur Ankurbelung der Wirtschaft ausbleiben.

Eine pessimistische Einschätzung der zukünftigen wirtschaftlichen Entwicklung bei zunehmender Arbeitslosigkeit und Staatsverschuldung ist somit ein hoher »Preis« einer Deflation und alles andere als wünschenswert.

8. Der Index der tariflichen Monatsverdienste je Beschäftigten (2015 = 100 %) ist in Deutschland im Jahr 2018 auf 120,4 % gestiegen.

a) Berechnen Sie die prozentualen Veränderungen der Lebenshaltungskosten (Tabelle Lehrbuch, Seite 587) und des Nominallohns.

b) Berechnen Sie die prozentuale Veränderung des Realverdienstes (Berechnung mithilfe der Formel Nominalverdienstindex : Verbraucherpreisindex).

c) Suchen Sie Gründe für die Entwicklung.

a) und b)

Jahr	Preise	Nominalverdienst	Realverdienst
2015	100,0 %	100,0 %	100,0 %
2018	103,8 %	120,4 %	103,1 %

Realverdienst = (Nominalverdienst/Preisniveau)

Die effektive Kaufkraft der Einkommen, der Realverdienst, ist im Betrachtungszeitraum um 3,1 % gestiegen.

c) Die Löhne/Gehälter sind gerade in den Jahren 2015 bis 2018 relativ stark gestiegen, während das Preisniveau seit mehreren Jahren relativ gering gestiegen ist. Gründe:
   - Die seit Jahren anhaltende gute Konjunktur hat in Deutschland dazu geführt, dass die Gewerkschaften relativ hohe Tarifabschlüsse erzielen konnten. Auch die Tarifabschlüsse im öffentlichen Dienst lagen in vergleichbarer Höhe.
   - Die Niedrigzinspolitik der EZB hat zu einer hohen Preisniveaustabilität geführt.
   - Die relativ niedrigen und stabilen Rohstoffpreise (insb. im Rohölbereich) führten in den vergangenen Jahren ebenfalls zu geringen Preissteigerungsraten.

9. Warum spricht man bei einer Arbeitslosenquote von 2–3 % noch von Vollbeschäftigung?

Eine Arbeitslosenquote von 2–3 % wird auch in Zeiten sehr starker Nachfrage nach Arbeitskräften kaum unterschritten, weil

- es im Zeitpunkt der statistischen Erfassung durch kurzfristigen Arbeitsplatzwechsel immer eine gewisse Anzahl von Arbeitslosen gibt,
- nicht jeder Arbeitslose zu einer Arbeit fähig und bereit ist.

10. a) Was versteht man unter Arbeitslosigkeit?

b) Unterscheiden Sie die verschiedenen Arten von Arbeitslosigkeit.

c) Welche Folgen kann Arbeitslosigkeit für den Einzelnen und dessen Familie haben?

d) Welche Bedeutung kommt der Arbeit für den Menschen zu?

a) Arbeitslosigkeit ist fehlende Beschäftigungsmöglichkeit für Teile der arbeitsfähigen und bei vorhandenem Lohnniveau arbeitsbereiten Arbeitnehmer.

b) **Strukturelle Arbeitslosigkeit:** Sie wird durch Wandlungen in der Wirtschaftsstruktur, d. h. durch Umschichtungen im Aufbau einer Volkswirtschaft, hervorgerufen.

   Beispiel: Kohlebergbau im Ruhrgebiet

   Konjunkturelle Arbeitslosigkeit: Sie ist bedingt durch den Konjunkturverlauf und meist von mittelfristiger Dauer.

   Beispiel: Produktionsrückgang in der Automobilbranche

   Technologische Arbeitslosigkeit: Sie entsteht durch die Freisetzung von Arbeitskräften infolge technischer Rationalisierungsmaßnahmen.

   Beispiel: Geldautomaten ersetzen Kassenangestellte im Bankgewerbe

   Saisonale Arbeitslosigkeit: Sie ist von kurzfristiger Art und entsteht, weil bestimmte Wirtschaftszweige durch Einfluss von Jahreszeit (Saison) und Witterung keine Kontinuität in Produktion und Absatz haben.

   Beispiel: Hotelgewerbe an Ostsee-Urlaubsstränden

   Friktionelle Arbeitslosigkeit: Sie beruht auf zeitlichen Verzögerungen zwischen ständiger Freisetzung und Wiedereinsetzung von Arbeitskräften an anderen Arbeitsplätzen.

   Beispiel: DV-Ingenieure in Bayern

c)

Betroffene	Probleme	Folgen
Das Individuum und dessen Familie	Verringerung des Einkommens	Senkung des Lebensstandards
	fehlende Teilhabe an der beruflichen Weiterbildung	Wiedereingliederung in den Arbeitsprozess wird erschwert
	Belastung bzw. Zerstörung familiärer Beziehungen	Trennung von Eltern und Familie; Fehlentwicklungen bei Kindern
	soziale Isolation von Freunden und Bekannten	Vereinsamung, psychische Erkrankungen
	psychische Belastungen bis zum Entstehen von Krankheiten	psychische und physische Erkrankungen
	Alkohol- und Drogenkonsum	Dauerkrankheit
	politische Gleichgültigkeit	fehlendes politisches Engagement
	Kriminalität und Radikalisierung	Strafverfolgung, Isolation, Spirale der Ausweglosigkeit
Die Gesellschaft	Kosten der Arbeitslosigkeit	Belastung der Staatshaushalte, Senkung der Sozial- und Transferleistungen
	Mindereinnahmen bei den Sozialversicherungen	höhere Belastung der Arbeitenden
	Gewalt und Kriminalität	hohe Kosten der Aufklärung, für Schutzmaßnahmen und Gewaltverfolgung
	Auseinanderklaffen der Schere zwischen Arm und Reich	vermögens- und sozialpolitische Kosten
Die Weltgemeinschaft	Anwachsen der Kluft zwischen armen und reichen Ländern	politische Krisen in den betroffenen Ländern, Terrorakte
	Wirtschaftsflüchtlinge	Kosten und Akzeptanzprobleme in den Aufnahmeländern
	geringes bzw. kein Wirtschaftswachstum	fehlende Auslandsaufträge, importierte Wirtschaftskrise

d) Einerseits dient Arbeit dem Broterwerb: Der Mensch arbeitet, um Geld zu verdienen, damit er seine Bedürfnisse befriedigen kann. Eigenes Einkommen schafft daher Sicherheit und Unabhängigkeit. Arbeit bedeutet jedoch auch soziale Anerkennung: Man ist Teil der arbeitenden Gemeinschaft, hat das Gefühl, gebraucht zu werden, erfährt Wertschätzung und hat etwas Sinnvolles zu tun. Zudem kann Arbeit auch soziale Kontakte schaffen, indem man z. B. seine Freizeit im Kollegenkreis verbringt.

11. Die strukturelle Arbeitslosigkeit beruht zu einem wesentlichen Teil auf einer Substitution des Produktionsfaktors Arbeit durch Kapital. Erklären Sie diesen Sachverhalt.

Menschliche Arbeitsleistung wird durch den Einsatz von Maschinen und Anlagen bzw. Robotern übernommen.

Beispiele:

- Die Montage von Rädern erfolgt nicht mehr durch menschliche Arbeit, sondern durch Einbauroboter.
- Tätigkeiten der Buchführung (Übertragung des Kassenbuches ins Journal, Abschlussbuchungen) werden durch die integrierte Unternehmenssoftware vorgenommen.

12. Das nominale Bruttoinlandsprodukt betrug im Jahre 2017 3.277 Mrd. EUR und im Jahre 2018 3.388 Mrd. EUR.

a) Berechnen Sie die prozentuale Veränderung für 2018 gegenüber 2017 und ordnen Sie ihr den entsprechenden Wachstumsbegriff zu.

b) Nach den Zahlen im Bild auf Seite 592 des Lehrbuches beträgt die Wertzunahme des realen Bruttoinlandsprodukts für 2018 gegenüber 2017 1,5 %. Begründen Sie den Unterschied zu der unter a) errechneten Wachstumsrate.

a) Wirtschaftswachstum = 100 : 3.277 Mrd. EUR · 3.388 Mrd. EUR = 103,3 %

Die Wirtschaft ist gegenüber dem Vorjahr um 3,3 % gewachsen.

b) Die Berechnung im Bild auf Seite 592 des Lehrbuches erfolgt »preisbereinigt«, d. h., die Preisentwicklung wird in der Berechnung berücksichtigt.

13. Trotz Zunahme des Inlandsprodukts kann sich ein Nullwachstum ergeben. Wie ist das möglich?

Nullwachstum kann nominal und real gesehen werden. Nominales Nullwachstum liegt vor, wenn das nominale Bruttoinlandsprodukt weder gestiegen noch gefallen ist. Reales Nullwachstum besteht, wenn das reale Bruttoinlandsprodukt sich weder erhöht noch vermindert hat, d. h., wenn die Zunahme des Bruttoinlandsproduktes im selben Umfang erfolgte wie die Zunahme des Preisniveaus.

14. Der Saldo der Devisenbilanz belief sich 2014 auf –2,56 Mrd. EUR. 2018 ergab sich ein Saldo von +0,32 Mrd. EUR. Welche Zahlungsbilanzsituationen lagen in den beiden Jahren vor und wie werden dementsprechend die beiden Zahlungsbilanzen benannt?

2014: Zahlungsbilanzüberschuss, aktive Zahlungsbilanz

2018: Zahlungsbilanzdefizit, passive Zahlungsbilanz

15. Welche Gefahren ergeben sich aus einer anhaltend aktiven bzw. passiven Zahlungsbilanz?

Gefahren einer anhaltend aktiven Zahlungsbilanz	**Gefahren einer anhaltend passiven Zahlungsbilanz**
– Devisenüberschüsse bewirken eine Vermehrung der inländischen Geldmenge – gleichzeitig bewirken Exportüberschüsse eine Abnahme der inländischen Gütermenge – durch diese Einflüsse entsteht Nachfrageüberhang und damit inflatorische Preissteigerung (importierte Inflation)	– Devisenabflüsse bewirken eine Verminderung der inländischen Geldmenge – gleichzeitig bewirken Importüberschüsse eine Zunahme der inländischen Gütermenge – durch diese Einflüsse entsteht Angebotsüberhang und damit deflatorische Preisentwicklung

16. Wie wirken sich Geldüberweisungen ausländischer Arbeitskräfte in ihre Heimatländer in der deutschen Zahlungsbilanz aus?

Sie werden in der Übertragungsbilanz als Ausgaben gebucht und wirken sich damit defizitfördernd aus.

17. Bevor der Euro gegenüber dem US-Dollar stark an Wert verlor, mussten für einen US-Dollar 0,73 EUR bezahlt werden. Nach der Abwertung des EURO kostet ein US-Dollar 0,94 EUR.

Wie wirkt sich diese Abwertung aus

a) auf den Export des Eurolandes, b) auf den Touristenverkehr?

a) Nach einer Abwertung des Euro gegenüber dem US-Dollar verbilligen sich dadurch die Ausfuhrgüter aus dem Euroraum und erleichtern somit den Export aus dem Inland.

b) Eine Abwertung des Euro verteuert den Tourismus der Inländer ins Ausland, denn nun erhalten sie für den Euro weniger ausländische Währung. Umgekehrt wird für ausländische Touristen der Urlaub im Euroraum günstiger.

18. Inwiefern kann eine Verbesserung der Umweltbedingungen zu Wirtschaftswachstum führen?

Die Verbesserung der Umweltbedingungen ist ein Ziel, mit dem die Gesellschaft zunehmend konfrontiert sein wird. Dadurch werden insbesondere im technologischen Bereich neue Produkte und Technologien entstehen. Dies kann sich in einem feststellbaren Wachstum der Wirtschaft niederschlagen. Außerdem kann sich die deutsche Wirtschaft für den wahrscheinlich entstehenden riesigen Weltmarkt Startvorteile sichern, die damit zukünftig zum Wirtschaftswachstum beitragen werden.

19. Nennen Sie wesentliche Umweltbelastungen und die möglichen Gegenmaßnahmen des Umweltschutzes.

Vgl. Lehrbuch, Tabelle Seite 598; Beispiele daraus:

Wesentliche Umweltbelastungen	Gegenmaßnahmen
– Schmutz, Lärm, Abfälle, Abwässer, Schadstoffausstoß	Gesetze, Technische Anleitungen und Verbotsverordnungen gegen Immissions- und Emissionsbelastungen
– Raubbau an der Natur und Zerstörung der Erdoberfläche	Vorschriften über Anbau, Abbau und Bebauung, Rekultivierung von Flächen und Gruben, Einrichtung von Naturschutzgebieten und Biotopen, überwachte Düngung und kontrollierte Verwendung von Schädlingsbekämpfungsmitteln (Bioanbau)
– Verschwendung von Roh- und Energiestoffen	Verwendung von wiederverwertbaren Materialien, Müllsortierung und -aufbereitung (Recycling), Schaffung preisgünstiger Massenverkehrsmittel, Nutzung alternativer Energien, hohe Besteuerung des Verbrauchs umweltbelastender Energien (Ökosteuern)

20. Nennen Sie Beispiele, bei denen die Forderungen von Umweltschützern
a) gewerkschaftlichen,
b) unternehmerischen
Interessen zuwiderlaufen.

a) und b)

Forderungen von Umweltschützern verneinen oftmals die Positionen von Gewerkschaften und Unternehmern, da in beiden Fällen wirtschaftliche Interessen, wenn auch aus unterschiedlichen Gesichtspunkten, gefährdet sind, z.B. Ausstiegsdiskussion aus der Atomenergie, Diskussion um die Ausweitung oder Beendigung des Braunkohleabbaus in Nordrhein-Westfalen bzw. in Brandenburg.

21. Beschreiben Sie aktuelle Umweltprobleme
a) in Deutschland,
b) in den Ländern der Dritten Welt,
c) in der früheren Sowjetunion.

a) Emissionen aus Fabrik- und Kraftwerkschornsteinen sowie aus Haushaltskaminen; Lärm am Arbeitsplatz und im Verkehr; hoher Gesamtschadstoffausstoß bei Lkw und Pkw infolge der hohen Verkehrsdichte.

b) Belastung der Flüsse und Böden durch unkontrollierte Einleitung von Abfällen (Schwermetalle); hoher individueller Schadstoffausstoß bei Lkw und Pkw; unkontrollierte Emissionen aus Fabrik- und Kraftwerkschornsteinen.

   Verwendung giftiger und umweltgefährdender Stoffe bei der Produktion (Pestizide, Herbizide); Raubbau an der Natur durch landwirtschaftliche Monokulturen und Vernichtung von Naturlandschaften; wilde Deponierung von Abfällen.

c) Siehe unter b); Vernichtung der Lebensgrundlagen von Mensch und Tier: Versalzung und Verdunstung des Aralsees; unkontrollierte »Entsorgung« ausgedienter Atomwaffen im Nordmeer; Lecks in Ölpipelines in Sibirien, die die Natur auf Jahre hinaus zerstören.

22. Wie kann sich der Umweltschutz auf die Güterproduktion und die Güterpreise auswirken?

Die Beschaffung und Installation zusätzlicher umweltschützender Anlagen verteuert kurzfristig die Güterproduktion und erhöht kostenbedingt die Güterpreise. Der Wettbewerb mit ausländischen Herstellern, die keine Umweltauflagen zu beachten haben, wird erschwert und teilweise verhindert.

Auf lange Sicht gewinnen jedoch jene Unternehmen, die auf umweltschützende Produktionen umstellen. Zum einen gibt es neue Technologien, Energien und Materialien, die umweltfreundliche Produktionen ohne Kostenerhöhung ermöglichen (Abgasweiterverwertung in Heizgas-Brennwertsystemen; Möbelherstellung mit Span- und Staubabsaugung und ohne Formaldehyd; Einsatz neuer, leichterer und wiederverwertbarer Kunststoffe, recycelbare Verschweißungen von Metallen und Kunststoffen, Kühlschränke ohne FCKW). Zum anderen wird ein technologischer Vorsprung erzielt, den andere Länder später aufholen müssen.

23. Der bekannte Maler Oskar Kokoschka urteilte: »Die heutige Gesellschaft übersieht, dass die Welt nicht das Eigentum einer einzigen Generation ist.«

Nehmen Sie dazu Stellung.

Schülerdiskussion; Stichworte:

- Zerstörung ökologischer Gleichgewichte: radikaler Abbau der Urwälder, Versalzung von Binnenmeeren (Aralsee), Vergiftung der Meere (Nordmeer, Nord- und Ostsee);
- Zerstörung von Lebensräumen für Mensch und Tier durch Versteppung und Verödung von Landschaften;
- unwiderruflicher Abbau von Rohstoffen und Vorräten: Abbau der Erdöl- und Trinkwasservorräte in der Erde;
- Zerstörung der Atmosphäre durch Einleitung von Schadstoffen.

24. »Eine zu starke Berücksichtigung des Umweltschutzes ist ökonomisch gefährlich. Sie vernichtet Arbeitsplätze und wirft Deutschland in der Globalisierung hinter diejenigen Länder zurück, die es mit der Ökologie nicht so genau nehmen.«

Nehmen Sie zu dieser Aussage kritisch Stellung.

These: Eine nationale Umweltpolitik ist zeitgemäß und fördert Arbeitsplätze.

Die beträchtliche Bedeutung des Umweltschutzes für den Arbeitsmarkt konnte bereits Anfang der neunziger Jahre belegt werden. In einer Studie des Deutschen Instituts für Wirtschaftsforschung, Berlin, wurde geschätzt, dass bereits im Jahre 1990 bundesweit rund 680.000 Menschen im Bereich des Umweltschutzes beschäftigt waren.

Diese Zahl hat sich in den letzten Jahren mehr als verdoppelt. Im Jahr 2010 waren in Deutschland rund 1,8 Millionen Beschäftigte mit Umweltschutzaufgaben betraut.

Der Dienstleistungssektor erweist sich inzwischen als »beschäftigungspolitischer Hauptgewinner« der Umweltpolitik. Hier finden sich die weitaus meisten aller Umweltschutzarbeitsplätze (ca. 900.000). Auf die Herstellung von Umweltschutzgütern entfallen ca. 370.000 Arbeitsplätze.

Angesichts der nach wie vor hohen strukturellen Arbeitslosigkeit besitzt der sogenannte »Zweite Arbeitsmarkt« eine besondere Bedeutung. In diesem Markt wird versucht, durch staatlich finanzierte Maßnahmen Arbeitslosen den Wiedereintritt in die Arbeitswelt zu ermöglichen.

Maßnahmen der Umweltsanierung und Umweltverbesserung werden nach § 249 h Arbeitsförderungsgesetz gefördert.

Die Umweltsanierung durch Arbeitsförderungs- und Arbeitsbeschaffungsmaßnahmen in den ostdeutschen Ländern ist gleich in dreifacher Hinsicht von hoher Bedeutung: Sie leistet einen wirksamen Beitrag zur Lösung drängender Umweltprobleme (Rückbau- und Sanierungsmaßnahmen, Rekultivierung bei stillgelegten Betrieben oder militärischen Anlagen). Damit trägt sie mit einem unverzichtbaren Beitrag zur Lösung drängender Arbeitsmarktprobleme (Schaffung von Arbeitsplätzen) bei. Außerdem leistet sie einen zukunftsgerichteten Beitrag zur Standortsicherung (Ansiedlung zukunftsträchtiger Unternehmen mit neuen Technologien).

Damit der Umweltschutz auch in Zukunft einen wirksamen Beitrag zur Verringerung der Arbeitslosigkeit leistet, müssen die im Zusammenspiel von Umweltpolitik und Beschäftigungspolitik liegenden Chancen in der Zukunft noch stärker genutzt werden:

- Eine Ausweitung des Exportvolumens bei Umweltschutzgütern könnte in Deutschland kurzfristig auch zu günstigen Beschäftigungsimpulsen führen.

- Wirksame Maßnahmen zur Energieeinsparung und zur Nutzung erneuerbarer Energieformen (gesetzgeberische Maßnahmen oder durch Selbstverpflichtungen der Industrie) böten in Deutschland vielfältige Chancen, die Beschäftigung kurz- bis mittelfristig zu erhöhen und neue, zukunftsträchtige Beschäftigungsfelder zu erschließen.

Antithese: Eine nationale Umweltpolitik in Deutschland gefährdet Arbeitsplätze, weil folgende Prinzipien gelten:

a) Das Vorsorgeprinzip.

Aus dem Vorsorgeprinzip ergibt sich für die staatliche Umweltpolitik ein umfassender Auftrag zur umweltverträglichen Zukunftsgestaltung – auch in der Verantwortung für die Lebensqualität zukünftiger Generationen. Dies findet seinen Niederschlag in einer Vielzahl von Planungsvorschriften.

Wenn diese Auswirkungen nur nationale Bedeutung haben, können sich erhebliche Benachteiligungen für den Standort Deutschland ergeben, da Unternehmen in der Planungsphase zeitlich gegenüber ihren europäischen bzw. weltweiten Konkurrenten zurückgeworfen werden können.

b) Das Verursacherprinzip.

Das Verursacherprinzip in der Umweltpolitik zielt auf die Kosten, die zur Vermeidung, zur Beseitigung oder zum Ausgleich von Belastungen der Umwelt entstehen und dem Verursacher dieser Kosten angelastet werden sollen. Ziel dieses Prinzips ist es, dass die bisher als externe Kosten (Kosten, die von der Gesellschaft zu tragen sind) betrachteten Umweltschäden von den »Schadensproduzenten« in ihre eigene Wirtschaftlichkeitsrechnung aufgenommen werden (internalisierte Kosten). Zwangsläufig ergibt sich daraus ein Interesse des Unternehmens als möglicher Umweltschädiger, diese Kosten zu senken. Die Umwelt und die Naturpotenziale werden damit geschont.

Wenn diese Kostenverlagerung auf das Unternehmen nur für deutsche Unternehmen gilt, andere europäische Länder aber Umweltkosten nach dem Gemeinlastprinzip tragen, laufen die deutschen Unternehmen Gefahr, durch gestiegene Kosten auf dem internationalen Markt nicht mehr bestehen zu können.

Fazit: Solange national und international der politische Einfluss von Umweltschutzinteressen einen verschieden hohen Stellenwert hat, bedeutet dies für die einzelnen Unternehmen unterschiedliche Ausgangs- und Produktionssituationen. Noch stellen kurzfristige »Privilegiensicherung« und »Status-quo-Bewahrung« wesentliche Feinde der Umweltpolitik dar.

Umweltpolitik muss sich über die Grenzen des Landes hinaus erstrecken, weil Umweltprobleme an Ländergrenzen nicht Halt machen. Nur durch eine länderübergreifende und gemeinsame Umweltpolitik kann der Umwelt geholfen und können Arbeitsplätze gesichert, gefördert und neu geschaffen werden.

25. Erklären Sie die Zusammenhänge zwischen Einkommen und Vermögen.

Einkommen wird als Anteil am Nettonationaleinkommen (Volkseinkommen) bezeichnet, Vermögen kann Grundlage für den Bezug von Einkommen sein (Zinseinkünfte). Einkommen kann auch zum Vermögensaufbau verwendet werden, indem nicht nur konsumiert, sondern gespart wird.

26. Begründen Sie, weshalb man die wirtschaftspolitischen Ziele als »Magisches Viereck« bezeichnet.

Da die Verfolgung eines wirtschaftspolitischen Ziels mitunter der Verfolgung eines anderen Ziels entgegensteht, wären magische Kräfte notwendig, um alle vier Ziele des Stabilitätsgesetzes gleichzeitig zu erreichen – daher die Bezeichnung »Magisches Viereck«.

27. Beschreiben Sie die möglichen Zielkonflikte zwischen

a) Preisniveaustabilität und außenwirtschaftlichem Gleichgewicht,

b) Vollbeschäftigung und Wirtschaftswachstum,

c) außenwirtschaftlichem Gleichgewicht und Wirtschaftswachstum,

d) Vollbeschäftigung und Erhaltung der natürlichen Lebensgrundlagen,

e) Preisniveaustabilität und Wirtschaftswachstum,

f) Vollbeschäftigung und außenwirtschaftlichem Gleichgewicht.

a) *Beispiele:*

- Wenn die Exporterträge durch überhöhte Preise für Importgüter (Erdöl) aufgezehrt werden (Handelsbilanzausgleich). Durch die Preissteigerung der importierten Rohstoffe verteuert sich die einheimische Produktion; das Preisniveau steigt.
- Wenn der Staat zur Herstellung des außenwirtschaftlichen Gleichgewichts die Ausfuhren fördert, fließt ein Teil des Güterangebots ins Ausland ab, während im Inland die geldliche Nachfrage zunimmt; das Preisniveau steigt.
- Wenn der Staat zur Bekämpfung der Inflation das inländische Güterangebot durch Importerleichterung verstärkt, kann er dadurch Preisniveaustabilität erreichen, muss aber unter Umständen mit einer negativen Handelsbilanz rechnen.

b) *Beispiel:*

Grundsätzlich besteht kein Zielkonflikt. Wenn aber Wirtschaftswachstum durch einen hohen Automatisierungsgrad (Ersatz von Arbeitskräften durch Technik) erreicht wird, kann sich daraus eine strukturelle Arbeitslosigkeit und damit eine Unterbeschäftigung ergeben.

c) *Beispiele:*

- Wenn das Wirtschaftswachstum verstärkt Importe an Roh- und Energiestoffen sowie an ausländischen Arbeitskräften erfordert, muss dafür unter Umständen außenwirtschaftliches Ungleichgewicht in Kauf genommen werden.
- Wenn Wirtschaftswachstum zu einem Produktionsumfang führt, der zu verstärkten Exporten zwingt, so kann dies zu einem außenwirtschaftlichen Ungleichgewicht führen.

d) Das Ziel der Vollbeschäftigung kann dann mit dem Ziel der Erhaltung der natürlichen Lebensgrundlagen in Konflikt geraten, wenn bei der Schaffung und Erhaltung von Arbeitsplätzen sämtliche Produktionsbereiche und sämtliche Verkehrsträger mit einbezogen werden, unabhängig davon, in welchem Umfang diese zur Umweltbelastung beitragen.

e) Stabile Preise fördern die Investitionsbereitschaft der Unternehmen und auch der privaten und öffentlichen Haushalte. Man kann sicher kalkulieren und erhält für sein Geld auch die entsprechenden Güter. Sparen bringt keinen Inflationsverlust, sondern Zinsgewinn. Langfristige Anlageprojekte können geplant werden. Optimismus belebt die Konjunktur, das Nettonationaleinkommen steigt. Es entsteht Wirtschaftswachstum.

Die beiden wirtschaftspolitischen Ziele stehen bis zum Erreichen der Vollbeschäftigung in keinem Gegensatz.

Ein Zielkonflikt zwischen Preisniveaustabilität und Wirtschaftswachstum entsteht dann, wenn

- sich die Beschäftigung hin zur Überbeschäftigung entwickelt und durch die Lohn-Preis-Spirale die Preisniveaustabilität gefährdet wird,

- übergroße Preissteigerungen für importierte Rohstoffe die Investitionsneigung verringern und damit zur Verlangsamung des Wirtschaftswachstums führen,
- die erforderlichen Umweltschutzinvestitionen (Reinigungs-, Entsorgungs- und Wiederaufbereitungsanlagen) die Preise für die Güter bestimmter Industrien in wettbewerbsfeindliche Höhen treiben.

Das Wirtschaftswachstum steht hier also in Konkurrenz mit der Preisniveaustabilität.

f) *Beispiel:*

Bei Vollbeschäftigung in einem hochindustrialisierten Land werden die Bemühungen um einen vermehrten Güterabsatz im Ausland verstärkt. Der Wert der Exporte übersteigt den der Importe. Es entstehen Außenhandelsüberschüsse. Dies führt aber zu Zahlungsbilanzüberschüssen und damit zu einem außenwirtschaftlichen Ungleichgewicht.

28. Stellen Sie dar, wie sich die Ziele außenwirtschaftliches Gleichgewicht und Preisniveaustabilität gegenseitig ergänzen können.

- Ein gleichbleibendes Preisniveau im Inland und im ausländischen Partnerland stabilisiert die Kalkulationsgrundlagen für gegenseitige Handelsgeschäfte.
- Eine chronisch aktive Handelsbilanz entsteht durch ständige Exportüberschüsse. Diese gefährden auf Dauer die Preisniveaustabilität, und inflationäre Entwicklungen können hervorgerufen werden (importierte Inflation).

29. Beantworten Sie anhand der Grafik auf Seite 584 unten des Lehrbuches die folgenden Fragen:

a) Erklären Sie die Begriffe Bruttoeinkommen, Nettoeinkommen und Realeinkommen.

b) Welche wesentlichen Aussagen beschreibt die Grafik?

c) Wie ist die unterschiedliche Entwicklung in den vergangenen Jahren zu erklären?

d) Schildern Sie mögliche Zielkonflikte zwischen gerechter Einkommens- und Vermögensverteilung und Wirtschaftswachstum.

a) – Bruttoeinkommen = steuer- bzw. sozialversicherungspflichtiges Einkommen des Arbeitnehmers vor Erfassung der Abzüge. Dieses Einkommen bezeichnet man auch als Nominaleinkommen.

- Nettoeinkommen = Einkommen des Arbeitnehmers nach Abzug von Steuern und Sozialversicherungsbeiträgen. Diesen Betrag erhält der Arbeitnehmer am Monatsende ausbezahlt.
- Realeinkommen = Nominaleinkommen des Arbeitnehmers, dividiert durch einen Preisindex (z. B. der Verbraucherpreisindex). Das Realeinkommen ist der Ausdruck dafür, ob der Arbeitnehmer eine höhere Kaufkraft des Einkommens als in früheren Perioden zur Verfügung hat.

b) Die Grafik zeigt in einer Zeitreihe die Entwicklung der durchschnittlichen monatlichen Verdienste von Arbeitnehmern in Deutschland. Auf den ersten Blick ist die Einkommensentwicklung der letzten Jahre in Deutschland beachtlich. Die durchschnittlichen Bruttomonatsverdienste je Arbeitnehmer erhöhten sich von 1.659 EUR im Jahr 1991 auf 2.854 EUR im Jahr 2017; das ist ein Plus von mehr als 50 %. Auch die Nettoverdienste sind in diesem Zeitraum um mehr als 70 % gewachsen. Berücksichtigt man in diesem Zeitraum die Inflation, haben die Arbeitnehmer trotz der nominalen Einkommensentwicklung kaum einen Einkommensfortschritt erzielt. Die Realeinkommen sind um 59 EUR gestiegen, wobei diese Entwicklung lediglich auf die Jahre 2014 bis 2017 zurückzuführen ist. In den Jahren zuvor gab es für die Arbeitnehmer sogar reale Einkommensverluste.

c) In den dargestellten Jahren erfolgte zwar eine regelmäßige Einkommenserhöhung, gleichzeitig stiegen jedoch die Abzüge vom Einkommen (Einführung des Solidaritätszuschlages, Erhöhung der Sozialversicherungsbeiträge, Einführung der Pflegeversicherung) stärker als die Bruttoeinkommen. Unter Berücksichtigung der Preissteigerungen sind die Realeinkommen über viele Jahre hinweg gesunken.

d) Um dem Ziel einer gerechten Einkommens- und Vermögensverteilung näher zu kommen, ist es nötig, dass benachteiligte und weniger leistungsfähige Gruppen in der Bevölkerung durch politische Maßnahmen einen höheren Anteil am Bruttoinlandsprodukt erhalten. Somit werden durch staatliche Leistungen Mittel eingesetzt, die nicht für konsumtive Ausgaben zur Verfügung stehen bzw. für Forschung und Entwicklung oder Ausbildungszwecke eingesetzt werden können.

12.4 Unternehmenszusammenschlüsse durch Kooperation und Konzentration

S. 620

1. Welche Ziele verfolgen Unternehmen

a) aus der Automobilbranche bei einem horizontalen Zusammenschluss,

b) aus dem Rohstoff fördernden und verarbeitenden Bereich bei einem vertikalen Zusammenschluss,

c) aus dem Versandbereich und dem Lebensmittelbereich bei einem anorganischen Zusammenschluss?

a) – Erhaltung der Konkurrenzfähigkeit
- Beschränkung des Wettbewerbs

b) Sicherung der Beschaffungs- und Absatzbasis

c) Verminderung der Krisenanfälligkeit durch branchenübergreifende Geschäftstätigkeit

2. Beantworten Sie aufgrund der folgenden Pressenotizen drei Fragen:
- **Welche Ziele verfolgen die einzelnen Unternehmen?**
- **Welche Vor- und Nachteile ergeben sich aus deren Zusammenschluss?**
- **Wie werden diese Zusammenschlüsse genannt?**

a) »Zwei Automobil-AGs wollen bis zum Jahre 2020 gemeinsam ein Fahrzeug mit Brennstoffzellenantrieb entwickeln, das weltweit vertrieben werden soll. An einen Aktienerwerb bei einem beteiligten Unternehmen ist dabei nicht gedacht.«

b) »Die Spezialbrot- und Keksfabrik Steinfurt GmbH wird von der Holzofenbrotfabrik Karl Jause & Co. KG, Starnberg, übernommen.«

c) »Aus informierten Branchenkreisen verlautet, dass sich ein führendes Unternehmen der Unterhaltungselektronik mit mehr als 50 % an einem anderen Unternehmen der gleichen Branche beteiligen wird.«

d) »Mehrere Bauunternehmer werden mit erheblichen Geldbußen belegt, weil sie ihre Kalkulation der Preise im Aufbau und Inhalt nachweislich abgesprochen haben.«

e) **»Drei Großsaftereien einigen sich, für sämtliche von ihnen hergestellten Säfte die Verkaufspreise einheitlich festzulegen. So soll beispielsweise eine Kiste trüben Apfelsaftes (20 Flaschen à 0,33 l) nicht unter 6 EUR abgegeben werden.«**

f) **»Einige große Zementwerke in Deutschland legen vertraglich fest, ihre Produkte künftig über eine gemeinsame Verkaufsstelle zu vertreiben, die die alleinige Verbindung zu den Kunden übernimmt. Die Kundenabteilungen der Einzelbetriebe werden aufgelöst.«**

g) **»Zwei Versicherungsunternehmen vereinbaren, dass ein Unternehmen nur den Norden, das andere Unternehmen nur den Süden bedient.«**

	Ziele des Zusammenschlusses	Vorteile/Nachteile des Zusammenschlusses	Art des Zusammenschlusses
a)	– Sicherung der Absatzbasis – Gemeinsame Werbung – Höhere Erträge durch Beschränkung und Ausschaltung des Wettbewerbs – Sicherung der Beschäftigung durch Übernahme von Aufträgen, die das Leistungsvermögen und die Finanzkraft eines einzelnen Unternehmens übersteigen würde – Höherer technischer und wirtschaftlicher Wirkungsgrad durch gemeinsame Entwicklungs- und Forschungsarbeiten – Größere Wirtschaftlichkeit durch gemeinsame Rationalisierung des Fertigungsverfahren – Erhaltung der Konkurrenzfähigkeit gegenüber ausländischen Großunternehmen	**Vorteile:** – Senkung der Preise, wenn die Unternehmen ihre Kostenminderung im Preis weitergeben – Bessere Versorgung der Verbraucher, wenn Rationalisierungsmaßnahmen eine mengen- und gütemäßige Leistungssteigerung ermöglichen – Die außenwirtschaftliche Wettbewerbsfähigkeit wird erhalten oder gestärkt – Sozialprodukt und Wirtschaftswachstum werden gesichert und damit auch die Einnahmen der öffentlichen Hand – Imageförderung, da umweltverträgliches Produkt **Nachteile:** – Die Preise können überhöht sein, sofern kein hinreichender Wettbewerb gegeben ist	Kooperation
b)	– Sicherung der Absatzbasis – Höhere Wirtschaftlichkeit durch Beschränkung und Ausschaltung des Wettbewerbs – Erhaltung der Konkurrenzfähigkeit gegenüber anderen Großunternehmen	**Vorteile:** – Senkung der Preise, wenn die Unternehmen ihre Kostenminderung im Preis weitergeben – Bessere Versorgung der Verbraucher, wenn Rationalisierungsmaßnahmen eine mengen- und gütemäßige Leistungssteigerung ermöglichen – Größere Übersichtlichkeit des Marktes (Markttransparenz) durch Bereinigung des Produktionsprogramms – Unternehmen mit Absatzproblemen werden von expandierenden Unternehmen übernommen. Damit können Arbeitsplätze erhalten werden **Nachteile:** – Durch die Beschränkung des freien Wettbewerbs wird die volkswirtschaftlich erwünschte Leistungsauslese verzögert – Die Vielfalt des Angebots an Waren wird vermindert	Vereinigte Unternehmen (Fusion)

	Ziele des Zusammenschlusses	Vorteile/Nachteile des Zusammenschlusses	Art des Zusammenschlusses
c)	– Gemeinsame Werbung – Höhere Wirtschaftlichkeit durch Beschränkung und Ausschaltung des Wettbewerbs – Sicherung der Beschäftigung durch Übernahme von Aufträgen, die das Leistungsvermögen und die Finanzkraft eines einzelnen Unternehmens übersteigen würde – Höherer technischer und wirtschaftlicher Wirkungsgrad durch gemeinsame Entwicklungs- und Forschungsarbeiten – Größere Wirtschaftlichkeit durch gemeinsame Rationalisierung des Fertigungsverfahrens – Erhaltung der Konkurrenzfähigkeit gegenüber anderen Großunternehmen	**Vorteile:** – Senkung der Preise, wenn die Unternehmen ihre Kostenminderung im Preis weitergeben – Unternehmen mit Absatzproblemen werden von einem expandierenden Unternehmen übernommen. Damit können Arbeitsplätze erhalten werden – Die außenwirtschaftliche Wettbewerbsfähigkeit wird erhalten oder gestärkt – Sozialprodukt und Wirtschaftswachstum werden gesichert und damit auch die Einnahmen der öffentlichen Hand **Nachteile:** – Die Preise können überhöht sein, sofern kein hinreichender Wettbewerb gegeben ist – Die Vielfalt des Angebots an Waren und Dienstleistungen wird vermindert	Konzernbildung (Unterordnungskonzern)
d)	– Höhere Erträge durch Beschränkung und Ausschaltung des Wettbewerbs – Sicherung der Beschäftigung durch Ausschaltung des Wettbewerbs	**Vorteil:** – Sicherung von Arbeitsplätzen **Nachteile:** – Die Preise sind überhöht, weil kein hinreichender Wettbewerb gegeben ist – Durch die Beschränkung des freien Wettbewerbs wird die volkswirtschaftlich notwendige Leistungsauslese verzögert – Die Vielfalt des Angebots an Waren und Dienstleistungen wird verhindert	Kalkulationskartell
e)	– Sicherung der Ertragslage durch Beschränkung und Ausschaltung des Wettbewerbs	**Vorteil:** – Sicherung von Arbeitsplätzen **Nachteil:** – Die Preise können überhöht sein, sofern kein hinreichender Wettbewerb gegeben ist	Preiskartell
f)	– Senkung der Vertriebskosten	**Vorteile:** – Preise können gesenkt werden – Bessere Versorgung der Verbraucher, wenn Rationalisierungsmaßnahmen mengen- und gütemäßige Leistungssteigerung ermöglichen – Größere Übersichtlichkeit des Marktes (Markttransparenz) durch Bereinigung des Produktionsprogrammes	Syndikat
g)	– Höhere Erträge durch Beschränkung und Ausschaltung des Wettbewerbs – Senkung der Kosten	**Vorteile:** – Sicherung von Arbeitsplätzen – Versicherungsprämien müssen nicht gesenkt werden **Nachteil:** – Die Vielfalt des Angebots an Versicherungsprodukten wird eingeschränkt	Gebietskartell

3. Vervollständigen Sie die folgende Übersicht.

Unternehmenszusammenschluss / Selbstständigkeit	Kartell	Konzern	Vereinigte Unternehmen
rechtliche	*beibehalten*	*beibehalten*	*aufgegeben*
wirtschaftliche	*teilweise aufgegeben*	*aufgegeben (einheitliche Leitung)*	*aufgegeben*

4. Welche Vor- und Nachteile hat ein Beherrschungsvertrag für die beteiligten Unternehmen?

	herrschendes Unternehmen	beherrschtes Unternehmen
Vorteile	– Ausdehnung des wirtschaftlichen Einflusses – Einschränkung der Konkurrenz – größere Marktanteile – Weisungsermächtigung	– Sicherung der wirtschaftlichen Existenz – Erhaltung von Arbeitsplätzen
Nachteile	– Erweiterung der Verantwortung	– Verlust der wirtschaftlichen Selbstständigkeit – Weisungsgebundenheit

5. Erläutern Sie die Bedeutung des Wettbewerbs für die marktwirtschaftliche Ordnung.

Wettbewerb ist ein Wesensmerkmal der Marktwirtschaft. Er sorgt für die

- bestmögliche Ausnutzung der Produktionsmöglichkeiten (Lenkungsfunktion des Preises)
- Ausweitung dieser Produktionsmöglichkeiten (Fortschrittsfunktion des Preises)
- Kontrolle und Beschränkung wirtschaftlicher Macht
- bestmögliche Versorgung der Verbraucher

6. In den letzten Jahren sind viele Klein- und Mittelbetriebe des Einzelhandels verkauft oder aufgegeben worden.

a) Nennen Sie mögliche Ursachen.

b) Welche Auswirkungen hatte dies auf die Verbraucher?

c) Wie versuchen noch existierende Kleinbetriebe des Einzelhandels diese Entwicklung zu überleben?

d) Welche Maßnahmen ergreift der Staat, um den Mittelstand zu fördern (Begründung)?

a) Mangelnde Wettbewerbsfähigkeit gegenüber Großbetrieben; mangelnde Anpassung an veränderte Marktsituation; Konzentration in vielen Einzelhandelsbranchen, vor allem im Bereich des Lebensmitteleinzelhandels, beim Textil- und Schuhwareneinzelhandel, im Möbelhandel, im Elektrogeräte- und Mediahandel.

b) Bei entsprechender Mobilität Ausnutzung von Preisvorteilen; Unterversorgung in einzelnen Wirtschaftsräumen.

c) Anschluss an Einkaufsgenossenschaften oder an eine freiwillige Kette mit einem Großhändler.

d) Mittelstandsförderung durch zinsgünstige Kredite, Steuervergünstigungen.

Begründung: Förderung des Wettbewerbs; Schaffung und Erhaltung von Arbeitsplätzen; Ausgleich in der Einkommens- und Vermögensbildung.

7. Auf welche Weise kann wirtschaftliche Macht zu politischer Macht führen?

- Beeinflussung politischer Mandatsräger (Lobbyismus)
- Abhängigkeit politischer Parteien von Spenden
- Abhängigkeit einer Kommune vom Steueraufkommen eines Großbetriebes

8. Wägen Sie ab, inwieweit »Multis« bzw. »Global Players« mächtiger sind als Staaten.

»Multis« bzw. »Global Player« sind mächtiger als Staaten:

- Sie beherrschen über ihre Wirtschafts- und Finanzkraft die Politik der Staaten, in denen sie sich niedergelassen haben. Die Drohung lautet: Bei Einschränkungen durch den jeweiligen Staat verlegen wir unseren Produktionsstandort in ein anderes Land.
- Multinationale Unternehmen beuten die Entwicklungsländer aus. Technischer Vorsprung verstärkt die Ausbeutung.
- Multinationale Unternehmen verlegen Betriebsteile in Länder, in denen es keine Gewerkschaften gibt. Sie »beuten« damit die Mitarbeiter aus, ohne dass der entsprechende Staat Gegenmaßnahmen zum Schutze der Mitabeiter ergreifen kann.
- Sie vernichten Arbeitsplätze im Inland, indem sie »willkürlich« Betriebsteile in Länder mit niedrigeren Arbeitslöhnen verlagern. Kein Gesetz eines Staates kann dieses Vorgehen verhindern.
- Viele Staaten werben um die Niederlassungen der Multis, um Arbeitsplätze zu schaffen und Steuerquellen zu erschließen.

»Multis« bzw. »Global Player« sind nicht mächtiger als Staaten:

- Die These, dass Multis Staaten beherrschen, ist reine Theorie. Die Staaten können über ihre Gesetzgebung die Niederlassung eines Unternehmens verhindern oder mit strengen Auflagen versehen.
- »Willkürliche« Produktionsverlagerungen sind normalerweise nicht möglich. Die Stilllegung der einen Produktionsstätte verlangt den Aufbau einer neuen in einem anderen Land.
- Gewerkschaften sind gegenüber Multis nicht machtlos, weil z. B. ein Streik in einem Konzernunternehmen in einem Land aufgrund der Verflechtung und Abhängigkeit den ganzen Konzern beeinträchtigen kann.

9. Die Anzahl der Fusionen hat in den letzten Jahren stark zugenommen. Nennen Sie vier Gründe für diese Entwicklung.

Gründe für Fusionen:

- Stärkung der Machtposition (44 %); dabei wird manchmal ein Konkurrent übernommen, der Marktanteil vergrößert sich und ein möglicherweise lästiger Konkurrent ist verschwunden. Oder das Unternehmen kauft Vertriebsunternehmen bzw. Zulieferer auf und stärkt somit seine Stellung beim Einkauf oder Verkauf.

- Wachstum (32 %); die Unternehmen vergrößern auf diese Weise ihre Produktionskapazitäten.
- Einsparung und höhere Produktivität (16 %)
- Verbreiterung der Produktpalette (2 %)

(Quelle für Prozentangaben: Europäische Kommission, DOME)

10. Auf der Homepage des Bundeskartellamtes finden Sie unter »Über uns/Das Kartellamt« Informationen zu den unten genannten Bereichen. Geben Sie die auf der Seite stehenden Informationen in Kurzform wieder.

a) Vorteile des wettbewerblichen Ordnungsprinzips.

b) Das Gesetz gegen Wettbewerbsbeschränkung.

c) Aufgaben des Bundeskartellamtes.

a) Wettbewerb ist
   - »Entdeckerverfahren« laut von Hayek,
   - Ausrichtung auf die Wünsche und Bedürfnisse der Nachfrager,
   - Motor der Marktwirtschaft.

   Wettbewerb funktioniert nach dem Prinzip
   - der Auslese,
   - dass sich die Zahlungsbereitschaft des Kunden und die Preisvorstellung der Anbieter entsprechen,
   - dass Unternehmen mit dem besseren Angebot mit höherem Gewinn belohnt werden.

b) - Unternehmen müssen sich an bestimmte Regeln halten.
   - Das Gesetz gegen Wettbewerbsbeschränkungen legt diese fest.
   - Kartellämter wachen darüber, dass das GWB eingehalten wird.

c) - Kartellverbot
   - Fusionskontrolle
   - Missbrauchsaufsicht marktbeherrschender Unternehmen

12.5 Marktregulierungsmechanismen

1. a) Stellen Sie die Konjunkturphasen anhand folgender Umsatzzahlen bildlich dar. S. 634

Jahr	Umsatz in Mrd. EUR	Jahr	Umsatz in Mrd. EUR
2009	230	2014	200
2010	200	2015	190
2011	120	2016	180
2012	180	2017	178
2013	210	2018	190

b) Unterscheiden Sie Rezession und Depression anhand der Lösung von a).

a) 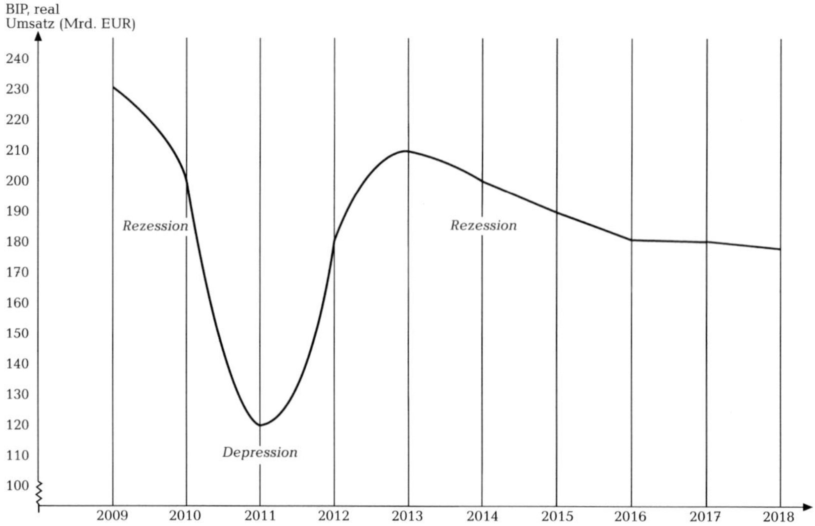

Die Jahre 2009 bis 2014 stellen einen typischen Konjunkturverlauf dar. Aus der Hochkonjunktur heraus entwickelt sich die Rezession und führt im Folgejahr zur Depression (2011). Der Aufschwung setzt jedoch unmittelbar ein und führt im Jahr 2013 zu einer erneuten Hochkonjunktur, jedoch auf leicht gesunkenem Niveau. In den Folgejahren ergibt sich ein langsamer rezessiver Verlauf. Die Konjunktur gewinnt erst wieder ab 2016 an Schwung.

b) Rezession bedeutet stagnierendes Wachstum bzw. einen Rückgang der wirtschaftlichen Entwicklung. Die Zeiträume dieser Phase sind in der Regel unterschiedlich lang. In dieser Phase können Staat und Wirtschaft gegebenenfalls rechtzeitig gegensteuern.

Depression ist die Phase des Tiefstandes, in der der wirtschaftliche Einbruch zu Konsequenzen für Unternehmen (Absatzschwierigkeiten, Insolvenzen), Arbeitnehmer (Arbeitslosigkeit, Einkommensverluste) und Staat (Steuerausfälle, fehlende Gestaltungsmöglichkeiten) führen kann.

2. In einer Volkswirtschaft werden folgende Daten ermittelt:

– Preissteigerungsrate gegenüber dem Vorjahr	**12,4 %**
– Wachstum des Bruttoinlandsproduktes gegenüber dem Vorjahr	**6,3 %**
– Exportvolumen	**180 Mrd. EUR**
– Importvolumen	**158 Mrd. EUR**
– Arbeitslosenquote	**1,2 %**

a) In welcher Konjunkturlage befindet sich die Volkswirtschaft?

b) Warum sind Sachwerte in dieser Konjunkturphase sehr gefragt?

c) Der Staat beschließt in dieser Situation, die Konjunktur zu dämpfen. Diskutieren Sie, welche Ausgaben der Staat streichen oder kürzen könnte.

d) Nennen Sie Möglichkeiten, wie der Staat über die Einnahmenseite die Konjunktur dämpfen könnte.

e) Welche wirtschaftspolitischen Probleme können mit der staatlichen Konjunkturdämpfung gemildert werden?

a) Hochkonjunktur (Boom)

b) Das Geld verliert sehr schnell an Wert. Die Wirtschaftssubjekte ergreifen die »Flucht in die Sachwerte« (Immobilien, Gold, Antiquitäten).

c) – Geplante Investitionen zurückstellen
   – Investitionszuschüsse verringern bzw. streichen
   – Verringerung der Transferzahlungen an die privaten Haushalte (z. B. durch Erhöhung der Mindesteinkommenshöhe für die Antragstellung bei Wohngeld)

d) – Steuererhöhung (Einkommensteuer, Körperschaftsteuer)
   – mittelbare Steuererhöhung durch Einschränkung oder Streichung von Abschreibungsmöglichkeiten, Streichung von Sonderabschreibungsmöglichkeiten

e) – Eine vorhandene Staatsverschuldung kann abgebaut werden,
   – die Preissteigerungsraten können reduziert werden,
   – durch die Bildung einer Konjunkturausgleichsrücklage (der Staat legt erzielte Steuereinnahmen still) kann in einer rückläufigen Wirtschaftslage auf die Konjunktur Einfluss genommen werden.

3. Welche positiven und welche negativen Auswirkungen kann eine Hochkonjunktur haben?

Positive Auswirkungen der Hochkonjunktur:

- sehr gute Auftragslage
- maximale Kapazitätsauslastung
- Höchststand von Produktion, Absatz, Beschäftigung bzw. Beschäftigtenzahl
- Investitionszunahme, umfangreiche Neu- oder Nettoinvestitionen werden getätigt
- die hohen Staatseinnahmen können für gestalterische Zwecke verwendet werden

Negative Auswirkungen der Hochkonjunktur:

- lange Lieferfristen wegen geringer Vorratshaltung
- Arbeitskräftemangel; Nachfrage auf dem Arbeitsmarkt übersteigt das Angebot
- hohe Zinsen wegen starker Nachfrage nach Krediten (Nachfragesog)
- Nachfrageüberhang auf dem Gütermarkt bewirkt Preissteigerungen (ebenfalls Nachfragesog)
- Aktienkurse sind spekulativ, d. h. in Erwartung noch höherer Gewinne überzogen
- Gefahr, dass staatliche Aktivitäten erfolgen, die in späteren Konjunkturphasen nur schwer zu korrigieren sind (Einstellung von zusätzlichem Personal).

4. Erläutern Sie die Aussagemöglichkeiten folgender Konjunkturindikatoren:
a) Entwicklung der Aktienkurse,
b) Wohnungsbaunachfrage und Nachfrage auf dem Automobilmarkt,
c) Anlageinvestitionen deutscher Unternehmen,
d) Zahl der Insolvenzen wegen Zahlungsunfähigkeit.

a) In früheren Jahren konnte die Entwicklung der Aktienkurse als Konjunkturindikator herangezogen werden. Die Globalisierung hat inzwischen dazu geführt, dass Unternehmen weltweit tätig sind. Die globale Kommunikation und die technologische Vernetzung bewirken, dass Aktienkurse weniger die wirtschaftliche Entwicklung widerspiegeln als vielmehr spekulative Überlegungen. Außerdem erzielen Unternehmen auch in der Rezession bzw. Depression hohe Gewinne und sind damit für Anleger in allen Konjunkturphasen interessant.

b) – Das Steigen und Fallen der *Wohnungsbaunachfrage* ist meist die Folge allgemeiner Einkommensentwicklungen. Es signalisiert Konjunkturbelebung bzw. Konjunkturrückgang. Die Bauwirtschaft gehört zu den sogenannten Schlüsselbranchen. Die bei ihr eingehenden Aufträge bewirken auch eine Auftragszunahme bei Vor- und Zulieferern.

- Die gleichen Wirkungen für die Konjunktur lassen sich aus einem Steigen und Fallen der *Nachfrage auf dem Automobilmarkt* nachweisen. Die Automobilindustrie gehört ebenfalls zu den Schlüsselbranchen, deren Belebung oder Drosselung auf viele Vorlieferer zurückwirkt. Es kann jedoch auch sein, dass das Erscheinen neuer, kraftstoffsparender Automodelle einen Nachfrageboom auslöst, obwohl die Einkommen allgemein (noch) nicht gestiegen sind.

c) Normalerweise deuten mehr *Anlageinvestitionen* auf einen Konjunkturaufschwung hin, während eine Abnahme der Investitionen für einen Konjunkturrückgang kennzeichnend ist. Wie die neuere Zeit beweist, kann der Rückgang von Anlageinvestitionen im Inland aber auch von einer Verlagerung der Investitionen deutscher Unternehmen ins Ausland begleitet sein. In diesem Falle ist die Investitionszunahme nicht von einer Vermehrung der Arbeitsplätze im Inland und damit auch nicht von einer Einkommensvermehrung der deutschen Arbeitnehmer begleitet. Die Konjunktur geht am Arbeitsmarkt vorbei.

d) Unter der *Zahl der Insolvenzen* ist die Zahl jener Unternehmen zu verstehen, die wegen Zahlungsunfähigkeit ihren Betrieb stilllegen müssen. Eine hohe Zahl von Insolvenzen deutet auf schlechter werdende Absatzmöglichkeiten hin. Die Nachfrage ist rückläufig, Produktionsbetriebe müssen schließen, Arbeitsplätze gehen verloren. Die Konjunktur befindet sich auf dem Weg in die Rezession und Krise. Eine geringer werdende bzw. eine geringe Anzahl von Insolvenzen deutet den Weg zu einem Konjunkturanstieg bzw. das Erreichen eines Konjunkturhochs an.

5. Welche Folgen hat die Verlagerung der Produktion in Niedriglohnländer

a) für die Entwicklung der Arbeitslosenquote,

b) für die deutschen Arbeitnehmer,

c) für die deutschen Unternehmen?

a) Im Regelfall steigt die Arbeitslosigkeit. Handelt es sich bei der Auslagerung um Großaufträge für die Wirtschaft, können gleichzeitig Arbeitsplätze im Inland gesichert werden. In diesem Fall bestehen keine negativen Auswirkungen, bei zusätzlichen Aufträgen kann die Arbeitslosigkeit sogar zurückgehen.

b) Meist Anstieg der Arbeitslosenquote; in diesem Fall:
- Gefahr des Sozialabbaus,
- Abbau des bestehenden hohen Lohn- und Gehaltsniveaus.

c)
- Kostenintensive Verlagerung der Produktion ins Ausland, die sich erst nach längerer Zeit rentieren kann.
- Übernahme der mit der Verlagerung verbundenen Risiken (politische Risiken, Währungsrisiken, Produktivitätsrisiken, mittelfristige Angleichung der Lebensbedingungen und damit Wegfall der bisherigen Vorteile).
- Bei lohnintensiven Betrieben: Lohnkostenvorteile wegen
  - Wegfall bürokratischer Hemmnisse,
  - geringeren behördlichen Auflagen (Umweltschutz, Arbeitsschutz, Unfallschutz).

6. Ordnen Sie die beiden Aussagen den Grundkonzepten der Wirtschaftspolitik zu und begründen Sie Ihre Antwort.

Aussage 1:

»Viele Regeln und bürokratische Hürden bremsen das Wachstum unserer Wirtschaft. Sie verhindern das Schaffen von Arbeitsplätzen durch die Unternehmen.

Märkte funktionieren dann am besten, wenn sie möglichst wenig reguliert sind. Hierfür muss die Politik etwas tun!«

Aussage 2:

»Das Wirtschaftswachstum wird durch die schwache Nachfrage gebremst. Die Menschen verdienen zu wenig. Autos kaufen keine Autos. Hier muss die Politik eingreifen, damit unregulierte Märkte die Schwachen nicht an den Rand der Gesellschaft drängen.«

Aussage 1 ist einer angebotsorientierten Wirtschaftspolitik zuzuordnen, da gefordert wird, mit weniger Regeln und Bürokratie die Bedingungen für Unternehmen am Markt zu verbessern.

Aussage 2 bezieht sich auf eine nachfrageorientierte Wirtschaftspolitik, da gefordert wird, über Lohnerhöhungen die Kaufkraft der Menschen zu stärken und somit die Nachfragebedingungen zu verbessern.

7. Welche der folgenden Maßnahmen tragen zu einer Vermehrung des volkswirtschaftlichen Geldvolumens bei? Begründen Sie Ihre Entscheidung.

a) Viele fällige Steuerbeträge werden an das Finanzamt abgeführt.

b) Die EZB bietet den Kreditinstituten ein Wertpapierpensionsgeschäft an.

c) Der Bund gibt zur Erzielung von Haushaltseinnahmen auf dem Kapitalmarkt eine Bundesanleihe aus.

d) Eine von der EZB vor Monaten verkaufte Schuldverschreibung wird fällig.

a) keine Vermehrung; nur Geldumschichtung von privater in öffentliche Hand

b) Vermehrung; neues Buchgeld kommt in den Wirtschaftskreislauf.

c) keine Vermehrung; siehe a)

d) Vermehrung; siehe b)

8. Die fällige Schuldverschreibung aus 7. d) hatte eine Laufzeit von 270 Tagen und einen Verkaufskurs von 97,3 %. Errechnen Sie den Zinssatz, zu dem Banken ihr Geld anlegen konnten.

$$p = \frac{2{,}7 \cdot 100 \cdot 365^{*)}}{97{,}3 \cdot 270} = 3{,}75\,\%$$

*) Anmerkung: Unter Banken werden die Zinsen nach der EURO-Zinsmethode berechnet, d. h., das Jahr hat 365/366 Tage, im Nenner des Bruches rechnet man aber nur mit 360 Tagen.

9. Die Deutsche Bundesbank bietet einen Mengentender im Volumen von 78 Millionen EUR an. Vier Banken haben Gebote in Höhe von 21, 24, 30 und 42 Mio. EUR abgegeben.

Wie viel EUR erhält jede Bank?

117 Mio. EUR werden nachgefragt; 78 Mio. EUR werden geboten.

Zuteilungsverhältnis 117 : 78 = 1,5; also 1,5 : 1 oder 3 : 2

Zuteilung in Mio. EUR: 14 statt 21, 16 statt 24, 20 statt 30, 28 statt 42

10. Erläutern Sie die Wirkungsweise der Mindestreservepolitik.

- Erhöhung des Mindestreservesatzes: Banken haben weniger Geld zur Verfügung. Der Volkswirtschaft wird Geld entzogen.

- Senkung des Mindestreservesatzes: Banken haben mehr Geld zur Verfügung. Die Volkswirtschaft kann mit mehr Geld versorgt werden.

11. Am Eurosystem nehmen 19 EU-Länder teil, obwohl mehr Länder der EU angehören. Klären Sie, welche Länder nicht dabei sind und warum.

Nicht teilnehmende Länder, Stand März 2019: Bulgarien, Dänemark, Polen, Rumänien, Schweden, Tschechien, Ungarn, Vereinigtes Königreich.

Die Staaten Großbritannien, Schweden und Dänemark wollen nicht teilnehmen und die anderen Staaten haben die Maastricht-Kriterien noch nicht erfüllt (stabiles Preisniveau, geringe Zinsdifferenzen, stabile Wechselkurse, gesunde Staatsfinanzen).

12. Was bedeutet antizyklische Haushaltspolitik in den verschiedenen Konjunkturphasen?

- Bei *Aufschwung:* haushaltspolitisch zurückhaltend auftreten, d. h., wenig öffentliche Aufträge vergeben.
- Bei *Hochkonjunktur:* starke Zurückhaltung in der Auftragsvergabe, um eingesparte Finanzierungsmittel in schlechten Zeiten einsetzen zu können.
- Bei *Rezession:* aktive Haushaltspolitik in Form von Auftragsvergaben zur Stützung der Konjunktur, um nach Möglichkeit eine Depression zu vermeiden.
- Bei *Depression:* äußerst intensive Auftragsvergabe und Durchführung von Arbeitsbeschaffungsmaßnahmen zur Ankurbelung der Konjunktur.

13. In welchen Konjunkturphasen ist Deficit Spending berechtigt, in welchen nicht?

- Berechtigt: In Zeiten der Rezession und vor allem der Depression, um die Konjunktur wieder anlaufen zu lassen.
- Unberechtigt: In Zeiten des Aufschwungs und Booms, da hier die Marktkräfte die Konjunktur selbst tragen.

14. Stellen Sie in einer Ursache-Wirkungskette (Kausalkette) dar, dass durch Subventionen die Marktpreisbildung verzerrt und dadurch gesellschaftliche Nachteile entstehen können.

Ursache: Die Kohleförderung in Deutschland soll durch Erhaltungshilfen gestützt werden. Gründe für die Stützung durch den Staat:

- Erhaltung eines traditionellen Wirtschaftszweiges;
- Erhaltung von Arbeitsplätzen;
- Sicherstellung der Förderung heimischer Rohstoffe.

Wirkung: Die Unternehmen können durch die Subventionen den am Weltmarkt geltenden niedrigeren Preis verlangen. Dadurch entstehen dem Staat finanzielle Einbußen, die an anderer Stelle sinnvoll eingesetzt werden könnten. Andererseits müssten beim Wegfall der Arbeitsplätze Unterstützungsgelder an die dann vorhandenen Arbeitslosen bezahlt werden.

15. Inwiefern sind staatliche Maßnahmen zur Existenzgründung »gut angelegtes Geld«?

Staatliche Maßnahmen zur Förderung von Existenzgründungen ermöglichen, dass

- arbeitslos gewordene Menschen eine Tätigkeit aufnehmen,

- das kreative Potenzial von Menschen zum Wohl der Gesellschaft genutzt wird,
- kreative Menschen ihre Risikoscheu überwinden,
- Arbeitsplätze geschaffen werden,
- durch die Umsetzung neuer Ideen ein ständiger Strukturwandel erfolgt.

16. Bei Tarifauseinandersetzungen im öffentlichen Dienst ging es um folgende Forderungen:

- **Forderung der Gewerkschaft ver.di: Erhöhung der Löhne und Gehälter um mindestens 6 %.**
- **Forderung der öffentlichen Arbeitgeber: »Nullrunde«.**

Nehmen Sie Stellung für die Sichtweise der Gewerkschaft und der öffentlichen Arbeitgeber.

Für die Sicht der Gewerkschaft	Für die Sicht der öffentlichen Arbeitgeber
– Einkommenserhöhungen führen zur Erhöhung der gesamtwirtschaftlichen Nachfrage.	– Die öffentlichen Kassen haben keine Spielräume für Einkommenserhöhungen.
– Der öffentliche Dienst darf nicht von der allgemeinen Einkommensentwicklung abgekoppelt werden.	– Einkommenserhöhungen führen zum Abbau von Stellen im öffentlichen Dienst.
– Die Einkommenserhöhung spiegelt die Produktivitätssteigerung wider.	– Einkommensbezieher sollten auf Erhöhungen verzichten, damit es nicht zum Stellenabbau kommt.
– Der öffentliche Dienst hat jahrelang bereits gegenüber den industriellen Arbeitnehmern Einkommensverluste erlitten.	– Die Forderung der Gewerkschaften ist überzogen, da sie weit über der Teuerungsrate liegt.

17. Nennen Sie praktizierte Maßnahmen der Umweltschutzpolitik.

Beispiele:

Lärmschutzverordnung, Smogverordnung, Verkehrsberuhigung, Abgasregelung für Autos, Kreislaufwirtschafts- und Abfallgesetz, Hausmülltrennung, Grüner Punkt, Verbot von FCKW in Spraydosen, Nachtflugverbote an Flughäfen bzw. Landeverbote für zu laute Flugzeuge, Katalysatorpflicht bei Autos, Förderung der Solarenergieanwendung

18. Es wird weiterhin die Frage diskutiert, welches die grundsätzliche Ausrichtung der Umweltpolitik ist. Dabei werden die Prinzipien Vorsorgeprinzip, Verursacherprinzip, Kooperationsprinzip und Gemeinlastprinzip diskutiert.

a) Klären Sie die verschiedenen Begriffe.

b) Stellen Sie Beispiele dar, in denen die verschiedenen Prinzipien angewendet werden können.

c) Ermitteln Sie jeweils Vorteile und Nachteile aus Sicht des Individuums und der Gemeinschaft.

a) und b)

Begriff	Merkmal	Beispiel
Verursacherprinzip	Die Kosten von Umweltschädigungen sollen von denjenigen getragen werden, die für die Entstehung verantwortlich sind.	Haftung für entstandene Schäden bei der Grundwasserverschmutzung; landschaftszerstörende Maßnahmen müssen durch entsprechende Naturschutzmaßnahmen ausgeglichen werden (Kieswerk).
Vorsorgeprinzip	Es geht nicht um eine nachgeschaltete Entsorgung von Schadstoffen und Abfällen, sondern um das Durchsetzen von umweltverträglichen Produktionsprozessen und Produkten, um Umweltbelastungen möglichst zu vermeiden.	Strenge Maßnahmen zur Verhinderung von Schadstoffeinleitungen in das Grundwasser (Benzinabscheider bei Tankstellen).
Kooperationsprinzip	Es geht um eine einvernehmliche Realisierung umweltpolitischer Ziele. Die gesellschaftlichen Gruppen sollen an der Konzeption und Durchsetzung umweltpolitischer Ziele beteiligt werden.	Gemeinsame Planung einer Papierfabrik durch die Betreiber und die Gemeinden im Einzugsbereich; Agenda 2000.
Gemeinlastprinzip	Die Kosten des Umweltschutzes werden auf die Allgemeinheit verteilt, d.h., sie werden vom Staatshaushalt getragen.	Altlastensanierung nach Aufgabe der Schwerindustrie in Ostdeutschland, Sanierung von stillgelegtem Bundesbahngelände.

c)

	Vorteile	Nachteile
Verursacherprinzip		
Individuum	– Erhöhung des Engagements, um spätere Kostenübernahme zu verhindern	– evtl. Kostenübernahme
Gemeinschaft	– Verminderung der Staatsausgaben – Verbesserung der Lebensbedingungen	– Gefahr, dass Umweltschädigungen verschwiegen werden
Vorsorgeprinzip		
Individuum	– Verhinderung möglicher persönlicher Schädigungen durch staatliche Vorsorge	– Preiserhöhungen, für die allerdings keine Einsicht in die Notwendigkeit gesehen wird (Pfand auf Getränkedosen)
Gemeinschaft	– persönliche Zufriedenheit – spätere teure Folgekosten werden verhindert – irreparable Umweltschädigungen und Zerstörungen von Lebensräumen werden vermieden	– hohe Kosten der Forschung, der Vorsorge und der Information – muss von allen Nationen vorgenommen werden, um globale Erfolge erzielen zu können
Kooperationsprinzip		
Individuum	– Erkenntnissicherheit, dass die getroffenen Entscheidungen notwendig und begründet sind	– persönliches Engagement und Zeitaufwand ist notwendig
Gemeinschaft	– hohe Akzeptanz getroffener Entscheidungen und damit große Chancen der Umsetzung – Nutzung des vorhandenen Sachverstandes	– eventuell langwierige Entscheidungsprozesse
Gemeinlastprinzip		
Individuum	– Abwälzung der Kosten auf die Gemeinschaft	– Kostenübernahme für nicht verursachte Schäden durch steuerliche Umlage
Gemeinschaft	– unabhängiges und schnelles Handeln wird möglich – Lenkungsspielräume des Staates durch Subventionen	– fehlendes Bewusstsein in der Bevölkerung kann die Entwicklung behindern – Belastung öffentlicher Haushalte und damit Einschränkungen für alternative Verwendungen

19. »Vorbeugen ist besser als Heilen.«

»Was du heute kannst vorsorgen, das verschiebe nicht auf morgen.«

Inwiefern haben diese Aussagen sowohl für den betrieblichen Umweltschutz als auch für die Umweltgesetzgebung eine Bedeutung?

Präventives Handeln und Überwachen ist in vielen Bereichen des Lebens und des Unternehmens mit weniger Aufwand verbunden als die nachträgliche Reparatur bzw. Instandsetzung.

Beispiel: Der Einbau einer Bodenwanne bei einem Öltank schützt bei einem Ölunfall das angrenzende Erdreich und erspart eine aufwendige Sanierung des Bodens.

Ein konsequent betriebener und überwachter Umweltschutz und die Einhaltung aller Umweltgesetze bedeuten nicht nur Imagegewinn gegenüber Lieferanten, Kunden und der Öffentlichkeit, sondern senken auch Kosten und ersparen zusätzliche Kosten in Form von Strafen bei Umweltvergehen oder teuren Nachrüstungen.

Beispiel: Ein durch Altlasten verseuchtes Grundstück zu sanieren erfordert ein Vielfaches an Kosten, im Gegensatz zur regelmäßigen Überwachung und Verhinderung möglicher Umweltschäden während des Betriebsablaufs.

20. Nehmen Sie unter dem Aspekt der wirtschaftspolitischen Zielharmonisierung zu folgenden Aussagen von Politikern Stellung:

a) »Man sollte zur Unterstützung der leeren Sozialkassen die Umsatzsteuer erhöhen. Das schafft sozialen Ausgleich und wird von allen zugleich getragen.«

b) »Nur mit Abschaffung jeglicher Gewerbesteuer werden unsere Unternehmen wieder international konkurrenzfähig. Die Preise können gesenkt und neue Arbeitsplätze geschaffen werden.«

a) Durch die Umsatzsteuererhöhung werden über den Konsum sämtliche Gesellschaftsmitglieder betroffen. Dadurch können, bei zweckbestimmter Verwendung der Steuerbeträge, die Sozialversicherungsbeiträge gesenkt werden. Da deshalb die Lohnkosten der Unternehmen sinken, erhalten die Arbeitgeber Spielräume zur Schaffung neuer Arbeitsplätze und damit zur Erhaltung bzw. Steigerung des Wirtschaftswachstums.

   Gleichzeitig trifft jedoch eine Umsatzsteuererhöhung die »unteren Einkommensbezieher« relativ stärker, da diese überproportional größere Einkommensanteile für Konsumzwecke verwenden müssen.

b) Die Abschaffung der Gewerbesteuer ermöglicht den Unternehmen zusätzliche Investitionen und damit die Schaffung neuer Arbeitsplätze, sofern die ersparten Beträge nicht zur Gewinnausschüttung verwendet werden. Aufgrund der zusätzlichen Arbeitsplätze und des entstandenen Wirtschaftswachstums bestehen Spielräume zur Gestaltung der Einkommens- und Vermögensverteilung.

   Zu berücksichtigen ist, dass die Gewerbesteuer die wichtigste Einnahmequelle für die Gemeinden ist und damit zu klären wäre, wie die Aufgaben der Gemeinden bei Wegfall der Gewerbesteuer finanziert werden könnten.

21. a) Interpretieren Sie das Schaubild unter dem Gesichtspunkt der Steuergerechtigkeit.

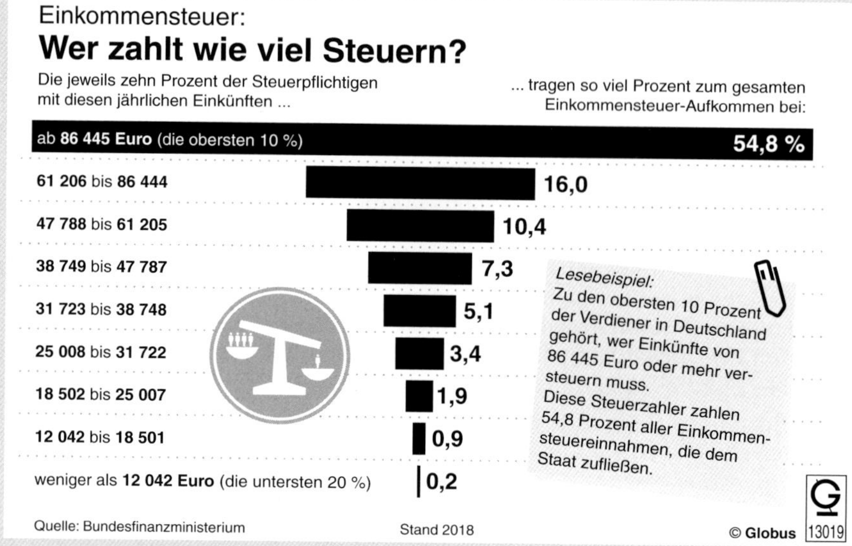

b) Mit welchen Mitteln der Politik kann die

- **Einkommensverteilung,**
- **Vermögensverteilung**

beeinflusst werden?

c) Was wären Sie lieber, ein Einkommensmillionär oder ein Vermögensmillionär? Begründen Sie Ihre Ansicht.

a) Das Steuersystem in Deutschland berücksichtigt die unterschiedliche Leistungsfähigkeit der Steuerzahler: Wer wenig verdient, zahlt wenig Steuern, wer viel verdient, wird vom Staat stärker zur Kasse gebeten. Denn mit den Einkommen steigen auch die Steuersätze bis zu einem Höchstsatz von derzeit 42 % (bzw. 45 % bei Einkünften über 265.327 EUR für Ledige bzw. 530.654 EUR für Verheiratete). So tragen die obersten 10 % der Steuerzahler über die Hälfte zum gesamten Einkommensteueraufkommen in Deutschland bei. Dazu gehören Verdiener mit Einkünften ab 86.445 EUR. Verdiener zwischen 61.206 und 86.444 EUR tragen rund ein Sechstel der Einkommensteuerlast. Diejenigen, die weniger als 12.042 EUR verdienen, zahlen nur minimal Steuern (bis 9.168 EUR Einkommen müssen überhaupt keine Steuern bezahlt werden). Das sind immerhin 20 % der Steuerpflichtigen.

b) – Einkommenspolitische Maßnahmen:
  - Steuerpolitik: progressiver Steuersatz, Investitionsförderung durch Sonderabschreibungen, Freibeträge u. Ä.
  - Sozialpolitik: Kindergeldstaffelung nach Einkommenshöhe, Sozialversicherungsbefreiung für Geringverdiener u. Ä.
- Vermögenspolitische Maßnahmen:
  - vermögenswirksame Leistungen
  - Wohnungsbauprämie

c) Der Einkommensmillionär erhält aufgrund seiner Tätigkeit jährlich mindestens eine Million EUR Einkommen. Der Vermögensmillionär erhält jährlich lediglich Zinszuwächse oder Kurs- bzw. Spekulationsgewinne, die in der Regel niedriger sind als die Einkommenszuwächse des Einkommensmillionärs (Annahme: gleiche Startbedingungen).